PlayStation

1994-1998
플레이스테이션 퍼펙트 카탈로그

PERFECT CATALOGUE

상권

마에다 히로유키 감수
조기현 옮김

samho MEDIA

머리말

2020년 2월의 PC-FX 편('PC엔진 & PC-FX 퍼펙트 카탈로그'에 수록)을 시작으로, 6월의 세가새턴 편, 2021년 1월의 닌텐도 64 편(모두 한국 기준)까지 차례차례 발간해 어느덧 2년 여. 이 책을 끝으로, 드디어 1990년대 후반에 출시된 주요 가정용 게임기의 퍼펙트 카탈로그를 모두 세상에 내게 되었다. '플레이스테이션 퍼펙트 카탈로그' 발간에 대한 요망은 그간 계속 받아왔던 바이고 나 스스로도 꼭 착수하고 싶었던 기획이었으나, 이제야 그 숙제를 완수할 수 있었다. 1990년대 중후반에 경쟁했던 주요 게임기들의 책이 모두 갖춰졌으니, 이제는 독자 여러분도 이 시대의 게임 시장 상황을 일목요연하게 살펴볼 수 있으리라 생각한다.

사실 이 1994년부터 2000년경까지의 6년간은, 일본 게임업계에 그야말로 대규모의 지각변동이 덮쳐온 분기점과도 같은 시대였다. 슈퍼 패미컴·PC엔진·메가 드라이브가 대립하던 16비트 게임기(PC엔진은 8비트였지만) 경쟁의 승패가 명확해지자 '32비트 게임기'라는 다음 무대가 보이기 시작해, 각 게임기 제조사들을 중심으로 새로운 움직임이 꿈틀거리는 시기로 점차 돌입해갔다. 이 움직임이 '차세대 게임기 전쟁'이란 이름으로 불리게 되고 게임잡지뿐만 아니라 신문과 TV에서도 크게 보도되면서, 순식간에 '비디오 게임'이라는 틈새문화가 주류문화로 대도약하게 된 시대이기도 하다. 특히, 이전까지는 완구·엔터테인먼트 분야에서 완전히 문외한이었던 소니가 게임기 사업에 진출한다는 사실자체가 커다란 화제로 다뤄졌으니, 이러한 화제성도 '차세대 게임기 전쟁'이 세간의 큰 주목을 모은 요인 중 하나였다 할 수 있다. 영상·음향기기에 이어 영화에도 손을 뻗친 소니가 놀랍게도 직접 게임기까지 만들며 게임기 시장에 과감히 뛰어들었으니만큼, 전에 없던 엄청난 일이 일어나지 않겠는가 하는 기대감이 생기는 것도 무리는 아니었다. 그 결과, 게이머들은 물론이고 매스컴과 다른 업종들에게까지도 소니의

행보는 초미의 관심사가 되었다.

한편, 당시의 게이머들에 인상 깊게 남아있을 이 차세대 게임기 전쟁은, 실은 게임을 개발하는 사람들에도 크나큰 영향을 끼친 시대였다. 이 시기는 일본 게임업계 전체적으로도 전례 없던 게임 버블(대호황)이 휘몰아치던 시대였던지라, 이내 개발인력이 태부족해지는 상황이 되고 만 것이다.

32비트 게임기 시대의 도래는 그 이전까지 확립돼 왔던 게임 개발 패러다임이 크게 바뀌는 변혁을 가져왔다. 1677만 색의 풀 컬러 그래픽, PCM 음원과 CD-DA를 바탕으로 한 자연음 기반의 음악 재생, 이전 세대까지는 불가능에 가까웠던 본격적인 풀스크린 동영상 재생 기능, 3D 폴리곤을 본격적으로 활용해야 하는 미지의 게임 개발 등의 이유로, 새로운 감성과 재능을 가진 창작자들이 업계에 대거 필요해진 것이다. 자사의 게임 개발 라인을 바닥부터 새로 구축해야 했던 소니 스스로는 물론이고, 대형 게임 개발사들도 급격히 확대되는 게임시장 규모에 부응할 수 있도록 개발 스탭을 대폭 증원하기 시작했다. 게임잡지에서는 회사의 화려한 개발환경과 파격적인 사원 우대정책이 멋진 사진과 함께 소개되었고, 온갖 사원복지 혜택과 많은 휴가일수 등등의 호황기다운 표현이 채용광고에 흘러넘쳤다. 그 결과 우수한 개발자는 개발사들 사이에서 치열한 헤드헌팅 경쟁 대상이 되어, 1년이 멀다 하고 회사 명함을 갈아 치우는 등등의 화제도 개발자들 사이에 흔하게 떠돌던 시대였던 것이다.

개인적인 이야기이긴 하나, 그때는 나 자신도 그런 시류에 떠밀려 가정용 게임기 소프트 개발에 뛰어들었던 시기였기에, 당시의 게임 개발사들이 인재를 확보하려고 얼마나 혈안이 되어있었는지를 직접 피부로 경험했었다. 어떤 회사가 어디서 내 주소를 알아냈는지 자택 우편함에 억지로 호화로운 입사안내서를 집어넣고 간 것을 알고서 새삼 놀랐던 기억이, 지금도 생생하다.

(하권에 계속)

PlayStation P

CHAPTER 1
플레이스테이션 하드웨어 대연구 PART 1

FECT CATALOGUE
C O N T E N T S

PLAYSTATION PERFECT CATALOG JOKAN by Hiroyuki Maeda
Copyright © G-WALK PUBLISHING.co.,ltd. / 2020 CHEERSOL Inc.
All rights reserved.
Original Japanese edition published by G-WALK PUBLISHING.co.,ltd.
Korean translation copyright © 2021 by Samho Media
This Korean edition published by arrangement with G-WALK PUBLISHING.co.,ltd., Tokyo,
through HonnoKizuna, Inc., Tokyo, and Botong Agency

이 책의 한국어판 저작권은 Botong Agency를 통한 저작권자와의 독점 계약으로 삼호미디어가 소유합니다.
신 저작권법에 의하여 한국 내에서 보호를 받는 저작물이므로 무단전재와 무단복제를 금합니다.

Special Thanks To

게임샵 트레더
꿀딴지곰	고전게임 컬럼니스트, 유튜브 채널 '꿀딴지곰의 게임탐정사무소' 운영
오영욱	게임잡지의 DB를 꿈꾸는 게임개발자
이승준	'레트로장터' 행사 주최자
정세윤	http://blog.naver.com/plaire0
타잔	레트로 게임 컬렉터, 네이버 카페 '추억의 게임 여행' 운영자
홍성보	월간 GAMER'Z 수석기자

CHAPTER 1

플레이스테이션 하드웨어 대연구

PART 1

PLAYSTATION HARDWARE CATALOGUE

해설 모든 것은 닌텐도와의 불화에서부터 시작되었다
COMMENTARY OF PLAYSTATION #1

환상으로 끝난, 슈퍼 패미컴 호환기 '플레이스테이션'

플레이스테이션이라는 플랫폼의 출범을 이야기하기에 앞서, 당초 슈퍼 패미컴용 주변기기로서 개발중이었던 '플레이스테이션'부터 먼저 해설할 필요가 있겠다. 애초에 슈퍼 패미컴의 음원부 개발을 소니가 전담했거니와, 슈퍼 패미컴의 공식 개발환경으로 소니의 워크스테이션 'NEWS'(뉴즈)가 채용됐을 만큼, 1990년 당시까지만 해도 닌텐도와 소니는 밀월관계였다. 자연스럽게 닌텐도와 소니 간에 CD-ROM 드라이브를 공동 개발하자는 프로젝트가 수립되어, '슈퍼 패미컴용 외장형 CD-ROM 드라이브'는 닌텐도가 닌텐도 브랜드로서 완구 유통망으로 발매하고, 'CD-ROM 드라이브 일체형 슈퍼 패미컴 호환기'는 소니가 가전 유통망으로 소니 브랜드를 붙여 발매한다는 형태로 계약이 체결되었다. 이 호환기의 상품명은 바로 '플레이스테이션'. 후일 닌텐도의 뒤를 이어 게임 시장을 제패하게 되는 소니의 게임기 '플레이스테이션'의 이름은, 사실 이때 만들어진 것이었다.

허나, 1991년 6월 시카고에서 개최된 CES(Consumer Electronics Show)에서 소니가 '플레이스테이션'의 프로토타입 기기를 발표하기 직전에, 닌텐도는 '네덜란드의 필립스 사와 제휴해 CD-ROM 드라이브를 독자적으로 개발한다'라고 전격 발표해 버린다. 이 발표 뒤에서 암약한 인물이 당시 NOA(닌텐도 오브 아메리카) 사장이자 고(故) 야마우치 히로시 사장의 사위인 아라카와 미노루였다. 그는 'CD-ROM은 생산설비부터 라이선스까지 모두 소니 손아귀 안에 있다'라는 위험성을 강조하며, 야마우치 사장에게 소니와의 계약을 파기해야 한다고 강하게 진언했다고 한다.

슈퍼 패미컴 당시의 닌텐도는 (패미컴 때엔 개별이었던) ROM 카트리지의 생산까지도 모두 자사 수주로 일원화시킴으로써 서드파티로 계약된 소프트 개발사들에게 강한 권력을 행사해 왔으나, CD-ROM의 경우엔 소니가 자체 생산설비와 라이선스를 모두 보유하고 있었으므로, 이대로 CD-ROM 드라이브가 발매된다면 주종관계가 뒤집힐 위험성이 있었다.

소니 측은 당연히 배반이나 다를 바 없는 필립스 사와의 발표에 강하게 항의했으나, 닌텐도는 '소니와의 계약은 살아있으므로 소니가 슈퍼 패미컴용 CD-ROM 드라이브를 발매하는 것은 자유이나, 닌텐도는 이를 채용하지 않을 것'이라고 일방적으로 논의를 마무리 지었다. 오히려 야마우치는 '소니가 하드웨어에 그치지 않고, 소니뮤직 엔터테인먼트를 통해 게임 소프트 사업 진출을 획책했다'며 격노하여, 서로가 서로의 계약위반을 규탄하는 진흙탕싸움의 양상을 띠게 되었다. 결국 양측의 타협점이 만들어지지 못하여 '플레이스테이션'의 개발은 중지되었으며, 필립스 사와 공동 개발하던 CD-ROM 드라이브 역시 완성에 이르지 못하고 흐지부지되었다.

한편, 오랫동안 업계의 제왕으로 군림해온 닌텐도가 구축해놓은 고액의 로열티 제도 및 유통 시스템 탓에 게임 소프트 사업의 리스크가 높아져, 소프트 개발사들의 괴로움은 날로 커지고 있었다. 특히 ROM 카트리지는 생산비용이 비싼데다 제조기간까지 긴 탓에 생산량 조절이 어려워, 개발사 및 소매점들이 골머리를 앓는 큰 요인이었다. 때마침 아케이드 게임계에서는 남코의 「릿지 레이서」와 세가의 「버추어 파이터」가 대히트하여 3D 폴리곤이라는 새로운 기술을 구사한 게임이 속속 등장하는 등, 가정용 게임기 바깥의 세계에서 새로운 물결이 밀려들어오고 있었다.

발단은 닌텐도에게 소니가 굴욕을 겪으면서 시작된 문제였으나, 여기에 당시 일본 게임업계 전체에 오랜 기간 곪아있던 문제점 등의 복합적 요인도 겹쳐, 1993년 소니가 독자 노선으로서의 플레이스테이션을 발표하는 사건으로까지 연결되는 것이다.

▲ 상품화되지 못한 채 접힌, 환상의 '플레이스테이션'. 슈퍼 패미컴과 동일한 형상의 컨트롤러에, 소니 로고가 인쇄되어 있다.

소니, 게임기 사업 참가를 결단하다

플레이스테이션의 발매사인 소니컴퓨터엔터테인먼트(현 소니인터랙티브엔터테인먼트, 이하 SCE로 약칭)는 소니 본사와 소니뮤직엔터테인먼트가 각각 절반씩 출자하여 설립한 회사다. 소니 본사가 직접 나서지 않은 데에서도 알 수 있듯, 플레이스테이션은 본사의 전폭적인 기대 하에 출범한 사업이 절대 아니었다. 오히려 소니 본사 내에서는 "소니가 고작 게임 따위를 팔아야 하는가?"라는 비판이 많았고, 소니 브랜드에 먹칠할 것을 우려하는 분위기가 지배적이었다고 한다.

1992년 6월 24일의 소니 경영회의에서 게임 사업 진출 가부를 논의했을 때, 경위 설명차 참석했던 개발책임자 쿠타라기 켄은 프로토타입이 거의 완성됐음을 공표하고는 "우리가 과연 이대로 손을 털어야 하겠습니까? 소니가 앞으로 내내 웃음거리가 될 텐데요."라고 주장했다고 한다. 그 결과 당시 사장이었던 오가 노리오가 진출을 결단함으로써, 드디어 정식으로 '프로젝트 PS-X'가 가동되었다.

'플레이스테이션'이라는 상품명은 '놀이에 쓰이는 워크스테이션(고성능 업무용 컴퓨터)'을 어원으로 삼은 조어로서, 앞 쪽에서 언급했듯 이전에 개발했던 슈퍼 패미컴용 CD-ROM 드라이브와 동일 명칭이다. 한 번 폐기했던 상품명을 다시 쓰는 것은 불길하다는 의견도 있었으나, 이미 전 세계에 상표등록을 끝내둔지라 '플레이스테이션'을 그대로 채용했다고 한다.

플레이스테이션의 원형이 된 기술은, 쿠타라기가 과거에 연구했던 업무용 영상처리 시스템 '시스템G'이다. 비디오나 TV의 영상을 자유자재로 실시간 가공할 수 있는 기술이었는데, 고속으로 영상을 처리하는 기술은 게임과도 친화성이 높기에 이를 핵심으로 삼아 게임기로서의 살을 붙여가며 설계해갔다.

플레이스테이션이 가진 최대의 특징은, 기존의 게임기가 평면, 즉 2D 화면에 배경과 캐릭터를 겹치는 형태로 게임 영상을 만들어가는 데 비해, 플레이스테이션은 3D 표현능력에만 철저히 특화돼 있다는 점이다. '3차원을 제대로 표현해낸다면 2차원도 당연히 표현할 수 있다'라는 식으로 철저하게 3D를 우선시한 발상의 시스템이었기에, 3D 표현능력이 우수한 반면 2D 전용 기능은 전혀 없었던 플레이스테이션은 2D에 특화된 게임을 만들기에 다소 역부족일 수밖에 없었다. 한편 동영상 재생 전용 하드웨어를 탑재한 덕에 동영상 재생 기능은 상대적으로 뛰어났으므로, CD-ROM의 대용량에 힘입어 게임 오프닝 영상 등으로 널리 활용되었다.

▲ '플레이스테이션'이 아니라 'PS-X'라는 프로젝트 코드명이 인쇄돼 있는, 초기의 개발지용 핸드북.

'게임기'라는 상품을 재정의하다

플레이스테이션은 고도의 영상·사운드 처리기술을 탑재했으면서도, 철저하게 '게임기'라는 정체성을 관철했다. 당시는 CD-ROM을 탑재한 PC로 동영상과 음악을 즐긴다는 이른바 '멀티미디어'란 키워드가 유행하던 시기였으나, SCE는 이 단어를 선전에서 철저히 배제하고 플레이스테이션이 '게임기'임을 전면에 부각시켜, 유저들이 일체의 혼동 없이 오로지 '게임기'로만 인식하도록 하는 데 주력했다.

이러한 발상은 본체 디자인에도 적용되어, 세대·연령·지역을 불문하고 누구나 직감적으로 기능을 알 수 있도록 하는 디자인을 도입했다. 전원 버튼과 디스크 커버 열기 버튼은 누르기 쉽도록 큼직하고 둥글게 만들었고, 아예 글자를 몰라도 이해할 수 있도록 전원 버튼 앞에 전원 LED를, 열기 버튼에는 디스크 커버로 연결되는 슬릿을 배치했다. 같은 이유로, 리셋 버튼은 무심결에 누르지 않도록 작게 만들고, 강한 용수철을 넣어 잘 안 눌리도록 의도적으로 디자인했다. 컨트롤러의 버튼 마크 역시 'ABC'가 아니라, 2~3살 아이라도 직감적으로 이해할 수 있는 '○×△□' 기호를 넣었다. 게임회사로서의 경험이 적었던 것이 오히려 장점으로 승화되었기에, 본체·컨트롤러·기타 모든 디테일에 걸쳐 기존의 통념에 사로잡히지 않고 자유롭게 발상하여 하나하나 깊이 숙고한 끝에 재정의해낼 수 있었던 것이라 하겠다.

또한, 기존의 게임업계 전통에서 탈피하여 새로운 소프트 개발사와 고객층을 적극적으로 발굴해내기도 하였다. SCE의 출자사인 소니뮤직엔터테인먼트는 음반회사 특유의 사업방식을 게임에도 적극적으로 도입해, 게임 개발자를 소프트 제작사의 사원이 아니라 '크리에이터'로서 우대했다. 덕분에 이전까지는 일반인들에게 거의 알려지지 않았던 개발자 개인을 대중에 적극적으로 노출하는 분위기가 형성되었고, 회사명이 아니라 핵심 개발자의 이름을 보고 게임을 고른다는 새로운 풍조도 만들어냈다.

SCE는 '디지털 엔터테인먼트 프로그램'과 '게임 야로우제' 등의 게임 크리에이터 발굴 오디션도 활발히 개최했으며, 이 오디션을 통해 「XI[sai]」나 「어디서나 함께」 등 신선한 발상이 어우러진 히트작 타이틀도 다수 탄생하여 출시되었다.

HARDWARE
1994
1995
1996
1997
1998
1999
2000
2001
2002
2003
2004
INDEX

소니의 가정용 게임기 사업 참전 제 1호기

플레이스테이션

소니컴퓨터엔터테인먼트　1994년 12월 3일　39,800엔

PlayStation

첫 가정용 게임기로 누계 1억 대를 판매

플레이스테이션은 소니컴퓨터엔터 테인먼트(현 소니인터랙티브엔터테인먼트)가 1994년 12월 3일 일본에서 최초 발매한, 소니의 첫 가정용 게임기이자 게임 플랫폼이다. 게임기 자체의 개

발경위부터 시작해 소프트웨어와 개발 라이브러리, 판매에 이르기까지 기존 일본 게임업계의 계보와는 완전히 무관했던 '햇병아리 집단'이 만들어낸 기기였음에도 1994년부터 시작된 32비트 차세대 게임기 전쟁에서 승리를 거둬, 이 1세대기만으로 시장점유율 1위를 석권함으로써 닌텐도·세가를 뛰어넘어 일본 내에서만 1,900만 대, 전 세계로는 1억 240만 대라는 역사에 찬연히 빛날 출하대수를 달성했다. SCE는 플레이스테이션용 소프트「그란 투리스모」로 1,085만 장이라는 단독 판매기록도 세워, 소프트 개발사로서도 큰 족적을 남겼다.

　이러한 역사에 남을 성공 뒤에는 업계의 과거 전통과 관례에 얽매이지 않은 자유로운 시점에서 확립한 판매 전략이 있었기에, 플레이스테이션은 그 사업모델 면에서도 훗날 타 회사들이 적극 모방할 만큼 큰 영향을 끼쳤다.

플레이스테이션의 사양

형식번호	SCPH-1000
CPU	MIPS R3000A 기반 32비트 RISC 프로세서 (33.8688MHz)
메모리	워크 RAM : 2MB, 비디오 RAM : 1MB, 사운드 RAM : 512KB CD 버퍼 RAM : 32KB, BIOS ROM : 512KB
지오메트리 연산	연산능력 : 최대 150만 폴리곤/초 표시능력 : 최대 36만 폴리곤/초
그래픽	해상도 　: 256×224픽셀(논 인터레이스) ~ 640×480픽셀(인터레이스) 발색수 　: 최대 1,677만 색 이상 스프라이트 : 최대 표시수 4,000개/프레임, 라인 및 정의 개수 무제한 특수 기능 : 텍스처 매핑, 고러드 셰이딩, 포그, 반투명 처리 기능
영상 디코딩 엔진	JPEG 디코더 　　: Motion JPEG 및 텍스처 전개 동영상 재생 기능 : 320×240픽셀일 때 30프레임/초
사운드	ADPCM 음원, 스테레오 24채널 (16비트 양자화, 샘플링 주파수 최대 44.1kHz)
소프트웨어 매체	CD-ROM (2배속)
앞면 입출력 단자	컨트롤러 포트×2, 메모리 카드 슬롯×2
뒷면 입출력 단자	영상출력단자, 음성출력단자, S영상출력단자, AV멀티출력단자, DC출력단자, 통신단자, 외부확장단자
전원 / 소비전력	AC 100V±10% 50/60Hz / 약 10.5W
외형 치수 / 중량	270(가로) × 188(세로) × 60(높이) mm　약 1.5kg
부속품	전용 컨트롤러×1, 전원 코드, AV 핀 케이블(영상·음성 일체형), 취급설명서, AS 신청서

TOP VIEW

BOTTOM VIEW

FRONT VIEW

REAR VIEW

LEFT SIDE VIEW

RIGHT SIDE VIEW

3D에 특화시킨 세계 최초의 게임기

과거에도 3D 표현이 가능한 가정용 게임기가 없었던 것은 아니나, 어느 기기든 기본적으로는 스프라이트와 백그라운드(BG), 회전·확대·축소 등 어디까지나 2D 영상처리를 전제로 하여 설계한 데 지나지 않았다. 그에 반해 플레이스테이션은 세계 최초로 3D 처리에 특화시킨 가정용 게임기로서, '3D 표현에 능하면 당연히 2D도 표현할 수 있다'라는, 당시의 상식으로 보기엔 매우 급진적인 방법론으로 설계되었다. 실제로 플레이스테이션의 스프라이트는 사각형 폴리곤에 텍스처를 입혀 배치하는 방법으로 구현됐고, 백그라운드 화면 대신 프레임 버퍼 한 장만이 제공될 뿐이었다.

현대의 게임기·PC에서는 오히려 이런 방법론이 주류이지만 당시의 연산능력 수준으로 이를 온전히 구현하기

에는 불충분했기에, 플레이스테이션의 2D 처리능력은 다른 라이벌 기종에 비해 부족한 편이었다. 허나 이 기기가 개발되던 1990년대 초반 시점에서 이

런 아키텍처의 게임기를 대담하게 만들어 내다니, 실로 미래를 제대로 예측한 사상가가 아니라면 도저히 구현할 수 없었으리라.

비밀 3 '3차원에 능하다 = 2차원은 더욱 능하다'라는 점

기존의 가정용 게임기는 1화면/1수평라인 내에 표시 가능한 캐릭터 수가 제한적이었습니다.

하지만, 플레이스테이션은 스프라이트(2차원)를 고속 표시하기 위한 전용 칩인 GPU를 탑재하여 이러한 제한에서 해방되었습니다.

한 화면 내에 스프라이트를 4,000개나 표시할 수 있는 경이의 2차원 표시능력은, 과거의 게임 시스템을 능가했다고 할 수 있습니다.

참고화면

▲ 번역본

秘密その3 3次元が凄い＝2次元は超スゴイということ

従来の家庭用ゲーム機は、1画面/1水平ライン中に表示されるキャラクター数に制限がありました。

しかし、プレイステーションは、スプライト（2次元）表示を高速に行なうための専用チップGPUを搭載することによって、この制限を開放しました。

1画面あたり、4,000個のスプライト表示という驚異の2次元表示能力が、あらゆるゲームシステムを凌駕したと言えます。

参考画面

▲ 발매 전의 플레이스테이션 선전 카탈로그에서 발췌했다. 3D가 2D를 내포한다는 사상이 실로 선진적이다.

■ 내장 CD 플레이어와 메모리 카드 관리 화면

다른 CD-ROM 탑재형 가정용 게임기와 마찬가지로, 플레이스테이션에도 음악용 CD 플레이어 및 세이브데이터 관리 화면이라는 전용 메뉴가 준비되어 있다. CD 플레이어는 얼핏 장난감스러운 디자인이나, 태생이 AV기기의 명가인 소니답게 매우 세련되게 제작하여 일반적인 CD 플레이어 용도로도 충분히 활용 가능한 기능과 조작감을 구현했다. TV 화면을 굳이 켜지 않고도 컨트롤러만으로 직관적으로 CD 재생을 제어할 수 있기에, 실로 디테일까지 빈틈이 없어 만족스럽다.

이에 더해, SCPH-7000 이후 기종부터는 재생되는 음악에 맞춰 화면이 실시간으로 변화하는 사운드스코프(요즘 말로 하면 사운드 비주얼라이저)을 내장하여, 더욱 CD 플레이어로서의 완성도를 높였다. 참고로, 이 기능은 단독 소프트로 발매했던 「BABY UNIVERSE」(117p)의 일부를 가져와 내장한 것이다.

메모리 카드의 데이터 관리 기능은 메모리 카드에 저장된 게임 세이브데이터 등을 삭제·복사할 수 있는 기능으로서, 저장된 세이브데이터 파일에는 게임별로 각각 간단한 애니메이션 패턴을 집어넣은 아이콘이 붙어있다. 이 아이콘이 다다다다 붙어있는 화면도 단순하지만 재미가 있다.

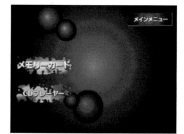

▲ 전원을 켜면 바로 나타나는 SCE 로고. 부팅 사운드는 SCE의 게임 프로듀서도 역임한 후지사와 타카후미가 제작했다.

▲ 디스크가 드라이브에 없는 상태에서 부팅하면 표시되는 메인 화면. 상당히 심플한 디자인이다.

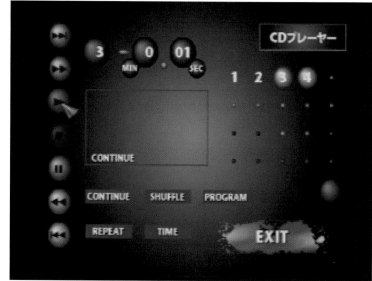

▲ CD 플레이어를 구동한 화면. 셔플·프로그램·반복 등의 변칙적인 재생도 지원한다.

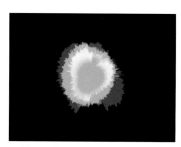

▲ 사운드스코프를 켜둔 상태. 컨트롤러로 영상을 조작하거나, 이를 메모리 카드에 저장할 수도 있다.

▲ 기기가 지원하지 않는 CD-ROM을 세팅하면 표시되는 경고 화면. 정규 소프트로 교체하고 리셋하자.

카드 슬롯 2개로 세이브데이터를 관리

플레이스테이션은 메모리 카드 슬롯이 2개 있다는 점을 이용하여, 2개의 메모리 카드 간에 세이브데이터를 복사할 수 있다. 카드를 여러 개 사용해 데이터를 관리한다는 발상이 CD나 카세트테이프의 더빙을 연상케 하는 게 실로 소니답다고 느껴지는 건 지나친 억측이려나.

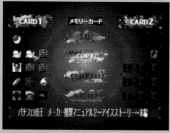

▲ 메모리 카드 관리 화면. 좌우로 각 슬롯에 꽂힌 카드의 내용물이 표시된다.

▲ 복사하고픈 데이터 위에 커서를 놓고 ○ 버튼을 누른 안내창. 복사 여부를 묻는 메시지가 표시된다.

CATALOGUE

플레이스테이션 광고의 특징은 어쨌든 '독특하다'는 것으로, 게임 화면을 직접 보여주지 않고도 게임에 대한 흥미를 불러일으켜 '재미있다'라는 감정을 유도해내는 수법을 즐겨 사용했다. 본 지면에서는 이러한 재미있는 광고전략의 일부를 소개해본다.

■ 동일 제품이지만 모델을 거듭해 변경

플레이스테이션은 버그·문제점 수정과 단가절감을 목적으로, 긴 판매 기간동안 꾸준히 모델 체인지를 거듭했다. 초기 모델의 대표적인 문제점은 장시간 플레이할 경우 내부 칩의 과열로 인해 다운되는 것이었는데, 후기 모델에서는 거의 발생하지 않는다.

또한, 단가절감을 위해 본체 후면에서 S영상 단자, 영상 출력, 음성 출력, 외부확장 단자 등 초기 모델에 존재했던 여러 단자들이 순차적으로 삭제되어 갔다. 본체 내부 역시 단가절감 대책을 수시로 시행해, 오른쪽 페이지의 사진으로도 알 수 있듯 기판 면적과 칩 개수가 꾸준히 줄어들었다. 본체 후면의 단자명 표기 인쇄를 SCPH-5000부터 양각으로 변경한 것 역시 단가절감의 일환일 것이다.

눈에 띄지 않는 변경점이긴 하나, 해적판 소프트의 구동을 막는 프로텍트가 모델 체인지 때마다 강화된 것도 특징으로서, 신 모델이 발매될 때마다 이에 대응되는 MOD 칩(프로텍트를 무력화하는 부품)이 제작되는 등 제조사와 불법업자 간에 치열한 물밑싸움이 있었다는 점도 덧붙여 둔다.

PACKAGE

SCPH-1000	SCPH-3000	SCPH-3000 (후기)	SCPH-3500
SCPH-5000	SCPH-5500	SCPH-7000 이후	SCPH-9000 어디서나 함께 토로 ver.

모델 체인지를 거듭할수록 단순해져간 후면 단자부

위에서 언급한 대로, 플레이스테이션의 모델 변천사를 한 눈에 알 수 있는 대표적인 부분이 본체 후면이다. 초기 모델의 RFU 어댑터 킷 등, 단자가 삭제된 탓에 사용 불가능해진 주변기기도 있으니 주의해야 한다.

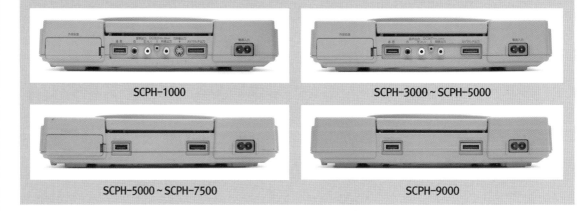

SCPH-1000	SCPH-3000 ~ SCPH-5000
SCPH-5000 ~ SCPH-7500	SCPH-9000

플레이스테이션 모델별 차이점 일람

형식번호·발매일·가격	S단자	영상·음성단자	외부확장단자	통신단자	사운드스콥	바 닥 면	내 부
SCPH-1000 발매일 : 1994년 12월 3일 가격 : 39,800엔 가장 처음 발매된 모델. 과열 등의 문제점이 있었으나, S단자를 표준 내장하고 있는 귀중한 모델이기도 하다.	○	○	○	○	✕		
SCPH-3000 발매일 : 1995년 7월 21일 가격 : 29,800엔 _{1995년 11월 24일 오픈 프라이스로 변경} 도처에 단가절감을 가한 모델. 외관상으로는 S단자가 삭제되어 있으므로, 이것으로 구분할 수 있다.	✕	○	○	○	✕		
SCPH-3500 (파이팅 박스) 발매일 : 1996년 3월 28일 가격 : 24,800엔 「철권 2」 발매에 맞춰 시장에 투입한 모델. 대전 플레이를 상정해, 컨트롤러를 2개 동봉했다.	✕	○	○	○	✕		
SCPH-5000 발매일 : 1996년 6월 22일 가격 : 19,800엔 출시 1년 반 만에 정가가 반액 미만이 되었다. 버그 수정을 위해 GPU를 변경했으며, 그 덕분에 소비전력도 절감됐다.	✕	○	○	○	✕		
SCPH-5500 발매일 : 1996년 11월 15일 가격 : 19,800엔 영상·음성 출력을 AV 멀티 단자로 일원화했다. 바닥면에 열 배출구를 추가하는 등의 과열 대책을 마련했다.	✕	✕	○	○	✕		
SCPH-7000 발매일 : 1997년 11월 13일 가격 : 18,000엔 본체 동봉 컨트롤러를 DUALSHOCK로 변경했고, 음악 CD 재생 메뉴에 사운드 스콥 기능을 추가했다.	✕	✕	○	○	○		
SCPH-7500 발매일 : 1999년 1월 23일 가격 : 15,000엔 기판 및 커스텀 칩을 더욱 집적화시켰고, 과열 대책을 한층 더 추가했다. 바닥면의 열 배출구도 늘어났다.	✕	✕	○	○	○		
SCPH-9000 발매일 : 1999년 5월 28일 가격 : 15,000엔 그레이 컬러의 플레이스테이션으로서는 최종 모델. 외부확장 단자가 삭제됐고, 기판 사이즈가 초대 모델의 반절이다.	✕	✕	✕	○	○		
SCPH-100 (PS one) 발매일 : 2000년 7월 7일 가격 : 15,000엔 _{2002년 5월 16일 오픈 프라이스로 변경} 집적화의 진보로 구현해낸 소형 플레이스테이션. 통신 단자가 삭제됐으므로, 케이블 통신 대전은 불가능해졌다.	✕	✕	✕	✕	○		

HARDWARE

1994
1995
1996
1997
1998
1999
2000
2001
2002
2003
2004

INDEX

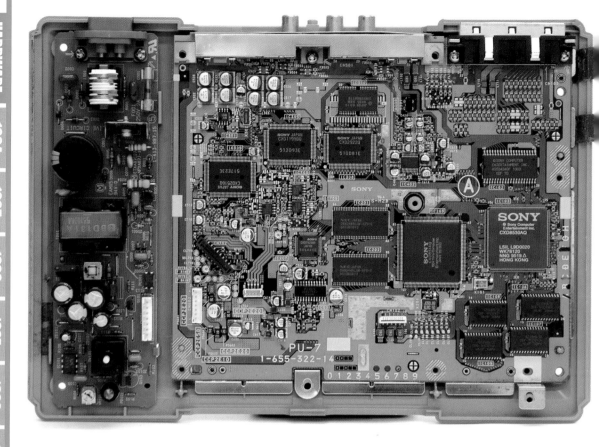

컴팩트하고도 강력한 워크스테이션

플레이스테이션은 R3000A 기반의 CPU를 중심으로 하여, 그래픽·사운드 등의 각종 기능을 구현하는 프로세서들 및 그 주변회로로 구성되어 있다. 각 부분에 접근하는 기능은 개발자용으로 개발된 플레이스테이션 전용 멀티태스킹 OS 'PS-X OS'를 통해 제공

되며, 개발자 쪽에서는 이 OS를 통해 필요한 기능을 처리한다.

PS-X OS는 메모리 상주 용량이 불과 64KB인 작고 가벼운 OS로서, 게임의 퍼포먼스에 끼칠 영향을 최소한도로 억제하기 위해 일반적인 OS라면 존재할 각종 금지사항 체크를 의도적으로 없앤 것이 특징이다. 이것은 PS-X OS가 게임을 즐길 유저를 위한 것이 아니라(애초에 유저 인터페이스 자체

가 아예 없다), 어디까지나 게임 개발자가 하드웨어를 제어하기 위해 필요한 OS라는 위치이기 때문이다.

1994년 당시의 가정용 게임기들 중에서 이렇게까지 컴퓨터와 유사한 구조로 구축된 시스템은 드물었으니, 이것도 게임기가 아니라 컴퓨터 쪽의 기술자가 만들어낸 게임기다운 점이다.

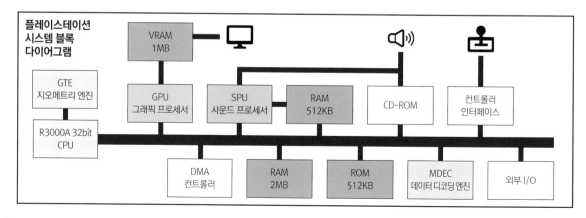

플레이스테이션 시스템 블록 다이어그램

HARDWARE

1994

1995

1996

1997

1998

1999

2000

2001

2002

2003

2004

INDEX

CHECK POINT 1 *CPU* 중앙연산장치

32비트 RISC 프로세서를 탑재

▲ 플레이스테이션의 메인 기판에 탑재돼 있는 CPU(CXD8530BQ)와, 삼성전자가 제조한 EDO DRAM(4Mbit×4이므로 합계 2MB). 사진은 SCPH-1000 기준으로서, 모델 체인지에 따라 일부 구성이 바뀌기도 한다.

플레이스테이션에 채용된 CPU의 기반은 미국 MIPS 사가 개발한 R3000A 아키텍처로서, 그래픽용 워크스테이션과 서버 등에 채용된 실적이 있는 프로세서다. MIPS 사는 자체 제조공장이 없고 순정품이란 개념도 없으므로, 플레이스테이션용의 R3000A 커스텀 칩은 미국 LSI 로직 사가 제조한 것이다. 당초 플레이스테이션의 정가를 39,800엔으로 맞추기 위해 SCE가 원했던 로트 단가를 실현하려면 칩을 100만 개 단위로 발주해야만 했기에, '가자, 100만 대'라는 기운찬 선전문구는 사실 '100만 대를 팔지 못하면 채산성이 악화돼버린다'라는 절실한 내부사정 때문에 탄생한 것이기도 했다.

플레이스테이션에 탑재된 커스텀 칩엔 CPU 본체 외에도 GTE(지오메트리 엔진)와 MDEC(데이터 디코딩 엔진)까지 원칩화되어 담겨 있으므로, 다이 사이즈는 128mm^{2}다. 다이 사이즈를 억제해야 했던 데다 애초에 이 칩의 기반인 R3000A는 FPU(부동소수점 연산유닛)가 없는 아키텍처인지라, 부동소수점 연산은 지원되지 않는다. 이 때문에 폴리곤 묘사의 정밀도에 다소 난점이 있었다.

이 세대의 CPU는 본래 직접 어셈블러로 프로그램을 짜는 상황을 상정하지 않으므로, SCE에서 제공했던 개발환경 역시 C언어 중심이다. 실제 현장에서도 같은 세대인 세가새턴과의 멀티플랫폼으로 개발해 양 기종에 동일한 소프트를 공급하는 경우가 많았으므로, 당시엔 C로 소프트를 개발하는 회사가 대부분이었다. 하지만 「철권 3」처럼, 일부 개발사가 더욱 고도의 퍼포먼스를 끌어내기 위해 어셈블러로 게임을 제작해 뛰어난 최적화로 당시의 유저들을 놀라게 한 경우도 있었다.

플레이스테이션 CPU의 사양

시스템 클럭	33.8688MHz
버스 폭	32비트
버스 대역폭	132MB/초
명령어(I) 캐시	4KB
데이터(D) 캐시	1KB (스크래치패드)
연산능력	30 MIPS
트랜지스터집적개수	100만 개

CHECK POINT 2 *SPU* 사운드 프로세서

음악 CD급 음질의 ADPCM × 24ch

플레이스테이션에 탑재된 음원은 'SPU'라는 이름의 자사 개발 오리지널 음원 칩으로, 슈퍼 패미컴에 탑재되었던 샘플러 음원 'SPC700'(플레이스테이션 이전에, 소니가 개발하고 닌텐도가 채용했던 칩)을 원류로 삼아 발전시킨 것이다.

내부적으로는 6502를 확장시킨 명령어 세트를 지닌 어엿한 컴퓨터로서, 본체의 CPU와는 독립적으로 동작한다. 양자화수는 16비트이며, ADPCM의 샘플링 주파수는 44.1kHz로서 음악용 CD와 동등한 음질이고, 이러한 사운드를 스테레오 24채널까지 동시 발생시킬 수 있다. 여기에 DSP에 의한 ADSR 제어, 에코, 딜레이, 리버브, 피치 모듈레이션 등 여러 이펙트 기능도 내장했다.

전신격인 SPC700도 고성능 음원 칩이었으나, 1990년 당시의 메모리 가격 문제로 메모리가 64KB에 불과했다. 이를 교훈삼아 SPU는 메모리를 512KB로 대폭 강화했다.

후일의 플레이스테이션 2 역시 SPU를 발전시킨 후계 칩 'SPU2'를 탑재함으로써 명맥이 이어졌으니, 이것도 이 음원 칩 시리즈가 지닌 뛰어난 효용성을 증명하는 사례라 하겠다.

▲ 플레이스테이션의 메인 기판 상에 위치해 있는 SPU (CXD2922Q).

3차원 연산을 행하는, 플레이스테이션의 핵심

플레이스테이션의 최대 특징이라면, 뭐니 뭐니 해도 '세계 최초로 하드웨어 3D 연산처리를 구현한 가정용 게임기'라는 점이 꼽힐 것이다. 같은 세대의 게임기 중에도 폴리곤 연산에 능한 기종이 전혀 없었던 것은 아니나, 지오메트리(3차원 컴퓨터 그래픽 묘사에 필요한 좌표변환) 연산을 하드웨어적으로 지원한 최초의 기종은 플레이스테이션이다. 이 하드웨어를 SCE는 지오메트리 엔진(GTE)이라 명명하고, CPU와 동일한 칩 내에 내장했다.

GTE는 메인 CPU를 능가하는 66MIPS의 연산성능이 있으며, 초당 450만 정점(vertex)의 연산이 가능하다. 삼각형 폴리곤으로 환산하면 초당 150만 폴리곤을 생성할 수 있다는 계산이 나온다. 기존의 가정용 게임기와는 달리, 이만큼 부담이 큰 연산처리를 통째로 전용 칩에 맡김으로써 CPU를 게임 본래의 처리에 전념시키는 병렬분산처리를 구현해낸 것이다.

품질과 속도의 밸런스에 고심하다

GTE는 CPU와 마찬가지로, 정수연산에 특화되어 있으므로 부동소수점 연산 기능이 없다(폴리곤 사이의 이음매가 종종 벌어지는 것은 이 때문이다). Z버퍼가 없기에 Z소트로 폴리곤의 깊이 값을 관리해야 하고, 퍼스펙티브 보정이 없기에 폴리곤이 카메라에 근접할수록 텍스처가 왜곡되는 등, 전문적인 그래픽 워크스테이션에 비해 기능적으로 부족한 부분도 여럿 존재한다. 처리속도와 단가를 우선시해 그래픽 품질 면에서 의도적으로 타협한 것이라고 볼 수 있다.

다만, 플레이스테이션이 개발중이던 시기는 아직 폴리곤 기술의 과도기였기에, 실제로 개발하던 소프트 회사마저도 전용 툴은 고사하고 폴리곤을 다루는 데 필요한 경험과 지식조차 거의 없었던 시대였다. SCE도 이를 감안하여 판단해, 연산정밀도를 어느 정도 희생하는 대신 게임기로서는 충분한 반응속도를 확보하는 현재의 밸런스로 결정한 것이 아닐까 상상해본다.

플레이스테이션 발매 후 불과 수년 만에 2D에서 3D로의 패러다임 시프트가 일어났음을 생각해보면, 연산정밀도에 문제가 있다고는 해도 손쉽게 3차원 영상을 구현할 수 있는 최초의 게임기를 세상에 내놓은 공적만큼은 실로 크나큰 것이라 아니 할 수 없다.

| 비밀 1 | 세계 정상에 우뚝 선 3차원 그래픽 기술 |

참고화면

게임의 그래픽은 10년 이상이나 2차원으로 표현되는 것이 당연시돼 왔습니다. 어떤 의미로는, 2차원 그래픽은 하드웨어적으로나 소프트를 표현하는 수단으로서나 이미 한계에 도달해버렸다고 해도 과언이 아닙니다. 앞으로의 게임 표현방법은 3차원이 주류가 됩니다. 3차원 CG를 표현하려면 뛰어난 계산능력이 필요하기에, 이전까지의 가정용 게임기로는 불가능이라 여겨져 왔습니다. 플레이스테이션은 본격적인 실시간 3차원 CG를 가정용 게임기로 구현하기 위하여, 3차원 CG 연산 전용 칩인 GTE(좌표변환 엔진)를 탑재했습니다.

그 덕분에 CPU 하나만으로는 불가능한 대량의 연산을 고속으로 처리 가능하므로, 컨트롤러에 입력하는 대로 처리지연 없이 3D CG를 조작할 수 있습니다.

참고로 GTE는 1초 동안 450만 정점을 연산 가능하며, 이는 수천만 엔 급 CG 워크스테이션의 능력에 필적합니다.

▲ 번역본

| 秘密その1 | 世界の頂点に立つ3次元グラフィックス技術 |

参考画面

ゲームの画像は2次元の表現が10年以上続いてきました。ある意味において2次元の映像は、ハード的にもソフトを表現する上でも、その限界に行き着いてしまったと言っても過言ではありません。これからのゲームの表現方法は3次元が主流となります。3次元のCGを表現するには、高い計算能力を必要とするために、これまでは家庭用ゲーム機では不可能とされてきました。プレイステーションは、リアルタイムの本格的な3次元CGを家庭用ゲーム機で実現できるように、3次元CG演算専用チップGTE(座標変換エンジン)を搭載しました。

このことにより、単一のCPUでは不可能な大量の演算処理を高速で行なうことが可能になったため、コントローラーからの入力に対して遅延のない3DCGの操作が可能です。

ちなみにGTEは、1秒間あたり450万頂点の演算が可能で、これは、数千万円するCGワークステーションの能力に匹敵します。

▲ 발매 전의 플레이스테이션 선전 카탈로그에서 발췌했다. SCE의 강한 자신감이 엿보이는 표현이 도처에 들어가 있다.

▲발매 전의 기술 데모 영상에서 발췌했다. 이 공룡을 컨트롤러로 실시간 조작 가능하다는 것이, 당시에는 큰 충격이었다.

▲ 플레이스테이션용 커스텀 CPU(CXD8530BQ). 이 안에 GTE도 들어가 있다.

CHECK POINT 1 *GPU* 그래픽 프로세서

그래픽을 관장하는 비디오 칩

GPU는 플레이스테이션의 그래픽 기능 전반을 관장하는 칩으로서, 다른 게임기에서는 VDP에 해당한다. VRAM의 일부 영역을 '표시영역'으로 매핑하여 화면 표시를 구현하며, 화면은 1장뿐이다. 여기에 폴리곤과 스프라이트(기능 상 스프라이트라고 표현하긴 하나, 사각형 폴리곤에 텍스처를 붙인 것)를 표시한다.

그래픽 색수는 15비트 모드(32,768색) 혹은 24비트 모드(16,777,216색)의 두 가지 모드 중에서 고를 수 있고, 스프라이트와 텍스처는 15비트 모드에서만 사용 가능하다. 24비트 모드는 동영상을 재생하거나 풀스크린으로 그림 한 장을 표시할 때 정도의 쓸모밖에 없다. 애초에 15비트 모드라도 GPU 내부에서는 24비트로 연산하는데다, 디더링 기능을 사용하면 풀 컬러와 유사하게 표현할 수도 있으므로, 15비트 모드만 사용해도 실용적으로는 거의 문제가 없었던 게 사실이다.

VRAM을 효율적으로 쓰는 것이 키포인트

VRAM은 1MB가 탑재돼 있는데, 화면표시에 필요한 스프라이트·텍스처 패턴·팔레트 정보는 VRAM 상의 표시영역을 제외하고 남은 공간에 올려 사용하므로, VRAM 용량의 한계가 곧 정의 개수의 한계가 된다. 가령 화면 해상도를 높게 잡으면 표시영역에 VRAM의 대부분이 할당되므로, 사용 가능한 스프라이트·텍스처 정의 개수가 극도로 줄어들기에(640×480픽셀로 설정할 경우, 표시영역으로만 921KB를 잡아먹기에 텍스처용 공간이 불과 103KB만 남는다) 그래픽이 초라해질 수밖에 없게 된다.

게다가 캐릭터 제네레이터나 한자 ROM 등의 문자표시 계열 기능도 하드웨어적으로 지원하지 않아서, 문자를 표시하려면 VRAM 상에 글꼴 패턴을 미리 올려두어야만 한다. 이런 이유로 플레이스테이션의 그래픽 기능은 적은 VRAM 용량에 항상 발목을 잡혔고, 특히 아케이드용 2D 대전격투 게임을 이식할 때는 캐릭터 패턴을 상당

▲ 그래픽 기능의 핵심인 GPU(CXD8514Q). 후기 모델에서는 더욱 성능이 올라간 GPU2로 업그레이드되었다.

량 삭제해야만 간신히 돌릴 수 있었다.

이렇듯 플레이스테이션의 그래픽 기능은 VRAM 용량에 휘둘리기 일쑤였으나 GPU 자체의 성능은 놀랄 만큼 우수해, 같은 화면 내에서 각기 다른 색수·사이즈의 스프라이트들을 혼재시킬 수 있는 등 매우 유연성이 뛰어난 설계였다. VRAM을 낭비 없이 효율적이고도 알뜰하게 쓰는 법을 터득하면 상당한 고도의 그래픽 표현도 가능했던, 커다란 잠재력을 품은 칩이었다 할 수 있다.

플레이스테이션의 화면 모드

모드	
모드 0	256×240픽셀, 논 인터레이스
모드 1	320×240픽셀, 논 인터레이스
모드 2	512×240픽셀, 논 인터레이스
모드 3	640×240픽셀, 논 인터레이스
모드 4	256×480픽셀, 인터레이스
모드 5	320×480픽셀, 인터레이스
모드 6	512×480픽셀, 인터레이스
모드 7	640×480픽셀, 인터레이스

컬러 모드에 대하여

15비트 모드	32,768색 다이렉트
	일반적인 게임에서 사용하는 화면 모드, 내부적으로는 24비트로 색을 계산한다. 디더링 기능을 사용하면 유사 풀 컬러(24비트) 표시가 가능하다.
24비트 모드	16,777,216색 다이렉트
	VRAM으로 전송된 이미지 영상을 그대로 표시한다. 스프라이트 등을 포함한 GPU의 각종 그래픽 기능은 일체 사용할 수 없다.

스프라이트 및 텍스처의 사이즈·색수에 대하여

스프라이트 및 텍스처 사이즈는 1×1픽셀 ~ 256×256픽셀

4bit CLUT(※)	(32768색 중 16색)
8bit CLUT	(32768색 중 256색)
15bit DIRECT	(32768색)

스프라이트 및 텍스처의 패턴 정의 개수·팔레트 개수에 대하여

패턴 정의 개수 : 무제한　　　팔레트 개수 : 무제한
단, VRAM의 용량을 넘지 않는 범위 내에서만 정의 가능.

화면 표시 개념도

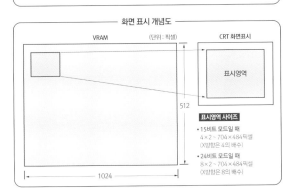

VRAM　　　　(단위 : 픽셀)　　　CRT 화면표시

표시영역

512

표시영역 사이즈
- 15비트 모드일 때
　4×2 ~ 704×484픽셀
　(X방향은 4의 배수)
- 24비트 모드일 때
　8×2 ~ 704×484픽셀
　(X방향은 8의 배수)

1024

GPU의 그래픽 관련 기능

폴리곤 드로잉	플랫 셰이딩, 고러드 셰이딩, 텍스처 매핑
직선 드로잉	그라데이션 가능
이미지 전송	CPU→VRAM, VRAM→CPU, VRAM→VRAM
기타	반투명, 디더링, 클리핑, 오프셋 지정

(역주 ※) 'Color Look-Up Table'의 약자, 타 게임기의 '팔레트'와 동일한 의미이다.

CHECK POINT 5 MDEC 데이터 디코딩 엔진

모션 JPEG으로 구현한 동영상 재생 기능

플레이스테이션뿐만 아니라, 세가 새턴과 PC-FX 등 같은 세대의 CD-ROM 탑재형 게임기들은 모두 '동영상 재생 기능이 있는 것이 당연'하다는 듯이 여겨지던 풍조가 있었다. 당시의 폴리곤 영상은 아직 '실사를 방불케 할 정도'의 수준에는 한참 못 미쳤기에, 턱없이 빈약했던 폴리곤 묘사 능력을 커버하기 위해 '사전에 워크스테이션으로 미리 만들어놓은 고품질 영상'을 동영상화해 재생하는 수법이 널리 사용되었다. 또한, 이 수법으로 애니메이션 영상을 동영상화해 재생하면서 주제가를 배경음악으로 깔면 TV 애니메이션풍의 오프닝을 연출할 수도 있었기에, 특히 미소녀 게임 등에서 단골로 쓰이곤 했다.

플레이스테이션에 내장된 동영상 재생 기능은 CPU 내에 MDEC(데이터 디코딩 엔진)란 이름의 칩으로 탑재돼 있으며, JPEG 압축을 하드웨어로 디코딩하는 기능을 이용해 이미지를 연속 표시하는 형태로 구현하고 있다.

H.261 준거의 모션 JPEG을 사용하며, 320×240픽셀 해상도라면 초당 30 프레임 정도의 동영상을 CPU의 개입 없이 재생할 수 있다. 참고로 프레임 레이트에 한계가 있는 이유는 MDEC의 처리능력 때문이 아니라 플레이스테이션에 탑재된 2배속 CD-ROM의 전송속도(초당 300KB)에 기인한 것이므로, 드라이브의 읽기 속도가 바뀌지 않는 한 아쉽게도 극적인 개선이 불가능했다.

MDEC의 쓰임새는 동영상뿐만이 아니다

MDEC에는 동영상 재생 외에도 용도가 하나 더 있다. 그것은 압축된 텍스처 데이터를 메모리 상에 풀어내는 일로서, 매우 중요한 역할이다. 앞서 서술한 대로, CD-ROM의 전송속도는 다른 매체에 비해 결코 빠르지 않다. 게임 도중에 'NOW LOADING'이 잦아지면 플레이어가 흥이 식게 되므로, 텍스처를 비롯한 이미지 데이터의 전송량은 최대한 줄여야만 한다. 그래서 CD-ROM에 데이터를 쌓아둘 때는

▲ 플레이스테이션용 커스텀 CPU(CXD8530BQ). 이 안에 MDEC도 내장되어 있다.

미리 압축해두어 파일 사이즈를 절약하고, 조금이라도 로딩 시간을 줄이면서 CPU 처리능력의 부담도 덜기 위해, MDEC에 데이터 압축 풀기를 전담시킨다는 방법을 채택한 것이다.

MDEC은 동영상 재생이라는 스타 배우 역할뿐만 아니라, 쾌적한 게임 플레이를 무대 뒤에서 은밀히 도와주는 세트장 스탭 역할도 동시에 맡고 있다고 비유할 수 있다.

CHECK POINT 6 I/O 통신·외부확장 단자

시리얼 I/O와 패러렐 I/O

플레이스테이션의 뒷면에 배치돼 있는 '외부확장' 및 '통신' 글자가 붙어 있는 단자 2개는, 각각 패러렐(병렬) 및 시리얼(직렬) 포트다. SCPH-5500 이후부터는 인쇄에서 양각으로 문자표기를 바꾸면서 전 세계 공통 표기로 통일한 결과, 그대로 'PARALLEL I/O', 'SERIAL I/O'가 되었다.

통신 단자는 주로 플레이스테이션 2대를 연결시켜 통신대전을 즐기는 용도로 사용되며, '넷 야로우제'(24p)에서는 PC와 플레이스테이션을 연결하는 용도로도 쓰였다.

外部拡張　通信
▲ 이 단자를 사용하는 순정 주변기기가 끝내 나오지 않아, 말기에는 결국 삭제되고 만 외부확장 단자.

외부확장 단자는 장래의 확장 목적으로 마련된 것이며, 보통은 커버로 덮여있다. 하지만 플레이스테이션의 기본 성능이 높았기 때문인지 확장이 필요해지는 '장래'가 끝까지 오지 않아, SCPH-9000부터는 단가절감 대상이 되어 단자 자체가 삭제돼 버렸다. 후기에는 이 단자 때문에 불법 데이터 추출·개조 툴이 발매되는 등 SCE가 용납하기 어려운 지경에 이르렀던 점도 있어, 어쩔 수 없이 삭제를 단행할 수밖에 없었을지도 모른다.

CHECK POINT 7 *MEMORY CARD*

HARDWARE
1994
1995
1996
1997
1998
1999
2000
2001
2002
2003
2004
INDEX

■ 세이브에 필수인 ■ 외부 저장매체

메모리 카드는 플레이스테이션에 유일하게 마련돼 있는, 자유롭게 재기록이 가능한 외부 저장매체이다. 플레이스테이션 본체 내에는 유저가 저장하는 환경설정 데이터가 전혀 없기 때문에, 어디까지나 게임 세이브데이터 등의 메모리 카드 지원 소프트용 저장매체로서만 사용법이 한정되었다.

용량은 1Mbit(128KB)이며, 내부적으로는 16개의 블록으로 분할하여 관리한다. 그중 1블록은 시스템이 데이터 관리용으로 사용하므로, 유저가 저장용으로 사용 가능한 공간은 총 15블록이다. 세이브에 필요한 블록 수는 소프트별로 다르며, 소프트의 패키지 뒷면에 기재되어 있다.

플레이스테이션의 메모리 카드는 가정용 게임기의 저장매체로는 최초로 플래시 메모리를 채용했으므로, 기존의 배터리 백업과는 달리 내장 전지가 끊겨 데이터가 지워질 염려가 없어졌다. 내구성은 SCE의 공식 설명으로는 10만 회의 재기록을 보장한다고 한다. 반면 '플레이스테이션의 메모리 카드는 액세스가 느리다'라는 불만도 당시 많았는데, 이는 SCE의 순정 메모리 카드 액세스용 프로그램의 에러 체크 루틴이 원인이라, 개발사가 내부에서 새로 프로그램을 짜서 대체하여 액세스 속도를 개선하는 경우도 있었다.

발매 초기에는 메모리 카드 본체와 전용 케이스, 레이블 스티커가 한 세

▲ 발매 초기의 메모리 카드 패키지 내용물. 전용 케이스에 수납된 메모리 카드와 레이블 스티커, 취급설명서가 들어있다.

▲ 메모리 카드의 앞면 및 뒷면 사진. 앞면에는 레이블 스티커를 부착하는 공간이 있다.

트로 2,000엔이었으나, 후일 카드만 포장된 간이 패키지를 1,800엔으로 판매하면서(케이스는 200엔으로 별매) 이쪽이 일반화되었다.

▲ 본체에 메모리 카드를 삽입한 사진. 미삽입 시에는 먼지 방지용 셔터가 닫히는 구조다.

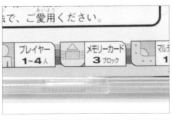

▲ 소프트의 패키지 뒷면에 기록돼 있는, 메모리 카드의 필수 사용 블록 수 표기.

▲ 간이 패키지화된 메모리 카드. 마지 건전지처럼 가볍게 사서 쓰는 아이템이 되었다.

CHECK POINT 8 SOFTWARE MEDIA

전용 소프트웨어는 CD-ROM 규격

플레이스테이션용 소프트는 모두 CD-ROM으로 공급되었으며, 소프트 가격대는 일반적으로 5,800~6,800엔 이었다. 파일 시스템 규격으로는 PC 용 CD-ROM과 동일하게 국제표준인 ISO9660 LEVEL 1 포맷을 채용했으며, 세가새턴의 '새턴 링'과 같은 특수한 하드웨어 프로텍트를 따로 넣지는 않는다.

플레이스테이션용 디스크의 가장 인상적인 특징이라면 역시 시커먼 데이터면이겠으나, 실제로는 짙은 청색으로 착색된 것이므로 적색 레이저로 읽어 들이는 데는 문제가 없다. 따라서 플레이스테이션용 디스크를 일반적인 PC의 CD-ROM 드라이브나 음악 CD 플레이어에 넣어도 제대로 인식된다 (단 '데이터를 읽을 수 있는' 것뿐이지 정규 지원이 아니므로, 당연히 제조사는 책임지지 않는다).

외장 케이스로는 일반적인 음악 CD용 주얼 케이스보다 두툼한 플레이스테이션 전용 케이스를 마련해, 쪽수가 많은 매뉴얼이나 부록도 여유롭게 동봉할 수 있도록 했다. 하지만 꼭 이 케이스여야만 한다고 규정한 것은 아니었으므로, 음악용 CD에서 널리 쓰이

▲ 플레이스테이션용 소프트의 패키지 실례. 두툼한 매뉴얼도 동봉이 가능하다.

▲ 주얼 케이스보다 두께가 두꺼운, 플레이스테이션 전용 케이스.

▲ 플레이스테이션의 상징과도 같은 '블랙 디스크'.

는 주얼 케이스나, CD가 여러 장인 소프트에 적합한 더블 케이스를 고르는

발매사도 많았다.

특수한 사이즈의 플레이스테이션용 CD-ROM

플레이스테이션의 드라이브 부분은 CD-ROM의 실제 지름에 비해 크게 만들어져 있으나, 이는 대용량의 특수 사이즈 디스크 발매를 상정해서가 아니라, 단순히 디스크를 뽑아내기 쉽도록 디자인한 것이다.

특수 사이즈의 디스크를 채용한 사례로는, '프레프레'(30p) 창간준비호에 사용된 8cm 싱글 CD가 유일하다. 당초에는 디스크 매거진에 대용량 CD는 낭비라는 관점에서 채

택한 것이었지만, 체험판과 동영상을 다량 수록하다보니 결국 대용량이 되

어, 8cm CD는 창간준비호가 처음이자 마지막이 되었다.

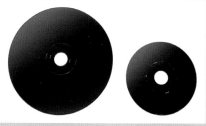
▲ 디스크 대비로 널찍한 드라이브 부.

▲ 일반적인 12cm 디스크와, '프레프레'의 8cm 디스크.

CHECK POINT 9 CONTROLLER

새로운 발상에서 태어난 컨트롤러

플레이스테이션 본체에 동봉된 전용 컨트롤러는, 과거의 패미컴이나 슈퍼 패미컴의 컨트롤러 모양에 익숙했던 유저들과 게임 관계자들에게 놀라움을 선사하며 세상에 등장했다. SCE 스스로도 '세계에서 가장 긴 개발기간을 들인 컨트롤러'라고 자랑했을 만큼, 이제까지 발상된 적이 없었던 수많은 신개념이 하나로 응축된 수작이었다.

좌우 하단에는 큼직한 그립이 붙어 있어, L1·L2·R1·R2 버튼을 양손의 검지·중지로 누르도록 했음에도 마치 권총처럼 제대로 잡히는 입체적인 형상을 채용했다. 또한, 그립이 있음에도 평면 위에 제대로 놓이도록 L2·R2 버튼 아래에 돌출부를 붙였다. 패미컴의 등장 이래로 게임계에 '컨트롤러는 평면적인 것'이라는 고정관념이 일반적이었던 때에, 컨트롤러를 입체적인 조형물로서 만들어낸 이 발상은 게임 컨트롤러의 발전사에서 커다란 전환점이 되었다.

▲ 플레이스테이션의 컨트롤러. 얼핏 기발하고 튀는 디자인처럼 보이는 환상이지만, 알고 보면 수많은 연구와 고심 끝에 만들어진 결과물이다.

버튼 명칭은 미취학 아동도 알기 쉽도록 ○·✕·△·□ 기호를 채용했고, ○을 '결정', ✕를 '취소'로 설정했다(다만 서양에서는 결정과 취소를 반대로 설정했기에, 인터페이스 면에서 국제적인 혼란의 요인이 되기도 했다)(역주 ※). 이 4종의 기호는 플레이스테이션을 상징하는 대표적인 심볼이 되어, PS 마크와 함께 플레이스테이션의 트레이드마크로 정착

했다. 또한 장기간 가혹하게 눌리더라도 닳아 지워지지 않도록, 버튼 마크는 인쇄식이 아니라 일부러 단가 면의 불리함을 감수하고 3색 플라스틱을 조합 성형하는 방식으로 제조했다.

방향 키는 얼핏 버튼 4개로 분리된 것처럼 보이지만 내부적으로는 부품 하나로 구성돼 있는데, 이것도 플레이스테이션을 상징하는 디자인이 되었다.

(역주 ※) 2020년의 플레이스테이션 5부터는 서양을 따라, 전 세계에서 ✕ 버튼이 '결정', ○ 버튼이 '취소'로 통일되었다.

▲ 쥐기 쉽도록 정교하게 디자인한 컨트롤러 뒷면.

▲ 평면에 놓아도 안정감이 있도록 설계된, L2·R2 버튼 아래의 돌출부.

▲ 본체에 연결할 때 잡기 쉽도록 그립감을 가미한 커넥터.

훗날 표준규격으로 승격된 DUALSHOCK

닌텐도 64에 표준 탑재되면서 순식간에 보편화된 아날로그 컨트롤러. 플레이스테이션에도 별매 주변기기 형태로 아날로그 조이스틱·컨트롤러가 존재하긴 했으나, SCPH-7000부터는 2종류의 진동 기능이 있는 본격적인 아날로그 컨트롤러 'DUALSHOCK'가 기본 컨트롤러 대신 본체에 동봉되었다. 본체 표준 동봉품이 되면서 지원 소프트가 대폭 증가했고, 플레이스테이션 2 이후에도 이 기본 디자인이 계승되어, DUALSHOCK는 오랫동안 플레이스테이션 시리즈를 상징하는 대표적인 컨트롤러가 되었다.

▲ 아날로그 스틱이 2개 부착된 DUALSHOCK.

HARDWARE

1994
1995
1996
1997
1998
1999
2000
2001
2002
2003
2004
INDEX

일반인용으로 보급한, 플레이스테이션용 소프트웨어 개발환경

넷 야로우제

소니컴퓨터엔터테인먼트   1996년 5월 11일   120,000엔 (통신판매 한정)

PlayStation Programmer Tool

■ 통신판매로만 판매된 기기

'넷 야로우제'(역주 ※)는 당시 일본에서 일반 유저용으로 플레이스테이션 개발환경을 제공했던 서비스의 총칭이다. 통신판매로만 신청할 수 있었던 데다 장비 풀셋이 무려 12만 엔이었던, 상당한 고가의 서비스였다. 다만 제공된 세트 내에는 본 서비스 전용의 블랙 컬러 플레이스테이션을 비롯해 현업 개발기재에 버금가던 수준의 라이브러리와 레퍼런스도 포함돼 있었으므로, 터무니없이 비싼 금액은 결

'넷 야로우제' 회원용 플레이스테이션의 사양

형식번호	DTL-H3000
CPU	MIPS R3000A 기반 32비트 RISC 프로세서 (33.8688MHz)
메모리	워크 RAM : 2MB, 비디오 RAM : 1MB, 사운드 RAM : 512KB CD 버퍼 RAM : 32KB, BIOS ROM : 512KB
지오메트리 연산	연산능력 : 최대 150만 폴리곤/초 표시능력 : 최대 36만 폴리곤/초
그래픽	해상도 : 256×224픽셀(논 인터레이스) ~ 640×480픽셀(인터레이스) 발색수 : 최대 1,677만 색 이상 스프라이트 : 최대 표시수 4,000개/프레임, 라인 및 장의 개수 무제한 특수 기능 : 텍스처 매핑, 고러드 셰이딩, 포그, 반투명 처리 기능
영상 디코딩 엔진	JPEG 디코더 : Motion JPEG 및 텍스처 전개 동영상 재생 기능 : 320×240픽셀일 때 30프레임/초
사운드	ADPCM 음원, 스테레오 24채널 (16비트 양자화, 샘플링 주파수 최대 44.1kHz)
소프트웨어 매체	CD-ROM (2배속)
앞면 입출력 단자	컨트롤러 포트×2, 메모리 카드 슬롯×2
뒷면 입출력 단자	영상 출력 단자, 음성 출력 단자, AV 멀티 출력 단자, DC 출력 단자, 통신 단자, 외부확장 단자
전원 / 소비전력	AC 100V±10% 50/60Hz / 약 10.5W
외형 치수 / 중량	270(가로) × 188(세로) × 60(높이) mm 약 1.5kg
부속품	전용 컨트롤러×1, 전원 코드, AV 핀 케이블(영상·음성 일체형), '넷 야로우제' 구동 디스크, '넷 야로우제' 소프트 개발용 디스크, 액세스 카드, 통신 케이블, 유저 가이드 일체

(역주 ※) '네트워크로 게임을 만들어보자!(ネットやろうぜ)'를 축약한 일본어 조어.

CATALOGUE

TOP VIEW

BOTTOM VIEW

FRONT VIEW

REAR VIEW

LEFT SIDE VIEW

RIGHT SIDE VIEW

코 아니었다. 게다가 캠페인 추가 증정품으로서 3D 모델링 툴 'LightWave 3D'까지도 주었으니, 실은 오히려 저렴했다고 봐야 할지도 모른다.

■ 우수 작품은 '프레프레'에 게재

이 세트가 있다고 해도 이른바 마스터링까지는 불가능하나, 인터넷으로 회원 전용 홈페이지에 접속해 자신의 제작물을 투고할 수는 있었다. 투고된 제작물 중에서 우수한 작품이 '프레프레'(30p)에 수록되기도 해, '넷 야로우제'를 구입하지 않은 플레이스테이션 클럽 유저라도 이 툴로 개발된 아마추어 게임 우수작들을 '프레프레' 내에서 즐겨볼 수 있었다.

'넷 야로우제'는 '게임 야로우제' 등과 마찬가지로, SCE가 당시 전개했던 신인 개발자 육성·발굴 목적의 기획으로서 입안된 프로젝트였다. 허나 실제로 여러 작품을 세상에 내놓은 바 있는 '게임 야로우제'에 비해, '넷 야로우제'가 구체적으로 어느 만큼의 발굴효과를 거뒀는지는 딱히 공표된 것이 없어 미지수에 가깝다.

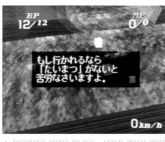

▲ 정육면체가 여행을 떠난다는, 신감각 레이싱 게임풍 단편 RPG 'LE COLLAGE,(르 콜라쥬).

▲ 라이벌 벌레를 피하며 붉은 깃발에 도착할 때까지 무당벌레를 조작하는 퍼즐 게임 '벌레 퍼즐,.

025

개발용 PS, '디버깅 스테이션'

'넷 야로우제'의 형식번호에서 볼 수 있는 'DTL-H○○○○' 형식은 플레이스테이션용 개발기재에 할당된 번호로서, 이 계열의 기기는 통칭 '디버깅 스테이션'이라 불린다.

이 디버깅 스테이션은 당시 현장에서 게임 개발용으로도 사용되었는데, CD-R로 구운 테스트용 디스크를 돌릴 수 있다는 특징이 있다(게임잡지 등에서 테스트 플레이 상태이거나 개발 도중인 게임의 기사를 작성할 때도, 이 기기를 대여받아 사용했다). 테스트용 PS는 컬러링이 독특해 일본에서는 '아오스테'·'미도리스테'(역주 ※)라 불렸으며, 두 기기는 일부 기능의 업데이트 차이가 있는 탓에 완벽한 호환성을 테스트하려면 양 기기로 모두 체크해봐야만 했다.

참고로, 이 기자재들은 본체 시리얼 넘버로 엄중히 관리되었기에, 고장 났을 경우엔 계약된 특정 회사를 통해서만 수리를 의뢰해야 했다(일반적인 AS 창구로는 수리를 받지 않았다).

(역주 ※) 각각 '청색 스테이션', '녹색 스테이션'의 일본식 줄임말 별명이다.

DTL-H1000 통칭 '아오스테' [青ステ]

일반 판매된 플레이스테이션으로 치면 SCPH-1000과 동등한 기능의 디버깅 스테이션. 초대 모델 기반이므로 뒷면에 S단자가 있는 것이 특징이다. 디버깅 스테이션 중엔 가장 흔하게 보였던 기종이기도 하다.

DTL-H1200 통칭 '미도리스테' [緑ステ]

일반 판매된 플레이스테이션으로 치면 SCPH-3000과 동등한 기능의 디버깅 스테이션. '리비전 C'란 별명으로도 불렸으며, SCE의 마스터 승인을 받으려면 이 기기를 통한 동작 체크 역시 패스해야만 했다.

1,000만 대 기념 '10 million model'

　플레이스테이션의 일본 내 출하 1,000만 대 달성을 기념해 1997년 말 개최했던 '플레이스테이션 1,000만 대 감사합니다!' 캠페인을 통해 100명 한정으로 증정된 미드나이트 블루 컬러의 플레이스테이션. 서양에서의 캠페인 경품과 업계 관계자용 답례품으로도 쓰였기 때문에 구체적인 생산대수는 불명이나, 모든 플레이스테이션을 통틀어서도 레어 중의 레어 모델이 아닐 수 없다.

▲ 기품있는 미드나이트 블루 컬러가 아름다운 10 million model. 이 컬러는 성형색이 아니라 도장색으로 표현해낸 것이다.

▼ 흑색 바탕에 은색 글자를 압인한 오리지널 디자인의 외장 패키지 박스. 안쪽 깊에 보증서가 인쇄돼 있지만 판매점 도장이 찍혀있지 않고, 보증기간이 '1998년 1월 16일부터 1년간'이라고 아예 문박혀있는 것이 특징.

▲ 본체 모델 자체는 SCPH-7000. 바닥면의 제조번호 레이블도 〈10 million model〉의 명사된 전용인데다, 제조번호도 3자리로만 박혀 있다. 이를 볼 때 제조대수는 1,000대 미만으로 추정된다.

일본 외 국가들에서도 대히트를 기록했던 플레이스테이션

세계의 플레이스테이션 모델들

PlayStation Overseas model

■ 세부적인 변경점이 있는 일본 외 모델

플레이스테이션이 일본 외 국가에서도 발매되기 시작한 때는, 일본보다 10개월 후인 1995년 9월부터다. 주요 시장은 북미(미국·캐나다)와 유럽이었다. 지역별 TV 수상방식의 차이 때문에 크게 NTSC(일본·미국)와 PAL(유럽·남미·오세아니아)로 2종류가 있었고, NTSC판은 다시 'J'(일본)와 'U/C'(미국/캐나다)의 2종류로 나뉘었다. 플레이스테이션 내에서는 지역별 모델이 형식번호로 구분되는데, 끝자리가 '0'이면 일본, '1'이면 북미, '2'면 유럽,

'3'이면 아시아용이었다(아시아는 일본과 동일한 'NTSC-J' 모델이지만, 번호는 별도로 할당했다).

플레이스테이션은 처음부터 유니버설 디자인을 지향하여, 전 세계에 동일한 디자인으로 판매할 수 있도록 '플레이스테이션' 등록상표와 본체 디자인의 의장을 모두 공통 사용하게끔 하였다. 이 때문에 외관상으로는 모든 모델이 동일해 보이나, 발매시기와 각 국가의 사정에 따라 조금씩이나마 차이점이 존재한다.

대표적인 차이로는, 발매 당초 일본과 타국 간의 형식번호 법칙이 미처 통일되지 않았을 때 내부적으론 SCPH-3000번급인데도 1000번대를 부여했거나, 유럽의 SCPH-5502 이후부터 비영어권 국가들을 배려해 전원·열기 버튼의 영문자를 기호로 바꾼 등의 예가 있다. 또한, SCPH-5903처럼 아예 독자적인 모델을 발매한 사례도 있었다.

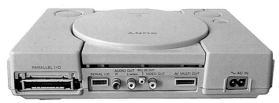

▲ SCPH-1001의 후면. 형식번호가 1000번대인데도 S단자가 없다.

▲ SCPH-5502의 윗면. 전원 버튼과 열기 버튼의 문자를 기호로 교체했다.

일본/타국 모델 대응표

일본 (NTSC-J)	북미 (NTSC-U/C)	유럽 (PAL)	아시아 (NTSC-J)	비 고
SCPH-1000				
SCPH-3000	SCPH-1001	SCPH-1002		S단자를 삭제
SCPH-3500				컨트롤러를 2개 동봉
SCPH-5000	SCPH-5001			영상·음성 출력을 AV MULTI 단자로 일원화
SCPH-5500	SCPH-5501	SCPH-5502	SCPH-5503	
		SCPH-5552		
			SCPH-5903	비디오 CD 재생 기능 탑재
SCPH-7000	SCPH-7001	SCPH-7002	SCPH-7003	DUALSHOCK 동봉, 사운드스콥 내장
SCPH-7500	SCPH-7501	SCPH-7502	SCPH-7503	
SCPH-9000	SCPH-9001	SCPH-9002	SCPH-9003	외부확장 단자를 삭제
SCPH-100	SCPH-101	SCPH-102	SCPH-103	PS one

아시아에서만 한정 발매된 백색 플레이스테이션

아시아 권역(역주 ※)에서의 플레이스테이션 발매는 타국에 비해 다소 늦게 시작되었는데, 해적판 천국이었던 현지 사정을 감안하여 이에 대한 대책으로서 독자적인 모델을 발매했다. 그 중에서도 상징적인 모델이 아시아권에서 보편화돼 있던 비디오 CD의 재생 기능을 추가했던 SCPH-5903인데, 이 기능을 넣기 위해 일부러 전용 추가 기판을 탑재했다.

▲ 일본 외의 여러 모델 중에서도 가장 이채로운 SCPH-5903. 본체 우상단에 'Video CD'라는 인쇄표기가 보인다.

(역주 ※) 이 당시의 '아시아 권역'은 동남아권으로서, 홍콩·싱가포르 등을 의미한다. 한국은 PS2가 정식 발매되는 2002년 이전까지는 여기에 포함되지 않았다.

▌일본처럼 체험판을 활발히 배포하다

일본에서는 체험판 배포가 막대한 효과를 거둔 바 있었기에, 일본 외의 타국에서도 같은 전략이 시행되었다. 특히 적극적이었던 지역이 북미로서, 할리데이 시즌에 맞춰 방문하는 쇼핑객들을 대상으로 체험판을 적극 배포하여, 인기 게임의 구매촉진은 물론 본체 미소유 고객 역시 본체를 구매하도록 유도하는 전략을 대대적으로 전개했다. 일본의 '플레이스테이션 클럽'과 비슷한 회원제 체험판 배포 서비스도 전개했던 듯한데, 이쪽도 본체 보급에 크게 기여했으리라 여겨진다.

▲ 체험판일지라도 무료로 받으면 기분 좋아지는 심리는 만국공통일까?

인터넷 시대 도래 이전의, 회원제 공식 정보제공 서비스

플레이스테이션 클럽

소니컴퓨터엔터테인먼트　1995년 11월~　5,800엔 (연회비)

PlayStation Club

플레이스테이션, 미디어를 만들다.

플레이스테이션 클럽은 SCE가 당시 일본에서 직접 운영했던 회원제 공식 정보 미디어 서비스다. 과거에도 이른바 '팬클럽' 등의 이름으로 이러한 서비스는 흔했으나, SCE의 경우 이 서비스를 위해 계간(Vol.10부터는 격월간) 디스크 매거진 '프레프레'를 제작해 제공했다. 아직 인터넷 환경이 빈약했고 온라인 동영상 서비스 등도 없었던 1990년대 중반 당시에는 '게임을 직접 체험할 수 있고 동영상도 볼 수 있는 미디어'란 매우 귀중한 존재여서, 유료 서비스였음에도 단순한 선전매체에 머물지 않고 큰 호응을 이끌어내며 나름대로 성공을 거두었다.

▲ 플레이스테이션 클럽의 설립을 알리는 광고. 당초에는 8cm CD-ROM을 매체로 쓴다고 예고했으나, 결국 일반적인 12cm CD를 사용했다.

▲ '프레프레' Vol.1의 타이틀 화면. 모든 호의 편집·제작은 GTV 사가 담당했다.

전부 20호까지 간행된 '프레프레'

　'프레프레'는 창간준비호부터 Vol.19까지 모두 20호가 제작되었다. 초기에는 「점핑 플래시!」에 등장하는 '무무 성인'이 컨텐츠 안내역을 맡았지만, Vol.11부터는 오리지널 캐릭터인 '플라이비'·'뿅배트'·'피카땅'·'바넬리뇨'가 이어받았다. 참고로 이 캐릭터들의 이름은 회원 공모를 받아 명명된 것이다.

　제공된 디스크의 내용은 게임 체험판과 신작 게임 동영상을 비롯해 게임의 메모리 카드 데이터, 인기 개발자 인터뷰, 오리지널 디지털 만화 등으로서, 잡지에 버금가는 컨텐츠량을 자랑했다. 특히 호평받은 기획물로서, 당시의 일본 플레이스테이션 TV광고 동영상 모음집 등도 부정기로 수록했다.

　이에 더해 일본 각지에서 클럽 전용 이벤트도 개최하여, 이벤트 입장 초대권이나 회원 특전 교환권 등도 동봉했다. 비슷한 부류의 다른 회원 서비스와 비교해도 상당히 만족도가 높은 편이었다고 할 수 있으리라.

　Vol.19까지 간행된 '프레프레'에 이어 1999년 10월부터는 '프레프레 PLUS'로 바뀌었고, 2001년 4월부터는 매체를 PS2용 DVD-ROM으로 바꾸어 '프레프레 2'가 되었다.

▲ 최신 게임 체험판은 물론, 신작 게임의 데모 영상도 즐길 수 있었다.

▲ 연재만화. 이 컨텐츠는 후일 「플레이스테이션 코믹」의 원형이 되었다.

▲ '프레프레'에 동봉되었던 프라이빗 이벤트의 입장권과 선물 교환권.

명작·인기 타이틀을 저렴하게 제공하는 염가판 판매전략

플레이스테이션 더 베스트

소니컴퓨터엔터테인먼트   1996년 6월 22일~   각 2,800엔

PlayStation the Best

CD의 낮은 단가를 활용한 신규 전술

'플레이스테이션 더 베스트'는, 생산

단가가 낮다는 CD-ROM 특유의 장점을 활용해 구작 타이틀을 염가로 재발매한 시리즈 브랜드다.

일부 롱셀러 인기작을 제외하면 일

반적으로 게임의 매출은 발매 초기에 집중되는 경우가 많기에, 대부분은 어느 정도 시간이 지나면 절판되어버리기 일쑤였다. 이렇게 아깝게 묻힌 타이틀을 재발굴해주는 것이 이 시리즈의 목적이었다. 또한 이 당시 일본 전역의 게임 소매점에선 중고 소프트 판매가 만연해 있었는데, 중고품은 아무리 팔려도 개발사에 돌아오는 이익이 전혀 없기에 이를 막는다는 측면도 있었다.

2001년 10월 12일부터는 PS one 의 발매에 맞춰 1,800~2,200엔으로 더욱 가격을 낮춘 신 시리즈 'PS one Books'의 출시를 시작했고, 이를 기해 '플레이스테이션 더 베스트'는 종료되었다.

이러한 염가판 전술은 구작 타이틀을 정기적으로 붐업시키는 효과도 기대할 수 있었기에 타 회사들도 적극 모방하여, 플레이스테이션뿐만 아니라 이후의 여러 게임기에서도 표준적인 사업모델로 정착했다.

▲ 플레이스테이션 더 베스트의 발매 고지 팸플릿. 시장에서도 호평받아, 수많은 소프트가 이 브랜드로 재발매되었다.

PlayStation the Best

　플레이스테이션으로 발매되었던 과거의 인기 타이틀을 2,800엔이라는 염가로 재발매한 시리즈. 기본적으로 내용은 원작과 동일하지만, 원작의 일부 버그를 수정하거나 추가 요소를 넣은 타이틀도 있었다.

PlayStation the Best for Familiy

　기본적인 컨셉은 플레이스테이션 더 베스트와 동일하나, 가족이 함께 즐길 수 있는 타이틀이나 아동용으로 분류된 타이틀(당시 일본엔 아직 연령·등급구분 시스템이 없었기 때문)을 선정했다는 차이가 있다.

PS one Books

　PS one의 발매에 맞춰, 플레이스테이션 더 베스트로 재발매되었던 타이틀 중에서 한 번 더 엄선하여 더욱 염가화해 발매한 시리즈. 패키지는 기본적으로 슬림 주얼 케이스를 채용해 간소화했다.

HARDWARE

1994
1995
1996
1997
1998
1999
2000
2001
2002
2003
2004
INDEX

각 소프트 발매사들이 독자적으로 내놓은 염가판 시리즈들

염가판 시리즈 전략은 SCE뿐만 아니라, 소프트 발매사들도 제각기 독자적으로 전개했다. 특히 코나미·코에이 등 자사 유통망을 보유한 회사들이, 상품 라인업 확충과 중고 소프트 대책 등을 이유로 염가판을 적극 출시했다. 참고로 이런 서드파티별 염가판 시리즈는 본서에서는 부득이하게 생략하였으니, 독자 여러분의 양해를 바란다.

SuperLite 시리즈 (석세스)

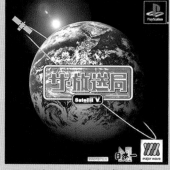

Major Wave 시리즈 (햄스터)

SuperLite Gold 시리즈 (석세스)

니치부츠 셀렉트 (일본물산)

코에이 기본 시리즈 (코에이)

MYCOM BEST (마이니치 커뮤니케이션즈)

얼티밋 히츠 (스퀘어 에닉스)

카푸코레 (캡콤)

코나미 더 베스트 (코나미)

아틀라스 베스트 컬렉션 (아틀라스)

게임빌리지 더 베스트 (게임빌리지)

허드슨 더 베스트 (허드슨)

CHAPTER 2

플레이스테이션
일본 소프트 올 카탈로그
PART 1

PLAYSTATION SOFTWARE ALL CATALOGUE

HARDWARE

1994
1995
1996
1997
1998
1999
2000
2001
2002
2003
2004

INDEX

해설 **모든 게임은, 여기로 모인다**
COMMENTARY OF PLAYSTATION #2

게임을 가리지 않고, 발매를 적극 권장하는 소프트 전략

닌텐도가 패미컴과 슈퍼 패미컴 당시 서드파티들에게 연간 발매 소프트 수 제한을 거는 등 질이 낮은 소프트의 범람을 막는 방책을 취한 데 반해, 플레이스테이션은 이런 제약을 일체

걸지 않고서(물론 폭력·선정성 체크는 했었지만) 어떤 소프트에게든 문호를 개방하고 발매를 적극 권장한다는 자세를 견지했다. SCE의 모회사였던 소니 뮤직엔터테인먼트부터가 그런 풍토로

성장해온 음악유통업계의 사업모델을 게임업계로 가져왔었기에 자연스럽게 잡힌 방침이기도 했으나, 가장 큰 이유는 신생 플랫폼이라 킬러 컨텐츠가 빈약했던 플레이스테이션의 소프트 라인업을 하루빨리 두텁게 만들 필요가 있었기 때문이다.

SCE는 라이벌 하드웨어 제조사에 비해 두드러졌던 이 약점을 메우기 위해 기기 발표 이전부터 유력 소프트 개발사들을 발이 닳도록 돌아다녔으나, 초기엔 그리 흔쾌한 호응이 나올 리가 없었고, 특히 가정용 게임기에 오래 관여해온 고참 개발사들은 아예 대놓고 백안시하기도 했었다고 한다. 이 전까지 가정용 게임기를 판매해본 적이 없던 소니였으니 세가새턴보다도 얕보일 수밖에 없고, 거액의 개발비를 투자해 소프트를 공급해본들 하드웨어가 충분히 보급되지 않는 이상 개발비 회수조차 어려울 뿐이라는 것이 당시 개발사들의 판단이었다. 이 상황이 호전되기까지는, 아직 어느 정도의 시간이 필요했다.

全てのゲームは、ここに集まる。プレイステーション

PlayStation

￥39,800 新発売

▲ 소프트 라인업이 빈약해, 말 그대로 제로부터 시작해야 했던 초기의 플레이스테이션 광고.

남코와 코나미의 성공으로, 아케이드계 서드파티가 모여들었다

플레이스테이션에 초기부터 소프트를 공급해온 두 유력 개발사가, 바로 남코와 코나미다. 특히 남코는 「릿지 레이서」로 서드파티 타이틀 제1호의 영예를 차지했고, 이후에도 뛰어난 수준의 완성도로 소프트를 발매해 플레이스테이션의 능력을 유저에게 어필하는 훌륭한 광고탑 역할을 담당했다. 남코는 아예 SCE와 플레이스테이션 호환 기판 'SYSTEM11'을 공동 개발하기도 해, 이 기판을 기반으로 「철권」을 비롯한 수많은 히트 타이틀이 탄생했다.

한편 코나미는 물밑에서 독자적으로 32비트 가정용 게임기 개발을 진행했었던 바, 당초 이 기기의 발매에 맞춰 준비했던 소프트 라인업이 다수 있었기에(다행히도 그 기기와 플레이스테이션의 사양에 유사점이 많았다), 이들을 플레이스테이션용으로 전환해 내놓았다. 덕분에, 남코와 함께 발매 초기부터 플레이스테이션 진영에서 강한 존재감을 보인 대형 개발사로서 한 자리를 차지했다.

당초엔 플레이스테이션의 성공에 회의적이었던 여타 아케이드계 게임

개발사들도 이 두 회사의 성공에 주목하고 플레이스테이션 참가를 결정해, 코나미는 물론이고 타이토와 캡콤도 플레이스테이션 호환 아케이드 기판을 제공받거나 공동 개발하여, 먼저 아케이드로 출시한 후 그 타이틀을 곧바로 플레이스테이션으로 이식해 낸다는 선순환이 형성되었다. 또한 타카라의 「투신전 2」처럼, 플레이스테이션용으로 발매했던 게임을 아케이드로 가져가 가동하는 '역이식' 사례도 나오게 되었다.

개발기재 제공 비용과 로열티를 낮추다

플레이스테이션이 서드파티 확보를 위해 악전고투하던 초기 상황에 대해서는 앞서 설명한 대로이나, 아케이드·가정용 계열 게임 개발사에 비해 플레이스테이션 참여에 적극적이었던 쪽이 바로 PC용 소프트 개발사들이었다. 사실 PC용 게임 개발사 중엔, 이전부터 가정용 게임 시장 진출을 염원해 왔고 언젠가는 꼭 가정용 게임기로 소프트를 직접 내놓고 싶어 했던 회사가 많았다. 그런 회사들의 진출을 가로막아 왔던 커다란 장벽이, 바로 지나치게 고가였던 게임기용 개발기재였다.

거래조건에 따라 차이가 있긴 하나, 이 세대 당시의 개발기재 가격은 한 세트 당 무려 1~2천만 엔에 달했고, 슈퍼 패미컴조차도 개발기재가 400만 엔 이상이었을 만큼 값비싼 장비였다. 이런 시대에, SCE는 플레이스테이션용 개발기재를 한 세트 당 150만 엔이라는 파격가로 제공했다. 타사에 비해 압도적으로 부담이 적었으니, PC용 소프트 개발사들이 벌떼처럼 플레이스테이션에 뛰어든 것은 당연지사였다.

또한 소프트 1개당 부담하는 로열티도 900엔 전후로서 타사보다 상당히 저렴했던 데다, CD-ROM은 ROM 카트리지보다 소단위로 제조할 수 있었으므로, 개발사 입장에서는 여러모로 소프트 개발의 문턱이 압도적으로 낮은 플랫폼일 수밖에 없었다.

이에 더해, SCE는 기존의 소프트 개발사 외에 개인·소인수 단위 팀에도 문호를 대폭 개방해, 9p의 컬럼에도 쓴 바와 같이 게임 크리에이터를 모집하는 오디션도 적극적으로 개최했다. 특이한 점은 직접적인 게임 개발 경험이 없더라도 개성과 감성을 중시한 것인데, 이것도 당연히 소니뮤직엔터테인먼트가 오랫동안 해온 뮤지션 발굴 목적의 오디션 시스템을 그대로 가져왔기 때문이었다. 이러한 면도, 음반회사에겐 극히 당연한 수법을 게임업계로 가져온 덕이라 할 수 있다.

그 결과, 플레이스테이션으로는 타사에서는 도저히 나올 수 없을 법한 파격적인 소프트도 다수 출시되었으니, 그야말로 '모든 게임은, 여기로 모인다.'라는 유명한 선전문구를 그대로 실천한 것이라 하겠다.

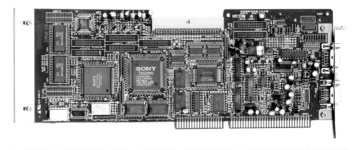

▲ 플레이스테이션용 소프트 개발 CPU 보드. ISA 슬롯에 연결하는 PC용 확장 카드다. 이 당시엔 아직 PCI 슬롯이 보편화되지 않았다.

이 책에 게재된 카탈로그의 범례

① 게임 타이틀명

② 기본 스펙 표기란

　발매 회사, 장르명, 발매일, 가격 순이다.

③ 염가판 소프트 아이콘

　'플레이스테이션 더 베스트'판 등이 존재함을 알리는 아이콘.

 플레이스테이션 더 베스트　 플레이스테이션 더 베스트 for Family　 PS one Books

④ 패키지 표지

⑤ 게임 화면　⑥ 내용 설명

⑦ 지원 주변기기 아이콘

　해당 게임을 지원하는 주변기기를 아이콘으로 표시했다.

에이스 컴뱃 ①	

PlayStation　남코　3D 슈팅　1995년 6월 30일　5,800엔 ②　③

플레이어 1~2인　메모리카드 1블록　특제 컨트롤러 SLPH00001(남코) 지원 ⑦

아케이드판 「에어 컴뱃」을 개변 이식한 플라 ⑥ 슈팅 게임. 실존하는 기체를 조종해, 여러 ④ ⑤ 미션을 거치면서 더욱 고성능인 기체로 갈아타며 진행한다.

 플레이어 1~2인　 메모리 카드 필요 블록 수　 멀티탭 지원 1~4인　 마우스 지원　 대전 케이블 지원 2대　 아날로그 조이스틱(SCEI) 지원

 아날로그 컨트롤러 (DUALSHOCK) 지원　 포켓스테이션 지원 1~2블록　 휴대전화 접속 케이블 지원(도코모(2G)휴대전화 지원)　특제 컨트롤러 SLPH00001(남코) 지원

1994
PlayStation Game Software Catalogue

1994년 말 플레이스테이션이 일본에 첫 발매되면서 연내에 출시된 타이틀 수는 17종이며, 그중 본체 동시 발매작은 8개 타이틀이었다. 보통 발매 초기의 신규 게임기는 소프트 부족에 시달리지만, 플레이스테이션은 이른 단계부터 각 개발사들에 충분한 개발환경을 제공해왔기에, 다양한 장르와 라인업을 갖춰 호조의 스타트를 끊는 데 성공했다.

릿지 레이서
남코 레이싱 1994년 12월 3일 5,800엔
플레이어 1인 / 메모리카드 1블록 / 특제 컨트롤러 SLPH00001(남코)지원

세가의 「데이토나 USA」와 인기를 양분했던 3D 레이싱 게임. 경쾌한 드리프트 감각이 특징으로, 당시의 최첨단 기술이었던 텍스처 매핑을 투입한 아케이드 게임을 집에서도 즐길 수 있게 하여 런칭 타이틀의 핵심이 되었다. '데빌 카' 등의 플레이스테이션판 오리지널 요소도 있고, 구동 후 로딩 도중에 「갤럭시안」도 즐길 수 있어 유저를 놀라게 했다.

A열차로 가자 4 : EVOLUTION
아트딩크 시뮬레이션 1994년 12월 3일 7,800엔
플레이어 1인 / 메모리카드 14블록 / 마우스 지원

철도회사를 경영하며 열차를 운행시키고 도시도 개발하는 게 목적인, 아트딩크 사의 인기 시뮬레이션 게임. 공업지대를 발전시켜 인구 증가도 노려보도록 하자.

크라임 크래커즈
소니컴퓨터엔터테인먼트 RPG 1994년 12월 3일 5,800엔
플레이어 1인 / 메모리카드 1블록

우주해적을 사냥하는 '크라임 크래커즈'의 활약을 그린 FPS. 3D 던전에서 보스를 찾아내 물리치고, 상점에서 더욱 강한 장비를 입수하자. 고품질 애니메이션도 볼거리다.

극상 파로디우스다! DELUXE PACK
코나미 슈팅 1994년 12월 3일 5,800엔
플레이어 1~2인 / 메모리카드 1블록

「그라디우스」를 기반으로 삼아 다양한 패러디 요소를 채워 넣은 「파로디우스」 시리즈 중에서, 「파로디우스다!」와 「극상 파로디우스」 두 작품을 수록했다.

TAMA
타임 워너 인터랙티브 액션 1994년 12월 3일 5,800엔
플레이어 1인

당시 '차세대기'라 불렸던 플레이스테이션의 기능을 활용해, 폴리곤으로 구축된 작은 정원을 컨트롤러로 상하좌우로 기울여 볼을 골까지 옮기는 단순명쾌한 액션 게임.

열혈 가족
테크노 소프트 액션 1994년 12월 3일 6,950엔
플레이어 1~2인

납치당한 천재 과학자 사에코를 구출하기 위해 남편·딸·조수가 대활약한다! 열혈 가족은 격투기가 특기이니, 나타나는 적을 필살기로 물리치며 진행하자. 총 5스테이지다.

마작 오공 : 천축
일렉트로닉 아츠 빅터 마작 1994년 12월 3일 5,800엔
플레이어 1인 / 메모리카드 1~4블록

'서유기'가 소재인 4인 대국 마작 게임. 삼장법사 일행의 일원이 되어, 천축으로 가는 여로 도중에 조우하는 요괴들과 마작으로 대국해야 한다.

주변기기 지원 아이콘 플레이어 1~2인 메모리카드 1~2블록 멀티탭지원 1~4인 마우스 지원 대전 케이블 2대 아날로그 조이스틱 SCPH0111(SCEI)지원 아날로그 컨트롤러 지원 PocketStation 지원 메모리카드 1~2블록 휴대전화 접속 케이블 지원(도코모) (모드 휴대전화 지원) 특제 컨트롤러 SLPH00001(남코)지원

마작 스테이션 : MAZIN [麻神]
선 소프트　마작　1994년 12월 3일　6,000엔

플레이어 1인　메모리카드 1블록

마작패뿐만 아니라 마작사까지 폴리곤으로 표현해, 개성적인 외모의 마작사들이 화려한 연출로 츠모와 투패를 벌여 당시 플레이어들을 놀라게 한 3D 마작 게임.

키쿠니 마사히코 표 웃는 여경 : 파치슬로 헌터
FORUM　파치슬로　1994년 12월 9일　6,800엔

플레이어 1인

파치슬로 성적에 따라, 성우의 음성연기가 포함된 디지털 코믹의 전개가 변화하는 타이틀. 개방된 코믹을 감상하는 모드와, 파치슬로만 즐기는 모드도 수록했다.

트윈비 대전 퍼즐구슬
코나미　퍼즐　1994년 12월 9일　5,800엔

플레이어 1~2인　메모리카드 1블록

상대가 보낸 공격구슬을 이용한 분노의 대역전과 이를 맞받아치는 재보복이 매력인 대전형 낙하계 퍼즐 게임. '트윈비 캐릭터'와 '아케이드 캐릭터'의 두 버전을 수록했다.

킹스 필드
프롬 소프트웨어　RPG　1994년 12월 16일　6,300엔

플레이어 1인　메모리카드 5블록

업무용 소프트를 개발해왔던 프롬 소프트웨어 사의 첫 게임 타이틀. 던전을 탐색하며, 실시간으로 전투를 벌여 레벨 업하며 전진하는 RPG다.

모터 툰 그랑프리
소니컴퓨터엔터테인먼트　레이싱　1994년 12월 16일　5,400엔

플레이어 1~2인　메모리카드 1블록　특제 컨트롤러 SLPH00001(넹코)지원

플레이스테이션의 기능을 풀로 활용한 폴리곤 3D 카 레이싱 게임. 애니메이션풍 캐릭터가 늘었다 줄었다 하며 코스를 주행하는 모습이 보기만 해도 재미있다.

카키노키 쇼기
아스키　쇼기　1994년 12월 22일　7,800엔

플레이어 1~2인　메모리카드 4블록

개발자인 카키노키 요시카즈의 이름을 딴 쇼기(일본 장기) 게임으로서, 초보자 연습용은 물론 상급자라도 깊이 있는 대국을 즐길 수 있도록 제대로 만들었다.

지오 큐브
테크노스 재팬　퍼즐　1994년 12월 22일　5,800엔

플레이어 1~2인

낙하계 퍼즐 게임이지만, 놀랍게도 위에서 내려다보는 형태로 플레이한다. 다양한 블록들을 잘 짜 맞춰, 층 하나를 꽉 채우면 그 층을 없앨 수 있다!

실황 파워풀 프로야구 '95
코나미　스포츠　1994년 12월 22일　5,800엔

플레이어 1~2인　메모리카드 3블록

시리즈 제 2탄이자, 플레이스테이션 최초의 야구 게임. 2.5등신의 귀여운 선수들이 대활약하며, 음성 연출(실황·장내방송·구장 내 환성) 등이 매력인 작품이다.

트윈 가디스
폴리그램　대전격투　1994년 12월 22일　7,800엔

플레이어 1~2인

'두 여신님'이란 제목답게, '니나'와 '실린'이란 파격적인 모습의 실사 스캔 여성 캐릭터와 애니메이션풍 대전 상대의 싸움이 시작되는 충격의 격투 게임.

보마 헌터 라임 : Special Collection Vol.1
아스믹　어드벤처　1994년 12월 22일　5,800엔

플레이어 1인　메모리카드 1블록

연작으로 발매되었던 인기 PC 게임의 이식판. 시리즈 첫 작품에선 Act 1~4를 수록했으며, 작품의 매력인 애니메이션은 물론이고 추가로 보이스도 수록했다.

HARDWARE
1994
1995
1996
1997
1998
1999
2000
2001
2002
2003
2004
INDEX

1995
PlayStation Game Software Catalogue

1995년에 발매된 플레이스테이션용 타이틀은 총 132종. 1월 1일에 발매된 「투신전」을 비롯해, 「철권」·「에이스 컴뱃」·「두근두근 메모리얼」·「환상수호전」 등 후일 인기 시리즈화되는 작품들이 다수 발매된 해이기도 하다. '가자! 100만 대'라는 캐치프레이즈를 앞세워, 본체 발매 후 불과 3개월여 만에 100만 대 판매를 달성하는 성과도 이뤘다.

투신전

타카라 3D 대전격투 1995년 1월 1일 5,800엔

플레이어 1~2인

타카라 사의 PS 참가 제1탄. 필살기를 버튼 하나로도 발동 가능해, 커맨드 입력을 어려워하는 초보자라도 쉽게 즐길 수 있는 초기의 3D 대전격투 게임으로 인기를 얻었다.

코즈믹 레이스

네오렉스 레이싱 1995년 1월 20일 6,800엔

플레이어 1~2인 메모리카드 7블록

공중을 부유하는 머신을 조작해 제한시간 내에 골인해야 하는 레이싱 게임. 속도를 상승시키려면 저공비행해야만 한다. 코스를 외워 공략해보자.

킬릭 더 블러드
소니뮤직엔터테인먼트 3D 슈팅 1995년 1월 27일 5,800엔

플레이어 1인 메모리카드 1블록

파워드 슈트를 장비하고 던전 최하층으로 향하는 액션 슈팅 게임. FPS 장르와 유사한 스타일의 작품으로, 플레이스테이션이 발매된 다음 달에 출시돼 화제가 되었다.

사이버 슬레드

남코 3D 슈팅 1995년 1월 27일 5,800엔

플레이어 1~2인 특제 컨트롤러 SLPH00001(남코)지원

미래도시를 무대로 삼아 전투용 기체들이 결투하는 게임으로서, 아케이드판의 이식작이다. 플레이스테이션판은 텍스처 매핑을 추가했다. 화면분할로 대전도 가능하다.

스페이스 그리폰 VF-9

판사 소프트웨어 RPG 1995년 1월 27일 4,800엔

플레이어 1인 메모리카드 8블록

PC-98용 게임 「HAMLET」의 이식작. 응답이 없는 월면기지 '햄릿'에 진입해, 이족보행병기로 이동하며 싸우는 FPS다. 전투경험을 쌓으면 기체가 성장하는 RPG 요소도 있다.

MYST

소프트뱅크 어드벤처 1995년 1월 27일 7,800엔

플레이어 1인 메모리카드 2블록 마우스 지원

미스트 섬에 당도한 '당신'이 되어, 책 속의 세계로 들어가 퍼즐에 도전하는 어드벤처 게임. 미려한 CG 그래픽과 난해한 여러 수수께끼들로 신비적인 세계관을 구축한다.

라이덴 프로젝트

일본 시스템 슈팅 1995년 1월 27일 6,800엔

플레이어 1~2인 메모리카드 1블록

오랜 팬이 많은 세이부 개발의 「라이덴」 시리즈. 그 첫 작품 「라이덴」과, 시리즈의 상징 '꿈틀대는 굵직한 레이저'가 처음 나오는 2번째 작품 「라이덴 Ⅱ」를 수록했다.

직소 월드

니폰이치 소프트웨어 퍼즐 1995년 2월 3일 5,800엔

플레이어 1~2인 메모리카드 1블록 마우스 지원

24·96·150가지 직소 조각들로 잘게 나뉜 그림을 맞춰 큰 그림 하나로 완성시키자. 화면 위에 놓인 조각 중엔, 회전시켜야만 제대로 맞춰지는 것도 있다!?

주변기기 지원 아이콘   플레이어 1~2인   메모리카드 1~2블록   멀티탭지원 1~4인   마우스 지원   대전케이블 2대   아날로그 조이스틱 SCPH0111(SCE)지원   아날로그 컨트롤러 지원   PocketStation 지원  메모리카드 1~2블록   휴대전화접속 케이블 지원(도코모i모드 휴대전화 지원) 특제 컨트롤러 SLPH00001(남코)지원

아이돌 작사 스치파이 Limited

잘레코　마작　1995년 3월 24일　6,900엔

플레이어 1인

총 16명의 미소녀들이 등장하는, 잘레코사의 간판 마작 게임. 필살기(사기 기술)를 구사해 상대

를 이기면 수영복 착의 장면이 나온다!? 담당 성우의 인터뷰도 수록했다.

상하이 : 만리장성

소니컴퓨터엔터테인먼트　퍼즐　1995년 3월 24일　4,800엔

플레이어 1~2인　메모리카드 1블록　마우스 지원

쌓아올린 마작패들을 일정 규칙에 따라 같은 패 한 쌍씩 뽑아나가는 유명한 퍼즐 게임 「상하

이」. '베이징'·'그레이트 월' 등의 신규 모드 룰이 스릴 넘친다!

빅토리 존

소니컴퓨터엔터테인먼트　파친코　1995년 3월 31일　5,800엔

플레이어 1인　메모리카드 2블록　특제 컨트롤러 SLPH00007(TEN연구소)지원

하네모노계 및 디지털 파친코의 인기 기종들과, 이 작품으로만 플레이 가능한 오리지널 기종을

수록한 실기 시뮬레이터. 명기 '매직 카펫 I' 등을 즐겨볼 수 있다.

우주생물 프로퐁 군 P!

아스믹　퍼즐　1995년 3월 31일　5,800엔

플레이어 1~2인

위에서 떨어져 내리는 블록을 쌓아올려, 같은 종류를 4개 이어붙이면 없어지는 대전형 낙하계

퍼즐 게임. 가끔 출현하는 폭탄으로 가로·세로줄 블록을 일소할 수 있다.

구전계

테크노 소프트　핀볼　1995년 3월 31일　5,800엔

플레이어 1인　메모리카드 1블록

비디오 게임답게 다양한 특수장치로 가득한 핀볼 게임. 사천왕을 물리쳐 모든 스테이지를 클리어

하는 게 목적이지만, 그와 상관없이 가볍게 즐길 만한 작품이다.

스타블레이드 α

남코　3D 슈팅　1995년 3월 31일　5,800엔

플레이어 1인　메모리카드 1블록

전투기 '지오소드'의 포수가 되어, 적군의 기계화 행성을 목표로 진격하라! 텍스처 매핑 유무를

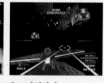

선택할 수 있다. 실은 마우스로 조준하는 조작도 지원한다.

철권

남코　3D 대전격투　1995년 3월 31일　5,800엔

플레이어 1~2인　메모리카드 1블록　특제 컨트롤러 SLPH00001(남코)지원

각자의 사정을 가슴에 품고 격투기대회에 출전해 정상을 노린다. 아케이드용 3D 대전격투 게임 「철권」 시리즈 첫 작품의 이식작. 원작부터 플레이스테이션 호환 기판인 SYSTEM11 기반인지라, 오락실과 거의 동등한 퀄리티로 즐길 수 있다. 각 캐릭터별 동영상과, 특정 조건 만족시 보스 캐릭터 사용 가능 등의 추가요소도 있다.

파치오 군 : 파친코 랜드 대모험

코코너츠 재팬 엔터테인먼트　파친코　1995년 4월 14일　6,800엔

플레이어 1인　메모리카드 1블록

파친코 게임 팬에게 친숙한 '파치오 군'이 등장하는 작품. 파친코 랜드 내에서 하네모노 기기 등을

즐겨 규정량 이상의 구슬을 벌며 다양한 기기를 공략해보자.

카나자와 쇼기 '95

세타　쇼기　1995년 4월 21일　7,900엔

플레이어 1~2인　메모리카드 1블록

컴퓨터 쇼기 선수권에서 당시 최강 레벨의 사고루틴을 선보여 유명해진 사람이자, 이 타이틀의

핵심 개발자이기도 한 카나자와 신이치로의 이름을 따 붙인 쇼기 게임.

HARDWARE 1994 1995 1996 1997 1998 1999 2000 2001 2002 2003 2004 INDEX

거너즈 헤븐

소니컴퓨터엔터테인먼트　액션　1995년 4월 28일　5,800엔
플레이어 1인

다양한 무기를 사용하며 전진하는 액션 슈팅 게임. 대량 출현하는 적들의 공격을 돌파하며, 각 에리어에서 기다리는 개성적인 보스를 물리쳐라! 총 6스테이지.

굿슨 오요요

엑싱　퍼즐　1995년 4월 28일　6,800엔
플레이어 1~2인　메모리카드 1블록

블록을 쌓거나 파괴해 가며, 자동으로 움직이는 '굿슨'과 '오요요'를 출구까지 인도하는 퍼즐 게임. 아케이드판의 이식작이며, 여러 변경을 가한 오리지널 모드도 수록했다.

점핑 플래시! : 알로하 남작 펑키 대작전 편

소니컴퓨터엔터테인먼트　3D 슈팅　1995년 4월 28일　5,800엔
플레이어 1인　메모리카드 1블록

'로빗'이라는 메카닉을 조작해 필드를 껑충껑충 뛰어다니는, 박력의 3D 액션 게임. 적을 샷과 점프 밟기로 물리치며, 아이템을 획득해 골인 지점까지 뛰어오르자.

미스랜드 : 틀린그림찾기 게임

알트론　퍼즐　1995년 4월 28일　5,800엔
플레이어 1~2인

화면에 표시되는 그림 2장을 비교해 '틀린 곳 찾기'를 해 보자! 폴리곤으로 그림을 입체화해 표시하므로, 모든 각도로 돌려보며 틀린 부분을 꼼꼼히 찾아야 한다.

엔터테인먼트 작장 : That's PON!

쇼에이샤　마작　1995년 5월 12일　5,800엔
플레이어 1인　메모리카드 2블록

실사영상을 사용한 4인 대국 마작 게임. 축척이 맞지 않는 실사 패와 손, '울기' 대신 가족에게 차를 요구하는 보이스, 풍경을 사용한 배경 등의 초차원 분위기가 특징이다.

오공 전설 : MAGIC BEAST WARRIORS

알루메　대전격투　1995년 5월 26일　5,800엔
플레이어 1~2인

'서유기'가 소재인 실사 대전격투 게임. 캐릭터 연기자로 액션 스타와 프로레슬러를 기용해, 배틀과 스토리 모드 동영상으로 그들의 연기를 보여준다.

니치부츤 마작 : 여고 명인전

일본물산　마작　1995년 5월 26일　6,800엔
플레이어 1인　메모리카드 1블록

일본 여고생 마작계의 중심지에서 정상을 노리는 마작 게임. 미소녀 작사들과 격전을 벌여, A·B·C 리그를 돌파해 새로운 경지에 올라서자. 참고로, 탈의 요소는 없다.

헤베레케 스테이션 뿅뿅이

선 소프트　퍼즐　1995년 5월 26일　5,800엔
플레이어 1~2인

선 소프트의 캐릭터들이 등장하는 퍼즐 게임. 전형적인 낙하계 퍼즐 '헤베레케의 포풍'과, 「Dr. 마리오」식 퍼즐 게임 '뿅뿅이 헤베레케'의 두 게임을 즐길 수 있다.

게임의 달인

선 소프트　테이블　1995년 6월 9일　8,900엔
플레이어 1인　메모리카드 1블록　마우스 지원

'마작'·'쇼기' 등, 반상에서 즐기는 게임들을 수록한 작품. 수행 모드에서 실력을 키워, 프리 대전 모드에서 승리를 노리자. 이 시기의 작품 치고는 정가가 비싼 편이다.

유니버설 버추어 파치슬로 : 필승공략법

맵 재팬　파치슬로　1995년 6월 16일　6,800엔
플레이어 1인　메모리카드 2블록

명기 '컨티넨털 2'·'클럽 트로피카나' 등 추억의 기종들을 수록한 파치슬로 실기 시뮬레이터. 2인 동시 대전으로, 메달 쟁탈전도 즐길 수 있다.

주변기기 지원 아이콘　플레이어 1~2인　메모리카드 1~2블록　멀티탭 지원 1~4인　마우스 지원　대전 케이블 2대　아날로그 조이스틱 SCPH0111(SCEI) 지원　아날로그 컨트롤러 지원　PocketStation 지원　메모리카드 1~2블록　휴대전화접속 케이블 지원 (도코모 i모드 휴대전화 지원)　특수 컨트롤러 SLPH00001(남코) 지원

기동전사 건담

반다이 3D 슈팅 1995년 6월 23일 6,800엔
플레이어 1인

건담에 탑승하여 조종석 시점으로 조작하는 3D 슈팅 게임. 내레이션과 통신 보이스, 조종시 효과음 등에 원작을 연상시키는 연출이 많아 재미있다.

경마 필승의 법칙 '95

코피아 시스템 기타 1995년 6월 23일 6,800엔
플레이어 1인 메모리카드 15블록

플레이스테이션 최초의 경마예상 소프트. 과거 11년분의 G레이스와 6년분의 전 레이스 데이터를 수록했고, 검색기능도 지원한다. 독자 알고리즘으로 우승마도 예상해준다.

팔카타 : 아스트란 파드마의 문장

거스트 시뮬레이션 1995년 6월 23일 6,800엔
플레이어 1~4인 메모리카드 4블록

「아틀리에」시리즈로 유명한 거스트의 가정용 게임기 진출 제 1탄. 기원전 고대 페르시아를 무대로, 보드 맵 상에서 부대를 지휘해 적 세력을 격퇴하는 시뮬레이션 게임이다.

에이스 컴뱃

남코 3D 슈팅 1995년 6월 30일 5,800엔
플레이어 1~2인 메모리카드 1블록 특제 컨트롤러 SLPH00001(남코)지원

아케이드판 「에어컴뱃」을 개변 이식한 플라이트 슈팅 게임. 실존하는 기체를 조종해, 여러 미션을 거치면서 더욱 고성능인 기체로 갈아타며 진행한다.

아크 더 래드

소니컴퓨터엔터테인먼트 RPG 1995년 6월 30일 5,800엔
플레이어 1인 메모리카드 3블록

공들인 연출과 인상적인 사운드를 도입해, '빛과 소리의 RPG'를 표방한 시리즈의 첫 작품. 사명을 품은 소년과 동료들이 함께 싸우는 왕도 판타지의 서장에 해당하는 시뮬레이션 RPG다. 프리 맵이 존재해 캐릭터 육성이 편리하고, 파고들기용 던전 덕분에 오래 즐길 수 있다. 2편으로 이어지는 스토리이므로, 캐릭터·아이템 등의 세이브데이터 연동 요소도 있다.

아쿠아노트의 휴일

아트딩크 시뮬레이션 1995년 6월 30일 6,800엔
플레이어 1~2인 메모리카드 4블록

잠수함을 타고 바다 속을 탐색하는 시뮬레이션 게임. 작품 내에서 명확한 목적이 제시되지 않고 게임 오버도 없으니, 느긋하게 해저 산책을 즐겨보자. 100종류가 넘는 생물이 서식하며, 그들의 움직임을 관찰하거나 일부러 소리를 내 소통을 시도할 수도 있다. 해저엔 유적과 화석 등이 존재하므로, 이들을 찾아보는 것 또한 일종의 재미다.

쿠루링PA!

스카이 싱크 시스템 퍼즐 1995년 7월 7일 3,980엔
플레이어 1~2인

위에서 떨어지는 도화선을 잘 돌려 연결해, 파이어 블록으로 점화시켜 없애는 낙하계 퍼즐 게임. 전 방향을 태우는 폭탄을 이용해 한꺼번에 태워 상대에게 눈사람을 보내자.

동영상으로 퍼즐이다! 풋푸쿠푸

아젠다 퍼즐 1995년 7월 7일 5,800엔
플레이어 1~2인 메모리카드 1~13블록 마우스 지원

화면 오른쪽 아래에 표시되는 소녀가 들고 있는 사진(동영상)을 보면서, 산산이 조각난 그림을 커서로 선택해 교체하며 완성시키자! 정지영상과는 다른 재미가 있다.

마작 간류지마

아스키　마작　1995년 7월 7일　7,800엔

플레이어 1인　메모리카드 1블록

PC 게임 「마작 '최강 무사시'」의 이식작. 어전시합·무사수행에 도전해 역사적 인물과 대전하는 '검호마작'과, 아카츠카 후지오 등 현대 유명인과 싸우는 '현대마작'을 수록했다.

실황 파워풀 프로야구 '95 개막판

코나미　스포츠　1995년 7월 14일　5,800엔

플레이어 1~2인　메모리카드 3블록

귀여운 2등신 캐릭터로 제대로 된 본격 야구를 즐기는 인기 시리즈의 신작으로서, 선수 데이터를 1995년 5월 기준으로 갱신했다. 연습용인 '캠프 모드'도 추가했다.

킹스 필드 II

프롬 소프트웨어　RPG　1995년 7월 21일　6,300엔

플레이어 1인　메모리카드 2블록

실시간 3D RPG의 2번째 작품. 던전 구조가 더욱 입체적으로 바뀌었고 함정·장치도 늘어났다. 특히 높이를 강조해 디자인한 장소가 많아, 고소공포감을 맛볼 수 있다.

사이버워

코코너츠 재팬 엔터테인먼트　어드벤처　1995년 7월 21일　8,800엔

플레이어 1인

영화 '론머 맨'(일본에선 '버추얼 위즈'로 개봉)과 세계관을 공유하는 작품. 인터랙티브 무비 장르의 게임으로, 멋진 영상이 나오는 도중 다양한 난관이 닥치게 된다.

J리그 실황 위닝 일레븐

코나미　스포츠　1995년 7월 21일　5,800엔

플레이어 1~2인　메모리카드 1블록

당시 실존했던 J리그 14개 팀이 등장하는 축구 게임. 시합 도중 타이틀명대로 실황 해설이 계속 나오므로, TV중계를 보는 듯한 현장감을 느낄 수 있다.

드래곤볼 Z : 얼티밋 배틀 22

반다이　대전격투　1995년 7월 28일　5,800엔

플레이어 1~2인　메모리카드 1블록

인기 만화 '드래곤볼 Z'의 캐릭터들이 무려 22명이나 등장하는 대전격투 게임. 셀화를 스캔해 표현한 캐릭터와 폴리곤 배경을 합성해, 유사 3D 연출을 시도했다.

나이트 스트라이커

빙　3D 슈팅　1995년 7월 28일　6,400엔

플레이어 1인　메모리카드 1블록

1980년대 후반, 일본의 게임센터에서 전용 캐비닛으로 가동했던 타이토의 인기 3D 슈팅 게임. 첫 스테이지로부터 분기되어 진행하는 총 21스테이지가 매력적인 작품이다.

학교의 무서운 소문 : 하나코 씨가 왔다!!

캡콤　어드벤처　1995년 8월 11일　4,980엔

플레이어 1인　메모리카드 1블록

해뜨기 전까지 거울 파편을 모아 영계의 출구를 봉인하자. 같은 제목의 애니메이션이 소재이며, 실제 방영했던 에피소드가 게임 내 동영상으로 재생되는 연출도 있다.

필로소마

소니컴퓨터엔터테인먼트　슈팅　1995년 7월 28일　5,800엔

플레이어 1인　메모리카드 1블록

  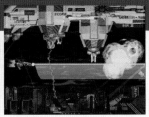

라이프제와 목숨제를 병용한 파워 업형 슈팅 게임. 다양한 장비를 상황에 맞춰 교체하며 전진하자. 탑뷰 시점부터 횡스크롤에 쿼터뷰, 때로는 플레이어 기체 후방을 훑는 듯한 시점까지 매 장면별로 게임 시점을 전환하며 진행되는 등, 폴리곤과 동영상에 강한 플레이스테이션의 기능을 남김없이 활용하려는 듯한 의욕적인 작품이다.

주변기기 지원 아이콘　플레이어 1~2인　메모리카드 1~2블록　멀티탭지원 1~4인　마우스 지원　대전케이블 2대　아날로그 조이스틱 SCPH0111(SCEI)지원　아날로그 컨트롤러 지원　PocketStation 지원　메모리카드 1~2블록　휴대전화 접속 케이블 지원(도코모 모드 휴대전화지원)　특제 컨트롤러 SLPH00001(남코)지원

그랜드 스트로크 : ADVANCED TENNIS GAME

SPS　스포츠　1995년 8월 11일　5,800엔

플레이어 1~2인　메모리카드 1블록

심플한 조작으로 다채로운 액션을 낼 수 있는 테니스 게임. 플레이스테이션의 표현력을 활용한 부드러운 모션과, 다양한 시점으로 플레이 가능한 높은 자유도가 특징이다.

3×3EYES : 흡정공주

엑싱　어드벤처　1995년 8월 11일　7,800엔

플레이어 1인　메모리카드 1블록

인기 만화 '3×3EYES'가 원작인 PC용 어드벤처 게임 3부작의 제2탄을 이식했다. 애니메이션 회사인 미나미마치 부교쇼가 맡은 그래픽, 호화 성우진의 보이스도 눈여겨볼 만.

스트리트 파이터 : 리얼 배틀 온 필름

캡콤　대전격투　1995년 8월 11일　5,800엔

플레이어 1~2인　메모리카드 1블록

실사를 스캔해 구현한 캐릭터를 등장시켜 화제가 된,「스트리트 파이터 II」시리즈 작품 중 하나. 슈퍼 콤보를 채용해, 일발역전을 노릴 수 있는 아슬아슬함도 있다!?

제로 디바이드

줌　3D 대전격투　1995년 8월 25일　5,800엔

플레이어 1~2인　메모리카드 1블록

사이버 공간 상에서 '공성 프로그램'끼리 싸우는 3D 대전격투 게임. 전갈형이나 드래곤형 등, 인간형 외에도 다양한 타입의 캐릭터들이 풍부한 것이 특징이다.

차이트가이스트

타이토　3D 슈팅　1995년 8월 25일　6,800엔

플레이어 1인

우주공간을 무대로 삼은 3D 슈팅 게임. 연사가 가능한 발칸 샷과, 최대 6대까지 록온 가능한 레이저를 잘 구사해 스테이지를 공략해보자.

영세명인

코나미　쇼기　1995년 9월 8일　5,300엔

플레이어 1~2인　메모리카드 3블록　마우스 지원

PC용 쇼기 소프트로 발매했던「영세명인」이 플레이스테이션으로 등장했다. 대국 모드는 기본이고, 박보장기 컨텐츠가 충실하기로도 유명했던 시리즈 제1탄.

퍼즐러 감수 : 오짱의 네모네모 로직

선 소프트　퍼즐　1995년 9월 8일　4,900엔

플레이어 1인　메모리카드 1블록　마우스 지원

선 전자의 캐릭터 게임「헤베레케」에 등장하는 '오짱'이 주인공인 퍼즐 게임. 가로세로로 표시된 숫자를 힌트삼아, 모눈을 채워 그림 한 장을 완성시켜보자.

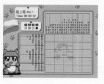

복서즈 로드

뉴　시뮬레이션　1995년 9월 8일　5,800엔

플레이어 1~2인　메모리카드 7블록

프로 권투선수의 인생을 체험해보는 시뮬레이션 게임. 식사와 트레이닝 메뉴를 고심하고, 스파링을 반복하며 자신을 성장시켜, 세계 챔피언 자리를 노려야 한다.

노부나가의 야망 : 패왕전

코에이　시뮬레이션　1995년 9월 15일　6,800엔

플레이어 1~8인　메모리카드 4블록

「노부나가의 야망」시리즈 5번째 작품. 기존의 지역 쟁탈에서 성 쟁탈로 시스템을 바꿨다. 부하 무장의 논공행상 시스템 덕에, 인심을 얻어야 전국통일에 유리해진다.

보마 헌터 라임 : Special Collection Vol.2

아스믹　어드벤처　1995년 9월 15일　4,900엔

플레이어 1인　메모리카드 1블록

연작으로 발매된 인기 PC 게임의 이식판. 시리즈 2번째 작품으로서, PC판의 Act 5부터 Act 8까지를 수록했고 오리지널 에피소드도 한 화 추가했다.

HARDWARE
1994
1995
1996
1997
1998
1999
2000
2001
2002
2003
2004
INDEX

HARDWARE

1994

1995

1996

1997

1998

1999

2000

2001

2002

2003

2004

INDEX

이그젝터

아크시스템웍스　슈팅　1995년 9월 22일　5,300엔

플레이어
1인

전투 로봇을 조작해 던전 내를 진행하는 3D 액션 슈팅 게임. 비스듬히 내려다보는 시점으로 이동하

며, 보스 배틀은 조종석 시점으로 진행한다. 총 5스테이지.

V테니스

톤킨 하우스　스포츠　1995년 9월 22일　5,800엔

플레이어
1~2인　메모리카드
1블록

풀 폴리곤 그래픽의 3D 테니스 게임. 앵글을 선택 가능해, 다양한 시점으로 플레이를 즐길 수 있

다. 선수를 직접 만드는 에디트 모드도 탑재돼 있다.

메탈 재킷

포니 캐논　시뮬레이션　1995년 9월 22일　5,800엔

플레이어
1인　메모리카드
2블록　대전케이블
2대

지형·기후·시간대 등을 입력해, 다양한 환경에서 전투를 벌이는 로봇 배틀 시뮬레이터. 플레이

스테이션 2대를 연결하여 통신 대전하는 것도 가능하다.

레이맨

UBISOFT　액션　1995년 9월 22일　5,800엔

플레이어
1인　메모리카드
3블록

서양에서 호평을 받았던 횡스크롤 액션 게임의 걸작. 진행할수록 다양한 능력을 획득해 더욱 자유롭

게 스테이지를 누빌 수 있다. 개성이 풍부한 캐릭터들도 주목할 만하다.

에미트 : 밸류 세트

코에이　어드벤처　1995년 9월 29일　15,800엔

플레이어
1인　메모리카드
1~3블록

제작 스탭과 성우진이 호화로운 영어학습 소프트. 기본적으로는 연속극 형태의 애니메이션이며,

자막·음성을 영어로 전환할 수 있다. 주제가도 훌륭하다.

킹 오브 볼링

코코너츠 재팬 엔터테인먼트　스포츠　1995년 9월 29일　5,800엔

플레이어
1~4인　메모리카드
1블록

플레이스테이션 최초의 볼링 게임. 토너먼트와 리그전 외에, 변칙적인 게임 모드도 준비했다.

파티 배틀에서는 최대 4명까지 플레이할 수 있다.

삼국지 IV

코에이　시뮬레이션　1995년 9월 29일　10,800엔

플레이어
1~8인　메모리카드
4블록

역사 시뮬레이션 장르를 대표하는 시리즈의 4번째 작품. 군주로서 무장들을 통솔해, 중국 43개 도

시를 통일하는 게 목적이다. 외교 교섭, 변경 이민족 등의 요소도 추가했다.

J리그 사커 프라임 골 EX

남코　스포츠　1995년 9월 29일　5,800엔

플레이어
1~2인　메모리카드
1블록　특제 컨트롤러
SLPH00001(남코)지원

슈퍼 패미컴의 축구 게임 시리즈가 플레이스테이션으로 등장했다. 실존 14개 팀을 조작해, 3D 폴

리곤으로 묘사된 스타디움에서 리얼한 축구를 즐겨보자.

신일본 프로레슬링 : 투혼열전

토미　스포츠　1995년 9월 29일　5,800엔

플레이어
1~2인　메모리카드
1 또는 8블록

플레이스테이션 최초의 프로레슬링 게임. 신일본 프로레슬링의 인기 선수 12명이 등장한다.

'타격기'·'메치기'·'관절기'를 잘 구사해 링 위에서 승리를 거머쥐자.

대국 쇼기 키와메

로그　쇼기　1995년 9월 29일　6,800엔

플레이어
1~2인　메모리카드
1블록

컴퓨터 쇼기계에서 화려한 공적을 세운 본격 쇼기 게임의 PS 판. 일반 대국 외에도 10초 내에 수를

두는 '속행 쇼기', 박보장기인 '대전 박보장기'·'다음 한수' 등을 수록했다.

주변기기 지원
아이콘　 플레이어
1~2인　 메모리카드
1~2블록　 멀티탭지원
1~4인　 마우스
지원　 대전케이블
2대　 아날로그 조이스틱
SCPH0111(SCEI)지원　 아날로그 컨트롤러
지원　 PocketStation
지원　메모리카드
1~2블록　 휴대전화 접속 케이블 지원
(도코모 (모드 휴대전화 지원))　특제 컨트롤러
SLPH00001(남코)지원

나왔구나 트윈비 얏호! DELUXE PACK

코나미 슈팅 1995년 9월 29일 5,800엔

플레이어 1~2인　메모리 카드 1블록

벨을 획득하면 파워 업하는 시스템과, 2인 동시 플레이 시의 합체공격이 특색인 「트윈비」 시리즈 중에서, 「나왔구나!! 트윈비」와 속편 「트윈비 얏호!」를 수록했다.

허미 호퍼헤드 : 스크랩 패닉

소니컴퓨터엔터테인먼트 액션 1995년 9월 29일 5,800엔

플레이어 1인　메모리 카드 1블록

주인공 '허미'가 동물들과 함께 싸우는 총 70스테이지의 코믹 액션 게임. 스타를 얻으면 알이 성장해, 동물로 바뀌어 허미를 서포트해준다는 요소가 특징이다.

유니버설 기체 완전해석 : 파치슬로 시뮬레이터

휴먼 파치슬로 1995년 9월 29일 6,800엔

플레이어 1인　메모리 카드 2블록

유니버설 사의 파치슬로 '컨티넨털'·'트로피카나' 등 7개 기종을 수록한 실기 시뮬레이터. 초보자의 타이밍 연습부터 상급자의 연구까지 다양하게 활용할 수 있다.

위저드리 VII : 가디아의 보주

소니컴퓨터엔터테인먼트 RPG 1995년 10월 13일 5,800엔

플레이어 1인　메모리 카드 4블록

얻으면 우주를 지배한다는 보주(宝珠)를 찾아 모험하는 3D 던전 RPG. 실감나게 움직이는 몬스터와 CG 동영상이 볼거리로서, PS판은 오리지널 이벤트 그래픽도 수록했다.

게임의 철인 THE 상하이

선 소프트 퍼즐 1995년 10월 13일 6,800엔

플레이어 1인　메모리 카드 1블록　마우스 지원

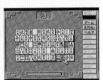

마작패로 즐기는 인기 퍼즐 게임인 '상하이'·'자금성'·'룽룽' 세 작품을 수록한 합본 타이틀. 한번 시작하면 시간이 순식간에 지나가 버릴 지도 모른다.

The 도깨비 퇴치 : 노려라! 2대 모모타로

니폰이치 소프트웨어 파티 1995년 10월 13일 5,800엔

플레이어 1~4인　메모리 카드 1블록　멀티탭 지원 1~4인

과일과 야채에서 태어난 아이들이 2대 모모타로 자리를 겨루는 말판놀이 게임. 일본을 돌며 도깨비 퇴치 여행을 하는 '노려라 2대 모드' 등이 있다. 미니게임도 풍부하다.

토털 이클립스 터보

BMG 빅터 슈팅 1995년 10월 13일 5,800엔

플레이어 1인　메모리 카드 1블록

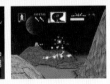

하드웨어의 성능을 살려 풀 폴리곤으로 진행되는 3D 슈팅 게임. 행성 내부로 들어가면 좁은 통로를 통과하며 진행하므로, 정교한 컨트롤 실력이 필요하다.

하이퍼 포메이션 사커

휴먼 스포츠 1995년 10월 13일 5,800엔

플레이어 1~2인　메모리 카드 1도 2블록

존 카비라의 보이스를 수록한 축구 게임. 32개국+에디트 팀으로 시합에 도전한다. 잔디 상태와 기후, 선수의 컨디션 등에 따라 시합 내용이 변화한다.

두근두근 메모리얼 : forever with you

코나미 시뮬레이션 1995년 10월 13일 6,800엔

플레이어 1인　메모리 카드 1블록　마우스 지원

연애 시뮬레이션 장르의 금자탑. 원작은 PC 엔진판이다. 3년간의 고교생활을 보내며 잇달아 만나는 소녀들과 데이트를 거듭해, 졸업식 날 전설의 나무 아래에서 고백을 받는 것이 목적이다. 공부와 부활동, 멋내기 등의 행동을 선택해 자신의 능력치를 올리는 것도 중요하다. 수학여행과 문화제 등의 학교행사도 있으니, 소녀들과의 추억을 많이 만들어보자.

HARDWARE

1994
1995
1996
1997
1998
1999
2000
2001
2002
2003
2004
INDEX

호혈사 일족 2 : 아주 살짝 최강전설

아틀라스　대전격투　1995년 10월 20일　5,800엔

플레이어 1~2인

아케이드판 2편의 이식작으로서, 다음 작품「호혈사 일족 외전」의 태그배틀 시스템을 추가한 대 전격투 게임. 개성적인 일족 캐릭터들이 차기 당주 자리를 놓고 싸운다.

선더 스톰 & 로드 블래스터

엑제코 디벨롭먼트　액션　1995년 10월 20일　6,800엔

플레이어 1인

80년대를 풍미했던 레이저디스크 게임 중「선더 스톰」과 「로드 블래스터」두 작품을 합본 수록했 다. 기체의 외곽 묘사 등을 개변한 모드도 즐길 수 있다.

전국 사이버 후지마루 지옥변

소니컴퓨터엔터테인먼트　시뮬레이션　1995년 10월 27일　5,800엔

플레이어 1인　메모리카드 2블록

일본 전국시대 말기 가 무대인 시뮬레이 션 RPG. 꼭두각시· 체술 등이 특기인 닌자들을 육성해 전 투시키자. 사망한 유닛은 부활하지 않으니, 속성 상성에 주의해야 한다.

졸업 II : Neo Generation

리버힐 소프트　시뮬레이션　1995년 10월 27일　5,800엔

플레이어 1인　메모리카드 1블록

PC-9801용으로 발 매되었던 육성 시뮬 레이션 게임의 이식 판. 여학교의 신임 교사가 되어, 3학년 B반의 개성적인 문제아들 5명을 지도해 무사히 졸업시켜 주자.

다크 시드

가가 커뮤니케이션즈　어드벤처　1995년 10월 27일　5,800엔

플레이어 1인　메모리카드 4블록　마우스 지원

뇌에 외계인의 배아 를 주입당한 남자가 두 이면세계를 왕래 하는 어드벤처 게임. H.R.기거가 디자인 에 참여한 타이틀이며, 고난이도라 설명서에 아예 공략법을 넣었다.

이데 요스케의 마작가족

세타　마작　1995년 11월 3일　6,500엔

플레이어 1~2인　메모리카드 1블록

플레이어가 더부살 이하게 된 집이, 알 고 보니 마작을 좋 아하는 일가였다! 개성적인 가족과 대 국하며 마작 실력을 기르자. 프로 작사 이데 요스케가 감수한 타이틀.

지금은 행성 개척중!

알트론　시뮬레이션　1995년 11월 3일　5,800엔

플레이어 1~2인　메모리카드 1블록

각자 역할이 다른 3 기 1조의 로봇들에 지시를 내려, 상대 보다 빨리 무인행성 을 개척해야 하는 실시간 시뮬레이션 게임. 제시된 조건을 먼저 만족시킨 쪽이 이긴다.

비욘드 더 비욘드 : 머나먼 카난으로

소니컴퓨터엔터테인먼트　RPG　1995년 11월 3일　5,800엔

플레이어 1인　메모리카드 3블록

소년 '핀'의 모험을 그린 판타지 RPG. 실시간으로 배틀에 참가하는 듯한 현장 감을 맛볼 수 있는 '액티브 플레잉 시스템'을 채용했다.

해저대전쟁

엑싱　슈팅　1995년 11월 10일　5,800엔

플레이어 1~2인　메모리카드 1블록

플레이어 기체가 잠 수함인 횡스크롤 슈 팅 게임. 치밀하게 묘사한 픽셀 그래픽 이 훌륭하다. 플레이 스테이션판에는 난이도를 낮춘 모드도 있다. 2인 동시 플레이도 가능하다.

지지 마라! 마겁도 2

데이텀 폴리스타　대전격투　1995년 11월 10일　5,800엔

플레이어 1~2인　메모리카드 1블록

슈퍼 패미컴의 대전 격투 게임을 이식했 다. 성장 요소가 있 는 스토리 모드와 대전 모드가 있고, 대전 모드에서는 1편의 히로인인 '켄노 마이'를 사용 가능하다.

주변기기 지원 아이콘　플레이어 1~2인　메모리카드 1~2블록　멀티탭지원 1~4인　마우스 지원　대전케이블 2대　아날로그 조이스틱 SCPH0111(SCE)지원　아날로그 컨트롤러 지원　PocketStation 지원　메모리카드 1~2블록　휴대전화 접속 케이블 지원(도코모 I모드 휴대전화 지원)　특제 컨트롤러 SLPH00001(남고)지원

서러브레드 브리더 II 플러스

 헥트　시뮬레이션　1995년 11월 17일　6,200엔

플레이어 1인　메모리카드 5블록

1964~94년까지의
31년간, 우수한 경
주마를 길러 각 시
대의 명마들에 도전
할 수 있는 경주마

육성 시뮬레이션 게임. 1,000두가 넘는 말들이 실명으로 등장한다.

전략 쇼기

일렉트로닉 아츠 빅터　쇼기　1995년 11월 17일　6,800엔

플레이어 1~2인　메모리카드 1블록

쇼기 실력을 키우고
픈 사람에게 딱 맞
는 타이틀. '정석'을
배우면서 게임 중에
등장하는 강호 7명

에 조금이라도 근접할 수 있도록 수행하자.

나이트 헤드 : 더 래버린스

포니 캐논　어드벤처　1995년 11월 17일　5,800엔

플레이어 1인　메모리카드 1블록

당시 일본에서 히트
했던 TV드라마 '나
이트 헤드'의 사이
드 스토리로서 제작
된 어드벤처 게임.

본편에는 없었던, 미쿠리야 연구소 내에서 일어난 사건을 그렸다.

AI 쇼기

소프트뱅크　쇼기　1995년 11월 22일　6,800엔

플레이어 1인　메모리카드 3블록

플레이스테이션의
성능을 살려 빠르고
강력한 사고루틴을
세일즈포인트로 삼
은 쇼기 게임. 자연

스러운 착수와, 마치 타인과 대국하는 듯한 심리전이 특징인 작품이다.

A열차로 가자 4 : 글로벌

아트딩크　시뮬레이션　1995년 11월 22일　6,800엔

플레이어 1인　메모리카드 14블록　마우스 지원

전작(38p)이 미국·
유럽에도 발매됨에
따라, 4개국 언어를
추가로 수록한 버전.
메시지는 물론 그래

픽도 국가별로 반영했고, 각국의 열차를 추가했으며 신규 맵도 수록했다.

오프월드 인터셉터 익스트림

BMG 빅터　슈팅　1995년 11월 22일　5,800엔

플레이어 1~2인　메모리카드 1블록

차량 추격전 스타일
의 슈팅 게임. 오프
로드를 돌진하며 범
죄자가 모는 머신을
쓰러뜨리자. 상금을

모아 파워 업하면 강적과도 맞설 수 있게 된다.

J.B.해럴드 : 블루 시카고 블루스

리버힐 소프트　어드벤처　1995년 11월 22일　6,800엔

플레이어 1인　메모리카드 8블록

하드보일드 풍의 본
격 어드벤처 게임.
이벤트는 영화를 방
불케 하는 실사 동영
상으로 펼쳐진다. 시

간 개념도 있어, 커맨드를 아무렇게나 고르면 시간이 마구 지나가버린다.

스트라이커 : 월드컵 프리미엄 스테이지

코코너츠 재팬 엔터테인먼트　스포츠　1995년 11월 22일　6,800엔

플레이어 1~4인　메모리카드 1블록　멀티탭지원 1~4인

경기장은 3D로, 선
수들은 2D 스프라
이트로 조합해 묘사
한 축구 게임. 41개
팀 중 하나를 골라

월드컵에 도전하자. 실내 6 : 6 모드 등의 특이한 시합도 가능하다.

남코 뮤지엄 : VOL.1

남코　버라이어티　1995년 11월 22일　5,800엔

플레이어 1~2인　메모리카드 1블록　특제 컨트롤러 지원 SLPH00001(남코)지원

남코의 80년대 고
전 인기 작품들
중에서 「팩맨」·
「RALLY-X」「NEW
RALLY-X」「갤러

그」·「보스코니안」·「폴 포지션」·「토이팝」을 수록했다.

불타라!! 프로야구 '95 더블헤더

잘레코　스포츠　1995년 11월 22일　5,800엔

플레이어 1~2인　메모리카드 3블록

패미컴부터 시작된
인기 야구 게임 시
리즈의 신작. 실사
오프닝 동영상과 보
이스로 수록한 실

황·장내방송이 시합 분위기를 달군다. 시나리오 모드도 준비했다.

HARDWARE | 1994 | 1995 | 1996 | 1997 | 1998 | 1999 | 2000 | 2001 | 2002 | 2003 | 2004 | INDEX

전투국가 : AIR LAND BATTLE

소니컴퓨터엔터테인먼트　시뮬레이션　1995년 12월 1일　5,800엔

플레이어 1~3인　메모리카드 3블록

실존하는 병기가 등장하는, 헥스맵 형식의 턴제 전술 시뮬레이션 게임. 유닛별로 '행동력' 수치가 설정되는 시스템을 채용해, 동일 턴 내의 행동에 다양성을 부여했다.

퍼펙트 골프

세타　스포츠　1995년 12월 1일　7,900엔

플레이어 1~4인　메모리카드 4블록

일본 내에 실존하는 골프장 266코스 5,520홀을 재현하여 실제로 플레이해볼 수 있는 본격 골프 게임. 추가로 일본 전국 483개소 골프장의 데이터베이스도 수록했다.

리버시온

테크노 소프트　3D 슈팅　1995년 12월 1일　5,800엔

플레이어 1~2인

영수(靈獸)라 불리는 다양한 동물 형태의 생물병기를 타고 1 : 1로 싸우는 3D 액션 게임. 스토리 모드는 물론이고, 화면분할 식의 2인 대전도 가능하다.

오델로 월드 II : 꿈과 미지로의 도전

츠쿠다 오리지널　리버시　1995년 12월 8일　5,800엔

플레이어 1~2인　메모리카드 1블록

룰이 명쾌해 누구든 쉽게 배울 수 있는 보드 게임의 명작. 1인용으로는 고대·중세·근대 등, 역사를 되짚으며 다양한 대전 상대에 도전하는 스토리 모드를 즐길 수 있다.

쇼기 여류명인위전

세타　쇼기　1995년 12월 8일　8,500엔

플레이어 1~2인　메모리카드 1블록

「카나자와 쇼기 '95」를 기반으로, 제 21기 쇼기 여류명인전의 기보를 수록한 쇼기 소프트. 당시 대국했던 여류기사의 소감 코멘트와 인터뷰도 볼 수 있다.

D의 식탁 : 컴플리트 그래픽스

어클레임 재팬　어드벤처　1995년 12월 1일　8,800엔

플레이어 1인　메모리카드 1블록

이이노 겐지 감독·각본의 3DO용 '인터랙티브 시네마' 게임을 이식했다. 주인공 '로라'는 사악해진 아버지의 정신세계인 의문의 고성에서 2시간 안에 탈출해야 한다.

브레이크스루

쇼에이샤　퍼즐　1995년 12월 1일　5,300엔

플레이어 1~2인　메모리카드 1블록　마우스 지원

「테트리스」의 창시자, 알렉세이 파지트노프가 감수한 퍼즐 게임. 가로·세로로 같은 색 블록이 붙어 있으면 부술 수 있고, 모두 부수면 클리어. 룰이 간단하지만 심오하다.

릿지 레이서 레볼루션

남코　레이싱　1995년 12월 3일　5,800엔

플레이어 1인　메모리카드 SLPH00001(남코)지원　특제 컨트롤러 SLPH00001(남코)지원　대전케이블 2대

「릿지 레이서」 시리즈의 가정용 2번째 작품. 백미러가 도입되어 후방 차량의 블로킹이 쉬워졌다. BGM은 아케이드판 2편의 곡을 사용해, 그야말로 명곡 퍼레이드다.

카니지 하트

아트딩크　시뮬레이션　1995년 12월 8일　6,800엔

플레이어 1인　메모리카드 5블록

SF 시뮬레이션 게임. 유닛의 자동행동 패턴을 플레이어가 직접 짤 수 있는 것이 최대의 특징이다. 이 패턴 짜기가 퍼즐성도 제법 강해 지적 유희로서도 재미있다.

눈사람 아저씨

가가 커뮤니케이션즈　어드벤처　1995년 12월 8일　5,800엔

플레이어 1인

레이먼드 브리그스 원작 그림책의 세계를 게임으로 재현한 저학년 어린이용 작품. 종이인형 연극처럼 스토리를 진행하며, 도중에 미니게임도 즐길 수 있도록 했다.

주변기기 지원 아이콘　플레이어 1~2인　메모리카드 1~2블록　멀티탭지원 1~4인　마우스 지원　대전케이블 2대　아날로그 조이스틱 SCPH0111(SCEI)지원　아날로그 컨트롤러 지원　PocketStation 지원　메모리카드 1~2블록　휴대전화 접속 케이블 지원 (도코모 i모드 휴대전화지원)　특제 컨트롤러 SLPH00001(남코)지원

미라클 월드 : 이상한 나라의 IQ 미로

위저드 퍼즐 1995년 12월 8일 5,800엔

플레이어 1~2인 | 메모리카드 1블록

틀린그림찾기와 ○✕ 퀴즈, 실사 동영상을 활용한 기억력 퀴즈 등의 여러 문제들을 TV방송의 퀴즈 프로 형식으로 연출하며 진행한다. 2인 대전 플레이도 가능하다.

건버드

아틀라스 슈팅 1995년 12월 15일 5,800엔

플레이어 1~2인 | 메모리카드 1블록

사이쿄 사 종스크롤 슈팅 게임의 플레이스테이션 이식판. 다중 스크롤까지 아케이드판을 그대로 재현했다. 보스 출현 전에는 플레이어를 도발하는 메시지도 나온다!

기온바나

일본물산 화투 1995년 12월 15일 5,800엔

플레이어 1~2인 | 메모리카드 1블록

플레이스테이션 처초의 화투 게임. '코이코이'·'오이쵸카부' 두 종류의 게임을 즐기는 게임이다. 학습 모드도 탑재했으므로, 일본 화투 초보자라도 입문해볼 수 있다.

클래식 로드

빅터 엔터테인먼트 시뮬레이션 1995년 12월 15일 5,800엔

플레이어 1~4인 | 메모리카드 15블록

경주마 육성 시뮬레이션 게임. 혈통 개념을 도입, 50년간을 플레이하며 세대교체를 거듭해 중상 제패를 노린다. 레이스 장면은 폴리곤으로 표현해 박력이 있다.

환상수호전

코나미 RPG 1995년 12월 15일 6,800엔

플레이어 1인 | 메모리카드 2블록

'수호지'를 모티브로 삼아, 최대 108명이나 되는 동료를 모아 거점을 발전시키는 시스템과 전쟁 이벤트 등을 도입한 본격적인 왕도 판타지 RPG. 제국 장군의 아들인 주인공이 친구 '테드'에게서 27종의 진정한 문장 중 하나인 '소울 이터'를 계승받고는 제국에 목숨을 위협받는 처지가 되어, 해방군을 이끌고 제국에 반기를 들기에 이른다.

스트리트 파이터 II 무비

캡콤 어드벤처 1995년 12월 15일 6,800엔

플레이어 1~2인 | 메모리카드 1블록

같은 제목의 극장판 애니메이션이 기반인 육성 게임. 화면의 동영상을 분석하며 사이보그를 성장시켜 최후에는 류와 격투게임 형태로 싸우고, 그 승패로 결말이 바뀐다.

철도왕 '96 : 돼보자, 억만장자!!

아틀라스 파티 1995년 12월 15일 5,800엔

플레이어 1~4인 | 메모리카드 2블록 | 멀티탭지원 1~4인

패미컴용 게임 「철도왕」의 업그레이드판. 주사위를 굴려 목적지까지 이동하면서 노선과 역빌딩을 매입하거나 갬블 등의 이벤트로 돈을 벌어, 억만장자를 노리자.

폭소!! 올 요시모토 퀴즈왕 결정전 DX

요시모토 흥업 퀴즈 1995년 12월 15일 5,800엔

플레이어 1~4인 | 멀티탭지원 1~4인

요시모토 흥업 소속 연예인들이 실사로 등장하는 퀴즈 게임. 멀티탭을 쓰면 4인 대전도 가능하다. 퀴즈를 맞히면 칸을 전진하며, 먼저 골인한 사람이 승리한다.

NBA 파워 덩커즈

코나미 스포츠 1995년 12월 22일 5,800엔

플레이어 1~8인 | 메모리카드 1블록 | 멀티탭지원 1~8인

당시 NBA의 총 29개 팀에 소속된 선수들이 실명으로 등장하는 농구 게임. 총 150명에 가까운 선수들의 모션을 모델링했다. 화려한 덩크슛을 골대에 꽂아보자.

더 파이어멘 2 : 피트 & 대니

휴먼　액션　1995년 12월 22일　5,800엔

플레이어 1~2인　메모리카드 1블록

슈퍼 패미컴으로 발매되었던 소방 액션 게임의 속편. 어뮤즈먼트 빌딩을 무대로, 2인조 소방사가 빌딩에 남아있는 사람들을 구조하며 화염과 싸워나간다.

스트리트 파이터 ZERO

캡콤　대전격투　1995년 12월 22일　5,800엔

플레이어 1~2인　메모리카드 1블록

인기 대전격투 게임 「스트리트 파이터 ZERO」의 이식판. 약→중→강 순으로 일반 기술을 연결해 상대에게 대미지를 입히는 '제로 콤보'를 잘 활용해 대전해보자.

마루코는 아홉 살 : 마루코 그림일기 월드

타카라　어드벤처　1995년 12월 22일　4,800엔

플레이어 1인　메모리카드　마우스 지원

봄·여름·가을·겨울로 총 4권의 그림일기를 읽어가며 진행하는 어드벤처 게임. 일기에 커서를 맞춰 조작한다. 등장인물들의 대사는 모두 풀보이스로 출력된다.

도쿄 던전

카도카와쇼텐　RPG　1995년 12월 22일　6,800엔

플레이어 1인　메모리카드 3블록

근미래인 2020년의 도쿄를 무대로, 현실세계 및 네트워크 공간에 만들어진 가상세계 3D 던전에서 수수께끼를 풀어나가는 형사물 사이버펑크 RPG다.

토기왕기

반프레스토　어드벤처　1995년 12월 22일　5,800엔

플레이어 1인　메모리카드 1블록

토기(土器)들만이 사는 이세계로 소환돼, 토기왕 부활을 목표로 활약하는 어드벤처 게임. 미려한 CG로 그려진 세계를 돌아다니며 정보와 아이템을 모아 퍼즐을 풀자.

NINKU -닌쿠-

토미　액션　1995년 12월 22일　5,800엔

플레이어 1~2인　메모리카드 1블록

인기 만화를 게임화한 대전격투 게임. 스토리 모드에서는 애니메이션판 기반의 동영상도 나온다. 비주얼 신이 많고 필살기도 다수 재현해, 팬서비스가 훌륭하다.

PD 울트라맨 인베이더

반다이　슈팅　1995년 12월 22일　4,800엔

플레이어 1~2인　메모리카드 1블록

'울트라맨'과 「스페이스 인베이더」의 콜라보레이션 작품. 울트라 형제를 조작해, 서서히 압박해오는 울트라 괴수를 물리치자. 「스페이스 인베이더」 원작도 수록했다.

메타모르 패닉 : DOKI DOKI 요마 버스터즈

패밀리 소프트　어드벤처　1995년 12월 22일　5,800엔

플레이어 1인　메모리카드 1블록

주인공의 소꿉친구인 두 소녀가 요마의 저주로 동물 모습이 되어버려, 주인공은 저주를 풀기 위해 요마와의 싸움에 나선다. RPG 요소를 도입한 어드벤처 게임이다.

위저즈 하모니

아크시스템웍스　시뮬레이션　1995년 12월 29일　6,800엔

플레이어 1인　메모리카드 1블록　마우스 지원

어드벤처와 육성 시뮬레이션을 융합시킨 '육성 어드벤처' 게임. 마법 클럽에 5명을 부원으로 끌어들이고, 부원들과 친밀도를 올려가며 시험 합격을 노려야 한다.

위닝 포스트 EX

코에이　시뮬레이션　1995년 12월 29일　6,800엔

플레이어 1인　메모리카드 5블록

마주가 되어 경주마를 육성하는 게 목적인 대히트 시리즈의 신작. 실사영상을 다수 채용한 화려한 게임화면을 만끽하면서 경마의 세계를 체험해보자.

주변기기 지원 아이콘 플레이어 1~2인 메모리카드 1~2블록 멀티탭 지원 1~4인 마우스 지원 대전 케이블 지원 2대 아날로그 조이스틱 SCPH0111(SCEI) 지원 아날로그 컨트롤러 지원 PocketStation 지원 메모리카드 1~2블록 휴대전화 접속 케이블 지원 (도코모 i모드 휴대전화 지원) 특제 컨트롤러 SLPH00001(남코) 지원

HARDWARE
1994
1995
1996
1997
1998
1999
2000
2001
2002
2003
2004
INDEX

에코 에코 아자락

폴리그램　어드벤처　1995년 12월 29일　5,800엔

플레이어 1인　메모리카드 1블록

같은 제목 호러 만화 원작의 영화가 기반인 어드벤처 게임. 영화의 장면을 사용한 동영상과 실사영상을 활용해, 주인공 '쿠로이 미사' 시점에서 스토리를 진행한다.

킬릭 더 블러드 2 : Reason in Madness

소니뮤직엔터테인먼트　3D 슈팅　1995년 12월 29일　5,800엔

플레이어 1인　메모리카드 1블록

메카닉을 조종해 탐색하는 3D 슈팅 게임의 속편. 병에 걸린 애인을 구하기 위해, 출입금지구역에 있는 꽃을 찾으러 간다. 대시가 추가됐고, 기체의 기동성이 늘어났다.

사주팔자 피타그래프

데이텀 폴리스타　점술　1995년 12월 29일　5,800엔

플레이어 1인　메모리카드 3블록　마우스 지원

중국의 음양오행설을 기반으로 하여 제작한 점술 소프트. 성별·생년월일·혈액형 등을 입력해 상성 진단과 일별 운세, 예스/노 선택식으로 구성한 미래진단 등을 즐긴다.

초형귀 : 궁극무적은하최강남

메사이야　슈팅　1995년 12월 29일　5,800엔

플레이어 1~2인　메모리카드 1블록

「초형귀」 시리즈 4번째 작품이다. 옵션이 보디빌더, 파워 업 아이템이 프로틴인 마초 슈팅 게임. 하야마 코지 등이 작곡한 음악도 그야말로 마초 스타일이다.

츠텐카쿠

소니뮤직엔터테인먼트　슈팅　1995년 12월 29일　5,800엔

플레이어 1~2인　메모리카드 1블록

오사카의 명물 탑에서 따온 타이틀명이지만, 이세계라는 설정의 'DEEP 오사카'가 무대인 종스크롤 슈팅 게임. 아래로 펼쳐지는 거리 풍경이 딱 오사카인데!?

테마 파크

일렉트로닉 아츠 빅터　시뮬레이션　1995년 12월 29일　5,800엔

플레이어 1인　메모리카드 5블록

유원지 경영자가 되어, 자신만의 테마 파크를 만들어보자. 제트코스터의 경우 직접 코스를 설계하여, 3D 시점으로 승차 체험도 해볼 수 있다.

데롱 데로데로

테크모　퍼즐　1995년 12월 29일　5,800엔

플레이어 1~2인

「뿌요뿌요」와 유사한 낙하계 퍼즐 게임. 떨어지는 '데로'를 잘 쌓아올려, 4개 이상 연결시키면 사라진다. 뻗친 팔이 연결돼도 없어지므로, 연쇄가 잘 터지는 편이다.

투신전 2

타카라　3D 대전격투　1995년 12월 29일　5,800엔

플레이어 1~2인

40p에 게재된 「투신전」의 속편. 이 작품의 발매 직전에 아케이드판도 가동 개시됐으니, 게임센터와 집에서 「투신전 2」를 파고들던 유저도 있지 않았을까!

니치부츠 아케이드 클래식스

일본물산　버라이어티　1995년 12월 29일　4,980엔

플레이어 1~2인

과거 게임센터에서 인기였던 「문 크레스타」·「크레이지 클라이머」·「프리스키톰」에, 미발매작 등이 포함된 3작품을 추가해 총 6작품을 합본 수록했다.

혼드 아울

소니컴퓨터엔터테인먼트　건 슈팅　1995년 12월 29일　5,800엔

플레이어 1~2인　메모리카드 1블록　마우스 지원　특제 컨트롤러 SLPH00014(코나미) 지원

플레이스테이션 최초의 건 슈팅 게임. 캐릭터·메카닉 디자인을 만화가 시로 마사무네가 맡았다. 하이퍼 블래스터가 없어도 기본 컨트롤러만으로 플레이 가능하다.

1996
PlayStation Game Software Catalogue

1996년에 발매된 타이틀 수는 총 415종. 이 해엔 스퀘어의 전격 참가와 「파이널 판타지」 최신작 발매가 발표되어, 시장점유율 1위가 드디어 가시권에 들어오게 되었다. 또한 「철권 2」가 플레이스테이션의 첫 밀리언셀러 기록을 달성하고, 「파랏파 더 래퍼」가 히트해 '음악 게임'이라는 장르가 꽃을 피우는 등, 수많은 화제가 만발했다.

남코 마작 : 스패로우 가든

남코　마작　1996년 1월 1일　5,800엔

플레이어 1인 / 메모리카드 1블록 / 특제 컨트롤러 SLPH00001(남코)지원

개성적인 마작풍의 캐릭터들을 역동적으로 그린 3D 마작 게임. 프리 매치·리그·트레이닝 모드

를 수록했다. 초보자부터 상급자까지 모두 즐길 수 있도록 구성했다.

애자일 워리어

버진 인터랙티브　슈팅　1996년 1월 13일　5,800엔

플레이어 1~2인 / 메모리카드 1블록

미국에서 개발된 3D 슈팅 게임. 군대 분위기를 살린 실사 동영상으로 작전설명을 받은 후 하늘

로 날아오른다. 플레이 도중 언제든 맵을 열고 목표를 확인할 수 있다.

곰돌이 푸타로 : 하늘은 핑크다! 전원집합!! (그거 안 될 걸다)

쇼가쿠칸 프로덕션　파티　1996년 1월 13일　5,800엔

플레이어 1~4인 / 멀티탭지원 1~4인

같은 제목의 만화가 소재인 테이블 게임. 보물을 노리고 TV 프로 '대소동 하우스'에 출전한 푸타로

가, 라이벌과의 발목잡기 경쟁과 각종 미니게임을 거쳐 우승을 노린다.

경마 필승의 법칙 '96 Vol.1

코피아 시스템　기타　1996년 1월 13일　6,400엔

플레이어 1인 / 메모리카드 15블록 / 마우스 지원

95년도판에 개량을 가한 경마예상 소프트. 최신 데이터를 추가해 과거 12년분의 G레이스와 7

분의 모든 레이스 데이터를 수록했다. 우승마 예상 알고리즘도 강화했다.

투패전 아카기

마이크로네트　마작　1996년 1월 13일　4,980엔

플레이어 1인 / 메모리카드 1블록

비디오 영화판 '아카기'의 배우들과 스토리를 그대로 옮겨온 실사 마작 게임. 아카기가 되어 승리조

건이 제시되는 대국에 도전하는 '아카기' 및 대전 모드를 수록했다.

하이옥탄

일렉트로닉 아츠 빅터　레이싱　1996년 1월 13일　5,800엔

플레이어 1~2인 / 메모리카드 2블록

지면을 부유한 상태로 주행하는 호버 머신을 조종하는 근미래의 레이스에 도전하는 게임. 라이

벌 머신을 머신건과 미사일로 날려버리는 무규칙 레이싱 게임이다.

매지컬 드롭

데이터 이스트　퍼즐　1996년 1월 13일　5,800엔

플레이어 1~2인 / 메모리카드 1블록

아케이드 게임의 이식작. 위에서 떨어지는 '드롭'을 3개씩 붙여 차례차례 연쇄시켜 없애야 한

다. 캐릭터는 아케이드판과 다른 오리지널 디자인이다.

액 (厄) : 우정담의

아이디어 팩토리　어드벤처　1996년 1월 13일　5,800엔

플레이어 1인

폐교된 초등학교 건물에 모인 남녀 5명이 주인공인 호러 사운드 노벨 게임. 5명의 시점을 재핑

가능한 시스템이며, 기분 나쁜 그래픽과 카오스한 내용이 특징이다.

주변기기 지원 아이콘 플레이어 1~2인 메모리카드 1~2블록 멀티탭지원 1~4인 마우스 지원 대전케이블 2대 아날로그 조이스틱 SCPH0111(SCE)지원 아날로그 컨트롤러 지원　PocketStation 지원　메모리카드 1~2블록　휴대전화 접속 케이블 지원 (도코모 모드 휴대전화 지원)　특제 컨트롤러 SLPH00001(남코)지원

로보 피트

 알트론　3D 대전격투　1996년 1월 13일　5,800엔

플레이어 1~2인 / 메모리 카드 1블록

오리지널 로봇을 제작해 다른 로봇과 배틀시켜 랭킹의 정상을 노리는 3D 액션&시뮬레이션 게임. 메모리 카드를 사용하면 다른 데이터의 로봇과 배틀시킬 수도 있다.

「점도 이야기」 I 번째

토호쿠신사　점술　1996년 1월 19일　5,800엔

플레이어 1인 / 메모리 카드 1블록

 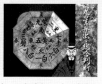

'헤이세이 개운력', '타로 점술', '성명판단'을 제공하는 점술 소프트. 헤이세이 개운력은 9성점술 기반이며, 2001년 이전 출생자라면 생년월일로 9성 산출도 가능하다.

플로팅 러너 : 일곱 수정 이야기

엑싱　액션　1996년 1월 19일　5,800엔

플레이어 1인 / 메모리 카드 1블록

바운티 헌터와 견습 무녀의 모험을 3D 폴리곤으로 그려낸 액션 게임. 불·물·사막·늪 등의 개성 넘치는 여러 세계를 모험해, 크리스탈을 되찾아야 한다.

폴리스노츠

코나미　어드벤처　1996년 1월 19일　6,800엔

플레이어 1인 / 메모리 카드 3블록 / 마우스 지원

인류가 스페이스 콜로니로 이주하기 시작한 SF적 세계를 무대로 삼은 어드벤처 게임. 세계적으로 유명한 「메탈기어」 시리즈의 코지마 히데오가 감독·각본을 맡았다.

마츠카타 히로키의 월드 피싱

BPS　스포츠　1996년 1월 19일　5,800엔

플레이어 1인 / 메모리 카드 1블록

실사 영상과 게임화면 두 가지를 동시에 진행하면서 바다낚시를 즐기는 작품. 탤런트 마츠카타 히로키와 섹시한 수영복 여성 2명이 보트 위에서 낚시를 펼친다.

그릴 로직

쇼에이샤　퍼즐　1996년 1월 26일　2,900엔

플레이어 1~2인 / 메모리 카드 1블록

왼쪽은 '베이스', 오른쪽은 '그릴'이다. 두 그림을 겹치면 그릴은 시계방향으로 90도씩 회전한다. 오른쪽의 빈 구멍 기준으로 베이스에 동일한 화살표를 놓는 퍼즐 게임.

사이드와인더

아스믹　3D 슈팅　1996년 1월 26일　5,800엔

플레이어 1인 / 메모리 카드 2블록 / 대전케이블 2대 / 아날로그 조이스틱 SCPH0111(SCEI) 지원

공군 특수부대의 일원이 되어, 실존하는 군용기로 임무를 수행하는 3D 플라이트 슈팅 게임. 4종류의 미사일이 등장하며, 이를 적절히 배분 탑재하는 게 전략의 키포인트다.

슈탈페더 : 철갑 비공단

산토스　슈팅　1996년 1월 26일　5,800엔

플레이어 1인 / 메모리 카드 1블록

 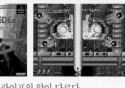

샷·레이저·봄을 장비한 4종류의 기체로 총 6스테이지를 공략하는 종스크롤 슈팅 게임. 플레이어 기체는 라이프제이며, 기체별로 라이프의 양이 다르다.

수호연무

데이터 이스트　대전격투　1996년 1월 26일　4,980엔

플레이어 1~2인

'수호지' 소재의 대전격투 게임. PS판은 유명 성우 기용 등으로 보강한 '스페셜 모드'가 있고, 숨겨진 캐릭터로 「파이터즈 히스토리」의 미조구치도 등장한다.

제 4차 슈퍼로봇대전 S

반프레스토　시뮬레이션 RPG　1996년 1월 26일　6,800엔

플레이어 1인 / 메모리 카드 3블록

슈퍼 패미컴에서 인기가 많았던 「제 4차 슈퍼로봇대전」을 이식한 작품. CD가 된 덕분에, 전투시 대사를 원작에서 해당 역을 맡았던 성우들이 직접 육성으로 연기했다.

HARDWARE
1994
1995
1996
1997
1998
1999
2000
2001
2002
2003
2004
INDEX

디센트

소프트뱅크　3D 슈팅　1996년 1월 26일　6,400엔

플레이어 1인 | 메모리 카드 3블록 | 대전케이블 2대 | 아날로그 조이스틱 SCPH0111(SCEI) 지원

360도로 벽면까지 자유롭게 이동 가능한 메카닉을 타고 적을 격파하는 1인칭 슈팅 게임. 명왕성에서 반란을 일으킨 로봇들을 진압하는 것이 게임의 목적이다.

라이프스케이프 : 생명 40억 년 기나긴 여정

미쓰이물산　에듀테인먼트　1996년 1월 26일　6,800엔

플레이어 1인

같은 제목의 NHK 다큐멘터리 프로를 기반으로, 원시의 지구부터 현재에 이르기까지의 발전과 생명 탄생, 진화 과정 등을 테마파크 감각으로 배우는 작품이다.

레슬매니아 디 아케이드 게임

어클레임 재팬　스포츠　1996년 1월 26일　5,800엔

플레이어 1~2인

미국의 프로레슬링 단체 WWF(현 WWE)의 슈퍼스타들이 실사 스캔된 캐릭터로서 링을 확보한다. 컨트롤러로 다채로운 기술을 구사해, 화려하게 시합을 장식하자.

아르남의 이빨 : 수인족 12신도 전설

라이프 스터프　어드벤처　1996년 2월 2일　3,980엔

플레이어 1인

PC엔진으로 발매된 바 있는 같은 제목의 RPG를 어드벤처 게임 형태로 재구성하여 발매한 소프트. 인간들에게 차별당하는 수인족 전사들의 이야기를 그렸다.

고전 묘수풀이집 : 4신의 두루마리

바프　바둑　1996년 2월 2일　5,800엔

플레이어 1인 | 메모리 카드 1블록

바둑 묘수풀이의 3대 고전이라는 '관자보'·'현현기경'·'기경중묘'에서 엄선한 500문제를 수록한 디지털 문제집. 묘수풀이를 삼국지의 전투에 빗대는 등, 독특한 맛이 있다.

디스트럭션 더비

소니컴퓨터엔터테인먼트　레이싱　1996년 2월 9일　5,800엔

플레이어 1인 | 메모리 카드 1블록 | 대전케이블 지원

차량 20대가 뒤엉켜 충돌하는 파괴의 미학이 일품인 레이싱 게임. 랩타임을 겨루는 일반 모드는 물론, 대미지 포인트를 겨루는 모드와 차량 배틀로얄도 즐길 수 있다.

데스마스크

반탄 인터내셔널　어드벤처　1996년 2월 9일　7,800엔

플레이어 1인 | 메모리 카드 3블록

실사영상을 사용한 어드벤처 게임. 흉악범과 같은 얼굴로 성형돼버린 경찰관 '제이크'가 되어 범인을 쫓는다는 스토리다. 조금만 잘못 선택해도 죽어버리는 빡빡한 작품.

남코 뮤지엄 : VOL.2

남코　버라이어티　1996년 2월 9일　5,800엔

플레이어 1~2인 | 메모리 카드 1블록 | 특제 컨트롤러 SLPH00015(남코)지원

「큐티 Q」·「제비우스」·「매피」·「개플러스」·「그로브다」·「드래곤 버스터」를 수록했다. 패들 컨트롤러를 동봉한 한정판도 함께 발매되었다.

폴리스노츠 : 프라이빗 컬렉션

코나미　팬 디스크　1996년 2월 9일　2,980엔

플레이어 1인 | 마우스 지원

55p의 「폴리스노츠」에 등장하는 캐릭터 및 담당 성우의 소개, 중요 장면의 미공개 애니메이션 영상, 성우 이노우에 키쿠코의 인터뷰 영상 등을 즐기는 팬 소프트.

비클 카발리어

뱅가드　3D 슈팅　1996년 2월 16일　5,800엔

플레이어 1~2인 | 메모리 카드 4블록 | 특제 컨트롤러 SLPH00001(남코)지원 | 아날로그 조이스틱 SCPH0111(SCEI)지원

300종이 넘는 무기를 조합해 오리지널 기체를 만들어, 투기장에서 승리하자. 메모리 카드를 사용하면 타인이 제작한 오리지널 기체를 불러들여 대전할 수도 있다.

주변기기 지원 아이콘 | 플레이어 1~2인 | 메모리카드 1~2블록 | 멀티탭지원 1~4인 | 마우스 지원 | 대전케이블 2대 | 아날로그 조이스틱 SCPH0111(SCEI)지원 | 아날로그 컨트롤러 지원 | PocketStation 지원 | 메모리카드 1~2블록 | 휴대전화 접속 케이블 지원(도코모 i모드 휴대전화 지원) | 특제 컨트롤러 SLPH00001(남코)지원

사이베리아

인터플레이   어드벤처   1996년 2월 16일   5,800엔

플레이어 1인 | 메모리카드 1블록 | 마우스 지원 | 아날로그 조이스틱 SCPH0111(SCE) 지원

사이베리아 기지에 잠입해 핵병기의 정체를 밝혀내라. 액션과 퍼즐 파트는 물론이고 총기·전투기 등으로 싸우는 슈팅 파트도 있어, 방심할 수 없는 전개가 속출한다.

승룡 삼국연의

이매지니어   시뮬레이션   1996년 2월 16일   5,800엔

플레이어 1인 | 메모리카드 8블록 | 마우스 지원

PC 게임 「승룡삼국지」의 플레이스테이션 이식작. 삼국지를 소재로 삼은 실시간 시뮬레이션 게임으로서, 쉴새없이 변화하는 전황을 예측하며 행동하는 재미가 있다.

스내처

코나미   어드벤처   1996년 2월 16일   5,800엔

플레이어 1인 | 메모리카드 1블록 | 마우스 지원

영화 '블레이드 러너' 풍의 근미래가 무대인 어드벤처 게임. 인간을 살해하고 그 모습으로 사회에 침투하는 의문의 안드로이드와, 이를 조사하는 수사관의 싸움을 그렸다.

챔피언 레슬러 : 실황 라이브

타이토   스포츠   1996년 2월 16일   5,800엔

플레이어 1~4인 | 메모리카드 1블록 | 멀티탭지원 1~4인

아케이드용 프로레슬링 게임의 후속작. 시합 도중에 카지와라 시게루의 실황중계가 펼쳐지며, 싱글·태그·배틀로얄 모드가 있고, 최대 4인 동시 플레이가 가능하다.

도라에몽 : 진구와 부활의 별

에포크 사   액션   1996년 2월 16일   5,800엔

플레이어 1인 | 메모리카드 1블록

미지의 행성에서 만난 로봇과의 스토리를 그린 횡스크롤 액션 게임. 양질의 스토리와, 폴리곤을 사용한 3D CG 및 동영상 연출이 뛰어나다.

하드 락 캡

아스믹   3D 슈팅   1996년 2월 16일   5,800엔

플레이어 1인 | 메모리카드 5블록

황폐한 도시를 무대로, 택시 운전사인 주인공이 방해하는 주민들을 물리치며 승객을 데려다주고 돈을 벌어, 차량을 개조해 도시로부터의 탈출을 노리는 게임이다.

퍼핏 주 필로미

휴먼   시뮬레이션   1996년 2월 16일   5,800엔

플레이어 1인 | 메모리카드 4블록

몸체·머리·수족·꼬리를 조합해 동물을 만들어 자연 속에 풀어놓고 즐기는 작품. 다른 동물의 부분을 조합해 오리지널 동물을 만들 수도 있는 높은 자유도가 특징이다.

로드 러너 : 레전드 리턴즈

파트라   액션   1996년 2월 16일   5,800엔

플레이어 1~2인 | 메모리카드 1~6블록

적에게서 도망치며 모든 금괴를 획득해 출구로 가는 액션 퍼즐 게임. 아이템 추가로 플레이의 폭이 넓어졌다. 마음대로 맵을 만드는 스테이지 에디트 기능도 있다.

웰컴 하우스

거스트   어드벤처   1996년 2월 23일   5,800엔

플레이어 1인 | 메모리카드 1블록

모든 그래픽을 풀 3D로 구성한 어드벤처 게임. 주인공은 부자인 숙부의 초대를 받고 찾아왔으나, 함정투성이인 저택에 갇혀버린다. 어딘가에 있는 숙부와 만나 이 저택에서 탈출해야 한다. 함정이라곤 해도 창틀에 손가락이 끼거나, 계단이 갑자기 평평해져 미끄러지는 등의 코믹한 것들뿐이라, 걸리더라도 게임 오버가 되지는 않는다.

미국 횡단 울트라 퀴즈

빅터 엔터테인먼트 | 퀴즈 | 1996년 2월 23일 | 5,800엔

플레이어 1~4인 | 메모리카드 1블록 | 멀티탭지원 1~4인

니폰 TV 계열에서 방영했던 같은 제목의 퀴즈 프로를 게임화했다. 10,000문제 이상의 풍부한 퀴즈로 라이벌들과 싸워, 뉴욕에서 열리는 결승전까지 가보자.

전일본 GT 선수권 개(改)

카네코 제작소 | 레이싱 | 1996년 2월 23일 | 5,800엔

플레이어 1인 | 메모리카드 1블록 | 특제 컨트롤러 SLPH00001(남코)지원

GT 어소시에이션의 공인을 받아, 실제 데이터 기반으로 구성한 레이싱 게임. 엔진음도 실제 머신의 엔진에서 채록했고, 아나운서의 실황중계도 분위기를 달군다.

타이코 입지전 II

코에이 | 시뮬레이션 | 1996년 2월 23일 | 7,800엔

플레이어 1인 | 메모리카드 5블록

일개 병졸이던 토키치로가 최고직위 '타이코'인 '히데요시'가 되기까지의 입신출세를 체험하는 시뮬레이션 게임. 노부나가가 내리는 고된 임무를 달성해, 천하의 패자가 되자.

하이퍼 크레이지 클라이머

일본물산 | 액션 | 1996년 2월 23일 | 5,800엔

플레이어 1인 | 메모리카드 1블록

비디오 게임 여명기에 대히트했던 「크레이지 클라이머」의 기본 룰은 유지하면서, 다양한 유적과 건물의 정상을 정복하는 액션 게임으로 리메이크했다.

PGA TOUR 96

일렉트로닉 아츠 빅터 | 스포츠 | 1996년 2월 23일 | 5,800엔

플레이어 1~4인 | 메모리카드 2블록

실존 명문 골프 코스 두 곳에서, 프로를 상대로 상금액을 겨루는 골프 게임. 유명 프로골퍼 다수가 실명으로 등장하며, 골프캐스터 토바리 쇼가 해설자로 출연한다.

블로키즈

아테나 | 퍼즐 | 1996년 2월 23일 | 6,800엔

플레이어 1인 | 메모리카드 1블록 | 특제 컨트롤러 SLPH00015(남코)지원 | 마우스 지원

입체적인 블록 배치와 볼의 점프가 가능한 시스템 등, 신선한 아이디어가 많은 블록깨기 게임. 플레이 상황에 따라 캐릭터들이 보여주는 다양한 표정도 볼거리다.

볼켕크라처

아스믹 | RPG | 1996년 3월 1일 | 5,800엔

플레이어 1인 | 메모리카드 1블록

황폐한 도시에 세워진 탑을 계속 올라가는 액션 RPG. 다양한 기술·마법을 구사하여 탑 각층에 있는 거대 몬스터를 물리치고 정상에 도달해, 진정한 용사가 되어라.

가자! 대전 퍼즐구슬

코나미 | 퍼즐 | 1996년 3월 1일 | 4,800엔

플레이어 1~2인 | 메모리카드 1블록

가로·세로로 '왕구슬' 3개를 붙여 없애는 같은 제목의 아케이드용 낙하계 퍼즐 게임을 이식한 작품. 보너스 게임으로서, 볼링 게임 '대전 굴링구슬'도 수록했다.

트와일라이트 신드롬 : 탐색편

휴먼 | 어드벤처 | 1996년 3월 1일 | 5,800엔

플레이어 1인 | 메모리카드 1블록

등신대 여고생들이 주인공인 호러 어드벤처 게임. 겉보기엔 쿨하지만 실은 섬세하고 겁이 많은 '유카리'가 소문에 밝은 후배 '미카', 소꿉친구 '치사토'와 예전 학교건물 등의 심령 스팟을 탐험한다. 탐험시에는 깊이감이 있는 횡스크롤 화면이 되며, 주인공들의 공포감을 심전도로 표시한다. 상편에 해당하며, 첫 소문과 1~4번째 소문, 또 하나의 소문을 수록했다.

주변기기 지원 아이콘 | 플레이어 1~2인 | 메모리카드 1~2블록 | 멀티탭지원 1~4인 | 마우스 지원 | 대전케이블 2대 | 아날로그 조이스틱 SCPH0111(SCE)지원 | 아날로그 컨트롤러 지원 | PocketStation 지원 | 메모리카드 1~2블록 | 휴대전화 접속 케이블 지원 (도코모1모드 휴대전화 지원) | 특제 컨트롤러 SLPH00001(남코)지원

노바스톰

빅터 엔터테인먼트　3D 슈팅　1996년 3월 1일　6,800엔

플레이어 1인

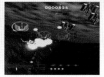

리얼한 3D CG로 만들어낸 동영상을 배경 삼아 전개되는, 속도감 발군의 트랜스계 3D 슈팅 게임. 인류를 습격해온 인공지능과의 싸움이 시작된다.

레볼루션 X

어클레임 재팬　3D 슈팅　1996년 3월 1일　5,800엔

플레이어 1~2인

록밴드 '에어로스미스'를 모티브로 삼은 건 슈팅 게임. BGM에도 에어로스미스의 곡을 사용했고, 에어로스미스의 멤버들도 실사 캐릭터로 게임 내에 등장한다.

월드 컵 골프 : 인 하얏트 도라도 비치

코코너츠 재팬 엔터테인먼트　스포츠　1996년 3월 1일　5,800엔

플레이어 1~2인　메모리카드 2블록

푸에르토리코에 있는 같은 이름의 골프장을 실사 스캐닝으로 재현했다. 박력 넘치는 버드 뷰 시점으로 볼의 궤적을 좇아갈 수 있는 골프 시뮬레이션 게임이다.

겍스

BMG 빅터　액션　1996년 3월 8일　5,800엔

플레이어 1인

도마뱀 '겍스'를 조작해, 미디어 월드를 지배하는 악의 제왕 '레즈'를 물리치는 액션 게임. 벽에 달라붙거나 혀를 쭉 내미는 등, 도마뱀다운 액션이 특징이다.

SANKYO FEVER : 실기 시뮬레이션

TEN 연구소　파친코　1996년 3월 8일　6,800엔

플레이어 1인　메모리카드 1블록　특제 컨트롤러 SLPH00007(TEN연구소)지원

SANKYO 사의 파친코 기기 5기종이 수록된 실기 시뮬레이터. LCD 화면에서 과일무늬가 전부 맞춰지면 대박이 열리는 'CR 피버 빅 파워풀' 등을 수록했다.

CG 옛날이야기 : 할아버지, 두 번 놀라다

아이디어 팩토리　어드벤처　1996년 3월 8일　5,800엔

플레이어 1인

어릴 적 한번쯤은 들었을 옛날이야기 그림책 게임인가!? 그런 상상을 묘하게 엇나가는 스토리와 플레이어의 예측을 불허하는 엔딩 등, 발매 당시에도 화제였던 타이틀이다.

졸업 R

반다이 비주얼　시뮬레이션　1996년 3월 8일　5,800엔

플레이어 1인　메모리카드 2블록

5명의 문제아를 고교 졸업까지 1년간 육성해가는 시뮬레이션 게임 「졸업」의 실사화 타이틀. 오프닝은 물론 풀장 개방·체력측정에 졸업식까지, 도처에 동영상을 넣었다.

미소녀 전사 세일러문 SuperS : 진주역 쟁탈전

엔젤　대전격투　1996년 3월 8일　5,800엔

플레이어 1~2인

10명의 세일러 전사들이 주인공 자리를 걸고 배틀하는 대전격투 게임. 3D 폴리곤으로 그려진 캐릭터들의 부드러운 모션은 모션 캡처 기술로 구현했다.

로직 퍼즐 : 레인보우 타운

휴먼　퍼즐　1996년 3월 8일　5,800엔

플레이어 1인　메모리카드 1블록　마우스 지원

네모네모 로직을 풀며 도시를 성장시켜 가자. 심플한 '모노크롬 로직'은 물론 '컬러 로직'·'레인보우 로직' 모드도 있으며, 문제 수는 700문제 이상이다.

조크 I

쇼에이샤　어드벤처　1996년 3월 15일　5,800엔

플레이어 1인　메모리카드 1블록

다양한 컴퓨터로 발매된 텍스트 어드벤처 게임의 명작을 리메이크했다. 거의 텍스트로만 제공되는 정보를 바탕으로, 명사·동사를 조합해 행동을 선택하여 퍼즐을 풀자.

파이어 프로레슬링 : 아이언 슬램 '96

 휴먼　스포츠　1996년 3월 15일　5,800엔

플레이어 1~2인　메모리카드 1블록

「파이어 프로레슬링」 시리즈로는 최초로 3D 폴리곤화 된 레슬러가 등장한다. 레슬러들의 기술을 모두 리뉴얼하여, 뜨겁고 리열한 대전을 즐길 수 있다.

블러드 팩토리

 인터플레이　액션　1996년 3월 15일　5,800엔

플레이어 1~2인　메모리카드 1블록

적을 물리치면 피와 뼈로 분해해 버리는 잔혹한 묘사가 특징인 탐색형 액션 슈팅 게임. 인정사정 없이 적을 쏴버리며 감옥 행성의 교도소에서 탈옥해야 한다.

월드 사커 위닝 일레븐

코나미　스포츠　1996년 3월 15일　4,800엔

플레이어 1~2인　메모리카드 1블록

풀 폴리곤으로 리얼하게 표현한 축구 게임. 26개국 대표팀 중 하나를 골라 월드컵을 제패하자. 작전 모드를 탑재해, 더욱 전략적인 플레이를 구현한 작품이다.

아테나의 가정반 : 패밀리 게임즈

아테나　테이블　1996년 3월 22일　5,800엔

플레이어 1~4인　멀티탭지원 1~4인

리버시, 로켓, 킹 다이아, 코핏, 뱅커즈 까지 5가지 고전 보드 게임을 하나로 합본 수록했다. CPU전은 물론, 최대 4명까지의 대인전도 가능하다.

위닝 포스트 2

코에이　시뮬레이션　1996년 3월 22일　9,800엔

플레이어 1인　메모리카드 5블록

슈퍼 패미컴의 같은 제목 타이틀을 플레이스테이션으로 이식한 작품. 레이스 장면을 풀 폴리곤화 해 속도감과 박력을 늘었다. 2,500종이 넘는 레이스에 참가 가능해졌다.

우주호상전 : 폭렬상인

아스텍21　파티　1996년 3월 22일　5,800엔

플레이어 1~4인　메모리카드 2블록　멀티탭지원 1~4인

근미래의 우주가 무대인 말판놀이 게임. 의뢰를 해결해 자금을 벌어, 별을 구입하고 정박료를 징수하며 자산을 불리자. 파산하더라도 해적이 되어 날뛸 수 있다.

에어 매니지먼트 '96

코에이　시뮬레이션　1996년 3월 22일　8,800엔

플레이어 1~4인　메모리카드 1블록

항공사 경영자가 되어, 항로를 개통하고 고폰 도시와 교섭해 공항 발착권을 확보하고 노선을 확대하면서, 타사보다 먼저 전 도시를 항로로 연결하는 것이 목적이다.

힘내라 고에몽 : 우주해적 아코깅

코나미　액션　1996년 3월 22일　5,800엔

플레이어 1인　메모리카드 1블록

시리즈 10주년 기념작품. 이번에는 지구의 보물을 노리는 우주해적과 싸운다. 2D 액션 어드벤처 게임이지만, 보스전 등에선 3D 그래픽 연출을 쓰기도 했다.

쵸로Q

타카라　레이싱　1996년 3월 22일　5,800엔

플레이어 1~2인　메모리카드 1블록

타카라의 완구 '쵸로Q'가 주인공인 레이싱 게임 제 1탄. 스포츠카부터 탱크까지 다양한 차량이 등장하며, 코스 역시 온로드부터 오프로드까지 다양하게 준비했다.

DX 인생게임

타카라　파티　1996년 3월 22일　5,800엔

플레이어 1~4인　메모리카드 1블록　멀티탭지원 1~4인

보드게임의 명작 '인생게임'의 플레이스테이션판. 룰렛을 돌려 말을 전진시켜, 자산을 불려가며 골인을 노리자. 동시에 4명까지 플레이할 수 있다.

주변기기 지원 아이콘　플레이어 1~2인　메모리카드 1~2블록　멀티탭지원 1~4인　마우스 지원　대전케이블 지원 2대　아날로그 조이스틱 SCPH0111(SCE) 지원　아날로그 컨트롤러 지원　PocketStation 지원　메모리카드 1~2블록　휴대전화 접속 케이블 지원 (도코모 모드 휴대전화 지원)　특제 컨트롤러 SLPH00001(넘콘) 지원

천지를 먹다 II

캡콤 액션 1996년 3월 22일 5,800엔

플레이어 1~2인

모토미야 히로시 원작의 만화 '천지를 먹다'를 게임화한 작품. 관우·장비·조운 등 5명의 전사 중

에서 플레이어를 골라 조조를 물리쳐 가는 벨트스크롤 액션 게임이다.

하이퍼 파이널 매치 테니스

휴먼 스포츠 1996년 3월 22일 5,800엔

플레이어 1~2인 · 메모리카드 1블록 · 멀티탭지원 1~4인

폴리곤 그래픽의 테니스 게임으로서, 누구든 쉽게 즐길 수 있도록 번잡한 조작을 배제해 디자

인했다. PS 게임으로는 최초로 4인 동시 플레이를 구현하기도 했다.

바이오하자드

캡콤 어드벤처 1996년 3월 22일 5,800엔

플레이어 1인 · 메모리카드 1블록

인기 서바이벌 호러 시리즈의 첫 작품. 탈주한 실험동물에 쫓겨 산속의 서양식 저택으로 도망쳐온 특수부대 S.T.A.R.S. 멤버들이 저택에 숨겨진 수수께끼를 탐사한다는 스토리다. 좀비·생물병기와 싸우며 건물 내의

퍼즐을 풀어가야 한다. 플레이어 캐릭터로 크리스·질 중 하나를 고른다. 각자 체력·아이템 소지 수·자물쇠 해제능력 유무·파트너 등의 차이가 있다.

멜티랜서 : 은하소녀경찰 2086

이매지니어 시뮬레이션 1996년 3월 22일 5,800엔

플레이어 1인 · 메모리카드 1블록 · 마우스 지원

서기 2086년을 무대로 삼은 육성 시뮬레이션 게임. 은하경찰기구의 미숙한 수사관 6명을 1

년 동안 단련시켜 가며, 그녀들을 잘 활용해 도시의 치안을 유지하자.

로드 래시

일렉트로닉 아츠 빅터 레이싱 1996년 3월 22일 5,800엔

플레이어 1~2인 · 메모리카드 1블록

배틀 시스템을 결합한 3D 바이크 레이싱 게임. 다른 라이더를 펀치·킥으로 타격할 수도 있는,

그야말로 무규칙 공공도로 레이스다. 수단을 가리지 말고 먼저 골인하라.

와이프아웃

소니컴퓨터엔터테인먼트 레이싱 1996년 3월 22일 5,800엔

플레이어 1인 · 메모리카드 1블록 · 특제 컨트롤러 SLPH00001(넥코)지원 · 대전케이블 2대

리니어 모터 카처럼 지상을 부유 주행하는 반중력 머신으로 경주하는 레이싱 게임 시리즈의 첫 번째 작품. 케미컬 브라더스·더 프로디지 등의 유명 뮤지션들이 제공한 음악을 배경으로, 디자이너스 리퍼블릭이 디

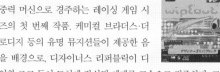

자인한 로고 등이 도처에 장식된 세계를 고속으로 질주한다. 코스 내에서 획득 가능한 다양한 아이템을 활용해, 1위로 골인해 보자.

아스카 120% 스페셜 : BURNING Fest.

패밀리 소프트 대전격투 1996년 3월 29일 5,800엔

플레이어 1~2인 · 메모리카드 1블록

F M T O W N S 와 X68000 등의 일본 PC로 처음 발매되었던 2D 대전격투 게임의 이식판. 학

생회가 마련한 부활동용 예산을 쟁탈하려는 여학생들의 싸움이 테마다.

안젤리크 Special

코에이 시뮬레이션 1996년 3월 29일 7,800엔

플레이어 1인 · 메모리카드 1블록

여성용 연애 시뮬레이션 게임. 플레이어는 여왕 후보로서 행성을 발전시키는 시험을 치른다. 그 과

정에서 '수호성'들 9명의 힘을 빌리게 되며, 사랑으로 발전하기도 한다.

뱀파이어 : 더 나이트 워리어즈

캡콤　대전격투　1996년 3월 29일　5,800엔

플레이어 1~2인

흡혈귀·늑대인간 등 인간이 아닌 몬스터들이 싸우는 대전격투 게임. 인간이라면 불가능할 기상천외한 액션이 풍부하며, 캐릭터가 부드러운 애니메이션으로 움직인다.

기동전사 건담 Ver 2.0

반다이　3D 슈팅　1996년 3월 29일　6,800엔

플레이어 1인　메모리카드 1블록

전년에 발매했던 작품에 조작성 향상, 동영상·음성 등의 강화, 애니메이션 추가, 사아 탑승 모빌슈트 조작 가능 등의 요소를 추가해 여러모로 개선시킨 진화판이다.

킬링 존

코나미　액션　1996년 3월 29일　5,800엔

플레이어 1~2인

늑대인간과 미노타우로스 등, 동서고금의 몬스터들이 등장하는 3D 격투 액션 게임. 육성 시뮬레이션 형태로 캐릭터를 성장시키는 '오토 모드'도 탑재했다.

그라디우스 DELUXE PACK

코나미　슈팅　1996년 3월 29일　5,800엔

플레이어 1~2인　메모리카드 1블록

 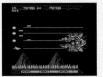

파워 업형 슈팅 게임의 명작 「그라디우스」 시리즈의 첫 번째 작품과, 아케이드판 시리즈 2번째 작품 「그라디우스Ⅱ」를 즐길 수 있는 합본 팩이다.

삼국지 영걸전

코에이　시뮬레이션　1996년 3월 29일　8,800엔

플레이어 1인　메모리카드 2블록

삼국지의 유비가 주인공이 되어 한 왕실의 부흥을 꾀하는 시뮬레이션 RPG. 역사적 사실에 기반한 전투를 무대화한 맵을 진행하며, 총 턴 수에 따라 엔딩이 변화한다.

대전략 : 플레이어즈 스피리트

OZ 클럽　시뮬레이션　1996년 3월 29일　7,800엔

플레이어 1~5인　메모리카드 1블록　멀티탭지원 1~5인　마우스 지원

일본에서는 PC로 인기였던, 현대병기를 사용하는 턴제 전술 시뮬레이션 게임. 캠페인 모드를 비롯해, 병기 배틀과 묘수대전략 등의 모드가 있다.

TIZ : Tokyo Insect Zoo

제너럴 엔터테인먼트　어드벤처　1996년 3월 29일　5,800엔

플레이어 1인　메모리카드 4블록

'료의 장수풍뎅이 여행'이라는 그림책을 원작으로 하여 만든 3D CG 어드벤처 게임. 장수풍뎅이로 변해버린 주인공이, 동료 곤충들과 함께 여행을 떠난다.

테트리스 X

BPS　퍼즐　1996년 3월 29일　5,800엔

플레이어 1~4인　멀티탭지원 1~4인

너무나도 유명한 「테트리스」가 플레이스테이션에 등장! 클래식 모드로 테트리스에 빠져볼 수도 있고, 치열한 4인 대전 모드(대인전 및 컴퓨터전)도 가능하다.

철권 2

남코　3D 대전격투　1996년 3월 29일　5,800엔

플레이어 1~2인　메모리카드 1블록　특제 컨트롤러 SLPH00001(남코)지원

3D 대전격투 게임 「철권」 시리즈의 제 2탄. 미시마 카즈야가 전작의 대회에서 우승한 세계로 스토리가 진행된다. 중간보스 등의 추가로 조작 가능한 캐릭터가 대폭 증가했음은 물론, 기상 공격 등의 다채로운 공방이 심오해졌고, 플레이스테이션판은 이에 더해 프랙티스 모드·서바이벌 모드·팀 배틀 모드·타임어택 모드 등을 새로 추가하였다.

주변기기 지원 아이콘　 플레이어 1~2인　 메모리카드 1~2블록　 멀티탭 지원 1~4인　 마우스 지원　 대전 케이블 지원 2대　 아날로그 조이스틱 SCPH011(SCEI) 지원　 아날로그 컨트롤러 지원　 PocketStation 지원　 메모리카드 1~2블록　휴대전화 접속 케이블 지원(도코모 모드 휴대전화 지원)　특제 컨트롤러 SLPH00001(남코) 지원

NuPa (누파)

토미　퍼즐　1996년 3월 29일　4,800엔

플레이어 1~2인｜메모리 카드 1블록｜마우스 지원

상단·좌단에 표기된 숫자를 힌트삼아 모눈을 칠해가며 그림을 완성하는 퍼즐 게임. 숫자가 '62'라면, 연속으로 칠해진 칸 6개와 2개가 그 열에 있다는 의미다.

노부나가의 야망 : 천상기

코에이　시뮬레이션　1996년 3월 29일　9,800엔

플레이어 1~8인｜메모리 카드 4블록

시리즈 6번째 작품. 일본 전국의 214개 성을 쟁탈하며 전국 통일을 노린다. 내정이 간략화되었고, CPU가 호전적이라 긴장감이 커졌으며, 전개의 템포도 빨라졌다.

퍼즐 보블 2

타이토　퍼즐　1996년 3월 29일　5,800엔

플레이어 1~2인｜메모리 카드 1블록

드래곤이 조작하는 포대를 움직여, 같은 색 거품을 3개 이상 붙여 터뜨리는 타이토의 인기작. 대전 모드와 타임어택 모드 등, 4종류의 게임 모드가 있다.

슬램 드래곤

찰레코　대전격투　1996년 4월 12일　5,800엔

플레이어 1~2인｜메모리 카드 1블록

암흑가를 공포로 지배하는 잔혹한 파이터 'X'와, 그를 노리는 파이터들 등 개성이 풍부한 캐릭터 8명이 치열한 싸움을 펼치는 3D 대전격투 게임이다.

데드히트 로드

일본물산　레이싱　1996년 4월 12일　5,800엔

플레이어 1인｜메모리 카드 1블록

끝없이 펼쳐지는 데드히트! 심야의 고속도로를 무대로 삼은 3D 레이싱 게임. 여러 라이벌을 제치고 아름다운 아침놀빛을 받으며 1위로 골인해 보자.

플레이 스타디움

반프레스토　스포츠　1996년 4월 12일　5,800엔

플레이어 1~2인｜메모리 카드 1블록

일본 프로야구 12개 구단이 공인한 스포츠 게임. 1995년 데이터를 사용했고, 오픈전·페넌트 레이스+올스타전·홈런 레이스를 탑재했다. 일본 제일을 노려보자.

포테스타스

넥서스 인터랙트　시뮬레이션　1996년 4월 12일　6,800엔

플레이어 1~4인｜메모리 카드 1블록

정치가가 되어 좋은 나라를 만드는 것이 목적인 시뮬레이션 게임. 플레이어는 유력 당수가 되어 국회에서 법안을 통과시키며 자유롭게 나라를 만들어갈 수 있다.

링 오브 사이아스

아테나　어드벤처　1996년 4월 12일　6,800엔

플레이어 1인｜메모리 카드 1블록

마녀와 반지를 둘러싼 판타지 세계를 그려낸 사운드 노벨. 주인공의 언동은 물론, 스토리 그 자체를 연출하는 선택지에 따라 다양한 결말을 준비했다.

어드밴스드 배리어블 지오

TGL　대전격투　1996년 4월 19일　6,800엔

플레이어 1~2인｜메모리 카드 1블록

최강의 웨이트리스를 결정하는 격투기 대회에 참가해 우승을 노리자. 원작인 PC판보다는 선정성을 낮췄으나, 대신 성우 음성을 포함한 비주얼 신을 풍부하게 넣었다.

오버 드라이빙 DX

일렉트로닉 아츠 빅터　레이싱　1996년 4월 19일　5,800엔

플레이어 1~2인｜메모리 카드 2블록｜대전 케이블 지원

일본 외 타국에선 「니드 포 스피드」란 타이틀명으로 발매된 드라이브 게임. 실존하는 스포츠카가 다수 등장하며, 성능도 실차 데이터를 기반으로 하여 재현했다.

둠

 소프트뱅크　3D 슈팅　1996년 4월 19일　5,800엔

 플레이어 1~2인　대전케이블 1대

미국에서 대히트한, 1인칭 슈터 장르의 개척자적인 작품. 플레이스테이션판의 경우 1·2편을 동시 수록했고, 가정용에 맞도록 조정을 가했다.

노려라! 전구왕(戰球王)

 일본 시스템　퍼즐　1996년 4월 19일　5,800엔

 플레이어 1~2인　메모리카드 1블록

아케이드용 게임 「전구(戰球)」의 이식작. 3개 한 조의 색 공을 떨어뜨려, 같은 색의 공을 4개 붙이면 사라진다. 공을 슬라이드시켜 잘 붙이면 대연쇄도 노릴 수 있다.

아이렘 아케이드 클래식스

아이맥스　버라이어티　1996년 4월 26일　5,800엔

플레이어 1~2인

쿵푸 액션 게임 「스파르탄 X」, 미국 횡단 바이크 레이싱 게임 「지피 레이스」, 가볍게 즐기는 미식축구 게임 「10야드 파이트」의 3작품을 수록했다.

더 심리 게임

비지트　점술　1996년 4월 26일　5,800엔

플레이어 1~2인

호러 테이스트의 심리 게임. 어느 종합 병원의 괴이한 일을 그린 사운드 노벨과 심리분석을 결합시킨 '스토리 분석'을 비롯해, 일반적인 심리 테스트·상성분석도 수록했다.

갤럭시안³

 남코　3D 슈팅　1996년 4월 26일　5,800엔

플레이어 1~4인　메모리카드 4블록　마우스 지원　멀티탭지원 1~4인　특제 컨트롤러 SLPH00001(남코) 지원

UGSF(연방우주군)의 거너로서 출격해, 인류의 위협을 격퇴하라. 영화의 세계를 몸으로 체험하는 놀이기구형 게임시설 '시어터 6' 용으로 일본에서 가동됐던 6인용 대형 아케이드 게임 「갤럭시안」의 '프로젝트 드라군' 이식판과, PS판 오리지널인 '더 라이징 오브 거브'의 두 시나리오를 수록했다. 최대 4인 동시 플레이가 가능하다.

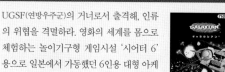  

시드 마이어의 문명 : 신 세계 7대문명

아스믹　시뮬레이션　1996년 4월 26일　5,800엔

플레이어 1인　메모리카드 5~6블록

인류의 문명과 발전을 테마로 삼은 전략 시뮬레이션 게임. 각국 지도자 중 하나를 골라, 오랜 세월에 걸쳐 문명을 발전시켜 세계 정복과 우주 진출을 노리자.

J리그 버추얼 스타디움 '96

 일렉트로닉 아츠 빅터　스포츠　1996년 4월 26일　5,800엔

 플레이어 1~8인　메모리카드 6블록　멀티탭지원 1~8인

당시 J리그 소속 총 16개 클럽과 선수가 전부 실명으로 등장하는 축구 게임. 선수 소개 화면에서 각 선수의 프로필이 사진과 함께 나오는 등, 자료로도 쓸만하다.

점핑 플래시! 2 : 알로하 남작 대난감 편

소니컴퓨터엔터테인먼트　3D 슈팅　1996년 4월 26일　5,800엔

플레이어 1인　메모리카드 1~3블록

카피탄 스즈키에 의해 행성이 통째로 병에 가둬져버린 무무 성인을 구하기 위해 싸우는 3D 액션 게임. 고저차가 늘어난 스테이지를 '로빗'의 3단 점프로 뛰어다니자.

자니 바주카

코코너츠 재팬 엔터테인먼트　액션　1996년 4월 26일　6,500엔

플레이어 1인

음악으로 가득한 세계를 돌아다니는 액션 게임. 지옥의 지배자에게 애용하던 기타와 밴드 동료들을 빼앗긴 주인공이, 기타 바주카를 무기삼아 지옥으로 쳐들어간다.

064

주변기기 지원 아이콘　플레이어 1~2인　메모리카드 1~2블록　멀티탭지원 1~4인　마우스 지원　대전케이블 2대　아날로그 조이스틱 SCPH0111(SCE) 지원　아날로그 컨트롤러 지원　PocketStation 지원　메모리카드 1~2블록　휴대전화 접속 게임 지원(도코모 모드 휴대전화) 지원　특제 컨트롤러 SLPH00001(남코) 지원

태양의 꼬리

야트딩크　시뮬레이션　1996년 4월 26일　5,800엔

플레이어 1인　메모리카드 2블록

원시시대의 광대한 필드를 자유로이 탐색하며 부족을 진화시켜, 하늘 꼭대기에 있는 태양의 꼬리를 잡아채자. 밤이 될 것 같으면 반드시 안전한 장소로 도망칠 것.

더블 드래곤

어번 플랜트　대전격투　1996년 4월 26일　5,800엔

플레이어 1~2인　메모리카드 1블록

네오지오용 대전격투 게임의 이식작. 같은 제목 벨트스크롤 게임의 스핀오프작으로, 등장인물은 리 형제 등이며 미국에서 제작한 영화판의 설정도 도입했다.

두근두근 메모리얼 : 프라이빗 컬렉션

코나미　팬 디스크　1996년 4월 26일　3,800엔

플레이어 1인　메모리카드 1블록　마우스 지원

대인기를 얻은 「두근두근 메모리얼」(47p)의 팬 디스크. '럭키 체크'·'두근두근 컬트 페어 퀴즈'·'CG 갤러리'·'뮤직 클립'으로 4종류의 컨텐츠를 수록했다.

노부나가 질풍기 : 황(煌)

BPS　시뮬레이션　1996년 4월 26일　5,800엔

플레이어 1인　메모리카드 1블록

오다 노부나가의 일생을 체험하는 시뮬레이션 게임. RPG 시나리오에선 플레이어의 행동으로 변화가 일어난다. 모든 난적을 타도하고, 운명의 혼노지에 도전하라.

파치파치 사가

TEN 연구소　RPG　1996년 4월 26일　5,800엔

플레이어 1인　메모리카드 1블록　특제 컨트롤러 SLPH00007?TEN연구소?지원

파친코 구슬이 지배하는 튤립 랜드를 구하는 것이 목적인 파친코 RPG! 리치 액션과 전투 신을 융합시켰다. 유쾌한 시나리오가 플레이어를 기다린다.

록맨 X3

캡콤　액션　1996년 4월 26일　5,800엔

플레이어 1인　메모리카드 1블록

슈퍼 패미컴판을 이식한 액션 게임. '제로 체인지 시스템'으로 제로와의 캐릭터 체인지가 가능해졌다. 숨겨진 보스도 있으니, 맵 구석구석까지 찾아보자.

언스택

시스템 크리에이트　퍼즐　1996년 5월 3일　4,800엔

플레이어 1~2인　메모리카드 1블록

가로·세로에 깊이까지, 3축을 모두 사용하는 낙하계 퍼즐 게임. 쌓여가는 큐브에 같은 색 폭탄을 붙여 폭파시키자. 연쇄에 성공하면 상대 진지에 큐브를 보낼 수 있다.

캡틴 츠바사 J : GET IN THE TOMORROW

반다이　스포츠　1996년 5월 3일　5,800엔

플레이어 1~2인　메모리카드 1블록

TV 애니메이션 '캡틴 츠바사 J'가 소재인 축구 게임. 원작의 스토리를 따라가는 모드와 대전 모드의 2종류를 탑재했고, 애니메이션 신작 영상을 수록했다.

갤럭시 파이트

선 소프트　대전격투　1996년 5월 3일　5,800엔

플레이어 1~2인　메모리카드 1블록

아케이드 및 네오지오용 게임의 이식작. SF 세계가 무대로서, 스테이지 화면이 무한인 공간에서 개성 넘치는 캐릭터 8명이 싸우는 스피디한 대전격투 게임이다.

서러브레드들의 영관

아일랜드 크리에이션　시뮬레이션　1996년 5월 3일　5,800엔

플레이어 1인　메모리카드 2블록

목장에서 경주마를 육성하고 그 말의 기수로서 레이스에 참가할 수도 있는, 육성 시뮬레이션과 레이스 액션을 결합한 작품. GI를 돌파해 개선문상을 노리자.

수도고 배틀 : DRIFT KING 츠치야 케이이치 & 반도 마사아키

겐키　레이싱　1996년 5월 3일　5,800엔

플레이어 1인　메모리카드 1블록　

츠치야 케이이치·반도 마사아키가 감수한, 도쿄 수도고 속도로 무대의 레이싱 게임. 스트리트 레이서를 이겨 받은 상금으로 차를 튠업해, 새로운 강적에 도전한다.

판도라 프로젝트 : THE LOGIC MASTER

팀 버그하우스　시뮬레이션　1996년 5월 3일　5,800엔

플레이어 1~2인　메모리카드 2블록

'로직'이라는 행동 프로그램을 작성해 둔 전투 유닛을 배틀시키는 시뮬레이션 게임. 동작을 디테일하게 지정 가능해, 깊이 파고들수록 진정한 재미가 우러난다.

울프 팽 : 쿠우가 2001

엑싱　슈팅　1996년 5월 10일　5,800엔

플레이어 1~2인　메모리카드 2블록

팔·다리·몸통 부품을 다양하게 조합하여 완성한 다채로운 성능의 로봇으로 출격하는 액션 슈팅 게임. 멋을 중시할지 성능을 중시할지는 오로지 당신 마음대로!

바딤스

소프트뱅크　퍼즐　1996년 5월 10일　5,800엔

플레이어 1~2인　메모리카드 1블록

떨어져 내려오는 블록을 조합해 같은 색의 정사각형을 만들어, 쌓인 블록을 폭파시켜 화면에서 모두 없애는 낙하계 퍼즐 게임. 블록은 가로·세로로 회전 가능하다.

화투 그래피티 : 코이코이 이야기

아이맥스　화투　1996년 5월 10일　5,800엔

플레이어 1인　메모리카드 1블록

화조풍월류 가문 계승을 위해 스토리를 진행하며, 여러 여성과의 연애 이벤트도 즐기는 화투 게임. 갈린 패에 대응되는 손패를 알려주는 초보자용 설정이 편리하다.

NBA JAM 토너먼트 에디션

어클레임 재팬　스포츠　1996년 5월 17일　5,800엔

플레이어 1~2인　메모리카드 1블록　멀티탭지원 1~4인

NBA 공인 작품으로, 당시의 실존 선수들을 사용해 2：2 경기를 즐기는 농구 게임. 게임성을 중시한 비현실적인 점프와 슬램 덩크가 통쾌하다.

서킷 비트

프리즘 아츠　레이싱　1996년 5월 17일　5,800엔

플레이어 1인　메모리카드 2블록　특제 컨트롤러 SLPH00001(남코)지원

폴리곤을 구사한 3D 레이싱 게임. 리플레이 데이터를 최대 4개까지 한꺼번에 로딩해 동시에 경쟁시키는 메모리 대전 기능이 특징 중 하나다. 네지콘도 지원한다.

데프콘 5

멀티소프트　3D 슈팅　1996년 5월 17일　4,800엔

플레이어 1인　메모리카드 1블록

 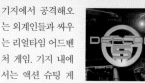 

기지에서 공격해오는 외계인들과 싸우는 리얼타임 어드벤처 게임. 기지 내에서는 액션 슈팅 게임, 기지 바깥에서는 360도 전방위 슈팅 게임을 진행한다.

ESPN 스트리트 게임즈

소니컴퓨터엔터테인먼트　레이싱　1996년 5월 24일　5,800엔

플레이어 1~2인　메모리카드 2블록

인라인 스케이트, 스트리트 루지, 스케이트보드, 마운틴 바이크가 무규칙 무제한 격투를 일삼으며 뒤섞여 달리는 레이싱 게임. 방해하는 상대는 차서 날려버리자.

선더호크 II

빅터 엔터테인먼트　3D 슈팅　1996년 5월 24일　6,800엔

플레이어 1인　메모리카드 1블록

전투 헬리콥터를 조작해 사막·시가지 등 다양한 무대에서 여러 임무를 수행하는 풀 폴리곤 3D 슈팅 게임. 임무에 맞춰 다채로운 무기를 고를 수 있다.

주변기기 지원 아이콘　 플레이어 1~2인　 메모리카드 1~2블록　 멀티탭지원 1~4인　 마우스 지원　 대전케이블 2대　 아날로그 조이스틱 SCPH0111(SCE)지원　 아날로그 컨트롤러 지원　PocketStation 지원　메모리카드 1~2블록　 휴대전화 접속 게이블 지원 (도코모/모드 휴대전화지원)　특제 컨트롤러 SLPH00001(남코)지원

데자에몽 플러스

아테나　개발툴　1996년 5월 24일　5,800엔

플레이어 1인　메모리 카드 15블록　마우스 지원

슈팅 게임을 제작할 수 있는 개발 툴. 그래픽·음악·적 배치 등을 직접 디자인해 오리지널 게임을 만들 수 있다. 슈퍼 패미컴 당시의 콘테스트 수상작도 수록했다.

야오이 준이치 극비 프로젝트 : UFO를 쫓아라

일본 클래리 비즈니스　에듀테인먼트　1996년 5월 24일　7,800엔

플레이어 1인　메모리 카드 1블록　마우스 지원

게임이 아니라, 초자연현상 연구가 야오이 준이치가 수집한 UFO 관련 자료 데이터베이스집이다. 사진은 물론, 당시엔 진귀했던 비디오 영상도 다수 수록했다.

에일리언 트릴로지

어클레임 재팬　3D 슈팅　1996년 5월 31일　5,800엔

플레이어 1인　메모리 카드 1블록

영화 '에일리언' 시리즈의 주인공 '리플리'가 되어 의문을 파고드는 FPS. 영화 3부작을 하나로 재구성한 스토리와, 영화를 재현한 그래픽의 완성도가 뛰어나다.

익스트림 파워

CSC 미디어트　액션　1996년 5월 31일　5,800엔

플레이어 1인　메모리 카드 1블록

맵별로 정해진 조건을 만족시키면 등장하는 보스를 파괴해 클리어하는 형식의 로봇 액션 슈팅 게임. 속도감 넘치는 전투를 맛볼 수 있다.

던전 크리에이터

일렉트로닉 아츠 빅터　개발툴　1996년 5월 31일　6,800엔

플레이어 1인　메모리 카드 7블록

3D 던전 RPG를 제작할 수 있는 개발용 소프트. 오리지널 RPG가 완성되면 메모리 카드에 저장해, 직접 즐겨보거나 친구에게 플레이를 권유해 보자.

모터 툰 그랑프리 2

소니컴퓨터엔터테인먼트　레이싱　1996년 5월 24일　5,800엔

플레이어 1~2인　메모리 카드 1~15블록　특제 컨트롤러 SLPH00001(넥고) 지원　대전 케이블 지원

카툰 스타일의 차를 타고 달리는 레이싱 게임 제 2탄. 캐릭터·코스·아이템을 추가하여, 전작보다 전체적으로 업그레이드시켰다. 만화적 표현은 ON/OFF가 가능하다.

아이돌 프로모션 : 스즈키 유미에

알뤼메　시뮬레이션　1996년 5월 31일　5,800엔

플레이어 1인　메모리 카드 1블록

일별 스케줄 관리로 스즈키 유미에를 육성해, 팬클럽 회원 1만 명 돌파를 향해 노력하자. 국민적 아이돌이 될지는 당신 실력 나름. 실사 영상을 사용한 게 특징이다.

익스퍼트

일본물산　어드벤처　1996년 5월 31일　5,800엔

플레이어 1인　메모리 카드 1블록

특수부대 '익스퍼트'의 일원이 되어, 테러리스트가 점거한 인텔리전트 빌딩에 잠입해 다양한 함정을 돌파하며 최상층으로 향하자. 「둠」과 비슷한 FPS 게임이다.

큐잉

미디어 엔터테인먼트　슈팅　1996년 5월 31일　5,800엔

플레이어 1~2인　메모리 카드 1블록

그림책 속에 들어간 남매가 동화 세계를 무대로, 하늘을 나는 청소기를 타고 나쁜 마법사를 물리치러 가는 슈팅 게임. 청소기답게 적을 흡수하는 액션이 공략의 핵심이다.

철구 : 트루 핀볼

가가 커뮤니케이션즈　핀볼　1996년 5월 31일　5,800엔

플레이어 1인

각기 세계관이 다른 4종류의 핀볼 머신이 수록된 리얼 핀볼 게임. 플레이 시점을 부감 3D와 평면 2D 중에서 선택 가능하다. 당시 총액 100만 엔의 응모 이벤트도 개최했다.

HARDWARE
1994
1995
1996
1997
1998
1999
2000
2001
2002
2003
2004
INDEX

HARDWARE
1994
1995
1996
1997
1998
1999
2000
2001
2002
2003
2004
INDEX

드래곤볼 Z : 위대한 드래곤볼 전설

 반다이　대전격투　1996년 5월 31일　5,800엔

플레이어 1~2인　메모리카드 1블록

최대 3 : 3으로, 총 6명이 동시에 싸우는 대전격투 게임. 'Z캠페인 모드'에서는 원작 스토리에 맞춰 에피소드가 전개되며, 원작대로 잘 재현해내면 'Z랭크'가 높아진다.

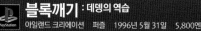

블록깨기 : 데넹의 역습

 아일랜드 크리에이션　퍼즐　1996년 5월 31일　5,800엔

플레이어 1~2인　메모리카드 1블록　특제 컨트롤러 SLPH00015(남코)　마우스 지원

다양한 모드를 수록한 블록깨기 게임. 공주를 구하러 가는 '스토리', 총 200스테이지를 공략하는 '챌린지', 난관 100스테이지를 공략하는 '초고난이도전' 모드가 있다.

빅토리 스파이크

 이매지니어　스포츠　1996년 6월 7일　5,800엔

플레이어 1~2인　메모리카드 1블록

폴리곤으로 경기의 약동감을 잘 묘사한 배구 게임. 공의 움직임에 맞춰 카메라가 격하게 움직이지만, 조작 자체는 타이밍에 맞춰 버튼을 누르는 심플한 방식이다.

보노 라이프 : 이걸로 완벽해요

 어뮤즈　시뮬레이션　1996년 6월 7일　5,800엔

플레이어 1인　메모리카드 2블록

만화 '보노보노'의 세계를 찾아온 인간이 되어 동물들과 교류하는 소통형 시뮬레이션 게임. 계속 플레이하면 플레이어가 어느 캐릭터에 가까운 성격인지 진단해준다.

NBA LIVE 96

 일렉트로닉 아츠 빅터　스포츠　1996년 6월 14일　5,800엔

플레이어 1~8인　메모리카드 4블록　멀티탭 지원 1~8인

당시의 NBA 전체 팀 등록 선수들이 실명으로 등장하는 농구 게임. 원래는 북미 SNES(슈퍼 패미컴)판이 최초로서, 이후 타 기종으로도 이식된 타이틀이다.

통쾌! 슬롯 슈팅

 쇼에이샤　슈팅　1996년 6월 14일　5,000엔

플레이어 1~2인　메모리카드 1블록

고정화면 슈팅 게임에 슬롯 시스템을 도입한 개성파 타이틀. 연속으로 같은 적을 물리쳐 슬롯을 맞추면 보너스 캐릭터가 출현해, 적을 한꺼번에 일소할 수 있다.

마작전술 : 안도 미츠루 프로의 아공간살법

 와라시　마작　1996년 6월 14일　5,800엔

플레이어 1인　메모리카드 1블록

프로의 전략을 체험해 기술을 연마하는 본격 마작 게임. 프리대국·아공간 강의·유기장 모드를 통해, 프로 작사 안도 미츠루가 제창한 '아공간살법'을 게임으로 배울 수 있다.

모탈 컴뱃 3

 소니컴퓨터엔터테인먼트　대전격투　1996년 6월 14일　5,800엔

플레이어 1~2인

실사 스캐닝을 사용한 대전 격투 게임. 세일즈포인트인 잔혹 표현은 거의 그대로 재현했고, 스토리 및 캐릭터 소개에는 일본어 내레이션을 새로 붙였다.

EPS 시리즈 VOL.1: 모리카와 유키코 'Because I love you'

안티노스 레코드　기타　1996년 6월 21일　1,900엔

플레이어 1인　메모리카드 1블록

PS 최초의 음악 소프트로서, ELLE PHOTO STATION (EPS) 시리즈의 첫 번째 작품이다. 모리카와 유키코의 오리지널 곡 2곡과 리믹스 1곡, 사진집과 PV를 수록했다.

EPS 시리즈 VOL.2: 나카마 유키에 'MOONLIGHT to DAYBREAK'

안티노스 레코드　기타　1996년 6월 21일　1,900엔

플레이어 1인　메모리카드 1블록

차세대 음악 비주얼 소프트 시리즈 제 2탄. 나카마 유키에의 오리지널 곡 2곡과 인스트루멘털 1곡, 220점 이상에 달하는 사진집, 편집 기능이 있는 PV를 수록했다.

주변기기 지원 아이콘　플레이어 1~2인　메모리카드 1~2블록　멀티탭 지원 1~4인　마우스 지원　대전케이블 2대　아날로그 조이스틱 SCPH0111(SCEI) 지원　아날로그 컨트롤러 지원　PocketStation 지원　메모리카드 1~2블록　휴대전화 접속 케이블 지원(도코모 모드 휴대전화 지원)　특제 컨트롤러 SLPH00001(남코) 지원

EPS 시리즈 VOL.3: 츠노다 토모미 'Come and Kiss me'

안티노스 레코드　기타　1996년 6월 21일　1,900엔

플레이어 1인　메모리카드 1블록

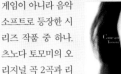 

게임이 아니라 음악 소프트로 등장한 시리즈 작품 중 하나. 츠노다 토모미의 오리지널 곡 2곡과 리믹스 1곡, 220점 이상의 사진집, 편집 모드가 있는 PV를 수록했다.

EPS 시리즈 VOL.4: 야마모토 토모아 'Noise Reduction'

안티노스 레코드　기타　1996년 6월 21일　1,900엔

플레이어 1인　메모리카드 1블록

차세대 음악 비주얼 소프트 시리즈 작품 중 하나. 이토 긴지가 프로듀스한 신인, 야마모토 토모아의 오리지널 곡 2곡과 리믹스 1곡, 사진집, 편집 모드가 있는 PV를 수록.

EPS 시리즈 VOL.5: 미즈타니 준코 'Believer Dreamer'

안티노스 레코드　기타　1996년 6월 21일　1,900엔

플레이어 1인　메모리카드 1블록

게임이 아니라 음악 소프트로 등장한 시리즈 작품 중 하나. 미즈타니 준코의 오리지널 곡 2곡과 리믹스 1곡, 프로모션 비디오와 편집 모드, 사진집을 수록했다.

영광의 페어웨이

코나미　스포츠　1996년 6월 21일　5,800엔

플레이어 1~4인　메모리카드 1블록

코스와 그린의 기복, 시시각각 변화하는 기상상황을 리얼하게 재현한 골프 게임. 스트로크 플레이, 스킨즈 매치, 매치 플레이, 트레이닝의 4가지 모드를 수록했다.

키와메 : 대도기(大道棋)

마이니치 커뮤니케이션즈　쇼기　1996년 6월 21일　5,800엔

플레이어 1인　메모리카드 1블록

 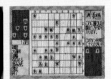

3가지 모드를 마련한 쇼기 박보장기 문제집. '대도기 모드'는 5수부터 67수까지 110문제를, '도장 모드'는 '다음 한 수'를, '연습 모드'는 3수·5수 100문제를 수록했다.

킹스 필드 Ⅲ

프롬 소프트웨어　RPG　1996년 6월 21일　6,300엔

플레이어 1인　메모리카드 3블록

리얼타임 3D RPG의 세 번째 작품이자 '버다이트 편'의 완결작. 무대가 던전에서 국토 전체로 넓어지고 풍경이 바뀌어, 마치 여행하는 듯한 분위기가 인상적인 작품이다.

시 배스 피싱

빅터 엔터테인먼트　시뮬레이션　1996년 6월 21일　6,800엔

플레이어 1인　메모리카드 2블록

낚시용품 제조사인 다이와 정공과 제휴해, 실존 루어가 등장하는 낚시 게임. 시 배스(농어) 낚시에 중점을 둔 작품이지만, 자유롭게 낚시하는 프리 피싱 모드도 탑재했다.

신 포춘 퀘스트 : 식탁의 기사들

미디어웍스　파티　1996년 6월 21일　5,800엔

플레이어 1~4인　메모리카드 1블록　멀티탭지원 1~4인

소설 '신(新) 포춘 퀘스트'의 캐릭터들이, 말판이 좁다 하고 천방지축으로 날뛰는 보드 게임. 각 맵에 설정된 목표금액을 달성하기 위해 농업에 매진해야 한다.

대결! 루미~즈!

옥타곤 엔터테인먼트　액션　1996년 6월 21일　4,800엔

플레이어 1~4인　멀티탭지원 1~4인

필드 내에 배치된 밸브를 조작하여, 물을 흘려보내 적이 떠내려가게끔 만드는 고정화면식 액션 게임. 제한시간을 설정해, 최대 4명까지 동시 대전할 수도 있다.

남코 뮤지엄 : VOL.3

남코　버라이어티　1996년 6월 21일　5,800엔

플레이어 1~2인　메모리카드 1블록　특제 컨트롤러 SLPH00001(남코)지원

 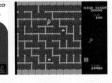

남코의 아케이드 작품들 중에서 「갤럭시안」·「미즈 팩맨」·「디그더그」·「폴 포지션 Ⅱ」·「포존」·「드루아가의 탑」을 수록했다.

메루 푸라나

 거스트　시뮬레이션　1996년 6월 21일　6,800엔

플레이어 1~4인　메모리카드 1블록　멀티탭지원 1~4인

중앙아시아를 무대로 삼아, 메루 산과 초원의 패권을 겨루는 시뮬레이션 게임. 유목민이 계절이동으로 거점을 옮겨가다, 점차 커다란 전쟁 한가운데로 휘말리게 된다.

이데 요스케 명인의 신 실전마작

 캡콤　마작　1996년 6월 28일　4,800엔

플레이어 1인　메모리카드 1블록

강력한 사고루틴을 내장해, 마치 사람과 겨루는 듯한 긴장감이 느껴지는 마작 게임. 저마다 특징적인 사고루틴을 가진 마작사 16명과 대국하며 자신의 실력을 키우자.

SD건담 : 오버 갤럭시안

반다이　슈팅　1996년 6월 28일　4,800엔

플레이어 1~2인　메모리카드 1블록

남코의 게임 「갤럭시안」의 등장 캐릭터를 SD건담 캐릭터들로 교체한 슈팅 게임. 'G체인저'의 스토리를 소재로 삼은 몇 안 되는 SD건담계 작품 중 하나다.

더 킹 오브 파이터즈 '95

SNK　대전격투　1996년 6월 28일　5,800엔

플레이어 1~2인　메모리카드 1블록

SNK의 인기 캐릭터들이 3 : 3 팀 배틀로 싸우는 올스타 대전격투 게임 시리즈의 제 2탄. '리플레이 모드'와 '사운드 플레이어 기능'을 추가했다.

졸업 크로스월드

E3 스탭　어드벤처　1996년 6월 28일　5,800엔

플레이어 1인　메모리카드 1블록

「졸업」 시리즈의 스핀오프 작품으로서, 「졸업」과 「졸업 II」의 캐릭터들이 등장하는 연애 어드벤처 게임. 오리지널 신 캐릭터도 2명 추가했다.

하이퍼 올림픽 인 애틀랜타

코나미　스포츠　1996년 6월 28일　5,800엔

플레이어 1~4인　메모리카드 1블록　멀티탭지원 1~4인

코나미의 인기 스포츠 게임 「하이퍼 올림픽」이 애틀랜타 올림픽을 소재로 삼아 PS에 등장했다. 대부분의 육상경기는 버튼 연타 속도로 승부가 좌우된다!

벌레의 소굴

겐 소프트　퍼즐　1996년 6월 28일　5,800엔

플레이어 1~2인　메모리카드 1블록

큐브 상에 존재하는 16종류 96마리의 벌레를 모두 없애는 게 목적인 퍼즐 게임. 큐브는 행·열 단위로 돌릴 수 있고, 동일한 벌레 2마리를 인접시키면 사라진다.

레이스 드라이빙 a GO! GO!

타임 워너 인터랙티브　레이싱　1996년 6월 28일　5,800엔

플레이어 1인　메모리카드 1블록　특제 컨트롤러 SLPH00001(남코)지원

아타리 사의 3D 레이싱 게임을 이식했다. 원작을 충실하게 재현한 '아케이드 모드'는 물론, 폴리곤에 텍스처를 입혀 더욱 리얼해진 '오리지널 모드'도 탑재했다.

우월기담

톤킨 하우스　어드벤처　1996년 7월 5일　5,800엔

플레이어 1인　메모리카드 2블록

호러풍의 어드벤처 게임. 병원 옥상에서 투신하려던 주인공에게 의문의 소녀가 말을 건다. 그녀를 따라 괴 저택으로 들어온 그는 불가사의한 체험을 하게 된다.

SANKYO FEVER : 다운타운 극장

 TEN 연구소　파친코　1996년 7월 5일　5,800엔

플레이어 1인　메모리카드 1블록　특제 컨트롤러 SLPH00007(TEN연구소)지원

마츠모토·하마다가 명콤비를 이룬 코미디언 '다운타운'을 소재로 삼았던 인기 파친코 실기의 시뮬레이터. 두 명이 펼치는 다양한 리치 액션은 그야말로 웃음보따리!

주변기기 지원 아이콘 플레이어 1~2인　 메모리카드 1~2블록　 멀티탭지원 1~4인　 마우스 지원　 대전케이블 2대　 아날로그 조이스틱 SCPH0111(SCE)지원　 아날로그 컨트롤러 지원　PocketStation 지원　메모리카드 1~2블록　휴대전화 접속 케이블 지원(도코모 모드 휴대전화 지원)　특제 컨트롤러 SLPH00001(남코)지원

타임 걸 & 닌자 하야테

타이토　어드벤처　1996년 7월 5일　6,800엔

플레이어 1~2인

레이저디스크 영상
을 감상하다 화면에
표시되는 지시 방향
대로 버튼을 입력하
는 심플한 시스템이
었지만 당시 큰 화제가 되었던, 타이토 사의 LD 게임을 이식했다.

디스크월드

미디어 엔터테인먼트　어드벤처　1996년 7월 5일　5,800엔

플레이어 1인 / 메모리카드 8블록 / 마우스 지원

영국의 작가 테리
프래쳇의 소설이 원
작인 판타지 어드벤
처 게임. 만화처럼
그려진 세계를 모험
하는 주인공 역의 성우로, 코미디언 타카다 준지를 기용했다.

TOTAL NBA '96

소니컴퓨터엔터테인먼트　스포츠　1996년 7월 5일　5,800엔

플레이어 1~2인 / 메모리카드 1블록 / 멀티탭 지원 1~8인

당시의 NBA 소속
29개 팀과 300명
이상의 선수들이 실
명으로 등장하는 농
구 게임. 모션 캡처
를 사용하여, 각 선수의 특징적인 움직임을 재현했다.

네오 플래닛

맵 재팬　시뮬레이션　1996년 7월 5일　6,800엔

플레이어 1인 / 메모리카드 12블록 / 마우스 지원

인류가 새로 생활하
게 될 행성을 찾아
내, 탐색·개척하면
서 행성을 발전시켜
나가는 것이 목적인
시뮬레이션 게임. 자연보호도 염두에 두며 살기 좋은 별로 가꾸자.

고타 II : 천공의 기사

코에이　시뮬레이션　1996년 7월 12일　6,800엔

플레이어 1인 / 메모리카드 3블록 / 마우스 지원

부유대륙으로만 구
성된 세계에서 어지
러운 전란을 헤쳐
나간다는 스토리의
시뮬레이션 게임.
탑재 무기와 편대 편성에 따라 패러미터가 변동하는 시스템을 채용했다.

마스터즈 : 신(新) 머나먼 오거스타

소프트뱅크　스포츠　1996년 7월 12일　5,800엔

플레이어 1~4인 / 메모리카드 1블록

PC에서 인기가 많
았던 같은 제목 골
프 게임의 플레이스
테이션 이식판. 마
스터즈 대회 개최지
인 오거스타 내셔널 골프 클럽에서의 토너먼트를 3D로 체험할 수 있다.

포포로크로이스 이야기

소니컴퓨터엔터테인먼트　RPG　1996년 7월 12일　5,800엔

플레이어 1인 / 메모리카드 1~15블록

어린이신문의 연재만화가 원작인 RPG. 포
포로크로이스 왕국의 어린 왕자 '피에트로'
가 어머니를 구하러 동료들과 함께 얼음 마
왕에 맞선다. 스토리부터 음악, 단역 캐릭터
에 몬스터까지도 따뜻한 세계관으로 그려
낸 타이틀로서, 스토리의 중요 부분에선 셀화를 아낌없이 쓴 애니메이션이 나온다. 각지에서 얻은 기념품으로 방 꾸미기, 도감 등의 수집요소도 있다.

아쿠아노트의 휴일 : MEMORIES OF SUMMER 1996

아트딩크　시뮬레이션　1996년 7월 19일　5,800엔

플레이어 1~2인 / 메모리카드 4블록

전년에 발매했던
「아쿠아노트의 휴
일」(43p)의 마이너
체인지판. 잠수함의
자동항행 기능과,
버튼을 재설정할 수 있는 키 컨피그 모드 등이 추가되었다.

액추어 사커

나그자트　스포츠　1996년 7월 19일　5,800엔

플레이어 1~2인 / 메모리카드 1블록

PC로 발매된 바 있
는 같은 제목의 게
임을 이식한 작품.
방대한 자료를 바탕
으로 전 세계의 팀
을 시뮬레이트하여, 세심하게 설정된 능력치로 시합을 펼칠 수 있다.

HARDWARE
1994
1995
1996
1997
1998
1999
2000
2001
2002
2003
2004
INDEX

학교에서 있었던 무서운 이야기 S

반프레스토　어드벤처　1996년 7월 19일　5,800엔

플레이어 1인　메모리카드 1블록

신문부 학생이 화자가 되어, 한데 모인 같은 학교 고교생들에게 괴담을 들려주는 형식으로 전개되는 사운드 노벨. 타 기종판의 이식작으로서, 시나리오·동영상을 추가했다.

디 오픈 골프

반프레스토　스포츠　1996년 7월 19일　5,800엔

플레이어 1~3인　메모리카드 1블록

턴베리 골프 코스를 무대로, 1977년·1986년·1994년의 브리티시 오픈 대회에 참가하는 골프 게임. 전설의 프로 골퍼, 개리 플레이어가 총감수를 맡은 본격파 작품이다.

스트라이커즈 1945

아틀라스　슈팅　1996년 7월 19일　5,800엔

플레이어 1~2인　메모리카드 1블록

머스탱·제로센 등 세계 각국의 전투기를 소집해, 2차대전 후의 세계를 무대로 적과 맞서는 슈팅 게임. 하드코어한 슈팅 게임을 표방했으나, 여성 파일럿의 비율이 꽤 높다.

트와일라이트 신드롬 : 규명편

휴먼　어드벤처　1996년 7월 19일　5,800엔

플레이어 1인　메모리카드 1블록

등신대 여고생들이 심령 스팟 탐색 와중에 괴기 사건과 만나게 되는 호러 어드벤처 게임. 「~탐색편」에 이은 스토리 후편이다. 「탐색편」의 세이브데이터가 연동된다.

본격마작 테츠만 SPECIAL

나그자트　마작　1996년 7월 19일　4,800엔

플레이어 1인　메모리카드 1블록

실존하는 프로 작사의 플레이스타일을 재현하여 실제 대전이 가능한 마작 게임. 1년간 48개 대회에 도전, 선택된 자만이 출전 가능한 아사다 테츠야 배의 우승을 노린다.

리틀 빅 어드벤처

일렉트로닉 아츠 빅터　어드벤처　1996년 7월 19일　5,800엔

플레이어 1인　메모리카드 1블록

쿼터뷰 형태의 필드 상에서 모험하는 액션 어드벤처 게임. 모든 캐릭터에 AI가 있어 자율적으로 행동한다. 독재자가 지배하는 행성 '트윈선'에 평화를 되돌려주자.

엔젤 그래피티

코코너츠 재팬 엔터테인먼트　시뮬레이션　1996년 7월 26일　6,800엔

플레이어 1인　메모리카드 2블록　마우스 지원

졸업하기 전까지의 2년 동안 소녀들과 만나며 애절한 사랑을 체험하는 연애 시뮬레이션 게임. 캐릭터 디자이너는 '변덕쟁이 오렌지 로드'의 만화가 마츠모토 이즈미다.

킹 오브 스탈리언

일본물산　시뮬레이션　1996년 7월 26일　6,800엔

플레이어 1인　메모리카드 9블록

경주마 생산·육성이 메인 컨텐츠인 혈통 구축 시뮬레이션 게임. 플레이어는 마주 겸 생산자가 되어 레이스에 강한 말을 길러내, 모든 G1 레이스를 제패해야 한다.

각명관

테크모　액션　1996년 7월 26일　5,800엔

플레이어 9인　메모리카드 9블록

「카게로」 시리즈의 원점. 동생의 복수를 맹세한 왕자가 '각명관'에 오는 인간들을 사냥한다는 다크한 스토리로서, 주인공이 속죄할지 복수를 관철할지는 플레이어의 자유. 주인공이 직접 공격하지 않고, 함정·몬스터를 배치해 싸우는 시스템이 특징. 침입자를 죽이면 돈을, 포박하면 MP를 입수하며, 돈은 함정 개발과 저택 증·개축에, MP는 함정 발동에 필요하다.

주변기기 지원 아이콘　플레이어 1~2인　메모리카드 1~2블록　멀티탭지원 1~4인　마우스 지원　대전 케이블 2대　아날로그 조이스틱 SCPH0111(SCE)지원　아날로그 컨트롤러 지원　PocketStation 지원　메모리카드 1~2블록　휴대전화 접속 케이블 지원(도코모 모드 휴대전화 지원)　특제 컨트롤러 SLPH00001(남코)지원

클락웍스

토쿠마쇼텐　퍼즐　1996년 7월 26일　5,800엔

플레이어 1~2인　메모리카드 1블록

「테트리스」의 디자이너로 유명한 알렉세이 파지트노프가 총감수한 액션 퍼즐 게임. 시계바늘을 피해 잘 이동하여, 무사히 골 지점에 도착하면 클리어된다.

시공탐정 DD : 환상의 로렐라이

아스키　어드벤처　1996년 7월 26일　6,800엔

플레이어 1인

전체를 폴리곤 동영상으로 구성한 어드벤처 게임. 시간여행이 가능해진 미래, 실종된 아버지를 찾아 달라는 소녀의 의뢰를 받은 '시공탐정 DD'는 1939년의 북극으로 향한다.

쇼크웨이브

일렉트로닉 아츠 빅터　3D 슈팅　1996년 7월 26일　5,800엔

플레이어 1인　메모리카드 1블록

할리우드의 영상기술을 구사한 3D 슈팅 게임. 플레이어는 신인 파일럿이 되어 전투기에 탑승해, 외계인을 격멸하기 위해 세계 각지에서 임무를 수행한다.

신형 쿠루링PA!

스카이 싱크 시스템　퍼즐　1996년 7월 26일　4,800엔

플레이어 1~2인　메모리카드 1블록

도화선을 연결해 폭탄을 폭발시켜, 눈덩이로 상대를 공격하는 낙하계 퍼즐 게임의 속편. 주변에 탈 것이 없는 불씨는 일단 팩이 되며, 주변에 불이 붙으면 불씨로 돌아간다.

NOёL : NOT DiGITAL

파이오니아 LDC　시뮬레이션　1996년 7월 26일　6,800엔

플레이어 1인　메모리카드 1블록　마우스 지원

3명의 히로인과 비디오폰을 통해 커뮤니케이션하며 친밀도를 올려, 크리스마스까지 고백을 받는 것이 목적인 게임. 적절한 화제의 '대화 볼'을 보내는 것이 키포인트다.

월드 스타디움 EX

남코　스포츠　1996년 7월 26일　5,800엔

플레이어 1~2인　메모리카드 3블록　특제 컨트롤러 SLPH00001(넥코)지원

폴리곤화된 야구장과 4등신 캐릭터 등을 채용해 기존의 「패미스타」시리즈를 진화시킨 작품. 네지콘을 지원해, 스윙 스피드와 송구·수비의 아날로그 조작이 가능하다.

오버블러드

리버힐 소프트　어드벤처　1996년 8월 2일　5,800엔

플레이어 1인　메모리카드 1블록

풀 폴리곤으로 디자인된 3D 액티브 어드벤처 게임. 서기 2095년, 주인공은 의문의 연구시설에서 냉동수면이 풀린 상태로 깨어난다. 기억을 잃은 그를 기다리는 것은 과연…….

토발 No.1

스퀘어　3D 대전격투　1996년 8월 2일　5,800엔

플레이어 1~2인　메모리카드 1블록

스퀘어의 플레이스테이션 참여 제 1탄인 3D 대전격투 게임. 캐릭터 디자인에 만화가 토리야마 아키라를 기용했다. 전방향으로 이동하며 다채로운 기술로 싸우자.

노부나가의 야망 리턴즈

코에이　시뮬레이션　1996년 8월 2일　5,800엔

플레이어 1~2인　메모리카드 1블록

「노부나가의 야망 : 전국판」을 리메이크했다. 일본 각지 50개국의 다이묘 중 하나를 선택해 전국 통일을 노리자. 다이묘의 얼굴 그래픽을 폴리곤으로 표현한 것이 특징.

모탈 컴뱃 II

어클레임 재팬　대전격투　1996년 8월 2일　5,800엔

플레이어 1~2인

실사를 디지털화한 캐릭터가 싸우는 대전격투 게임. 시리즈의 특징인 잔혹 표현은 물론이고, '베이발리티'·'프렌드십' 등의 코믹한 시스템도 새로 도입했다.

레이크 마스터즈

넥서스 인터랙트　시뮬레이션　1996년 8월 2일　6,800엔

플레이어 1~2인　메모리카드 3~7블록

호수 보트낚시 게임. 낚시잡지사·낚시용 구사와 협력해 개발했고, 미국의 호수 4곳과 루어를 게임 내에서 재현했다. 자신만의 호수를 만드는 '레이크 메이크 모드'도 수록했다.

사이버 스피드

가가 커뮤니케이션즈　레이싱　1996년 8월 9일　5,800엔

플레이어 1인　메모리카드 1블록

사이버풍의 레이싱 게임. 모든 레이싱 머신이 코스 중심에 위치한 와이어에 매달려 주행하며, 와이어를 축으로 삼아 회전하면서 라이벌을 공격하거나 추월할 수 있다.

스트리트 파이터 ZERO 2

캡콤　대전격투　1996년 8월 9일　5,800엔

플레이어 1~2인　메모리카드 1블록

아케이드용 대전격투 게임의 이식작. 「스트리트 파이터 ZERO」의 시스템과 밸런스를 변경한 속편물로서, PS판에는 숨겨진 캐릭터인 '진 고우키'가 추가돼 있다.

슬램 잼 '96 : MJ K.AJ

BMG 빅터　스포츠　1996년 8월 9일　4,800엔

플레이어 1~2인　메모리카드 5블록　멀티탭지원 1~4인

당시 NBA의 스타였던 명선수 '매직 존슨'과 '카림 압둘 자바'가 등장하는 농구 게임. 게임 모드로는 시즌·플레이오프·엑시비전을 준비했다.

7곳의 비관(祕館)

코에이　어드벤처　1996년 8월 9일　7,800엔

플레이어 1인　메모리카드 1블록

의문투성이인 일곱 저택을 탐색하는 게임. 당시 최고봉의 3D 그래픽과 실사영상을 결합했고, 시나리오를 쓴 작가 시모다 카게키도죽은 주인공의 할아버지 역으로 등장한다.

파이팅 일루전 : K-1 그랑프리

엑싱　3D 대전격투　1996년 8월 9일　5,800엔

플레이어 1~2인　메모리카드 1~15블록

격투기 이벤트 'K-1'을 소재로 삼은 3D 대전격투 게임. 앤디 훅과 어네스토 호스트 등의 유명 선수들이 실명으로 등장한다. 토너먼트와 팀 배틀에도 도전 가능하다.

크리처 쇼크

데이터 이스트　3D 슈팅　1996년 8월 23일　6,800엔

플레이어 1인

미지의 크리처가 만연한 행성을 탐색하며 전투하는 1인칭 슈팅 게임으로, PC판의 이식작이다. 거대한 적은 약점을 제대로 노려야만 대미지가 들어가는 하드코어한 작품.

출세마작 대접대

킹 레코드　마작　1996년 8월 23일　5,800엔

플레이어 1인　메모리카드 1블록

승리는 물론이고, 때로는 상대에 일부러 져주기도 해야 하는 이색적인 마작 게임. 스토리 모드는 평사원부터 시작한다. 다양한 미션을 클리어해 출세를 노려보자.

스튜디오 P

아젠다　버라이어티　1996년 8월 23일　5,800엔

플레이어 1~2인　메모리카드 1~15블록　마우스 지원　특제 컨트롤러 SLPH00001(남코) 지원

음악을 만드는 툴과, 약 3만 색을 지원하는 페인트 툴이 내장된 제작 툴 소프트, 고품질 CG 동영상을 사용한 퍼즐과, 네지콘으로 걸레를 짜는 미니게임도 즐길 수 있다.

전란

엔젤　시뮬레이션　1996년 8월 23일　5,800엔

플레이어 1인　메모리카드 5~13블록

일본 전국시대 무장 9명 중 하나가 되어, 카와나카지마 전투 등의 유명 전투를 치르는 실시간 전술 시뮬레이션 게임. 내정 등을 아예 없애고 전투에 초점을 맞춘 작품이다.

제독의 결단 II

코에이　시뮬레이션　1996년 8월 23일　10,800엔

플레이어 1~2인　메모리카드 4블록

제2차 세계대전 중의 미국-일본간 해전을 중심으로 다룬 전략 시뮬레이션 게임의 2번째 작품. 캠페인 3종과 단편 시나리오 7종으로 양국 중 한 쪽의 승리를 노리자.

토너먼트 리더

빅터 엔터테인먼트　스포츠　1996년 8월 23일　5,800엔

플레이어 1~4인　메모리카드 1블록

4종의 코스에서 최대 4인 플레이가 가능한 골프 게임. 토너먼트·승자진출전·팀전 등의 모드가 있으며, 중계 기능과 리플레이 기능도 탑재했다.

포에드

코코너츠 재팬 엔터테인먼트　액션　1996년 8월 23일　5,800엔

플레이어 1인　메모리카드 8블록

북미에서 개발된 SF 3D 액션 게임. 외계인이 점령한 우주선 내에 홀로 남은 요 리사가, 처음엔 프라이팬을 무기 삼아 텔레포터로 탈출하기 위해 움직인다.

아더와 아스타로트의 퍼즐 마계촌

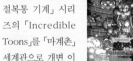 

캡콤　퍼즐　1996년 8월 30일　5,800엔

플레이어 1인　메모리카드 1블록　마우스 지원

PC용 게임인 「요절복통 기계」 시리즈의 「Incredible Toons」를 「마계촌」 세계관으로 개변 이식한 퍼즐 게임. 차례차례 장치가 연쇄되도록 부품을 설치해 클리어하자.

옐로우 브릭 로드

어클레임 재팬　어드벤처　1996년 8월 30일　5,800엔

플레이어 1인　메모리카드 1블록

'오즈의 마법사'를 소재로 삼은 3D 어드벤처 게임. 양철 나무꾼·사자·허수아비를 동료로 삼아, 여왕에게 노움 군대의 습격 소식을 전하는 것이 게임의 목적이다.

에비스 요시카즈의 대역전 경정

세타　시뮬레이션　1996년 8월 30일　6,800엔

플레이어 1인　메모리카드 3블록

만화가 겸 탤런트로 활약중인 에비스 요시카즈가 감수한 경정 게임. 상금왕이 목표인 레이스 모드와 일확천금을 노리는 갬블 모드 등, 경정의 매력이 가득한 타이틀이다.

CRW : 카운터 레볼루션 워

어클레임 재팬　시뮬레이션　1996년 8월 30일　5,800엔

플레이어 1인　메모리카드 1블록

일본에서 PC로 발매되었던 실시간 전술 게임의 이식판. 근미래 세계의 대테러 특수부대 소대를 통솔해, 어설트 슈츠를 착용하고 다양한 국면의 진압임무를 수행한다.

쿨 보더즈

우엡 시스템　스포츠　1996년 8월 30일　5,800엔

플레이어 1인　메모리카드 1~7블록

스노보드를 소재로 삼은 익스트림 스포츠 레이싱 게임. 단순한 기록단축을 넘어, 공중에 뜨는 동안 다양한 트릭을 펼치는 게 고득점의 키포인트다.

코지마 타케오 마작제왕

 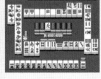

갭스　마작　1996년 8월 30일　5,800엔

플레이어 1인　메모리카드 1블록

코지마 타케오를 비롯해, 실존 프로 작사 15명이 등장하는 마작 게임. 단위인정 모드의 시험으로 기초를 배운 뒤, 스토리 모드에서 다양한 작사와 대결해 승리하라.

사무라이 스피리츠 : 잔쿠로 무쌍검

SNK　대전격투　1996년 8월 30일　5,800엔

플레이어 1~2인　메모리카드 1블록

네오지오의 「사무라이 스피리츠」 시리즈 3번째 작품의 이식판. '수라'·'나찰' 두 타입 중 하나를 선택 가능하며, 동일 캐릭터라도 타입이 다르면 기술과 모션이 바뀐다.

강철령역 (스틸덤)

테크노 소프트　액션　1996년 8월 30일　5,800엔

플레이어 1~2인

타이틀명은 '강철령역'이라 쓰고 '스틸덤'이라 읽는다. 「리버시온」(50p)의 속편 포지션인 작품으로서, 색적 선회와 호버링 등의 신규 동작을 추가했다.

소닉 윙스 스페셜

미디어퀘스트　슈팅　1996년 8월 30일　6,800엔

플레이어 1~2인　메모리카드 1블록

개성적이고 무기가 다양한 전투기들이 등장하는 슈팅 게임인 「소닉 윙스」 시리즈의 가정용 이식작. 타임어택 모드 등이 있다.

토아플랜 슈팅 배틀 1

반프레스토　슈팅　1996년 8월 30일　5,800엔

플레이어 1~2인　메모리카드 1블록

「타이거 헬리」·「구극 타이거」와 그 수출판인 「트윈 코브라」까지, 플레이어 기체가 헬기인 슈팅 3작품을 수록했다. 타이틀명에 '1'이 붙어있긴 하나, 2편은 나오지 않았다.

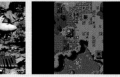

수수께끼왕

반다이　퀴즈　1996년 8월 30일　5,800엔

플레이어 1~2인　메모리카드 1블록

'스토리 모드'·'대전 모드'·'미니게임' 3종류의 게임 모드로 최대 8명(파티 모드 한정)까지 즐길 수 있는 퀴즈 게임. 수록된 문제 수는 무려 5,000문제에 달한다.

야옹과 멍더풀

반프레스토　시뮬레이션　1996년 8월 30일　4,800엔

플레이어 1인　메모리카드 1~15블록

게임 내에서나마 귀여운 개·고양이와 함께 생활하는 작품. 밥을 주거나 놀아줄 수도 있다. 플레이어의 사육방식에 따라 성장·변화가 달라지는 버추얼 육성 시뮬레이션 게임.

하이퍼 랠리

하베스트 원　레이싱　1996년 8월 30일　5,800엔

플레이어 1인　메모리카드 1블록　특제 컨트롤러 SLPH00001(남코) 지원

플레이스테이션의 성능을 살려 제작한 본격 3D 랠리 게임. 다양한 오프로드 코스가 무대. 유능한 내비게이터의 어드바이스를 따르며 레이스를 헤쳐 나가자.

풍운 오공 닌전

에이컴　액션　1996년 8월 30일　5,800엔

플레이어 1인

서유기로 친숙한 캐릭터인 '손오공'·'사오정'·'저팔계'를 조작해, 전설로 전해 내려오는 '황금의 예언판'을 입수하는 게 목적인 코믹 터치의 횡스크롤 액션 게임이다.

프로 마작 키와메 PLUS

아테나　마작　1996년 8월 30일　4,980엔

플레이어 1인　메모리카드 1블록

일류 프로 작사 16명이 한 무대에서 맞서는 본격 마작 게임. 먼저 트레이닝 섹션에서 퀴즈와 분석으로 자신의 지식·기술을 갈고닦아, 프로가 기다리는 본 경기에 도전하자.

북두의 권

반프레스토　어드벤처　1996년 8월 30일　5,800엔

플레이어 1~2인

세가새턴판이 원작인 이식작. 원작 완결 후가 무대인 오리지널 스토리지만, 원작에서 죽은 캐릭터가 등장하는 등의 모순도 있다. '암흑의 북두'로부터 린을 구출해내자.

루프★샐러드 : 루프프 큐브

데이텀 폴리스타　퍼즐　1996년 8월 30일　4,800엔

플레이어 1~2인　메모리카드 1블록

블록을 밀어 같은 것끼리 3개 이상 붙여, 블록들을 모두 없애면 클리어! 만화가 타케모토 이즈미가 디자인한 캐릭터와 귀여운 노래, 독특한 세계관이 있는 작품이다.

윙 커맨더 III

일렉트로닉 아츠 빅터 | 시뮬레이션 | 1996년 9월 6일 | 7,800엔

플레이어 1인 | 메모리카드 1블록

영화처럼 제작한 실사 동영상의 어드벤처 게임과, 우주공간을 날아다니는 슈팅 게임을 결합시킨 타이틀. CD 4장 분량의 대작으로서, 그에 걸맞은 하이퀄리티를 자랑한다.

스매시 코트

남코 | 스포츠 | 1996년 9월 6일 | 5,800엔

플레이어 1~2인 | 메모리카드 1블록 | 특제 컨트롤러 SLPH00001(남코)지원 | 멀티탭지원 1~4인

폴리곤으로 묘사된 선수 캐릭터가 리얼하게 코트를 뛰어다니는 테니스 게임. 기존의 테니스 게임과 달리, 컨트롤러의 4종류 버튼으로 샷의 강약을 디테일하게 조절할 수 있다.

테트리스 플러스

잘레코 | 퍼즐 | 1996년 9월 6일 | 5,800엔

플레이어 1~2인 | 메모리카드 1블록

피라미드의 출구로 탐험가를 유도하자. 화면에 쌓여있는 블록은 테트리스 룰로 없앨 수 있으므로, 탐험가가 출구로 나갈 수 있도록 블록을 부숴나가면 된다.

달아나 군

솔란 | 퍼즐 | 1996년 9월 6일 | 5,800엔

플레이어 1인 | 메모리카드 1블록

'본격 허무개그 액션!'을 내세운 게임. 플레이어는 '달아나 군'을 조작해, 사랑하는 '달아나 양'이 정신을 차리도록 어떤 수를 써서든 그녀가 있는 곳까지 도달해야 한다.

아이르톤 세나 카트 듀얼

갭스 | 레이싱 | 1996년 9월 13일 | 6,800엔

플레이어 1~2인 | 메모리카드 1블록 | 특제 컨트롤러 SLPH00001(남코)지원 | 대전케이블 지원

'음속의 귀공자'로 불렸던 F1 레이서 아이르톤 세나를 메인 캐릭터로 기용한 카트 레이싱 게임. 세나 소유의 코스와, 일본의 실존하는 코스 등을 수록했다.

궁극의 창고지기

이토추 상사 | 퍼즐 | 1996년 9월 13일 | 5,800엔

플레이어 1인 | 메모리카드 1~3블록

유명한 화물 밀기 퍼즐 게임 「창고지기」의 이식작이지만, 이번 작품은 첫 판부터 만만찮다. 수 순별 되돌리기 기능을 잘 활용하여 모든 화물을 지정된 장소로 배치하자.

월하의 기사(棋士) : 왕룡전

반프레스토 | 쇼기 | 1996년 9월 13일 | 5,800엔

플레이어 1~2인 | 메모리카드 2블록 | 마우스 지원

인기 만화 '월하의 기사'의 등장인물 '히무로 쇼스케'가 되어, 라이벌 쇼기 기사를 이기자. 대국 도중엔 유명 성우진을 기용해 수록한 원작의 여러 명대사가 나온다.

직소 아일랜드

니폰이치 소프트웨어 | 퍼즐 | 1996년 9월 13일 | 5,800엔

플레이어 1~2인 | 메모리카드 1블록 | 멀티탭지원 1~4인 | 마우스 지원

플레이스테이션으로 직소 퍼즐을 즐겨보자. 완성도도 함께 보여주므로 이를 참고삼아 패널을 끼워나가면 된다. 먼저 네 귀퉁이부터 찾아 채워나가는 것이 포인트.

슈퍼 카지노 스페셜

코코너츠 재팬 엔터테인먼트 | 테이블 | 1996년 9월 13일 | 5,800엔

플레이어 1~2인 | 메모리카드 1블록 | 멀티탭지원 1~4인

'룰렛'·'슬롯머신'·'바카라'·'블랙잭'·'비디오 포커' 등, 시크하고 어른스러운 분위기와 카지노 특유의 심리전을 맛볼 수 있는 타이틀이다.

학원 시험에 도전 : 영어의 철인

소니컴퓨터엔터테인먼트 | 에듀테인먼트 | 1996년 9월 13일 | 4,800엔

플레이어 1인 | 메모리카드 1블록 | 마우스 지원

당시 일본 영어학원 시험의 '발음'·'문법'·'문장 완성'·'장문 독해' 및 출제경향 등을 수록한 수험생용 타이틀. 채점 시엔 플레이어가 어디에 취약한지도 지적해준다.

못말리는 낚시광

쇼가쿠칸 프로덕션　스포츠　1996년 9월 13일　6,800엔

플레이어 1~2인　메모리카드 3블록

같은 제목의 인기 만화를 플레이스테이션으로 게임화했다. 플레이어는 주인공 '하마쨩'이 되어 대어를 잔뜩 낚아야 한다. 낚은 물고기를 조리하는 '요리 모드'도 수록했다.

천지무용! 등교무용

엑싱　어드벤처　1996년 9월 13일　6,800엔

플레이어 1인　메모리카드 1블록

주인공 '텐치'의 유일한 안식처였던 학교에 료코와 아에카가 찾아왔다. 심지어 츠나미 모습을 한 사미까지 들어오고 마는데…… 텐치의 고난을 그린 어드벤처 게임이다.

버추얼 프로레슬링

야스믹　스포츠　1996년 9월 13일　5,800엔

플레이어 1~2인　메모리카드 1블록

폴리곤으로 묘사한 프로레슬러의 기술을 리얼하게 표현해 낸 격투 게임. 550종류에 달하는 기술을 사용 가능하며, 다양한 카메라워크로 시합을 현장감 있게 보여준다.

빅 허트 베이스볼

어클레임 재팬　스포츠　1996년 9월 13일　5,800엔

플레이어 1인　메모리카드 1블록

모션 캡처 기술을 사용해, 기존의 작품들과는 달리 선수의 움직임을 리얼하게 표현한 야구 게임.

시카고 화이트삭스 소속으로 활약했던 선수, 프랭크 토머스가 감수했다.

필살 파친코 스테이션

선 소프트　파친코　1996년 9월 13일　6,800엔

플레이어 1인　메모리카드 1~4블록　특제 컨트롤러 SLPH00007(TEN연구쇼)지원

다이이치쇼카이 사의 '댄스 댄스 2'·'CR 빅 솔로터 2', 후지쇼지 사의 '아레딘'·'어레인지 맨' 등, 다양한 명작 기기들을 수록한 파친코 실기 시뮬레이터다.

마법소녀 팬시 CoCo

POW　시뮬레이션　1996년 9월 13일　5,800엔

플레이어 1인　메모리카드 1블록

검과 마법이 있는 판타지 세계의 공주 '코코'를 육성하는 시뮬레이션 게임. 학문·마법·도덕을 가르쳐 훌륭한 여왕으로 만드는 것이 목표지만, 오타쿠 문화에 물들기도 한다.

라이즈 오브 더 로보츠 2

어클레임 재팬　대전격투　1996년 9월 13일　5,800엔

플레이어 1~2인

슈퍼 패미컴으로 첫 번째 작품이 발매된 바 있는 영국산 3D 대전격투 게임. 적의 팔을 뜯어내 자신에게 장착하는 절단공격 등을 구사해, 로봇의 반란을 진압해야 한다.

아이돌 작사 스치파이 II Limited

잘레코　마작　1996년 9월 20일　7,800엔

플레이어 1인　메모리카드 1블록

미소녀 마작사들이 마작으로 대국한다. 원작은 승부를 이기면 므흣한 탈의장면이 나오지만, PS판은 표현을 다소 순화시켜 등장 캐릭터의 수영복 모습을 즐기도록 했다.

빅토리 존 2

소니컴퓨터엔터테인먼트　파친코　1996년 9월 20일　5,800엔

플레이어 1인　메모리카드 1블록　특제 컨트롤러 SLPH00007(TEN연구쇼)지원

전작(41p)과 동일한 파친코 실기 시뮬레이터. 이 작품에서는 명기 '피버 퀸 2'도 수록했다. 리치 시에 나오는 추억의 음악과 릴의 움직임 등을 잘 재현해냈다.

환영투기 : SHADOW STRUGGLE

반프레스토　3D 대전격투　1996년 9월 20일　5,800엔

플레이어 1~2인　메모리카드 1블록

어둠의 조직 'POS'의 정체를 폭로하려 격투기대회에 참가한다는 스토리의 대전격투 게임. 기술을 편집하는 '캐릭터 커스터마이즈'로, 자신만의 캐릭터를 만들 수 있다.

주변기기 지원 아이콘　플레이어 1~2인　메모리카드 1~2블록　멀티탭지원 1~4인　마우스 지원　대전케이블 2대　아날로그 조이스틱 SCPH0111(SCEI)지원　아날로그 컨트롤러 지원　PocketStation 지원　메모리카드 1~2블록　휴대전화 접속 케이블 지원(도코모 모드 휴대전화 지원)　특제 컨트롤러 SLPH00001(넘고)지원

이투신전

타카라　3D 대전격투　1996년 9월 20일　5,800엔

플레이어 1~2인

오리지널 캐릭터 및 「투신전」의 캐릭터들이 2등신 SD화로 등장하는 대전격투 게임. 각 버튼별로  기술을 할당해 복잡한 커맨드 입력을 없앤 심플한 시스템을 채용했다.

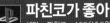

파친코가 좋아

세타　파친코　1996년 9월 20일　5,800엔

플레이어 1인　메모리카드 1블록

파친코 제조사인 HEIWA의 인기 기종 9종류를 수록한 실기 시뮬레이터. 폴  리곤을 사용해 오프닝에서 기기가 확대 표시되며, 군함행진곡과 함께 실기 소개가 펼쳐진다.

포지트

플레이 애비뉴　퍼즐　1996년 9월 20일　3,980엔

플레이어 1~2인　메모리카드 1블록

필드에 큐브를 잘 배치해, 상대의 말이 더 갈 곳이 없도 록 몰아붙이면 승리하는 대전형 퍼즐  게임. 룰은 심플하지만 꽤나 심오한 게임성이 있는 작품이다.

인터내셔널 모토크로스

소프트 비전 인터내셔널　스포츠　1996년 9월 27일　5,800엔

플레이어 1인　메모리카드 3블록

오프로드 바이크를 소재로 삼은 레이싱 게임. 세계 16개국 48개 코스를 수록 했다. 오리지널 코 스 제작 기능도 탑재해, 이를 이용하여 오리지널 코스를 만들 수도 있다.

여신이문록 페르소나

아틀라스　RPG　1996년 9월 20일　6,800엔

플레이어 1인　메모리카드 2블록

「여신전생」 시리즈의 흐름을 계승한 신작, 「페르소나」 시리즈의 첫 번째 작품. 동료 악마 시스템을 없애고, 대신 '페르소나'라는 새로운 시스템을 도입했다. 페르소나는 악마가 주는 스펠 카드를 악마 합체시켜 제작하게 되며, 이를 플레이어 캐릭터에게 강마시키면 다양한 능력이 부여된다. 페르소나의 조합법을 연구해보는 것도 이 작품 특유의 재미다.

웨딩 피치 : 두근두근 코스튬 체인지

KSS　시뮬레이션　1996년 9월 27일　5,800엔

플레이어 1인　메모리카드 1블록

같은 제목의 애니메이션을 게임화했다. '행동'과 '패션'을 선 택하면 두 요소의 조  합으로 능력치가 변화해 미래가 결정된다. 동영상이 모두 신규 제작이라 팬들을 만족시켰다.

왕궁의 비보 : 텐션

바프　RPG　1996년 9월 27일　5,800엔

플레이어 1인　메모리카드 1블록

플레이어는 잊혀진 보물을 찾아나서는 트레저 헌터 '텐션' 이 되어, 7곳의 던  전에 잠든 수수께끼를 풀어내고 '레인보우 다이아'를 입수해야 한다.

갤롭 레이서

테크모　시뮬레이션　1996년 9월 27일　5,800엔

플레이어 1인　메모리카드 2블록

경주마를 직접 타고 여러 대회에 출전해 우승하는 것이 목적 인 경마 게임 시리  즈의 제 1탄. 플레이스테이션의 기능을 살린 전대미문의 풀 3D 레이스 장면이 화제였다!

검은 13

토킨 하우스　어드벤처　1996년 9월 27일　5,800엔

플레이어 1인　메모리카드 1블록

13편의 호러 작품을 PS용 사운드 노벨로서 게임화했다. 박 력 있는 영상과 사 운드가 플레이어를 공포의 밑바닥으로 이끈다. 미스터리 작가 아야츠지 유키토가 감수했다.

HARDWARE
1994
1995
1996
1997
1998
1999
2000
2001
2002
2003
2004
INDEX

실루엣☆스토리즈

카네코 제작소　액션　1996년 9월 27일　5,800엔

플레이어 1~2인 / 메모리카드 1블록

아케이드용 땅따먹기 액션 게임 「걸즈 패닉 4 유」가 원작인 이식작. 땅따먹기 게임을 클리어할 때 제시된 조건을 만족시키거나, 선택지를 고르면 전개가 분기된다.

터프 윈드 '96 : 타케 유타카 경주마 육성 게임

잘레코　시뮬레이션　1996년 9월 27일　6,800엔

플레이어 1인 / 메모리카드 5블록

플레이어가 육성한 말과 실존 경주마가 게임에서 대결한다! 인기 기수 50명과 경주마 2천 두의 데이  터를 내장했고, 타케 유타카가 실사동영상으로 등장하는 호화 경마 게임.

전설의 오우거 배틀

아트딩크　시뮬레이션 RPG　1996년 9월 27일　5,800엔

플레이어 1인 / 메모리카드 2블록

반란군의 리더가 되어 부하를 통솔해, 제국으로부터 민중을 해방시켜야 하는 시뮬레이션 RPG.   진군과 전투가 실시간 진행이라, 긴장감 넘치는 플레이가 재미있다.

도쿄 SHADOW

타이토　어드벤처　1996년 9월 27일　8,800엔

플레이어 1인 / 메모리카드 3블록

탤런트 호쇼 마이·하기와라 나가레 등을 호화 캐스팅한, 실사와 CG를 합성해 제작한 '무비 노벨'. 시  부아에서 일어나는 괴기 사건을 테마로 잡았다. 메이킹 신 등도 수록했다.

두근두근 메모리얼 대전 퍼즐구슬

코나미　퍼즐　1996년 9월 27일　5,800엔

플레이어 1~2인 / 메모리카드 1블록

「두근두근 메모리얼」의 캐릭터들이 「대전 퍼즐구슬」에 등장했다. 가정용판의 경우 '선구슬'·'악구슬' 등 '가자! 대전 퍼즐구슬」에서 추가된 구슬이 등장한다.

퍼즐러 감수 : 오짱의 네모네모 로직 2

선 소프트　퍼즐　1996년 9월 27일　4,980엔

플레이어 1~2인 / 메모리카드 2블록 / 마우스 지원

네모네모 로직 게임 제 2탄. 난이도별로 분류된 300문제를 비롯해, 컬러 로직 33문제에다 추가로   유저 공모를 받아 엄선한 문제까지 준비했다.

지오레인저 핀볼

반다이　핀볼　1996년 9월 27일　6,800엔

플레이어 1인 / 메모리카드 1블록

디지털 핀볼 제작사 Kaze가 개발한, 북미판 슈퍼전대 시리즈물(원제는 '파워레인저 지오')이 모티브   인 핀볼 게임. 일정한 조건을 만족시키며 총 5스테이지를 클리어한다.

여고생의 방과후… 푸쿤파

아테나　퍼즐　1996년 9월 27일　4,980엔

플레이어 1~2인 / 메모리카드 1블록

2개 한 조의 구슬을 잘 쌓아올려, 같은 색을 3개 붙여 없애가는 대전 낙하계 퍼즐 게임. 두 색깔이 섞인  구슬을 없애면 나머지 색구슬로 바뀌므로, 이를 이용해 연쇄를 노리자.

불꽃의 15종목 : 애틀랜타 올림픽

코코너츠 재팬 엔터테인먼트　스포츠　1996년 9월 27일　5,800엔

플레이어 1~2인 / 메모리카드 1블록 / 멀티탭지원 1~8인

1996년에 개최되었던 애틀랜타 올림픽의 공식 라이선스 상품으로서 발매된 스포츠 게임. 15종  목의 경기를 제압하는 자는 컨트롤러를 쥐고 있는 플레이어 당신이다!

달려라 번개호

토미　레이싱　1996년 9월 27일　5,800엔

플레이어 1인 / 메모리카드 1블록

레이싱 애니메이션의 원조(원제는 '마하 GoGoGo')가 PS로 3D 레이싱 게임화 되었다. 친숙한 '번 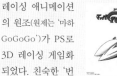  개호'를 몰고 여러 라이벌들을 제치며, 모든 코스에서 1위를 노려보자.

주변기기 지원 아이콘
플레이어 1~2인 | 메모리카드 1~2블록 | 멀티탭지원 1~4인 | 마우스 지원 | 대전케이블 2대 | 아날로그 조이스틱 SCPH0111(SCEI)지원 | 아날로그 컨트롤러 지원 | PocketStation 지원 | 메모리카드 1~2블록 | 휴대전화 접속 케이블 지원 (도코모 (모드 휴대전화)지원) | 특제 컨트롤러 SLPH00001(남코)지원

리턴 투 조크

반다이 비주얼 어드벤처 1996년 9월 27일 6,800엔

플레이어 1인 / 메모리카드 3블록 / 마우스 지원

텍스트 어드벤처 게임 「조크」의 세계관을 실사 스캐닝 CG로 그려낸 작품. 도중에 등장하는 수많  은 아이템을 적절히 활용하여 퍼즐을 풀어나가며 곳곳을 여행하자.

어설트 릭스

일렉트로닉 아츠 빅터 액션 1996년 10월 4일 5,800엔

플레이어 1~2인 / 메모리카드 1블록 / 대전케이블 지원

근미래를 무대로 가상공간에서 펼치는 스포츠를 게임화한 작품. '리그'라 불리  는 탱크를 조작해, 스테이지 사방에 흩어져있는 젬을 모으며 출구로 향해야 한다.

안젤리크 Special : 프리미엄 BOX

코에이 시뮬레이션 1996년 10월 4일 8,800엔

플레이어 1인 / 메모리카드 1블록

「안젤리크 Special」 (61p)의 스페셜 패키지 버전. 이 패키지에는 직소 퍼즐, 우편엽서, 문구 세  트가 게임과 함께 동봉돼 있다.

위닝 포스트 2 : 프로그램 '96

코에이 시뮬레이션 1996년 10월 4일 6,800엔

플레이어 1인 / 메모리카드 5블록

초기자금 2억 엔을 가진 마주가 되어 30년의 임기 동안 활동하는 시뮬레이  션 게임. NHK 마일컵과 슈카 상 등, 1996년에 개정된 새 경기일정에 맞춰 리뉴얼했다.

에어 어설트
소니컴퓨터엔터테인먼트 3D 슈팅 1996년 10월 4일 5,800엔

플레이어 1인

미국산 게임 「WAR HAWK」의 일본판. 근미래의 세계를 무대로, 호버링이 가능한 고성능 전투기  에 탑승해 다양한 임무를 거치며 지구 정복을 꾀하는 적을 격파한다.

카오스 컨트롤

버진 인터랙티브 3D 슈팅 1996년 10월 4일 3,800엔

플레이어 1인 / 메모리카드 1블록 / 마우스 지원

3D 시점의 슈팅 게임. 화면에 표시되는 건사이트(조준점)로 조준하여, 빔을 발사해 적을 격파하  자. 마우스를 지원하는 등, 초보자라도 즐기기 쉽도록 제작했다.

크리티컴 : 더 크리티컬 컴뱃

빅 토카이 3D 대전격투 1996년 10월 4일 5,800엔

플레이어 1~2인 / 메모리카드 1블록

할리우드의 CG 제작 스탭들이 참여한 3D 대전격투 게임. 전투에서 승리하면 레벨 업하는 등, 기  존 작품들에는 없었던 신선한 요소가 있는 격투 게임이다.

빙글빙글 트윙클 : 부탁해요 별님

토미 퍼즐 1996년 10월 4일 5,800엔

플레이어 1~2인 / 메모리카드 1블록

캐릭터 15명이 등장하는 퍼즐 게임. 필드의 블록들을 하얀 커서 내에서 상하 혹은 좌우로 교 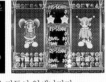 체하여, 같은 블록이 3개 이상 이어지도록 만들어 없애나가자.

사이킥 포스

타이토 3D 대전격투 1996년 10월 4일 5,800엔

플레이어 1~2인 / 메모리카드 1블록

아케이드로 출시되어 큰 인기를 얻었던 대전격투 게임을 이식한 작품. 「사이킥 포스 EX」를 기반으로 삼고 스토리 모드를 추가 했다. 캐릭터 일러스트를 오오누키 켄이치가 맡아, 캐릭터로도 인기가 많았던 작품이  다. 지구의 운명을 건 사이키커(초능력자)들 간의 싸움을 그렸으며, 여타 격투게임에 없었던 독특한 부유감이 특징인 공중전을 펼친다.

HARDWARE 1994 1995 1996 1997 1998 1999 2000 2001 2002 2003 2004 INDEX

크레이지 이반

일렉트로닉 아츠 빅터　3D 슈팅　1996년 10월 4일　5,800엔

플레이어 1인　메모리 카드 1블록

돌연히 시작된 에일리언의 침략으로 존망의 위기에 선 인류를 위해 '이반'이 일어선다. '강철의 코사크 기병'을 조작해 인류를 구해내자. FPS 스타일의 게임이다.

C1-CIRCUIT

인벡스　레이싱　1996년 10월 4일　5,800엔

플레이어 1~2인　메모리 카드 1블록　특제 컨트롤러 SLPH00001(넘코)지원　대전케이블 지원

도심의 순환도로를 무대로 삼은 레이싱 게임. 튜닝의 노하우를 구사해 디테일한 계산으로 파츠를 잘 조합하면 주행이 달라진다. 속도의 한계에 도전해 승리를 움켜쥐자.

수호전 : 천명의 맹세

코에이　시뮬레이션　1996년 10월 4일　5,800엔

플레이어 1~7인　메모리 카드 2블록

중국 4대기서 중 하나인 '수호지'를 소재로 삼은 역사 시뮬레이션 게임. 동료를 모아 영토를 확대하고, '인기'를 올려 칙명을 받아내 조정의 간신 '고구'를 토벌해야 한다.

스펙트럴 타워

아이디어 팩토리　RPG　1996년 10월 4일　5,800엔

플레이어 1인　메모리 카드 1블록

대륙의 중심에 세워진 '스펙트럴 타워'의 정상 정복이 목적인 RPG. 탑은 무려 1,000층이나 되며, 올라갈수록 새로운 세계가 펼쳐진다. 예측불허의 모험에 나서보자.

슬라임하자!

토호쿠신샤　시뮬레이션　1996년 10월 4일　5,800엔

플레이어 1인　메모리 카드 8블록

슬라임을 기르는 게임. 슬라임들이 분열과 융합을 반복하며 다양한 종류로 진화해가는 모습을 관찰하자. 시로 마사무네가 캐릭터 디자인을 맡는 등, 꽤 이색적인 작품이다.

일본 가짜옛날이야기 여행1 : 이것!도 저것?도 모모타로

시스템 사콤　기타　1996년 10월 4일　5,800엔

플레이어 1인　메모리 카드 1블록　마우스 지원

'복숭아에서 태어나 죄송해요'라는 의미심장한 선전문구의 타이틀. 게임 도중에 나오는 선택지 하나로, 모모타로의 인생이 플레이어의 예상을 한참 벗어나는 전개가 되기도!?

파이널리스트

가가 커뮤니케이션즈　3D 슈팅　1996년 10월 4일　5,800엔

플레이어 1인　메모리 카드 1블록

 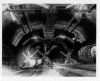

서양에서는 「Tunnel B1」이란 타이틀명으로 출시된 3D 슈팅 게임. 광신적인 독재자가 만들어낸 최종병기를 파괴하기 위해, 단독 출격하여 전투에 도전하는 게임이다.

론 솔저

버진 인터랙티브　3D 슈팅　1996년 10월 4일　5,800엔

플레이어 1인　메모리 카드 1블록

주인공 '헝크'가 정글·시가지 등의 전장을 직접 발로 뛰며 돌파하는 3D 슈팅 게임. 수류탄과 로켓포 등의 무기를 잘 구사하며 스테이지 클리어를 노려야 한다.

결혼 : Marriage

쇼가쿠칸 프로덕션　시뮬레이션　1996년 10월 10일　6,800엔

플레이어 1인　메모리 카드 5블록　마우스 지원

동료 여성 5명 중 한 사람과 2년 이내에 결혼하는 것이 목표인 연애 시뮬레이션 게임. 「졸업 : Graduation」에 나왔던 학생이, 사회인이 되어 히로인으로 등장한다.

속 굿슨 오요요

반프레스토　퍼즐　1996년 10월 10일　5,800엔

플레이어 1~2인　메모리 카드 1블록

 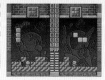

위에서 떨어져 내려오는 블록을 이용해, '굿슨'과 '오요요'를 출구까지 데려다 주는 퍼즐 게임. '노멀'·'대전'·'퍼즐'·'올라가기'·'타임 어택'의 5가지 모드를 수록했다.

주변기기 지원 아이콘　플레이어 1~2인　메모리카드 1~2블록　멀티탭 지원 1~4인　마우스 지원　대전케이블 2대　아날로그 조이스틱 SCPH0111(SCE)지원　아날로그 컨트롤러 지원　PocketStation 지원　메모리카드 1~2블록　휴대전화 접속 케이블 지원(도코모(모드 휴대전화 지원))　특제 컨트롤러 SLPH00001(넘코)지원

히로인 드림

맵 재팬　시뮬레이션　1996년 10월 10일　6,800엔

플레이어 1인　메모리 카드 2블록

히로인 후보생 '마이키 시즈카'를, 플레이어가 점술사로 변장해 접근하여 훌륭한 히로인으로 육성해나가는 시뮬레이션 게임. 시즈카에게 당신의 정체를 들켜서는 안 된다!

피시 아이즈

팩 인 비디오　시뮬레이션　1996년 10월 10일　5,800엔

플레이어 1인　메모리 카드 1블록

낚시의 진면목을 실감나게 만끽할 수 있는 낚시 게임. NFS(내추럴 플로잉 시스템)로 자연의 낚시터에 있는 듯한 감각을 재현했다. 낚은 물고기는 사육할 수도 있다.

리딩 자키 : 하이브리드

하베스트 원　액션　1996년 10월 10일　5,800엔

플레이어 1~2인　메모리 카드 2블록　대전 케이블 2대

플레이어가 기수로서 레이스를 직접 달리는 경마 게임. 교배와 조련을 거쳐 레이스에 출전한다. 레이스 장면은 코스를 리얼한 3D로 표현했고, 대전 플레이도 가능하다.

킹 오브 팔러

TEN 연구소　파친코　1996년 10월 18일　6,800엔

플레이어 1인　메모리 카드 2~10블록

'꿈은 연수익 1억 엔!?' 플레이어는 파친코 점포 경영자. 자금을 모아 경쟁점과 심리전을 벌이며, 고객의 요망에 잘 대응하여 우수점포 선정과 지역 넘버원을 노려보자.

THE DEEP : 잊혀진 심해

버진 인터랙티브　어드벤처　1996년 10월 18일　5,800엔

플레이어 1인　메모리 카드 1~3블록

플레이어가 잠수정에 탑승해, 해저에 가라앉은 항공기의 화물을 회수하는 것이 목적인 어드벤처 게임. 신비에 가득 찬 심해를 무대로, 다양한 수수께끼를 풀어내보자.

쇼크웨이브 : 오퍼레이션 점프게이트

일렉트로닉 아츠 빅터　3D 슈팅　1996년 10월 18일　4,800엔

플레이어 1인　메모리 카드 1블록

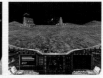

「쇼크웨이브」(73p)의 속편, 또 다시 공격해온 외계인들에, 업그레이드된 F-177 전투기로 맞선다. 무대는 화성, 토성, 그리고 태양계 최전선으로까지 넓어진다.

스톤 워커즈

선 소프트　어드벤처　1996년 10월 18일　5,800엔

플레이어 1인　메모리 카드 1블록

대학교 강사인 랜디가, 과테말라를 무대로 마야 문명의 수수께끼를 둘러싼 사건에 휘말리게 된다. 다양한 스토리를 즐길 수 있는, 멀티 시나리오 멀티 엔딩의 어드벤처 게임이다.

돈파치

SPS　슈팅　1996년 10월 18일　5,800엔

플레이어 1~2인　메모리 카드 1블록

케이브 사의 첫 슈팅 게임을 이식한 작품. 범위가 넓은 연사 샷과 위력이 큰 레이저를 적절히 구사해 진행하자. 비장의 한방인 봄은 스테이지 클리어로 보충할 수 있다!

버추얼 시뮬레이션 : 파친코 드림

코나미　파친코　1996년 10월 18일　5,800엔

플레이어 1인　메모리 카드 1블록

토요마루 산업·산세이의 6개 인기 기종을 수록한 파친코 실기 시뮬레이터. 다양한 각도로 기체를 살펴볼 수 있으니, 못 배치와 구슬 움직임을 관찰해 잘 가늠해보자!

브레인 데드 13

코코너츠 재팬 엔터테인먼트　어드벤처　1996년 10월 18일　6,800엔

플레이어 1인　메모리 카드 1블록

애니메이션 영상에 맞춰, 특정 타이밍에 버튼을 누르며 스토리를 진행하는 게임. 위기를 돌파하며 저택에서 탈출하자. 버튼을 잘못 누르면 곧바로 죽음으로 연결된다.

메가튜도 2096

반프레스토 3D 대전격투 1996년 10월 18일 5,800엔

플레이어 1~2인 / 메모리카드 1블록

'매뉴버웨어'라 불리는 로봇이 1 : 1로 싸우는 3D 대전 액션 게임. 근접무기와 사격무기를 거리에 따라 적절히 교체하며 싸워, 대회를 제패하는 것이 게임의 목적이다.

무작정 걸즈 올·림·포·스♥

휴먼 파티 1996년 10월 25일 5,800엔

플레이어 1인 / 메모리카드 1블록

'무작정 소환 배틀' 시스템으로 소녀를 넙다 소환해 전투시키는, 어드벤처와 보드 게임을 결합한 구성의 미소녀 게임. 유명 애니메이터 및 성우들이 대거 참가했다.

eexy life : EAST END×YURI

에픽 소니 레코드 기타 1996년 10월 25일 1,900엔

플레이어 1인 / 메모리카드 1블록

래퍼 유닛 'EAST END×YURI'를 피처링한 뮤직 소프트. 역대 디스코그래피의 샘플 시청과 비디오 클립은 물론, 멤버 3명이 등장하는 디지털 코믹도 즐길 수 있다.

밴들 하츠 : 잊혀진 고대문명

코나미 시뮬레이션 RPG 1996년 10월 25일 5,800엔

플레이어 1인 / 메모리카드 2블록

공화제 국가 '이쉬타리아' 등의 여러 나라를 무대로, 각 거점을 이동하여 지정된 전투 맵을 공략하며 진행하는 시뮬레이션 RPG. 가수 야드랑카가 주제가를 맡았다.

F1 GP NIPPON의 도전 : 도무의 야망

OZ 클럽 레이싱 1996년 10월 25일 6,800엔

플레이어 1~2인 / 메모리카드 3블록

F1 머신을 개발하는 시뮬레이션 게임. 파츠와 디자인을 선택하고 풍동실험과 시험주행으로 세팅을 결정하여, 오리지널 머신을 완성해 베스트 랩 타임 갱신에 도전하자.

오버드포스

반다이 시뮬레이션 1996년 10월 25일 6,800엔

플레이어 1인 / 메모리카드 4블록

다양한 행성국가가 존재하는 에레미아 성계를 무대로, 주역을 누비며 싸우는 전술 시뮬레이션 게임. 맵이 우주공간이라 3차원으로 좌표를 지정하는 것이 최대의 특징이다.

연예인 대국 마작 THE 틈새 DE 퐁

비디오 시스템 마작 1996년 10월 25일 6,800엔

플레이어 1인 / 메모리카드 1~4블록

연예인들이 마작 대국을 하는 일본의 TV프로 'THE 틈새 DE 퐁'의 설정을 살린 4인 대국 마작 게임. 하라다 다이지로, 시미즈 아키라 등의 인기인과 대국을 즐긴다.

셸쇼크

일렉트로닉 아츠 빅터 3D 슈팅 1996년 10월 25일 5,800엔

플레이어 1인 / 메모리카드 1블록

1인칭 시점으로 탱크를 조종하며 적과 싸우는 3D 슈팅 게임. 미션을 클리어하면서, 엔진·장갑 장비는 물론 탱크 자체도 튠업하여 계속 업그레이드시켜야 한다.

스타 글래디에이터

캡콤 3D 대전격투 1996년 10월 25일 5,800엔

플레이어 1~2인 / 메모리카드 1블록

캡콤 최초의 3D 폴리곤 대전격투 게임. 사념을 파워로 변화시키는 플라스마 능력을 사용하는 전사들이, 미래의 지구 정복을 꾀하는 빌슈타인의 야망을 저지한다.

데스 윙

사이버테크 디자인 3D 슈팅 1996년 10월 25일 5,800엔

플레이어 1인 / 메모리카드 1블록 / 아날로그 조이스틱 SCPH0111(SCEI) 지원

360도 전방위를 자유자재로 비행 가능한 SF 3D 슈팅 게임. 상대와의 거리를 표시해주는 'OVID'라는 레이더를 활용해, 적인 지라드 군을 격파해야 한다.

주변기기 지원 아이콘 플레이어 1~2인 메모리카드 1~2블록 멀티탭지원 1~4인 마우스 지원 대전케이블 2대 아날로그 조이스틱 SCPH0111(SCEI) 지원 아날로그 컨트롤러 지원 PocketStation 지원 메모리카드 1~2블록 휴대전화 접속 케이블 지원 (도코모 [모드 휴대전화지원]) 특제 컨트롤러 SLPH00001(남코) 지원

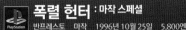

폭렬 헌터 : 마작 스페셜

반프레스토 | 마작 | 1996년 10월 25일 | 5,800엔

플레이어 1인 | 메모리카드 1블록

아카호리 사토루 원작의 애니메이션 '폭렬 헌터'에 등장하는 캐롯·티라 등의 캐릭터들이 참가하는 마작 게임. 대전 모드와 스토리 모드를 즐길 수 있다.

빌딩 크러시!

쇼에이샤 | 액션 | 1996년 10월 25일 | 5,800엔

플레이어 1~2인 | 메모리카드 1블록

개폐되는 창이 열려 있을 때 폭탄을 던져 넣어, 모든 창을 부숴 상대보다 먼저 빌딩을 파괴하는 게 목적이다. 색깔이 같은 창들을 한꺼번에 폭파시키는 것이 공략 포인트.

핀볼 판타지즈 디럭스

바프 | 핀볼 | 1996년 10월 25일 | 5,800엔

플레이어 1~8인 | 메모리카드 1블록

서양에서 인기였던 PC용 핀볼 게임의 이식작. 8종류의 기기를 플레이할 수 있다. 핀볼대를 큼지막하게 묘사하고, 볼의 움직임에 맞춰 스크롤시키는 시스템이다.

바텀 오브 더 나인스 : 메이저리그 히어로즈

코나미 | 스포츠 | 1996년 10월 25일 | 5,800엔

플레이어 1~2인 | 메모리카드 3블록

실존하는 메이저리거 700명이 등장하는 코나미의 야구 게임. 일부 시스템은 자사의 인기 타이틀인 「실황 파워풀 프로야구」시리즈에서 가져오기도 했다.

아크 더 래드 II

소니컴퓨터엔터테인먼트 | RPG | 1996년 11월 1일 | 5,800엔

플레이어 1인 | 메모리카드 2블록

전작 「아크 더 래드」(43p)의 속편으로서, '엘크'와 '리자'를 새 주인공으로 삼아 스토리의 결말을 지은 완결편. 전작의 세이브데이터를 계승 가능해, 전작에서 힘들게 키운 캐릭터들을 동일한 레벨로 사용할 수 있다.

'몬스터 동료화 시스템'·'아이템 장비 시스템' 등의 신규 시스템도 탑재해, 플레이어별로 색다른 플레이나 파고들기 플레이도 가능해졌다.

쿨리 스컹크

비지트 | 액션 | 1996년 11월 1일 | 2,800엔

플레이어 1인 | 메모리카드 1블록

스노보더 '쿨리'를 조작해, 6종류의 스페셜 기어와 '방귀'를 구사하여 BB 군단을 물리치자. 보스전에서는 배구로 대결하기도 하는 등, 의외의 전개가 많은 액션 게임이다.

경마 필승의 법칙 '96 Vol.2 : GI-ROAD

상그릴라 | 기타 | 1996년 11월 1일 | 6,400엔

플레이어 1인 | 메모리카드 15블록 | 마우스 지원

경마 예상 소프트 시리즈 제 3탄. 데이터를 더 늘려, 과거 7년 8개월간의 전 레이스와 12년 8개월간의 G레이스를 수록했다. 입력이 쾌적해졌고, 만마권 예상기능도 추가했다.

더 타워 : 보너스 에디션

오픈북 9003 | 시뮬레이션 | 1996년 11월 1일 | 6,800엔

플레이어 1인 | 메모리카드 3블록

빌딩의 건물주가 되어 상업지구와 주거지구 등을 배치해 수익을 올리는 경영 게임의 이식작. 자신이 만든 빌딩 내를 자유롭게 걸어 다니는 3D 모드를 최초로 추가했다.

자키 제로

라이트 스터프 | 레이싱 | 1996년 11월 1일 | 5,800엔

플레이어 1인 | 메모리카드 3블록

말과 대화하는 재능이 있는 주인공이, 망해가는 부모의 목장을 구하러 기수가 된다는 스토리의 경마 게임. 경마를 잘 몰라도 어시스턴트 소녀가 도와주므로, 초보자라도 안심.

섹시 파로디우스

코나미　슈팅　1996년 11월 1일　4,800엔

플레이어 1~2인 / 메모리카드 1블록

개그가 가득한 「파로디우스」가, 제목대로 '섹시'해져서 돌아왔다. 스테이지별로 코인을 규정 수만큼 모으라거나, 일정 수만큼의 적을 물리치라거나 하는 미션이 제시된다.

체스마스터

알트론　체스　1996년 11월 1일　6,800엔

플레이어 1~2인 / 메모리카드 1블록

세계적으로 사랑받는 보드 게임 '체스'가 풀 폴리곤으로 등장했다. 최강의 사고루틴 덕에 12단계의 난이도를 선택 가능하다. 초보자용의 힌트 버튼도 준비돼 있다.

디지크로 : 디지털 넘버 크로스워드

아틀라스　퍼즐　1996년 11월 1일　4,900엔

플레이어 1인 / 메모리카드 1블록

잡지 등으로 친숙한 십자말풀이 퍼즐을 실컷 즐겨보자. 비디오 게임이므로 연필과 지우개는 필요 없다! 커서를 조작하면서 퍼즐판을 모두 채워보도록.

나이트루스 : 어둠의 문

바리에　어드벤처　1996년 11월 1일　6,800엔

플레이어 1인 / 메모리카드 1블록

소녀가 인체발화로 불꽃에 휩싸여 사망하는 장면으로 시작하는 어드벤처 게임. 우에다 유지·미야무라 유코 등의 호화 성우 캐스팅으로도 화제가 되었던 작품이다.

버민 키즈

일렉트로닉 아츠 빅터　퍼즐　1996년 11월 1일　4,800엔

플레이어 1~4인 / 메모리카드 2블록

화면상의 외계인에게 페인트를 발사해 색을 변화시켜, 가로·세로·대각선으로 동일 색 외계인이 늘어서도록 하면 물리칠 수 있다. 퍼즐과 슈팅을 합체시킨 작품이다.

LULU

아리아드네 미디어　기타　1996년 11월 1일　4,800엔

플레이어 1인 / 마우스 지원

글자나 그림을 클릭하면 아름다운 삽화가 영화처럼 움직이는, '클릭 북'이란 새로운 장르의 타이틀. 서양에서 호평을 받았던 스토리를 낭독과 함께 즐기는 작품이다.

어둠 속에 나 홀로 2

일렉트로닉 아츠 빅터　어드벤처　1996년 11월 8일　5,800엔

플레이어 1인 / 메모리카드 5블록

유괴된 소녀를 구출하기 위해, 탐정 '에드워드 칸비'가 되어 저주받은 저택을 탐색하는 어드벤처 게임. 텍스처 매핑을 추가하여 더욱 그래픽이 멋져졌다.

올림픽 사커

코코너츠 재팬 엔터테인먼트　스포츠　1996년 11월 8일　5,800엔

플레이어 1~2인 / 메모리카드 1블록 / 멀티탭 지원 1~4인

1996년에 개최된 애틀랜타 올림픽을 무대로 삼은 축구 게임. 풍부한 카메라워크와 디테일한 애니메이션이 특징이며, 최대 4명까지 플레이 가능하다.

3D 레밍스

소니컴퓨터엔터테인먼트　퍼즐　1996년 11월 8일　5,800엔

플레이어 1인 / 메모리카드 1블록 / 마우스 지원

오로지 직진만 하는 레밍 집단을 잘 유도해 골 지점까지 인도하는 액션 퍼즐 게임의 3D판. 3D로 구축되어 입체적으로 바뀐 맵을, 시점을 바꿔가며 클리어해야 한다.

출동하라 × 코코로지 : 마음이 알려주는 사랑·결혼·인생

폴리그램　점술　1996년 11월 8일　5,800엔

플레이어 1~2인 / 메모리카드 1블록

같은 제목의 당시 일본 TV프로가 원작인 아케이드 게임의 이식작. 심리학이 모티브라, 심층심리와 통합분석, 세이브데이터를 바탕으로 한 상성진단 등을 제공한다.

주변기기 지원 아이콘 / 플레이어 1~2인 / 메모리카드 1~2블록 / 멀티탭 지원 1~4인 / 마우스 지원 / 대전케이블 2대 / 아날로그 조이스틱 SCPH0111(SCEI)지원 / 아날로그 컨트롤러 지원 / PocketStation 지원 / 메모리카드 1~2블록 / 휴대전화 접속 케이블 지원 (도코모 i모드 휴대전화 지원) / 특제 컨트롤러 SLPH00001(남코)지원

HARDWARE | 1994 | 1995 | 1996 | 1997 | 1998 | 1999 | 2000 | 2001 | 2002 | 2003 | 2004 | INDEX

테크모 슈퍼 보울

테크모　스포츠　1996년 11월 8일　6,800엔

플레이어 1~2인　｜　메모리카드 11블록

본격적인 미식축구를 즐기는 인기 시리즈 「테크모 슈퍼 보울」의 플레이스테이션판. 오펜스·디펜스 등의 전술을 중시하여 제작해, 꽤나 깊이가 있는 작품이다.

남코 뮤지엄 : VOL.4

남코　버라이어티　1996년 11월 8일　5,800엔

플레이어 1~2인　｜　메모리카드 1블록　｜　특제 컨트롤러 SLPH00001(남코)지원　｜　아날로그 조이스틱 SCPH0111(SCEI) 지원

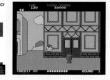

「팩 랜드」·「원평토마전」·「어설트」·「오다인」·「이시타의 부활」을 수록했다. 「이시타의 부활」의 어나더 모드와 「어설트 플러스」는 숨겨진 요소로 들어갔다.

와이프아웃 XL

소니컴퓨터엔터테인먼트　레이싱　1996년 11월 8일　5,800엔

플레이어 1인　｜　메모리카드 1블록　｜　특제 컨트롤러 SLPH00001(남코)지원　｜　대전 케이블 지원

반중력 레이싱 게임 「와이프아웃」 시리즈의 2번째 작품. 에너지 게이지가 있는 대미지제로 바뀌었다. 다프트 펑크 등의 유명 뮤지션들이 음악을 담당했다.

괴수전기

프로듀스　시뮬레이션　1996년 11월 15일　5,800엔

플레이어 1~2인　｜　메모리카드 1블록

9×9칸짜리 필드에 몬스터형 말을 배치하는 체스 느낌의 게임. 필드에는 캡슐이 놓여 있으며, 이를 이용하면 전략의 폭이 넓어지는 등 제법 깊이가 있는 게임이다.

권성(拳聖) : 킹 오브 복싱

빅터 인터랙티브 소프트웨어　스포츠　1996년 11월 15일　5,800엔

플레이어 1~2인　｜　메모리카드 1블록

에디트 기능으로 직접 만든 복서를 육성하면서 세계 랭킹에 도전하는 권투 게임. CPU 복서는 총 55명이 등장하며, 그중에는 여성 복서도 존재한다.

타임 코만도

버진 인터랙티브　액션　1996년 11월 15일　5,800엔

플레이어 1인

가상세계의 바이러스 제거를 위해 원시시대·중세·미래 등 8가지 시대를 넘나들며 모험하는 액션 게임. 시대별로 각기 다른 무기들을 다양하게 구사하며 진행한다.

Twisted Metal

소니컴퓨터엔터테인먼트　액션　1996년 11월 15일　5,800엔

플레이어 1~2인

완전무장한 차량에 탑승해, 도시를 폭주하며 적 차량들을 파괴해가는 슈팅 액션 게임. 스테이지 곳곳에 흩어져있는 무기를 잘 이용해 적 차량을 부숴버리자.

봄바람 전대 V포스

빙　시뮬레이션　1996년 11월 15일　5,800엔

플레이어 1인　｜　메모리카드 1블록

미소녀 파일럿 후보생들이 모인 부대 '블루 마린즈'가 우주에서 온 침략자에 맞서는 전략 시뮬레이션 게임. 스토리 및 전투에, 총 60분에 달하는 애니메이션을 삽입했다.

뿌요뿌요 투[通] 결정반

컴파일　퍼즐　1996년 11월 15일　4,800엔

플레이어 1~2인　｜　메모리카드 1블록

아케이드용 낙하계 퍼즐 게임 「뿌요뿌요 투」의 이식작. '투 모드'를 추가한 세가새턴에 가까운 구성이며, PS판은 이에 더해 '트레이닝 뿌요뿌요'도 추가했다.

벨트로거 9

겐키　3D 슈팅　1996년 11월 15일　6,300엔

플레이어 1인　｜　메모리카드 1블록

로봇이 주인공인 던전 탐색형 3D 슈팅 게임. 플레이스테이션의 기능을 남김없이 짜낸 리얼한 그래픽부터 조작성과 전략성에 스토리까지 훌륭한, 숨겨진 명작이다.

이터널 멜로디

미디어웍스　시뮬레이션　1996년 11월 22일　5,800엔
플레이어 1인　메모리카드 1블록

이세계를 무대로 삼은 육성 시뮬레이션 게임. 육성으로 동료의 능력치를 올리고 말판놀이 배틀로 라이벌을 이겨내어, 원래 세계로 돌아가는 아이템을 입수해야 한다.

굿슨 파라다이스

아이렘　액션　1996년 11월 22일　5,800엔
플레이어 1인　메모리카드 1블록

「굿슨 오요요」의 파생작으로서, 굿슨을 직접 조작하는 액션 게임. 적은 종종 나타나는 '폭발 군'의 폭염으로 물리칠 수 있다. 모든 적을 물리치면 스테이지 클리어다.

코브라 더 슈팅

타카라　3D 슈팅　1996년 11월 22일　5,800엔
플레이어 1인　메모리카드 1블록

주간 '소년 점프'에 연재됐던 만화 '우주해적 코브라'를 3D 슈팅 게임화했다. 사이코 건은 탄도를 휘어 쏠 수도 있다. 숙명의 적 '크리스탈 보위'도 등장한다.

J리그 실황 위닝 일레븐 97

코나미　스포츠　1996년 11월 22일　5,800엔
플레이어 1~2인　메모리카드 1블록

J리그 1996년 시즌 초반 16개 팀의 실명 선수 데이터를 수록했다. 시합 도중엔 존 카비라의 실황중계와 마츠키 야스타로의 해설이 경기 분위기를 돋워준다.

주프
 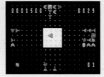

미디어퀘스트　퍼즐　1996년 11월 22일　4,800엔
플레이어 1인

상하좌우에서 밀려오는 블록을 화면 중앙의 플레이어 캐릭터로 쏘자. 블록이 플레이어와 같은 색이면 파괴되며, 다른 색이면 플레이어가 그 블록의 색깔로 바뀐다.

타클라마칸 : 돈황전기

파트라　퍼즐　1996년 11월 22일　6,800엔
플레이어 1인　메모리카드 1블록

대만에서 높은 평가를 받았던 어드벤처 퍼즐 게임. 3D로 묘사된 유적 안에 있는 14종류의 퍼즐에 도전해보자. 그래픽과 동영상은 실제로 돈황 유적에서 촬영한 것이다.

동방 진유기 : 하플링 하츠!!

나그자트　어드벤처　1996년 11월 22일　6,800엔
플레이어 1인　메모리카드 1블록

서유기 기반으로 스토리를 짠 슬랩스틱 대모험 어드벤처 게임. 노벨 파트 외에 미니게임과 배틀 신 등이 있다. 애니메이션 신은 호화 성우 11명이 참여한 풀보이스다.

피스트

이매지니어　3D 대전격투　1996년 11월 22일　6,800엔
플레이어 1~2인　메모리카드 1블록

「제복전설 프리티 파이터」 시리즈에서 이어지는, 폴리곤으로 만들어진 캐릭터들이 싸우는 3D 대전격투 게임. 히카미 쿄코 등의 인기 성우들이 캐릭터 보이스를 맡았다.

보이스 파라다이스 엑셀라

애스크 코단샤　어드벤처　1996년 11월 22일　6,800엔
플레이어 1인　메모리카드 1블록　마우스 지원

히사카와 아야, 토미자와 미치에 등 여성 성우 5명이 주연인 어드벤처 게임. 표적을 추적해 보이스를 모으면 성우의 작업영상 등을 얻는다. 각본·연출은 치바 시게루가 맡았다.

에어 그레이브

산토스　슈팅　1996년 11월 29일　5,800엔
플레이어 1인　메모리카드 1블록

대공·대지공격이 구분돼 있는 종스크롤 슈팅 게임. '에이밍 파이어'라는 서치 공격과, 게이지가 소모되는 '오버드라이브'를 잘 구사하며 싸워야 한다.

주변기기 지원 아이콘　플레이어 1~2인　메모리카드 1~2블록　멀티탭지원 1~4인　마우스 지원　대전케이블 2대　아날로그 조이스틱 SCPH0111(SCEI)　아날로그 컨트롤러 지원　PocketStation 지원　메모리카드 1~2블록　휴대전화 접속 케이블 지원 (도코모 모드 휴대전화 지원)　특제 컨트롤러 SLPH00001(남코)지원

NBA 파워 덩커즈 2
코나미　스포츠　1996년 11월 29일　5,800엔

본고장 NBA의 슈퍼 플레이를 만끽하는 게임. 300명 이상의 NBA 선수들이 실명으로 등장하며, 얼굴·체형을 리얼하게 묘사했다. 박력 있는 덩크슛을 꽂아 시합을 이겨보자.

소년탐정 김전일 : 히호우도, 새로운 참극
코단샤　어드벤처　1996년 11월 29일　5,800엔

같은 제목의 만화가 소재인 게임. 소년 김전일이 되어 히호우도 섬에서 재발한 연쇄살인사건의 진범 '산둥의 사자'의 정체를 밝히자. 사건 장면이 애니메이션으로 나오기도 한다.

황룡 삼국연의
엑싱　시뮬레이션　1996년 11월 29일　5,800엔

PC로 발매된 원작 「용왕삼국지」에 신규 요소를 추가한 이식작. 게임이 모두 실시간으로 진행되며, 폴리곤 입체 맵으로 만든 '중국 전토도' 등의 신 기능이 추가되었다.

시뮬레이션 주
소프트뱅크　시뮬레이션　1996년 11월 29일　5,800엔

경영이 악화된 동물원의 원장이 되어 150종류의 동물들을 사육하는, 경영과 육성을 일체화시킨 시뮬레이션 게임. 동물의 상세한 생태가 게재된 동물도감도 탑재했다.

슈퍼 풋볼 챔프
타이토　스포츠　1996년 11월 29일　5,800엔

아케이드 게임의 이식작. 풀 폴리곤으로 선수와 스타디움을 리얼하게 재현했으며, 간단 조작으로 콤비네이션 플레이가 가능하다. 현장감 넘군의 실황도 분위기를 달궈준다.

타임보칸 시리즈 보칸과 일발! 도론보
반프레스토　슈팅　1996년 11월 29일　5,800엔

애니메이션 '얏타맨'(국내는 '이겨라 승리호')의 '도론보'로 역대 악당 로봇을 조작해 다른 시리즈의 정의의 로봇들과 싸우는 종스크롤 슈팅 게임. 오리지널 메카닉도 나온다.

탐정 진구지 사부로 : 미완의 르포
데이터 이스트　어드벤처　1996년 11월 29일　5,800엔

패미컴판 최초작 이후 6년 만에 재개된 「탐정 진구지 사부로」 시리즈 신작. 4명의 시점으로 진행하는 재핑 시스템을 채용해, 항공소포 하나로 시작되는 사건에 도전한다.

TFX
이매지니어　시뮬레이션　1996년 11월 29일　7,800엔

영국 공군이 감수했다는 PC용 본격 플라이트 시뮬레이터를 이식했다. 탑재할 병기는 총 21종류 중에서 선택해야 한다. 전용 아날로그 조이스틱 '이매지건'도 지원한다.

데저티드 아일랜드
KSS　어드벤처　1996년 11월 29일　5,800엔

지도상에 존재치 않는 무인도에 상륙한 조사대가, 미지의 생물과 조우하며 섬 곳곳을 탐색한다. 조사대원은 영·미·독·일 4개국에서 고르며, 각각 다른 대사가 준비돼 있다.

판처 제너럴
엑싱　시뮬레이션　1996년 11월 29일　5,800엔

PC로 발매되었던 워 시뮬레이션 게임의 이식작. 제2차 세계대전 당시의 유럽 전선을 충실한 설정으로 재현했으며, 플레이어는 독일군 입장에서 여러 시나리오를 즐긴다.

V테니스 2

톤킨 하우스　스포츠　1996년 11월 29일　5,800엔

플레이어 1~2인　메모리카드 2블록　멀티탭지원 1~4인

더욱 업그레이드된 시리즈 제 2탄. 얼굴;유니폼이 각기 다른 150명의 선수가 등장하며, 캐릭터 모션에 테니스 게임으로는 최초로 모션 캡처를 채용했다.

마작대회 II Special

코에이　마작　1996년 11월 29일　6,800엔

플레이어 1인　메모리카드 1블록

나폴레옹과 토요토미 히데요시 등, 역사상의 유명인들과 대국할 수 있는 4인 대국 마작 게임. 얼굴 그래픽을 풀 폴리곤화해, 희로애락의 표정 변화도 리얼하게 표현했다.

바람의 검심 : 메이지 검객 낭만담 - 유신격투 편

소니컴퓨터엔터테인먼트　3D 대전격투　1996년 11월 29일　5,800엔

플레이어 1~2인　메모리카드 1블록

3D 폴리곤화된 캐릭터들이 싸우는 대전격투 게임. 도처에 삽입된 애니메이션 동영상과 캐릭터 보이스 덕에, 원작의 분위기를 한껏 만끽할 수 있다.

레이지 레이서

남코　레이싱　1996년 12월 3일　5,800엔

플레이어 1인　메모리카드 1블록　특제 컨트롤러 SLPH00001(남코)지원

이미지 캐릭터 '나가세 레이코'가 등장하는 오프닝 무비가 인상적인 타이틀. BGM 작곡자들이 바뀌었음에도 음악이 큰 호평을 받았다. 머신의 튜닝도 가능해졌다.

엑스트라 브라이트

야스키　3D 슈팅　1996년 12월 6일　5,800엔

플레이어 1인　메모리카드 2블록

좌우 이동만 가능한 제트코스터 형태의 스테이지를 달리는 3D 슈팅 게임. 스테이지 사이사이에 애니메이션 장면을 삽입했으며, 루트 분기로 전개가 바뀌기도 한다.

오라클의 보석

선 소프트　퍼즐　1996년 12월 6일　5,980엔

플레이어 1인　메모리카드 1블록　마우스 지원

유적 내에 있는 다양한 퍼즐을 발굴해 풀어내면 보석 파편을 얻게 된다. 총 24개의 파편을 제단에 바쳐, 전설의 도시 '나이서스'로 가는 길을 여는 것이 목적이다.

가볼 스크린

안티노스 레코드　기타　1996년 12월 6일　3,200엔

플레이어 1인　메모리카드 1블록

J-POP의 거장, 코무로 테츠야가 토탈 프로듀스를 맡은 음악 소프트. 신비한 공간 내에 숨겨진 '소리' 조각을 모으면 총 8곡의 비디오 클립을 볼 수 있다.

키드 클라운의 크레이지 체이스 2 : LOVELOVE 허니 쟁탈전

켐코　액션　1996년 12월 6일　5,800엔

플레이어 1~2인

대각선으로 스크롤되는 코믹한 액션 게임. 장애물과 함정이 가득한 코스를 돌파하며 제한시간 내에 골인하여, 행성 일주 랠리를 제패해야 한다.

크래시 밴디쿳

소니컴퓨터엔터테인먼트　액션　1996년 12월 6일　4,800엔

플레이어 1인　메모리카드 1블록

개조생물 '크래시'가 주인공인 3D 액션 게임. 상자 파괴나 다이아 수집 등의 파고들기 요소, 크래시의 코믹한 액션으로 많은 인기를 얻어 시리즈화에 성공했다.

사토미의 수수께끼

산테크 재팬　RPG　1996년 12월 6일　5,800엔

플레이어 1인　메모리카드 3블록

사라진 어머니를 찾으러 애견과 여행하는 주인공 '유메와카'. 필드 맵을 세로로만 연결해 위쪽으로만 전진하며 진행한다는, RPG로는 전대미문의 시스템이 화제가 되었다.

주변기기 지원 아이콘　플레이어 1~2인　메모리카드 1~2블록　멀티탭지원 1~4인　마우스 지원　대전케이블 2대　아날로그 조이스틱 SCPH0111(SCEI)지원　아날로그 컨트롤러 지원　PocketStation 지원　메모리카드 1~2블록　휴대전화접속 케이블 지원(도코모i모드 휴대전화 지원)　특제 컨트롤러 SLPH00001(남코)지원

슈퍼 퍼즐 파이터 II X

캡콤 퍼즐 1996년 12월 6일 5,800엔
플레이어 1~2인 메모리 카드 1블록

캡콤 격투 게임의 인기 캐릭터들이 낙하계 퍼즐로 대전한다. '젬'이라 불리는 보석 블록을 잘 쌓아올린 후, 크래시 젬으로 기폭시켜 한방에 없애버려야 한다.

스테익스 위너 : GI 완전제패로 가는 길

자우루스 액션 1996년 12월 6일 5,800엔
플레이어 1~2인 메모리 카드 1블록

네오지오판이 원작인 아케이드 경마 레이스 게임에 경주마 교배·생산 모드를 추가했다. 직접 말을 육성해 GI 레이스를 제패해보자. 육성한 말로 데이터 교환·대전도 가능하다.

DEPTH

소니컴퓨터엔터테인먼트 기타 1996년 12월 6일 4,800엔
플레이어 1인 메모리 카드 1블록

화면 내의 돌고래를 통해 '소리'를 입수하여, 이를 조합해 음악을 만들고 변화시켜 가며 영상을 즐기는 소프트. 돌고래를 조작하면 소리가 들리는 방식도 변화한다.

DX 억만장자 게임

타카라 파티 1996년 12월 6일 5,800엔
플레이어 1~4인 메모리 카드 1블록 멀티탭지원 1~4인

보드 게임 '억만장자 게임'의 비디오 게임판. 룰렛을 돌려 맵을 순회하며 토지·주식 구입으로 자산을 불려 억만장자를 노려보자. 스파이를 잘 활용하는 것이 키포인트다.

ToPoLo

아트딩크 개발 툴 1996년 12월 6일 5,800엔
플레이어 1~2인 메모리 카드 7블록

저마다 모션이 다른 6종류의 '살아있는 블록'을 조합해 '형태'를 만들어, '필드'라는 테마 공간을 돌아다니며 즐기는 디지털 토이. 창조력을 발휘하면 무한한 놀이법이 펼쳐진다.

핏볼

코코너츠 재팬 엔터테인먼트 스포츠 1996년 12월 6일 6,800엔
플레이어 1~2인 메모리 카드 2블록 멀티탭지원 1~4인

근미래 스포츠 배틀 게임. 2 : 2 팀전으로 상대의 골문에 볼을 집어넣어야 한다. 반칙이 없어 직접공격도 자유다. 라이벌을 밀어내고 은하의 챔피언에 등극해보자.

파랏파 더 래퍼

소니컴퓨터엔터테인먼트 리듬 액션 1996년 12월 6일 4,800엔
플레이어 1인 메모리 카드 1~15블록

귀여운 소녀 '서니'의 시선을 사로잡기 위해, 강아지 소년 '파랏파'가 랩으로 배틀한다! 선생님의 예시에 맞춰 정확한 타이밍으로 지정된 버튼을 눌러 멋지게 랩을 이어가면 스테이지 클리어. 지시가 없는 포인트라도 리듬을 타고 COOL하게 애드립을 넣어보자. 이제는 인기 게임 장르 중 하나로 확립된 '음악 게임'의 원조격인 작품이기도 하다.

퍼스트 퀸 IV : 바르시아 전기

쿠레 소프트웨어 공방 RPG 1996년 12월 6일 5,800엔
플레이어 1~2인 메모리 카드 4블록

PC로 발매되었던 명작 시뮬레이션 RPG의 이식판. '복작캐릭 시스템'이라 명명한, 화면을 가득 메울 정도의 미니 캐릭터들이 복작복작 뒤섞이는 대군전 묘사가 최대 특징이다.

블루 포레스트 이야기 : 바람의 봉인

라이트 스터프 RPG 1996년 12월 6일 5,800엔
플레이어 1인 메모리 카드 1블록

같은 제목의 테이블 토크 RPG가 원작인 작품. 주인공은 남녀 2명 중에서 선택하며, 스토리를 각자의 시점으로 즐기게 된다. 당시의 RPG로는 드물게도 멀티 엔딩이었다.

란마 1/2 : 배틀 르네상스

쇼가쿠칸 프로덕션　3D 대전격투　1996년 12월 6일　6,800엔

 플레이어 1~2인　메모리카드 1블록

만화 '란마 1/2'을 대전격투 게임화했다. 3D 대전격투 게임으로는 최초로 변신 시스템을 탑재하여, 원작 캐릭터의 특징을 살린 배틀을 즐길 수 있다.

가이아 시드

테크노 솔레유　슈팅　1996년 12월 13일　5,800엔

 플레이어 1인　메모리카드 1블록

연출에 역점을 기울인 횡스크롤 슈팅 게임. 자동 회복되는 실드 시스템이 있어 초보자라도 진행하기 쉽다. 플레이 내용에 따라 엔딩이 3종류로 변화한다.

구쵸 DE 파크 : 테마파크 이야기

일렉트로닉 아츠 빅터　시뮬레이션　1996년 12월 13일　5,800엔

플레이어 1~4인　메모리카드 1블록　멀티탭지원 1~4인

테마파크에 설치된 4곳의 '랜드'를 각 플레이어가 저마다 발전시켜 입장객 수를 겨룬다. 「모모타로 전철」의 사쿠마 아키라가 디자인한 작품이라, 보드 게임적 요소가 있다.

클락 타워 2

휴먼　어드벤처　1996년 12월 13일　5,800엔

플레이어 1인　메모리카드 2~14블록　마우스 지원

전작의 참극 후 1년이 지나, '시저맨'의 의문을 풀기 위해 바로우즈 성에 들어선다. '헬렌 편'·'제니퍼 편'이란 두 가지 시점으로 사건을 묘사한 탈출 호러 게임.

스피드 킹

코나미　레이싱　1996년 12월 13일　5,800엔

플레이어 1인　메모리카드 1블록　특제 컨트롤러 SLPH00001(남코)지원

고층빌딩들이 빽빽이 늘어선 근미래 네오 고베 시티의 고속도로를 호버 비클로 주파하라! 다채로운 머신을 운전하며 초급부터 상급까지 4종의 코스를 만끽할 수 있다.

제이람존

반프레스토　3D 대전격투　1996년 12월 13일　5,800엔

플레이어 1인

아메미야 케이타 감독의 영화작품 '제이람'을 기반으로 오리지널 스토리를 전개하는 3D 액션 게임. 주인공 '이리아' 역은 애니메이션판과 같은 히사카와 아야가 연기했다.

다이 하드 트릴로지

일렉트로닉 아츠 빅터　건 슈팅　1996년 12월 13일　5,800엔

플레이어 1인　메모리카드 1블록　마우스 지원　특제 컨트롤러 SLPH0014(코나미)지원　특제 컨트롤러 SLPH00001(남코)지원

영화 '다이 하드' 시리즈 3부작을, 각각 다른 장르의 게임 3개 형태로 합본해 수록한 작품. 1편은 3D 액션, 2편은 건 슈팅, 3편은 드라이브 게임으로 영화를 재현했다.

트루 러브 스토리

아스키　시뮬레이션　1996년 12월 13일　5,800엔

플레이어 1인　메모리카드 2블록

플레이어는 전학 직전의 고교생이 되어, 하교시 대화를 중심으로 소녀의 호감도를 올려 고백을 받는 것이 목적이다. 게임 시작시 선택한 계절에 따라, 캐릭터와 내용이 바뀐다.

하드볼 5

SPS　스포츠　1996년 12월 13일　5,800엔

플레이어 1~2인　메모리카드 2~15블록

메이저리그가 소재인 야구 게임으로서, 실제 선수로 플레이할 수도 있고, 감독으로서 팀을 지휘하는 모드도 있다. 실존 선수의 움직임을 스캔했기에 모션이 매우 리얼하다.

포뮬러 원

소니컴퓨터엔터테인먼트　레이싱　1996년 12월 13일　5,800엔

플레이어 1인　메모리카드 1블록　특제 컨트롤러 SLPH00001(남코)지원　대전케이블 지원

F1의 라이선스 계약을 받아, 세계 각지에서 개최된 F1 경기 데이터를 수록한 3D 레이싱 게임 시리즈의 첫 번째 작품. 1995년도 전적을 바탕으로 하여 데이터를 설정했다.

주변기기 지원 아이콘　플레이어 1~2인　메모리카드 1~2블록　멀티탭지원 1~4인　마우스 지원　대전케이블 2대　아날로그 조이스틱 SCPH0111(SCEI)지원　아날로그 컨트롤러 지원　PocketStation 지원　메모리카드 1~2블록　휴대전화 접속 케이블 지원(도코모 i모드 휴대전화지원)　특제 컨트롤러 SLPH00001(남코)지원

프라이멀 레이지
타임 워너 인터랙티브　대전격투　1996년 12월 13일　5,800엔

플레이어 1~2인

미국에서 대히트했던 대전격투 게임. 점토로 조형한 모형을 디지털 스캔해 디자인한 괴수들이 1 : 1로 싸운다. 배경에 존재하는 인간을 먹어치우면 체력이 회복된다.

헤븐즈 게이트
아틀라스　3D 대전격투　1996년 12월 13일　5,800엔

플레이어 1~2인　메모리카드 1블록

벽과 천정 개념이 있는 3D 대전격투 게임. 공격할수록 차오르는 '솔 게이지'를 해방시키면, 일정 시간 동안 캐릭터 성능이 강화되며 전용 기술도 구사할 수 있게 된다.

페블 비치의 파도 PLUS
소프트뱅크　스포츠　1996년 12월 13일　5,800엔

플레이어 1~4인　메모리카드 1블록

당시의 어느 게임기로든 꼭 나왔던 정통 3D 골프 시뮬레이션 시리즈 작품 중 하나. 미국 페블 비치 골프 링크스의 코스를 수록했다. 코스 가이드와 TV 시점 모드를 추가했다.

록맨 8 : 메탈 히어로즈
캡콤　액션　1996년 12월 17일　5,800엔

플레이어 1인　메모리카드 1블록

「록맨」 시리즈의 8번째 작품. 캐릭터에 보이스를 채택했고, 오프닝 무비는 물론 게임 도중에도 애니메이션이 삽입되어, 박력 넘치는 스토리 전개를 즐길 수 있다.

앨리스 인 사이버랜드
글램스　어드벤처　1996년 12월 20일　5,800엔

플레이어 1인　메모리카드 1블록

가상공간으로 다이브한 세 소녀들의 활약을 그려낸 어드벤처 게임. 호화 성우진의 풀보이스, 고품질 애니메이션과 풀 3D화된 전투 신이 스토리의 분위기를 살려준다.

웰컴 하우스 2
거스트　어드벤처　1996년 12월 20일　5,800엔

플레이어 1인　메모리카드 1블록

「웰컴 하우스」(57p)의 속편. 게임의 목적은 전작과 마찬가지로, 숙부가 장치해놓은 함정이 가득한 저택에서 탈출하는 것이다. 함정도 전작보다 업그레이드되었다.

울트라맨 제어스
토호쿠신샤　파티　1996년 12월 20일　5,800엔

플레이어 1~5인　메모리카드 1블록　멀티탭지원 1~5인

최대 5명까지 참가 가능한 말판놀이 스타일의 게임. 벤젠 성인과의 전투로 부상을 입은 주인공 '아사히 카츠토' 대신, 울트라맨 제어스로 변신해 괴수군단과 맞서야 한다.

영세명인 II
코나미　쇼기　1996년 12월 20일　5,300엔

플레이어 1~2인　메모리카드 3블록　마우스지원

코나미가 꾸준히 내놓은 고참 컴퓨터 쇼기 게임 시리즈 작품 중 하나. 전작 「영세명인」이 제 1회 컴퓨터 쇼기 선수권에서 우승한 것만으로도 AI의 실력을 알 수 있다.

m [emu] : 그대를 전하며
넥서스 인터랙트　시뮬레이션　1996년 12월 20일　5,800엔

플레이어 1인　메모리카드 1블록

크리스마스까지의 수개월간 소녀와 교환일기를 하는 연애 시뮬레이션 게임. 히로인들 중 1명과 교환일기를 하며, 답신 내용에 따라 전개가 달라진다. 주인공의 육성 요소도 있다.

가레오스
아틀라스　3D 슈팅　1996년 12월 20일　5,800엔

플레이어 1인

최종기동병기인 호버 탱크 '가레오스'를 조종하여, 습격해오는 외계인들을 격파하자. 조종석 시점으로 진행하므로 속도감 넘치는 전투를 만끽할 수 있는 작품.

HARDWARE | 1994 | 1995 | 1996 | 1997 | 1998 | 1999 | 2000 | 2001 | 2002 | 2003 | 2004 | INDEX

빙글빙글 패닉

쿨 키즈 퍼즐 1996년 12월 20일 2,800엔

플레이어 1~2인 / 메모리카드 1블록

원반 모양의 필드 바깥에서 중심을 향해 떨어지는 물방울을, 같은 색끼리 셋 이상 붙여 없애나가는 퍼즐 게임. 필살기와 연쇄 등으로 일발역전도 가능하니, 방심하면 안 된다.

심시티 2000

아트딩크 시뮬레이션 1996년 12월 20일 5,800엔

플레이어 1인 / 메모리카드 2~8블록 / 마우스 지원

도시개발 시뮬레이션 게임 시리즈의 2번째 작품을 이식했다. 플레이스테이션판은 자신이 만든 도시를 3D화해 직접 차로 돌아다닐 수 있는 '드라이빙 모드'도 추가했다.

신 SD전국전 : 기동무사 대전

반다이 시뮬레이션 1996년 12월 20일 5,800엔

플레이어 1인 / 메모리카드 1블록

수수께끼의 무인 집단을 상대로, 천궁국을 구하러 건담 군단이 싸움을 펼치는 대하 시뮬레이션 RPG. 초회한정판은 BB전사 '무사 갓마루' 풀컬러 도금 버전을 동봉했다.

3D 슈팅 만들기

아스키 개발 툴 1996년 12월 20일 5,800엔

플레이어 1인 / 메모리카드 8블록

게임 개발 툴로 유명한 「~만들기」 시리즈에, 플레이스테이션의 기능을 최대한 발휘할 수 있는 3D 슈팅판이 등장했다. 세계에 단 하나뿐인 3D 슈팅 게임을 만들어보자.

소울 엣지

남코 3D 대전격투 1996년 12월 20일 5,800엔

플레이어 1~2인 / 메모리카드 1블록 / 특제 컨트롤러 SLPH00001(남코)지원 / 특제 컨트롤러 SLPH00023(남코)지원

검·도끼 등의 무기로 베고 찌르며 겨루는 3D 대전격투 게임. PS판은 무기를 수집하며 세계를 전전하는 '엣지 마스터 모드'와 '팀 배틀' 등의 추가요소도 가득하다.

실황 수다쟁이 파로디우스 : forever with me

코나미 슈팅 1996년 12월 20일 4,800엔

플레이어 1~2인 / 메모리카드 1블록

당시 코나미의 전매 특허였던 실황 시스템이, 개그 슈팅 게임 「파로디우스」와 합체했다! 원작인 슈퍼 패미컴을 기반으로 추가 요소와 업그레이드를 가미한 이식작.

수도고 배틀 외전 : 슈퍼 테크닉 챌린지 - 드리프트 킹으로 가는 길

미디어퀘스트 시뮬레이션 1996년 12월 20일 5,800엔

플레이어 1인 / 메모리카드 3블록

드리프트에 초점을 맞춰, 타임 외에도 드리프트의 기술점도 계측하는 레이싱 게임. 배틀로 상금을 벌어 차량을 튜닝해, 드리프트 대회에서 우승을 노리자.

신일본 프로레슬링 : 투혼열전 2

토미 스포츠 1996년 12월 20일 5,800엔

플레이어 1~4인 / 메모리카드 1~15블록 / 멀티탭지원 1~4인

안토니오 이노키·후지나미 타츠미·쵸슈 리키 등의 인기 선수들이 등장하는 프로레슬링 게임. 선수가 상대에 필살기를 먹이면 화면 아래에 기술명이 나오는 것이 멋지다.

젝시드 : LEGEND OF PLASMATLITE

반다이 3D 대전격투 1996년 12월 20일 19,800엔

플레이어 1~2인

3D 대전 게임이며, 본체에 동봉된 프라 모델을 조립하고 기기에 연결한 후 파츠를 탈착하기만 하면 게임 내에서도 커스터마이즈에 반영된다는 이색적인 시스템을 채용했다.

다라이어스 외전

벡 슈팅 1996년 12월 20일 5,800엔

플레이어 1~2인

블랙홀 봄버 등의 신규 요소가 추가된, 「다라이어스」 시리즈 3번째 작품. 플레이스테이션판은 오프닝 및 일부 엔딩이 CG 동영상화되었다.

주변기기 지원 아이콘 / 플레이어 1~2인 / 메모리카드 1~2블록 / 멀티탭지원 1~4인 / 마우스 지원 / 대전케이블 2대 / 아날로그 조이스틱 SCPH0111(SCEI)지원 / 아날로그 컨트롤러 지원 / PocketStation 지원 / 메모리카드 1~2블록 / 휴대전화 접속 케이블 지원(도코모 모드 휴대전화 지원) / 특제 컨트롤러 SLPH00001(남코)지원

DX 일본특급여행 게임

타카라   파티   1996년 12월 20일   5,800엔

플레이어 1~5인 | 메모리 카드 2~5블록 | 멀티탭 지원 1~5인

보드 게임 '일본특급여행 게임'이 PS로 등장했다. 여비를 만들러 아르바이트를 뛰거나 복의 신에게 돈을 빌리는 등, 재미가 가득한 보드 게임. 특급열차를 타고 일본을 종단하자.

낫 트레저 헌터

액티아트   어드벤처   1996년 12월 20일   5,800엔

플레이어 1인 | 메모리 카드 1블록

보물이 아니라 고대문명의 수수께끼를 쫓는 'NOT TREASURE HUNTER'가 주인공인 어드벤처 게임. 멀티 엔딩이며, 영국 신사답게 행동하면 바람직한 엔딩으로 연결된다.

마법소녀 프리티 사미 : Part 1 – In the Earth

파이오니아 LDC   어드벤처   1996년 12월 20일   6,800엔

플레이어 1인 | 메모리 카드 4블록

같은 제목 OVA 시리즈의 완결편에 해당하는 어드벤처 게임. 원작의 스탭들이 제작을 맡은, 해당 작품 팬의 필수 아이템이다. PC-9801로 발매된 게임의 이식작이기도 하다.

라이트닝 레전드 : 다이고의 대모험

코나미   3D 대전격투   1996년 12월 20일   5,800엔

플레이어 1~2인 | 메모리 카드 1블록

쟈포네 왕국을 무대로, 개성적인 캐릭터들이 싸우는 3D 대전격투 게임. 스토리 모드를 비롯해, 다양한 조건을 만족시켜 기념품을 모으는 '컬렉션 모드'도 즐길 수 있다.

로직 마작 : 창룡

니폰이치 소프트웨어   마작   1996년 12월 20일   5,800엔

플레이어 1인 | 메모리 카드 1블록

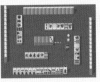

3인 대국과 4인 대국의 두 모드가 있으며, 대전 상대는 직접 사고 패턴을 설정 가능하다. 스토리 모드에서는 붉은도라·화폐·특수 역이 있는 상태로 대국한다.

와일드 암즈

소니컴퓨터엔터테인먼트   RPG   1996년 12월 20일   5,800엔

플레이어 1인 | 메모리 카드 1블록

SF와 서부극의 세계관을 융합시킨 정통파 필드형 RPG. '팔가이아'라는 세계를 무대로, 주인공 '로디'가 동료들과 함께 마족의 야망을 저지하러 여행을 떠난다.

요즘 시대의 뱀파이어 : BLOODY BRIDE

아틀라스   시뮬레이션   1996년 12월 27일   6,800엔

플레이어 1인 | 메모리 카드 1블록

아틀라스 작품으로는 드문 탐미계 연애 시뮬레이션+RPG. 뱀파이어인 주인공이 신붓감을 찾아 지상에 온다는 스토리로서, 전투 요소도 있다. 캐릭터 디자이너는 만화가 코가 윤이다.

큐파쿠

액티비전 재팬   액션   1996년 12월 27일   5,800엔

플레이어 1~2인 | 메모리 카드 1블록 | 멀티탭 지원 1~4인

시한폭탄을 붙인 플레이어끼리 싸우는, 미래의 인간폭탄 스포츠를 즐기는 액션 게임. 크리스탈을 아군 진영으로 가져와 제한시간을 늘려가며, 사망 횟수를 최대한 줄여야 한다.

그리드 러너

버진 인터랙티브   액션   1996년 12월 27일   5,800엔

플레이어 1~2인

미로처럼 꼬인 맵에서 깃발을 모으는 도트 먹기 계열의 3D 액션 게임. 아이템을 잘 활용하며 점점 어려워지는 함정과 적에 대처하면서, 모든 깃발을 모아야 한다.

GO II Professional 대국 바둑

마이니치 커뮤니케이션즈   바둑   1996년 12월 27일   6,800엔

플레이어 1~2인 | 메모리 카드 2블록 | 마우스 지원

9줄·13줄·19줄 바둑판 중에서 선택해 플레이하는 영국산 바둑 소프트. 12단계의 난이도가 있으며 핸디캡전도 지원한다. 바둑돌·바둑판·배경도 다양하게 준비해, 고를 수 있다.

신 슈퍼로봇대전

반프레스토　시뮬레이션 RPG　1996년 12월 27일　6,800엔

플레이어 1인　메모리카드 3블록

여러 애니메이션의 등장 로봇들이 모이는 전략 시뮬레이션 게임. 기존작과의 차이는 기력 대신 '전의'가 있는 점, 무기 개조시 맵 병기 추가 등이다. 또한 전투 애니메이션·컷인의 기체가 리얼 사이즈로서, 당시의 로봇대전 시리즈엔 드물었던 데다 퀄리티도 높아 호평을 받았다. 시나리오는 지상편·우주편이 있고, 양쪽을 클리어하면 진정한 최종결전에 돌입한다.

스타워즈 : 저항군의 반격 II

BPS　3D 슈팅　1996년 12월 27일　5,800엔

플레이어 1인　메모리카드 1블록　특제 컨트롤러 SLPH00014(코나미) 지원

반란군 연합의 일원이 되어 적과 싸우는 3D 슈팅 게임. 원작 영화로 친숙한 음악 및 기체들이 등장하며, 각 챕터 사이에는 동영상을 삽입하여 스토리에 몰입시킨다.

대항해시대 II

코에이　시뮬레이션　1996년 12월 27일　6,800엔

플레이어 1인　메모리카드 5블록

해양 모험 RPG. 6명의 주인공 중에서 선택하여, 교역상인·해적·보물찾기 등 저마다 다른 목적 하에 명성을 올리며 모험한다. 전작에 비해 항구와 선박 종류도 대폭 증가했다.

황혼의 오드 : ODE TO THE SUNSET ERA

톤킨 하우스　RPG　1996년 12월 27일　5,800엔

플레이어 1인　메모리카드 2블록

노래가 마력을 지니는 세계를 그린 심포닉 RPG, 최대 7글자의 주문을 입력하면 노래 마법이 생성되는 '룬 송 시스템'이 있는 등, 전반적으로 음악을 주축에 놓은 게임이다.

투신전 3

타카라　3D 대전격투　1996년 12월 27일　5,800엔

플레이어 1~2인　메모리카드 1블록

플레이스테이션 오리지널 3D 대전격투 게임 제 3탄. 필드 주변을 벽으로 둘러쳐, 링아웃이 없어지고 벽을 이용한 콤보가 가능해졌다. 플레이어블 캐릭터는 역대 최다인 32명.

버추얼 갤롭 : 기수도

선 소프트　액션　1996년 12월 27일　6,300엔

플레이어 1인　메모리카드 1블록

기수 입장에서 경마를 즐기는 육성 시뮬레이션 게임. 경주마를 3세부터 3세 말까지 키워, 함께 레이스에 도전한다. 말의 실력뿐만 아니라, 기수도 기량이 있어야 승리한다.

블랙 돈

버진 인터랙티브　3D 슈팅　1996년 12월 27일　5,800엔

플레이어 1인　메모리카드 1블록

특수부대원이 되어 무장 전투헬기를 조작하는 3D 슈팅 게임. 각 작전별로 목적이 달라, 공격·파괴뿐만 아니라 인질 구출을 명령받는 경우도 있다.

마이티 히트

알트론　건 슈팅　1996년 12월 27일　5,800엔

플레이어 1~2인　메모리카드 1블록　특제 컨트롤러 SLPH00014(코나미) 지원

표적 사격에 특화된 놀이기구와도 같은 분위기의 건 슈팅 게임. 같은 물체를 연속 적중시키거나, 복수의 물체를 단 한 발로 파괴하는 등, 각기 룰이 다른 여러 게임을 즐긴다.

BASTARD!! : 공허한 신들의 그릇

슈에이샤　RPG　1996년 12월 28일　6,800엔

플레이어 1인　메모리카드 2블록

하기와라 카즈시의 만화가 원작인 판타지 RPG. 스토리는 하기와라의 감수 하에 원작에서 묘사되지 않은 공백 부분을 그렸다. RPG로는 드물게도, 상점 개념이 없는 작품이다.

096

주변기기 지원 아이콘　플레이어 1~2인　메모리카드 1~2블록　멀티탭 지원 1~4인　마우스 지원　대전케이블 2대　아날로그 조이스틱 SCPH0111(SCEI) 지원　아날로그 컨트롤러 지원　PocketStation 지원　메모리카드 1~2블록　휴대전화 접속 케이블 지원 (도코모 모드 휴대전화 지원)　특제 컨트롤러 SLPH00001(남고) 지원

1997

PlayStation Game Software Catalogue

1997년에 발매된 타이틀 수는 총 467종. 스퀘어가 「파이널 판타지 Ⅶ」을 필두로 「사가 프론티어」・「파이널 판타지 택틱스」 등 화제작을 연발했다. 한편, SCE도 「그란 투리스모」부터 「I.Q : 인텔리전트 큐브」・「모두의 GOLF」 등 자체 제작한 히트 타이틀을 연달아 쏟아내어, 소프트 제작사로도 성숙했음을 보여준 한 해였다.

일발역전 : 갬블 킹 전설

POW　시뮬레이션　1997년 1월 10일　5,800엔

플레이어 1인　｜　메모리카드 3블록

일본 최고의 갬블러가 되는 게 목적인 게임. '경마'・'경정'・'경륜'・'파치슬로' 실력을 키우면서 아르바이트와 연애 성취에도 매진하여, 게임에서도 충실한 인생을 보내보자.

NHL 파워플레이 '96

버진 인터랙티브　스포츠　1997년 1월 10일　5,800엔

플레이어 1~2인　｜　메모리카드 1블록　｜　멀티탭 지원 1~6인

북미 아이스하키 리그 'NHL'을 게임으로 재현한 타이틀. 레귤러 시즌과 플레이오프 등 4가지 모드를 선택 가능해, 스탠리 컵과 각국 대표전까지도 폭넓게 즐길 수 있다.

게임의 달인 2

선 소프트　테이블　1997년 1월 10일　8,900엔

플레이어 1~2인　｜　메모리카드 4블록　｜　마우스 지원

테이블 게임을 실컷 즐겨보자! '쇼기'・'마작'・'바둑'・'체스'・'백개먼'・'플레이스'・'렌쥬' 등의 친숙한 고전 테이블 게임들을 플레이스테이션으로 즐길 수 있다.

샘프러스 익스트림 테니스

버진 인터랙티브　스포츠　1997년 1월 10일　5,800엔

플레이어 1~8인　｜　메모리카드 1블록　｜　멀티탭 지원 1~4인

테니스 역사에 남을 명선수, 피트 샘프러스가 공인한 테니스 게임. 3D화된 세계 8개국의 코트를 무대 삼아, 22명의 강호를 상대하여 단식・복식 등으로 대전해보자.

시티 브라보!

알트론　시뮬레이션　1997년 1월 10일　6,800엔

플레이어 1인　｜　메모리카드 15블록　｜　마우스 지원

자유로운 발상으로 자신만의 도시를 만드는 경영 시뮬레이션 게임. 맵 제작 툴에서 50종 이상의 건축물을 배치해 인구를 늘리자. 클리어 조건인 특수건축물은 여러 종류가 있다.

스트리트 레이서 엑스트라

UBISOFT　레이싱　1997년 1월 10일　5,800엔

플레이어 1~2인　｜　메모리카드 1블록　｜　멀티탭 지원 1~8인

레이스의 본고장, 프랑스에서 개발된 레이싱 게임. 속도감은 물론, 세계 최초로 8인 동시 플레이를 구현했다. 속도경쟁뿐만 아니라, 상대를 공격하는 배틀 게임의 흥분도 맛보자.

스팟 : 고즈 투 할리우드

버진 인터랙티브　액션　1997년 1월 10일　5,800엔

플레이어 1인　｜　메모리카드 3블록

탄산음료 '세븐업'의 마스코트 캐릭터 '스팟'이 활약하는 액션 게임. 총 25스테이지에 걸쳐 액션과 모험을 펼친다. 적재적소에 현장감 있는 동영상을 삽입했다.

출러덩! with 셰이프 UP 걸즈

J-WING　퍼즐　1997년 1월 10일　6,800엔

플레이어 1~2인　｜　메모리카드 1블록　｜　특제 컨트롤러 SLPH00015(남코) 지원

각 스테이지를 클리어하면 인기 여성 그라비아 모델 그룹 '셰이프 UP 걸즈'의 섹시한 수영복 영상 등을 감상할 수 있게 되는, 신개념 블록격파 게임이다.

리얼 바웃 아랑전설

SNK 대전격투 1997년 1월 10일 5,800엔

플레이어 1~2인 / 메모리카드 1블록

네오지오용 대전격투 게임의 이식작. 2라인 스테이지를 자유 이동하며 펼치는 공방전이 특징이다. 2D 격투 게임으론 드물게 링아웃 개념이 있으며, 연출도 공을 들였다.

환전퍼즐 모우쟈

버진 인터랙티브 퍼즐 1997년 1월 10일 5,800엔

플레이어 1~2인

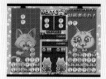

2개 한 조로 떨어지는 동전을 잘 환전해, 천 엔을 만들어 없애는 낙하계 퍼즐 게임. 5개 모아야 하는 동전과 2개만 모아도 되는 동전을 잘 판별해 연쇄시키는 게 중요하다.

루팡 3세 : 칼리오스트로의 성 – 재회

아스믹 어드벤처 1997년 1월 10일 6,800엔

플레이어 1인 / 메모리카드 1블록 / 마우스 지원

영화의 후일담으로서, 주인공은 루팡·후지코와 협력하여 '현자의 돌'을 노리는 죠도의 음모를 저지해야 한다. 본편의 설정자료집과 명장면 등의 데이터베이스를 수록했다.

레이스톰

타이토 슈팅 1997년 1월 10일 5,800엔

플레이어 1~2인 / 메모리카드 1블록

락온 레이저가 특징인 「레이포스」의 속편. 폴리곤 그래픽의 이점을 십분 활용한 연출이 백미로서, 플레이스테이션판에선 어레인지 모드인 '엑스트라 모드'도 추가했다.

레이싱그루비

사미 레이싱 1997년 1월 10일 5,800엔

플레이어 1인 / 메모리카드 4블록 / 대전케이블 지원

뜨거운 배틀을 컨셉으로 삼은 대전형 레이싱 게임. 그루브 사운드를 만끽하며 개성적인 코스를 주파하자. 게임 모드는 4종류이며, 거동이 차별된 차량 8종이 등장한다.

로드 러너 엑스트라

파트라 액션 1997년 1월 10일 4,800엔

플레이어 1~2인 / 메모리카드 1~6블록

「로드 러너 : 레전드 리턴즈」(57p)의 속편. 룰과 아이템 등의 기본 시스템은 전작과 동일하나, 고난이도로 더욱 트리키하게 다듬어낸 스테이지를 다수 수록했다.

F-1 GRAND PRIX 1996 : F1 팀 운영 시뮬레이션

코코너츠 재팬 엔터테인먼트 시뮬레이션 1997년 1월 17일 6,800엔

플레이어 1인 / 메모리카드 1~2블록

실존 인물·브랜드가 등장하는 F1 팀 운영 시뮬레이션 게임. 머신 설계·드라이버·개발·훈련 등 다양한 결정을 내려 팀을 우승시키자. 숨겨진 가솔린 등의 파고들기 요소도 있다.

공개되지 않은 수기

팀 버그하우스 어드벤처 1997년 1월 17일 5,800엔

플레이어 1인 / 메모리카드 2블록

프리랜서 오컬트 기자가 되어 실종된 고교생을 탐색하는 3D 어드벤처 게임. 독자적인 광원 시스템으로 만든 빛과 어둠이 자아낸 압도적인 현장감 속에서 드라마가 진행된다.

시비저드 : 마술의 계보

아스믹 시뮬레이션 1997년 1월 17일 5,800엔

플레이어 1인 / 메모리카드 7블록

마술사 일족의 우두머리가 되어, 도시를 발전시켜 두 세계의 통일을 노리는 시뮬레이션 게임. 라이벌 일족과 전투·외교하며, 적을 멸족시키거나 궁극의 마법을 완성하자.

상하이 : 그레이트 모먼츠

선 소프트 퍼즐 1997년 1월 17일 6,500엔

플레이어 1~2인 / 메모리카드 2~6블록 / 마우스 지원

마작패를 조금씩 빼 내 나가는 퍼즐 게임. '클래식 상하이'를 비롯해 '만리장성', '액션 상하이', '베이징' 등의 모드를 즐길 수 있다. 패를 뺄 때 표시되는 효과가 다채롭다.

주변기기 지원 아이콘 | 플레이어 1~2인 | 메모리카드 1~2블록 | 멀티탭지원 1~4인 | 마우스 지원 | 대전케이블 지원 2대 | 아날로그 조이스틱 SCPH0111(SCEI)지원 | 아날로그 컨트롤러 지원 | PocketStation 지원 | 메모리카드 1~2블록 | 휴대전화 접속 게이블 지원(도코모 [모드 휴대전화 지원]) | 특제 컨트롤러 SLPH00001(남코)지원

동급생 마작

유미디어 마작 1997년 1월 17일 6,800엔

플레이어 1인 | 메모리카드 1블록

엘프 사의 연애 게임 「동급생」의 캐릭터들과 4인 대국 마작을 즐긴다. 스토리는 히로인별로 나뉘며, 새로 제작한 스토리와 원작의 후일담 등을 준비했다.

트리플 플레이 베이스볼

일렉트로닉 아츠 빅터 스포츠 1997년 1월 17일 5,800엔

플레이어 1~2인 | 메모리카드 1블록 | 멀티탭 지원 1~8인

95년도 데이터를 수록한 메이저리그 야구 게임. 해당년도 로스터에 등록된 선수들이 모두 실명으로 등장한다. 감독 입장에서 플레이하는 '매니저 모드'도 즐길 수 있다.

하운티드 정션 : 성도회 배지를 따르라!

미디어웍스 퍼즐 1997년 1월 17일 5,800엔

플레이어 1~2인 | 메모리카드 1블록

같은 제목의 인기 만화를 게임화했다. 필드가 360도 회전하는 독자적인 시스템의 퍼즐 게임이다. 물론 원작의 개성적인 캐릭터들도 등장한다. 2인 대전도 가능하다.

레이 트레이서

타이토 레이싱 1997년 1월 17일 5,800엔

플레이어 1인 | 메모리카드 1블록 | 특제 컨트롤러 SLPH00001(남코)지원

같은 회사의 게임 「체이스 H.Q.」의 특징을 계승한 3D 카 체이스 게임. 근미래를 무대로, 폭주하는 무장집단의 차량을 뒤쫓아 직접 부딪쳐, 제한시간 내에 파괴한다.

공포신문

유타카 어드벤처 1997년 1월 24일 5,800엔

플레이어 1인 | 메모리카드 1블록

만화가 츠노다 지로의 대표작을 게임화했다. 원작을 충실히 재현한 호러 어드벤처 게임. 매일 배달돼 오는 '공포신문'을 멈추기 위해 괴현상에 맞서 제령에 도전하자.

게게게의 키타로 : 저주의 육인형관

반다이 어드벤처 1997년 1월 24일 6,800엔

플레이어 1인 | 메모리카드 1블록

'학교 편'·'게게게의 숲 편'·'육인형 편'의 세 시나리오를 수록했고, 각각 일반인 주인공 시점에서 키타로 일행과 함께 스토리를 진행하는 3D 호러 어드벤처 게임이다.

고갯길 MAX : 최고속 드리프트 마스터

아틀라스 레이싱 1997년 1월 24일 5,800엔

플레이어 1~2인 | 메모리카드 1~6블록 | 특제 컨트롤러 SLPH00001(남코)지원

고갯길 도로를 무대로, 실존 인기 차종 21대를 운전해 1인자를 겨루는 레이싱 게임. 1P와 2P, 레이스 대전과 타임어택은 물론, 타임 트라이얼과 스토리 모드도 탑재했다.

프린세스 메이커 : 꿈꾸는 요정

소니컴퓨터엔터테인먼트 시뮬레이션 1997년 1월 24일 5,800엔

플레이어 1인 | 메모리카드 3블록

PC에서 인기가 있었던 육성 시뮬레이션 게임의 3번째 작품. 요정 여왕으로부터 부탁받은 소녀를 자유로이 육성해, '공주' 등의 다양한 장래희망 성취를 노린다.

I.Q : 인텔리전트 큐브

소니컴퓨터엔터테인먼트 퍼즐 1997년 1월 31일 4,800엔

플레이어 1~2인 | 메모리카드 1~9블록

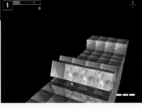
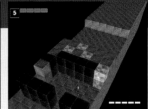

떨어지지 않고서 멀리서 밀려드는 큐브들을 없애는 걸작 액션 퍼즐. 지면의 마킹을 해제하면 그 위의 큐브가 포획된다는 게 기본 룰이다. 포획하면 녹색 마크가 남고, 이를 폭발시키면 주변이 전부 포획되는 큐브와, 포획 금지인 큐브도 있다. 능숙해지면 목표 걸음수 미만 클리어도 가능해, 심플하지만 파고들 여지가 넓다. 핫토리 타카유키의 장엄한 음악도 매력.

아이언맨/XO

어클레임 재팬　액션　1997년 1월 31일　5,800엔

플레이어 1~2인

미국 코믹스의 히어로들이 활약하는 횡스크롤 액션 게임. 아이언맨과 X-O 맨오워가 우주의 위기에 맞서 싸운다. 전후 동시 공격 등의 독특한 액션을 사용 가능하다.

스타워즈 : 다크 포스

BPS　3D 슈팅　1997년 1월 31일　5,800엔

플레이어 1인　메모리카드 1블록

PC 및 매킨토시용으로 발매되었던 같은 제목 타이틀의 이식판. 영화판 '에피소드 IV' 이전의 은하계에서, 반란군 연합의 '카일 카탄'이 되어 제국군에 맞서야 한다.

니시진 파친코 천국 Vol.1

KSS　시뮬레이션　1997년 1월 31일　5,800엔

플레이어 1인　메모리카드 1블록

니시진 사의 인기 5개 기종을 재현한 파친코 시뮬레이션 게임. 'CR 하나만카이'·'CR 에이스 트레인' 등을 수록했으며, 공략·연구 모드는 물론 스토리 모드도 탑재했다.

버닝 로드

빅 토카이　레이싱　1997년 1월 31일　5,800엔

플레이어 1인　메모리카드 1블록　특제 컨트롤러 SLPH00001(넘코)지원　대전케이블 지원

속도감과 호쾌한 데드히트를 즐길 수 있는 레이싱 게임. 눈·비 등의 자연현상을 재현했고, 코스에는 장애물을 설치했다. 대전 케이블을 사용하면 2P 대전도 가능하다.

파이널 판타지 VII

스퀘어　RPG　1997년 1월 31일　6,800엔

플레이어 1인　메모리카드 1블록

절대적인 인기를 자랑하는 RPG인 「파이널 판타지」 시리즈, 그 최신작이 닌텐도 게임기가 아니라 플레이스테이션으로 발매된다는 센세이셔널한 화제몰이와 함께 등장한 작품. SF적 세계관을 도입했고, 클라우드·티파 등의 매력적인 캐릭터들이 등장하며, 2020년에는 PS4로 리메이크판도 발매되었을 만큼 지금까지도 커다란 인기를 누리는 작품이다.

프로 로직 마작 : 패신

어쿼스　마작　1997년 1월 31일　5,800엔

플레이어 1인　메모리카드 2블록

최강의 작사를 만드는 마작 게임. 유저의 마작 스타일을 이론화해 오토 플레이를 구현하는 '로지콘' 시스템을 탑재했다. 마작 게임 최초의 실황 모드·대국 모드도 재미있다.

메타플리스트 μ.X.2297

A.D.M　3D 슈팅　1997년 1월 31일　6,300엔

플레이어 1~2인　메모리카드 1블록　마우스 지원

맵이 360도 회전 스크롤되는 슈팅 시네마 시뮬레이션 게임. '시네마 모드'에서는 영화번역가 토다 나츠코가 자막을 번역한 약 1시간의 장대한 스토리를 즐길 수 있다.

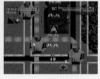

드래곤 나이트 4

반프레스토　시뮬레이션 RPG　1997년 2월 7일　6,800엔

플레이어 1인　메모리카드 1~3블록

엘프 사의 PC용 시뮬레이션 RPG의 이식작. 전체이용가 버전인 슈퍼 패미컴판을 기반으로 삼았으며, 주요 캐릭터에 성우를 붙였고, 친밀도 이벤트를 추가했다.

액통(厄痛) : 저주의 게임

아이디어 팩토리　어드벤처　1997년 2월 7일　5,800엔

플레이어 1인　메모리카드 1블록

1996년 발매했던 「액 : 우정담의」의 속편. 디자인은 전작처럼 만화가 히노 히데시가 맡았다. 어드벤처로는 파격적인 시스템을 유지하며, 새로운 공포를 체험시킨다.

주변기기 지원 아이콘　플레이어 1~2인　메모리카드 1~2블록　멀티탭지원 1~4인　마우스 지원　대전케이블 2대　아날로그 조이스틱 SCPH0111(SCE)지원　아날로그 컨트롤러 지원　PocketStation 지원　메모리카드 1~2블록　휴대전화접속 케이블 지원(도코모 모드 휴대전화지원)　특제 컨트롤러 SLPH00001(넘코)지원

삼국지 V

코에이 | 시뮬레이션 | 1997년 2월 14일 | 9,800엔

플레이어 1~8인 | 메모리카드 4블록

삼국지의 영웅이 되어 중국 제패를 노리는 전략 시뮬레이션 게임. 커맨드 실행횟수 및 계략 성공률 등에 영향을 주는 '명성' 수치가 중요하며, 전투에선 진형도 도입되었다.

삼국지 공명전

코에이 | 시뮬레이션 | 1997년 2월 14일 | 7,800엔

플레이어 1인 | 메모리카드 3블록

「삼국지 영걸전」의 디자인을 계승한 시리즈작. 이번에는 제갈량을 주인공으로 삼아, 한 왕실의 부흥을 노린다. 행동하기에 따라, 역사와는 다른 다양한 전개가 펼쳐진다.

툼 레이더스 (역주 ※)

빅터 인터랙티브 소프트웨어 | 어드벤처 | 1997년 2월 14일 | 5,800엔

플레이어 1인 | 메모리카드 1블록

주인공인 여성 모험가 '라라 크로프트'가 유적을 탐색하는 액션 게임. 달리기·점프부터 수영·등반까지 다채로운 액션을 구사해, 유적에 잠든 고대의 비밀을 밝혀내야 한다.

탑건 : FIRE AT WILL!

미디어퀘스트 | 3D 슈팅 | 1997년 2월 14일 | 5,800엔

플레이어 1인 | 메모리카드 1블록 | 아날로그 조이스틱 SCPH0111(SCEI) 지원

1986년 개봉했던 같은 제목의 인기 영화를 게임화했다. 게임 오리지널 시나리오로 전개되는 3D 슈팅 게임이다. 주인공 '매버릭'이 되어 가혹한 미션을 제패해보자.

함플 파크

스카이 싱크 시스템 | 슈팅 | 1997년 2월 14일 | 5,800엔

플레이어 1~2인 | 메모리카드 1블록

거대 유원지를 무대로 삼은 횡스크롤 슈팅 게임. 4종류의 개성적인 무기를 구사해 스테이지를 진행한다. 적들을 한꺼번에 물리치면 배율이 걸려 고득점이 들어온다.

배트맨 포에버 : 디 아케이드 게임

어클레임 재팬 | 액션 | 1997년 2월 14일 | 5,800엔

플레이어 1~2인 | 메모리카드 1블록

북미에서 출시된 아케이드 게임을 이식한 벨트스크롤 액션 게임. 미국 코믹스다운 호쾌한 연출이 재미있다. 캐릭터는 '배트맨'과 '로빈' 중에서 선택 가능하다.

매직 카펫

일렉트로닉 아츠 빅터 | 3D 슈팅 | 1997년 2월 14일 | 5,800엔

플레이어 1인 | 메모리카드 1블록

독특한 부유감이 있는 '하늘을 나는 양탄자'를 타고 다른 마법사들과 싸우는 3D 슈팅 게임. 마나를 모아 토지를 쟁탈하며 성을 확장해 힘을 증강시켜야 한다.

윙 오버

팩 인 비디오 | 3D 슈팅 | 1997년 2월 21일 | 5,800엔

플레이어 1인 | 메모리카드 2블록 | 대전케이블 지원 | 아날로그 조이스틱 SCPH0111(SCEI) 지원 | 아날로그 조이스틱 SLPH00021(미야자키) 지원

최강의 에이스를 노리는 3D 슈팅 게임. 등장하는 29종류의 전투기를 조작해 도그파이트를 펼쳐야 한다. 시나리오·토너먼트 등, 다양한 모드를 탑재했다.

NBA JAM 익스트림

어클레임 재팬 | 스포츠 | 1997년 2월 21일 | 5,800엔

플레이어 1~2인 | 메모리카드 1블록 | 멀티탭 지원 1~4인

NBA의 슈퍼 플레이를 즐기는 농구 게임. 시리즈 최초의 3D 그래픽 게임으로서, 실명으로 등장하는 170명 이상의 선수들이 넓은 코트를 리얼하게 뛰어다닌다.

건십

미디어퀘스트 | 3D 슈팅 | 1997년 2월 21일 | 5,800엔

플레이어 1인 | 메모리카드 1블록 | 아날로그 조이스틱 SCPH0111(SCEI) 지원

최신예 헬기 7기종이 등장하는 3D 슈팅 게임. 현장감 넘치는 리얼한 전투를 체험할 수 있는 '아케이드'와, 미션 클리어 형식인 '메인'의 2가지 모드를 즐길 수 있다.

(역주 ※) 원제는 「툼 레이더」로 단수이지만, 빅터가 발매한 일본 PS/SS판의 경우 「툼 레이더스」로 복수 표기했다. 2편부터는 고쳐졌다.

격렬 파친커즈

PlayStation | POW | 파친코 | 1997년 2월 21일 | 5,800엔

플레이어 1인 | 메모리카드 3블록

실존 파친코·파치슬로 기기를 4대씩 수록한 실기 시뮬레이션 게임. 6곳의 점포에서 파친코와 파치슬로를 즐길 수 있고, 파치슬로로 인생을 체험하는 스토리 모드도 있다.

WWF 인 유어 하우스

PlayStation | 어클레임 재팬 | 스포츠 | 1997년 2월 21일 | 5,800엔

플레이어 1~2인 | 멀티탭지원 1~4인

북미 최대 프로레슬링 단체 WWF(현 WWE)의 슈퍼스타들이 실명 등장하는 프로레슬링 게임. 각 슈퍼스타별로 고유 스테이지·기술이 있어, TV의 박력을 재현할 수 있다.

디스트럭션 더비 2

PlayStation | 소니컴퓨터엔터테인먼트 | 레이싱 | 1997년 2월 21일 | 5,800엔

플레이어 1인 | 메모리카드 1~15블록 | 특제 컨트롤러 SLPH00001(남코)지원

20대가 한꺼번에 참가하는 대충돌 레이싱 게임의 속편. 차량 파손상황에 따라 엔진에서 연기가 나오거나 타이어가 튀어나가는 등, 비주얼을 강화시켜 박력이 늘어났다.

도라에몽 2 : SOS! 옛날이야기 나라

PlayStation | 에포크 사 | 액션 | 1997년 2월 21일 | 5,800엔

플레이어 1인 | 메모리카드 1블록

인기 애니메이션이 테마인 횡스크롤 액션 게임. 모모타로·우라시마 타로 등의 일본 옛날이야기를 무대로, 메인 캐릭터가 이야기 주인공으로 변해 이변을 찾는다는 스토리다.

닌자 쟈쟈마루 군 : 귀참인법첩

PlayStation | 잘레코 | 액션 | 1997년 2월 21일 | 5,800엔

플레이어 1인

수리검으로 적을 물리치고 함정을 피하면서, 기본적으로는 스테이지 안쪽으로 계속 전진하며 진행하는 3D 액션 게임. 광차 등의 독특한 연출도 있다.

스타파이터 3000

PlayStation | 이매지니어 | 3D 슈팅 | 1997년 2월 21일 | 5,800엔

플레이어 1인 | 메모리카드 1블록 | 아날로그 조이스틱 SCPH0111(SCEI)지원 | 아날로그 조이스틱 SLPH00021(매직스 재팬)지원

미래의 우주공간을 이차원의 스피드로 주파하는 3D 슈팅 게임. 총 60스테이지의 광대한 무대에서 임기응변으로 작전을 수행하자. 최대 7대의 아군기와 대형을 짤 수도 있다.

쵸로Q 2

PlayStation | 타카라 | 레이싱 | 1997년 2월 21일 | 5,800엔

플레이어 1~2인 | 메모리카드 1블록 | 특제 컨트롤러 SLPH00001(남코)지원

장난감차 '쵸로Q'를 소재로 삼은 레이싱 게임 제 2탄. '쵸로Q 타운'이라는 도시를 드라이브하며 탐색하는 시스템을 추가했고, 파츠·바디·코스의 볼륨도 키웠다.

천하제패

PlayStation | 이매지니어 | 시뮬레이션 | 1997년 2월 21일 | 6,800엔

플레이어 1인 | 메모리카드 2블록 | 마우스 지원

일본을 통일한 도쿠가와 이에야스의 생애를 따라가는 역사 시뮬레이션 게임. 역사에 근거한 24종의 장편 시나리오에 분기를 추가해, 역사와는 다른 전개도 맛볼 수 있다.

NAGE LIBRE : 나선의 상극

PlayStation | 바리에 | RPG | 1997년 2월 21일 | 5,800엔

플레이어 1인 | 메모리카드 2블록

슈퍼 패미컴으로 발매됐던 시뮬레이션 RPG의 속편. 여고생 5명을 지휘해, 도시에 나타난 적과 카드 배틀로 싸운다. 풍부하게 준비된 코스튬 패턴이 게임의 매력.

보마 헌터 라임 with 페인트 메이커

PlayStation | 아스믹 | 어드벤처 | 1997년 2월 21일 | 4,900엔

플레이어 1인 | 메모리카드 3~15블록 | 마우스 지원

연작으로 발매했던 인기 PC 게임의 이식판. 시리즈 3번째 작품으로서 Act 9부터 Act 11까지를 수록했고, 타이틀명에도 있다시피 그래픽 툴도 탑재했다.

주변기기 지원 아이콘 | 플레이어 1~2인 | 메모리카드 1~2블록 | 멀티탭지원 1~4인 | 마우스 지원 | 대전케이블 2대 | 아날로그 조이스틱 SCPH0111(SCEI) 지원 | 아날로그 컨트롤러 지원 | PocketStation 지원 | 메모리카드 1~2블록 | 휴대전화접속 케이블 지원(도코모 0모드 휴대전화지원) | 특제 컨트롤러 SLPH00001(남코) 지원

아지토

아스텍 21　시뮬레이션　1997년 2월 28일　5,800엔

플레이어 1인　메모리카드 15블록　마우스 지원

어느 조직의 총사령관이 되어 비밀기지를 건설·운영하는 시뮬레이션 게임. 괴인과 히어로, 로봇을 연구 개발하여, 공격해오는 적으로부터 기지를 방어해야 한다.

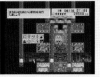

우미하라 카와세 : 순(旬)

엑싱　액션　1997년 2월 28일　5,800엔

플레이어 1인　메모리카드 1블록

슈퍼 패미컴용 게임 「우미하라 카와세」의 속편인 러버링 액션 게임. 루어를 벽에 던져 걸고, 다양한 모션을 펼쳐 필드 어딘가의 골인 지점까지 가는 게 목적이다.

NBA LIVE 97

일렉트로닉 아츠 빅터　스포츠　1997년 2월 28일　5,800엔

플레이어 1~2인　메모리카드 1~5블록　멀티탭지원 1~8인

1996~97년의 최신 선수 데이터와, NBA 소속 29개 팀 및 올스타 2개 팀을 수록한 농구 게임. 멀티탭을 사용하면 최대 8명까지 동시 플레이 가능하다.

삼국무쌍

코에이　액션　1997년 2월 28일　5,800엔

플레이어 1~2인　메모리카드 1블록

캐릭터별로 장단점 및 유효한 공격 판정이 다른 무기로 싸우는 3D 대전격투 게임. 게이지를 채우면 쓸 수 있는 초필살기 '무쌍난무'는 이후의 시리즈에도 계승된다.

카우룬즈 게이트 : 구룡풍수전

소니뮤직엔터테인먼트　RPG　1997년 2월 28일　7,800엔

플레이어 1인　메모리카드 1블록

'풍수'를 테마로 삼은 어드벤처 게임. 이계에서 출현한 '구룡성'의 풍수를 바로잡아 세계의 붕괴를 막는 '초급풍수사'의 스토리를 그렸다. 'JPEG 던전'에서 정보를 모아 '리얼타임 던전'에서 적의 본거지를 습격하자. 적마다 목·화·토·금·수 속성이 있어 상극인 속성으로 공격해야 한다. 당시 최고 수준의 그래픽이, 독특하고 농후한 아시안 고딕풍 세계를 연출한다.

스페이스 잼

어클레임 재팬　스포츠　1997년 2월 28일　5,800엔

플레이어 1~2인

NBA의 시카고 불스 팀 등에서 활약했던 명선수 마이클 조던이 애니메이션 '루니 튠즈'와 콜라보한 2D 농구 게임. 애니메이션풍으로 그려진 조던에 주목해보자.

3D 베이스볼 더 메이저

BMG 재팬　스포츠　1997년 2월 28일　5,800엔

플레이어 1~2인　메모리카드 2블록

1996년도 메이저리그 등록 선수 700명이 실명 및 사진과 함께 등장하는 야구 게임. 모션 캡처를 사용해, 선수별로 차별화하여 구현한 모션은 봐둘 가치가 있다.

전일본 GT 선수권 MAX Rev.

카네코　레이싱　1997년 2월 28일　6,800엔

플레이어 1인　메모리카드 1블록　특제 컨트롤러 SLPH00001(남코)지원

호시노 카즈요시, 츠치야 케이이치 등의 스타 드라이버에, 'GT-R'·'NSX'·'수프라' 등 일본 모터스포츠 팬들을 유혹하는 차종이 등장하는 GT 소재의 레이싱 게임이다.

소비에트 스트라이크

일렉트로닉 아츠 빅터　3D 슈팅　1997년 2월 28일　5,800엔

플레이어 1인　메모리카드 1블록

전방위로 스크롤되는 슈팅 게임. 대테러 조직 '스트라이크'의 일원이 되어, 전투헬기로 임무를 수행하자. 호쾌한 스토리의 맛을 살려주는 실사 동영상도 볼거리다.

더비 자키 R

아스믹 | 시뮬레이션 | 1997년 2월 28일 | 5,800엔

플레이어 1인 | 메모리카드 5블록

경마의 세계를 색다른 시점에서!? 플레이어가 기수로서 스스로를 단련하면서, 타고 달릴 경주마까지 지도 육성해 GI 레이스를 제패하는 게 목적인 경마 시뮬레이션 게임.

남코 뮤지엄 : VOL.5

남코 | 버라이어티 | 1997년 2월 28일 | 5,800엔

플레이어 1~2인 | 메모리카드 1블록 | 특제 컨트롤러 SLPH00001(남코)지원 | 특제 컨트롤러 SLPH00023(남코)지원

남코의 명작 아케이드 게임 중에서 「메트로 크로스」·「바라듀크」·「드래곤 스피리트」·「팩매니아」·「왈큐레의 전설」의 5개 작품을 수록했다.

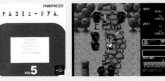

칠흑의 공방 : 32인의 전차장

샹그릴라 | 시뮬레이션 | 1997년 2월 28일 | 6,400엔

플레이어 1인 | 메모리카드 3~9블록

전차전을 테마로 삼은 시뮬레이션 게임. 실존하는 세계의 탱크 68종을 리얼한 모델링으로 재현했다. 지휘관 입장에서 부대를 지휘해, 전투를 유리하게 이끌어 승리해보자.

하이퍼 3D 핀볼

버진 인터랙티브 | 핀볼 | 1997년 2월 28일 | 5,800엔

플레이어 1~4인 | 메모리카드 1블록

총 6대의 핀볼 기기를 수록한 리얼게 핀볼 게임. 시점을 3D와 2D로 변경할 수 있으며, 특정한 지점을 통과하면 볼 시점이 되어 기기 내부를 보여주는 연출도 나온다.

이상한 나라의 안젤리크

코에이 | 파티 | 1997년 2월 28일 | 5,800엔

플레이어 1인 | 메모리카드 1블록

여성용 연애 시뮬레이션 게임 「안젤리크」의 파생작에 해당하는 보드 게임. 수호성과의 다과회에 참가하기 위해, 미니게임·이벤트를 거쳐 엔딩을 목표로 한다.

마크로스 디지털 미션 : VF-X

반다이 | 3D 슈팅 | 1997년 2월 28일 | 6,800엔

플레이어 1인 | 메모리카드 1블록 | 아날로그 조이스틱 SCPH0111(SCE) 지원

인기 애니메이션 '마크로스' 시리즈에 등장했던 역대 가변전투기를 조종하는 3D 슈팅 게임. 격렬한 전투를 헤치고, 납치된 아이돌 그룹 'MILKY DOLLS'를 구출하라.

매지컬 호퍼즈

반다이 | 액션 | 1997년 2월 28일 | 6,800엔

플레이어 1인

'매지컬 호퍼즈' 2인조를 조작해 세계를 구하는 액션 게임. 회전 공격을 쓰는 남자 캐릭터와 2단 점프가 가능한 여자 캐릭터를 잘 사용해, 다양한 스테이지를 클리어하자.

라스베가스 드림 2

이매지니어 | 테이블 | 1997년 2월 28일 | 5,800엔

플레이어 1~2인 | 메모리카드 1블록 | 멀티탭지원 1~4인 | 마우스 지원

라스베가스를 무대로 하여 백만장자를 노리는 테이블 게임 모음집. 대표적인 카지노 게임 6종류를 수록했고, 플레이 도중 룰을 해설해주는 '인스트럭션 모드'를 탑재했다.

Love Game's : 와글와글 테니스

Tears | 스포츠 | 1997년 2월 28일 | 5,800엔

플레이어 1~2인 | 메모리카드 1블록 | 멀티탭지원 1~4인

간단한 조작으로 즐기는 본격 테니스 게임. 개성이 풍부한 캐릭터를 조작해 세계 정상을 노려보자. 'VS 모드'에서는 멀티탭을 사용하면 4인 동시 플레이도 지원된다.

웜즈

아이맥스 | 시뮬레이션 | 1997년 2월 28일 | 5,800엔

플레이어 1~4인 | 메모리카드 1블록

영국산 게임을 이식한 액티브 시뮬레이션 게임. 아군 웜을 조작해 적군 웜을 전멸시키자. 수많은 무기를 적절히 사용해, 40억 패턴이 넘는 필드에서 살아남아야 한다.

104 주변기기 지원 아이콘 플레이어 1~2인 메모리카드 1~2블록 멀티탭지원 1~4인 마우스 지원 대전케이블 2대 아날로그 조이스틱 SCPH0111(SCE) 지원 아날로그 컨트롤러 지원 PocketStation 지원 메모리카드 1~2블록 휴대전화 접속 케이블 지원 (도코모 i모드 휴대전화 지원) 특제 컨트롤러 SLPH00001(남코) 지원

헨리 익스플로러즈

코나미 건 슈팅 1997년 3월 7일 5,800엔

플레이어 1~2인 | 마우스 지원 | 특제 컨트롤러 SLPH00014(코나미)지원

아케이드판을 이식한, 고대 유적을 모험하는 건 슈팅 게임. 스테이지 도중에 분기점이 있어, 다양한 전개로 변화한다. 자사의 광선총 '하이퍼 블래스터'도 지원한다.

울티마 언더월드

일렉트로닉 아츠 빅터 RPG 1997년 3월 14일 5,800엔

플레이어 1인 | 메모리카드 7블록

RPG의 금자탑 '울티마' 시리즈의 세계관을 바탕으로, '어비스'라 불리는 3D 던전 세계를 탐색한다. 풍부한 NPC와 난해한 퍼즐 등의 「울티마」다운 면도 건재하다.

오들오들 오디

IDC 미디어 스튜디오 액션 1997년 3월 14일 5,800엔

플레이어 1인 | 메모리카드 1블록

공간을 둥실둥실 떠다니는 부유감이 재미있는 3D 액션 게임. 동영상과 게임이 일체화되어 독특한 분위기를 표현한다. 연쇄가 가능한 시스템이라 자유와 상쾌함이 있다.

슈퍼 팡 컬렉션

캡콤 액션 1997년 3월 14일 5,800엔

플레이어 1~2인 | 메모리카드 1블록

아케이드에서 가동된 바 있는 「폼핑 월드」「슈퍼 팡」「PANG! 3」를 수록했다. 와이어를 사출해, 화면 내를 튀어 다니는 볼들을 전부 터뜨려 없애야 한다.

파치슬로 완전공략 : 유니버설 공식 가이드 Volume 1

니혼 시스컴 파치슬로 1997년 3월 14일 6,800엔

플레이어 1인 | 메모리카드 3블록

유니버설 사의 명기들을 수록한 파치슬로 실기 시뮬레이터 작품 제 1탄. '리플레이 넘기기 연습 모드'로 보너스 도중에 기술개입을 구사해 획득 매수를 늘려보자.

빅 챌린지 골프 : 도쿄 요미우리 컨트리 클럽 편

바프 스포츠 1997년 3월 14일 6,800엔

플레이어 1~4인 | 메모리카드 1~4블록

'도쿄 요미우리 컨트리 클럽'을 3D로 완전 재현한 골프 게임. 게임 도중 등장하는 골프 굿즈로 브리지스톤 스포츠 사의 실제 아이템을 등장시켜 화제가 되었다.

피싱 코시엔 II

킹 레코드 스포츠 1997년 3월 14일 6,800엔

플레이어 1~2인 | 메모리카드 1블록

일본 TV 낚시프로의 인기 코너를 그대로 게임화했다. 고교생이 팀을 짜 우승을 노린다는 설정이다. 블랙배스 빨리 낚기 승부, 사이판 대어 낚시 등 4종류의 낚시를 즐긴다.

부시도 블레이드

스퀘어 3D 대전격투 1997년 3월 14일 5,800엔

플레이어 1~2인 | 메모리카드 1블록 | 대전케이블 지원 | 아날로그 컨트롤러 지원

진검으로 베고 베이는 승부를 벌이는 3D 대전격투 게임. 최대 특징은 '일격필살'로서, 체력 게이지 등이 없으며 급소를 치면 바로 승부가 난다. 100명 베기 모드도 있다.

마법소녀 프리티 사미 : Part 2 - In the Julyhelm

파이오니아 LDC 어드벤처 1997년 3월 14일 6,800엔

플레이어 1인 | 메모리카드 2블록

같은 제목의 인기 애니메이션이 원작인 어드벤처 게임의 제 2탄. 스토리는 전작에서 이어지며, 프리티 사미와 또 하나의 마법소녀 '픽시 미사'가 코믹한 활약을 펼친다.

리프레인 러브 : 당신과 만나고 싶어

리버힐 소프트 시뮬레이션 1997년 3월 14일 6,000엔

플레이어 1인 | 메모리카드 2블록

남녀 7명 사이의 사랑과 우정을 그린 연애 시뮬레이션 게임. 6개월간 6명의 친구와 교류하여, 운명의 크리스마스이브를 맞자. 선택에 따라 스토리가 다양하게 변화한다.

악마성 드라큘라 X : 월하의 야상곡

코나미　액션 RPG　1997년 3월 20일　5,800엔

플레이어 1인　메모리카드 1블록

패미컴 디스크 시스템으로 처음 발매되었던 코나미의 인기 액션 게임 「악마성 드라큘라」 시리즈의 계보를 잇는 신작. 플레이어는 주인공 '알루카드'를 조작해 검과 다양한 아이템으로 적을 물리치며 악마성을 탐험한다. 얼마나 성 전체를 구석구석까지 탐색했느냐를 백분율로 알려주며, 게임 중반에는 유저가 예상치 못했을 대반전이 펼쳐진다.

레스큐 24 아워즈

CSC 미디아트　레이싱　1997년 3월 14일　5,800엔

플레이어 1인　메모리카드 1블록

상황에 맞춰 차량을 골라 현장으로 급행하는 3D 드라이브 게임. 주택 화재와 빌딩 화재 등, 사안에 따라 적절한 장비로 전환하자. 교통법규를 무시하면 벌금이 부과된다.

SD건담 G센추리

반다이　시뮬레이션 RPG　1997년 3월 20일　6,800엔

플레이어 1~4인　메모리카드 5블록　멀티탭지원 1~4인

패미컴 때부터 이어져온 액션 & 워 시뮬레이션 게임 시리즈의 신작. 개별 유닛 단위에 파일럿 개념을 추가했고, 다양한 건담 작품에 등장했던 유닛들이 참전한다.

에어리어 51

소프트뱅크　건 슈팅　1997년 3월 20일　5,800엔

플레이어 1~2인　마우스 지원　특제 컨트롤러 SLPH00014(코나미) 지원

미국에서 대히트했던 3D 건 슈팅 게임의 이식판. 군사기밀 시설 '에어리어 51'을 탈환하기 위해, 대 에일리언 부대의 일원이 되어 에일리언과 좀비 병사를 전멸시키자.

퀸즈 로드

엔젤　시뮬레이션　1997년 3월 20일　6,800엔

플레이어 1인　메모리카드 2블록

이프로스 대륙의 여왕 자리를 걸고 각국의 공주들이 싸우는 육성 시뮬레이션 게임. 교관이 되어 공주를 지도해 왕관을 쟁취하자. 각 공주들 역으로 호화 성우를 기용했다.

삼국지 리턴즈

코에이　시뮬레이션　1997년 3월 20일　6,800엔

플레이어 1~8인　메모리카드 3블록

중국 전토 통일을 노리는 시뮬레이션 게임인 초대 「삼국지」를 플레이스테이션용으로 리메이크했다. 모든 그래픽을 새로 그렸고, 무장 얼굴은 폴리곤 모델로 디자인했다.

슈퍼로봇 슈팅

반프레스토　슈팅　1997년 3월 20일　6,800엔

플레이어 1인

7종의 슈퍼로봇을 선택해, 습격해온 의문의 기계생명체로부터 지구를 지키는 3D 슈팅 게임. 각 기체마다 3종류의 장비가 있어, 이를 적절히 활용하는 것이 키포인트다.

딥 시 어드벤처 : 해저궁전 판탈라사의 수수께끼

타카라　어드벤처　1997년 3월 20일　6,800엔

플레이어 1인　메모리카드 1블록

해저를 느긋이 탐색하는 잠수함 시뮬레이터. 해양행성에서 주인공이 행방불명된 부친을 찾는다는 스토리다. 잠수함을 노리는 거대생물과 적함은 어뢰를 사용해 격퇴하자.

PGA TOUR 97

일렉트로닉 아츠 빅터　스포츠　1997년 3월 20일　5,800엔

플레이어 1~4인　메모리카드 2블록

미국 PGA TOUR가 공인한 골프 게임. 실존하는 명문 코스 2종을 3D로 리얼하게 재현했다. 다수의 유명 프로 골퍼들이 실명으로 등장하여, 플레이어와 함께 라운딩한다.

주변기기 지원 아이콘　플레이어 1~2인　메모리카드 1~2블록　멀티탭지원 1~4인　마우스 지원　대전케이블 지원 2대　아날로그 조이스틱 SCPH0111(SCEI) 지원　아날로그 컨트롤러 지원　PocketStation 지원　메모리카드 1~2블록　휴대전화 접속 케이블 지원(도코모 모드 휴대전화 지원)　특제 컨트롤러 SLPH00001(남코) 지원

록맨 : 배틀 & 체이스

캡콤　레이싱　1997년 3월 20일　5,800엔

플레이어 1~2인　메모리 카드 1블록

「록맨」 시리즈 10주년 기념작품 제 2탄. 다른 플레이어를 공격해 물리쳐 부품을 빼앗아, 그 부품으로 자신의 머신을 커스터마이즈할 수 있는 '배틀 레이싱' 게임이다.

파이널 판타지 IV

스퀘어　RPG　1997년 3월 21일　4,800엔

플레이어 1~2인　메모리 카드 2블록

슈퍼 패미컴의 대인기 RPG 「파이널 판타지 IV」를 완전 이식했다. 게임 내용은 원작과 동일하며, CG 동영상으로 새로 제작한 오프닝 및 엔딩을 추가했다.

두근두근 메모리얼 Selection : 후지사키 시오리

코나미　팬 디스크　1997년 3월 27일　2,800엔

플레이어 1인　메모리 카드 1블록　마우스 지원

「두근두근 메모리얼」의 히로인, 후지사키 시오리에 초점을 맞춘 팬 디스크. 뮤직 클립과 번외편데이트 이벤트, 참참참 게임 등을 수록했다.

브리딩 스터드 : 목장에서 만납시다

코나미　시뮬레이션　1997년 3월 27일　5,800엔

플레이어 1인　메모리 카드 3블록

어느 목장의 목장주가 되어, 경주마를 생산·거래·조교하여 레이스 승리를 노리는 경주마 육성시뮬레이션 게임. 3D로 제작한 박력의 레이스 장면도 게임의 매력이다.

안드레티 레이싱

일렉트로닉 아츠 빅터　레이싱　1997년 3월 28일　5,800엔

플레이어 1~2인　메모리 카드 1블록　특제 컨트롤러 SLPH00001(넘코)지원　대전케이블 지원

프로 레이서 일가로 유명한 안드레티 가문의 이름을 가져온 레이싱 게임. 인디카와 스톡카 2종류를 사용 가능하며, 16개 코스 서킷에서 레이스를 즐길 수 있다.

전략인간병기 카쿠고

토미　3D 대전격투　1997년 3월 28일　5,800엔

플레이어 1~2인

주간 '소년 챔피언'에 연재됐던 같은 제목의 만화를 3D 격투 게임화했다. 사용 가능한 캐릭터는 원작에도 등장했던 7명. 오프닝 무비는 OVA의 영상을 사용했다.

크로스 로맨스 : 사랑과 마작과 화투와

일본물산　마작·화투　1997년 3월 28일　6,800엔

플레이어 1인　메모리 카드 2블록

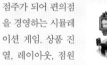

4인 대국 마작과 화투에 연애 어드벤처를 믹스한 호화판 게임. 히로인들의 목소리 연기는 코다 마리코를 비롯해 당시의 인기 여성 성우 14명이 맡았다.

THE 편의점 : 저 동네를 점령하라

휴먼　시뮬레이션　1997년 3월 28일　5,800엔

플레이어 1인　메모리 카드 14블록

점주가 되어 편의점을 경영하는 시뮬레이션 게임. 상품 진열, 레이아웃, 점원 인사 등을 전략적으로 진행해 매출을 올리자. 목표를 차별화한 여러 난이도를 준비했다.

신 슈퍼로봇대전 스페셜 디스크

반프레스토　팬 디스크　1997년 3월 28일　2,800엔

플레이어 1인　메모리 카드 2블록

「신 슈퍼로봇대전」의 팬 디스크. 본편에 등장했던 캐릭터와 기체, 본편에선 삭제된 기체의 자료를 수록했으며, 선호하는 유닛간의 대전을 감상하는 기능도 있다.

세이버 마리오넷 J : BATTLE SABERS

반다이　3D 대전격투　1997년 3월 28일　6,800엔

플레이어 1~2인

인기 애니메이션 소재의 3D 격투 게임. 일정량의 대미지를 입으면 초 기술이 발동되는 '소녀회로' 시스템을 탑재했다. 파츠 체인지로 마리오넷을 커스터마이즈할 수도 있다.

제비우스 3D/G+

남코　슈팅　1997년 3월 28일　5,800엔

플레이어 1~2인 ｜ 메모리카드 1블록 ｜ 특제 컨트롤러 SLPH00001(남코)지원 ｜ 특제 컨트롤러 SLPH00023(남코)지원

 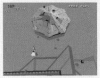

「제비우스 3D/G」뿐만 아니라 원작 「제비우스」・「슈퍼 제비우스」도 포함시켰고, 타 기종으론 이식되지 않은 「제비우스 어레인지먼트」도 즐길 수 있는 합본 타이틀.

제독의 결단 Ⅲ

코에이　시뮬레이션　1997년 3월 28일　9,800엔

플레이어 1인 ｜ 메모리카드 5블록

태평양전쟁의 미국-일본간 해전을 그린 시리즈 3번째 작품. 함선・병기 종류 등의 볼륨을 늘렸고, 보급을 자동화하는 등 전작에서 템포에 악영향을 준 요소들을 개선했다.

두근두근 프리티 리그

엑싱　시뮬레이션　1997년 3월 28일　5,800엔

플레이어 1인 ｜ 메모리카드 3블록

여자야구부 감독으로서 1년간 팀을 단련시켜 일본 정상을 노리는 연애 시뮬레이션 게임. 스케줄을 짜고 부원을 육성하며, 밸런타인데이 등의 이벤트로 사랑도 키워나가자.

나니와의 상인 : 굴리며 만끽하는 주사위 인생

소니뮤직엔터테인먼트　파티　1997년 3월 28일　5,800엔

플레이어 1~4인 ｜ 메모리카드 2블록 ｜ 멀티탭지원 1~4인

오사카가 무대인 보드 게임. '보케' 카드나 '츳코미' 카드 등, 오사카다운 재미있는 카드가 등장한다. 오사카 명물인 츠텐카쿠를 독과점하는 '츠텐카쿠 모드'도 즐길 수 있다.

BOYS BE…

코단샤　시뮬레이션　1997년 3월 28일　5,800엔

플레이어 1인 ｜ 메모리카드 3블록

같은 제목의 인기 만화가 원작인 연애 시뮬레이션 게임. 원작자가 시나리오・캐릭터에 직접 참여했다. 히로인 '하나이 미키' 등의 소녀들과 함께 자신만의 스토리를 만들자.

액추어 골프

나그자트　스포츠　1997년 4월 11일　5,800엔

플레이어 1~4인 ｜ 메모리카드 1~4블록 ｜ 멀티탭지원 1~4인

영국 그렘린 사의 PC용 3D 골프 게임을 이식했다. 스코틀랜드와 미국의 아름다운 총 36홀을 플레이할 수 있다. 플레이어의 모션도 리얼하다.

알런드라

소니컴퓨터엔터테인먼트　RPG　1997년 4월 11일　5,800엔

플레이어 1인 ｜ 메모리카드 1블록

꿈의 인도를 받아 여행하는 소년의 모험을 그린 액션 RPG. 잘 만들어진 액션과 퍼즐, AI가 탑재된 적 몬스터와 거대한 보스, 중후한 시나리오 등으로 완성도가 높다.

안젤리크 Special 2

코에이　시뮬레이션　1997년 4월 11일　7,800엔

플레이어 1인 ｜ 메모리카드 1블록

여성용 연애 시뮬레이션 게임 시리즈의 2번째 작품. 새로운 우주의 여왕 후보가 된 주인공이 라이벌 레이첼과 여왕시험에 도전한다. 연애대상인 남성 캐릭터도 추가됐다.

경마 필승의 법칙 '97 vol.1 : 노려라! 만마권!

샹그릴라　기타　1997년 4월 11일　5,700엔

플레이어 1인 ｜ 메모리카드 15블록

경마예상 소프트 시리즈 제 4탄. 과거 13년분의 G레이스와 8년분의 전 레이스 데이터에, 경주마・씨수말・기수・훈련소 등의 정보도 수록했다. 강화된 데이터로 만마권을 노린다.

게임 일본사 : 혁명아 오다 노부나가

코에이　에듀테인먼트　1997년 4월 11일　6,800엔

플레이어 1인 ｜ 메모리카드 1블록

오다 노부나가라는 인물을 애니메이션과 게임으로 알기 쉽게 해설해주는 작품. 제 5장 '혼노지의 변'까지, 노부나가의 49년 생애를 충실히 유저에게 전달해준다.

주변기기 지원 아이콘 플레이어 1~2인 메모리카드 1~2블록 멀티탭지원 1~4인 마우스 지원 대전케이블 2대 아날로그 조이스틱 SCPH0111(SCEI)지원 아날로그 컨트롤러 지원 PocketStation 지원 / 메모리카드 1~2블록 휴대전화 접속 케이블 지원 (도코모 / 모드 휴대전화지원) ｜ 특제 컨트롤러 SLPH00001(남코)지원

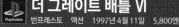

더 그레이트 배틀 VI
반프레스토　액션　1997년 4월 11일　5,800엔
플레이어 1인

'울트라맨'과 '가면 라이더' 등, 일본인에게 친숙한 슈퍼히어로들이 SD 캐릭터화되어 등장하는 2D 액션 게임. 스테이지에 따라서는 슈팅 파트가 나오기도 한다.

신 테마 파크
일렉트로닉 아츠 빅터　시뮬레이션　1997년 4월 11일　5,800엔
플레이어 1인　메모리블록 4블록

「테마 파크」의 속편. 놀이기구와 상점이 추가되었고, 사계절과 기후 변화 등의 요소도 들어갔다. 건설한 놀이기구를 3D 시점으로 직접 체험해볼 수도 있다.

스탠바이 세이 유
휴먼　시뮬레이션　1997년 4월 11일　5,800엔
플레이어 1인　메모리카드 1블록

성우 겸 음향감독 치바 시게루의 제자가 되어, 갑작스레 애니메이션의 음향감독 대리를 맡아 성우에게 지시를 내린다. 여러 유명 성우가 실사 동영상과 컷인으로 출연한다.

스트리트 게임즈 '97
소니컴퓨터엔터테인먼트　레이싱　1997년 4월 11일　5,800엔
플레이어 1~2인　메모리블록 1~4블록

스노보드와 롤러스케이트, 자전거 등을 타고 달리는 스트리트계 스포츠 액션 게임. 킥과 펀치로 상대를 방해할 수 있는 호쾌함과, 골을 향해 달리는 속도감을 융합시켰다.

전투국가 개㈜ IMPROVED
소니컴퓨터엔터테인먼트　시뮬레이션　1997년 4월 11일　5,800엔
플레이어 1~3인　메모리카드 3블록

플레이스테이션 오리지널 전략 시뮬레이션 시리즈 2번째 작품. 캠페인 모드를 신규 도입했고, 등장 병기에 일본·유럽 병기를 추가했다. 전투 신의 비주얼도 박력이 늘었다.

다크 헌터 상편 : 이차원 학교
코에이　에듀테인먼트　1997년 4월 11일　6,800엔
플레이어 1인　메모리카드 1블록

고교생 '마리코'가 두 명의 전학생과 만나며 의문의 사건에 휘말린다는 내용의 영어 학습 소프트. 출력되는 음성을 영어와 일본어로 자유롭게 전환할 수 있다.

디스럽터
인터플레이　3D 슈팅　1997년 4월 11일　5,800엔
플레이어 1인

심장이 터져나갈 것 같은 고속 그래픽 액션이 전개되는 3D 슈팅 게임. 총기는 물론이고 정신력을 사용하는 공격도 구사하여, 뮤턴트와 로봇들을 물리치며 전진하자.

폭렬 헌터 : 각자의 마음…이야 뭐 아무래도 좋고
반프레스토　어드벤처　1997년 4월 11일　5,800엔
플레이어 1인　메모리카드 1블록

같은 제목의 인기 작품이 원작인 어드벤처 게임. 악의 마법사를 응징하는 소서러 헌터의 활약을 그린 슬랩스틱 코미디물이다. TV판에서 인기였던 징벌 장면도 수록했다.

파워 스테익스
어퀘스　기타　1997년 4월 11일　5,800엔
플레이어 1인　메모리카드 6블록

유저가 직접 과거의 경마 데이터를 입력하여, 과거 레이스를 재현하거나 향후 레이스의 예측을 도와주는 작품. 1996년도의 GI 레이스 영상도 감상할 수 있다.

플레이 스타디움 2
반프레스토　스포츠　1997년 4월 11일　5,800엔
플레이어 1~2인　메모리카드 1~4블록

풀 폴리곤 야구 게임의 제 2탄. 3D답게 변화하는 시점으로 유저를 만족시키는 야구 게임이다. 96년 최신 데이터를 수록했고, 종반에 팀이 단합을 다지는 등 연출도 강화했다.

HARDWARE
1994
1995
1996
1997
1998
1999
2000
2001
2002
2003
2004
INDEX

라이덴 DX

일본 시스템　슈팅　1997년 4월 11일　5,800엔
플레이어 1~2인　메모리카드 1~9블록

꿈틀대는 굵직한 레이저가 특징인 「라이덴」 시리즈 중, 아케이드판 「라이덴 DX」를 이식했다.

베리 이지 설정을 마련해두어 슈팅 초보자들도 배려하였다.

이코노 KIDS : 누구를 위해 돈은 모이나

TGL　파티　1997년 4월 18일　5,800엔
플레이어 1~4인　메모리카드 1블록　멀티탭지원 1~4인

주사위를 굴려 돈을 모으는 보드 게임. 귀여운 캐릭터들이 머니 게임으로 맹렬하게 싸우는 작품이

다. 칸에 멈추면 일어나는 이벤트는, 돈벌이 외에도 다양하게 준비돼 있다.

올림피아·야마사 버추어 파치슬로 II : 실전! 미소녀 공략법

맵 재팬　파치슬로　1997년 4월 18일　5,800엔
플레이어 1인　메모리카드 3블록

'뉴 펄서' 등이 수록된 실기 시뮬레이터. 스토리 모드에서는 미녀 6명이 등장한다. 파치슬로를

즐기며 미녀들과 친분을 쌓아 함께 여행하는 것이 목적이다.

쿼바디스 : 이벨카츠 전역

글램스　시뮬레이션　1997년 4월 18일　5,800엔
플레이어 1인　메모리카드 1블록

세가새턴용 SF 시뮬레이션 게임을 개변 이식했다. 함대를 조작하는 전술 파트에선, '치트'라
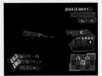
불리는 행동 카드로 유닛의 행동순서를 바꿀 수 있는 것이 특징이다.

대모험 Deluxe : 머나먼 바다

소프트 오피스　RPG　1997년 4월 18일　5,800엔
플레이어 1인　메모리카드 1블록

세가새턴용 RPG를 개변 이식한 작품. 항구를 몬스터로부터 해방시킨 후, 교역을 진행하며 자신

의 배를 강화시켜 간다. 원작의 게임 밸런스와 CG, 음악을 개량했다.

HASHIRIYA : 이리들의 전설

일본물산　레이싱　1997년 4월 18일　6,800엔
플레이어 1인　메모리카드 1블록　특제 컨트롤러 SLPH00001(남코)지원　특제 컨트롤러 SLPH00024(옵텍)지원

고갯길을 무대로 펼쳐지는 스트리트 레이서들 10명의 스토리를, 레이스와 함께 진행해간다.

고갯길 외에, 서킷 코스와 외길 코스도 존재한다.

페다 2 : 화이트 서지 더 플래툰

야노만　시뮬레이션　1997년 4월 18일　5,800엔
플레이어 1인　메모리카드 2블록

슈퍼 패미컴용 시뮬레이션 RPG의 속편. 전작으로부터 8년 후, 새로운 내란으로 혼란스러운 나

라 내에서 주인공이 용병부대를 이끌고 유격 임무를 수행한다.

벨데셀바 전기 : 날개의 훈장

소니컴퓨터엔터테인먼트　어드벤처　1997년 4월 18일　5,800엔
플레이어 1~2인　메모리카드 1~4블록　아날로그 조이스틱 SCPH0111(SCEI)지원

비공선(飛空船)을 조종해 싸우는 플라이트 어드벤처 게임. 사고로 불시착한 행성을 무대로, 주인공

이 그곳에서 일어난 분쟁에 투신해 군대냐 공적(空賊)이냐를 선택하게 된다.

보이스 아이돌 컬렉션 : 풀 바 스토리

데이터 이스트　당구　1997년 4월 18일　6,800엔
플레이어 1인　메모리카드 1블록

인기 여성 성우 8명과 당구로 대전해, 이기면 데이트할 수 있는 작품. 동영상을 풍부하게 삽입했

고, NG 장면과 비디오 클립도 즐길 수 있다.

맥스 레이서

PD　레이싱　1997년 4월 18일　5,800엔
플레이어 1인　메모리카드 1블록　특제 컨트롤러 SLPH00001(남코)지원　아날로그 조이스틱 SCPH0111(SCEI)지원

미래 세계를 무대로 삼아, 부스터로 초가속이 가능한 바이크형 머신을 타고 3단계 난이도의 코스

를 질주하는 레이싱 게임. 머신은 총 5종류 중에서 선택 가능하다.

주변기기 지원 아이콘　플레이어 1~2인　메모리카드 1~2블록　멀티탭지원 1~4인　마우스 지원　대전케이블 지원 2대　아날로그 조이스틱 SCPH0111(SCEI) 지원　아날로그 컨트롤러 지원　PocketStation 지원　메모리카드 1~2블록　휴대전화 접속 케이블 지원(도코모 모드 휴대전화 지원)　특제 컨트롤러 SLPH00001(남코)지원

바위뛰기펭귄 로키×호퍼

PlayStation | D3 퍼블리셔 | 버라이어티 | 1997년 4월 25일 | 4,800엔

플레이어 1~4인 | 메모리카드 1블록 | 멀티탭 지원 1~4인

당시 일본에서 CM
과 굿즈 등으로 활약
했던 바위뛰기펭귄
'로키'·'호퍼' 형제가
등장하는 파티 게임.
멀티탭이 없어도 11종류의 미니게임을 4명까지 동시 플레이 가능하다.

엘핀 파라다이스

PlayStation | 애스크 코단샤 | 시뮬레이션 | 1997년 4월 25일 | 6,800엔

플레이어 1인 | 메모리카드 1블록

요정들과 학교생활
을 보내는 육성 시뮬
레이션 게임. 졸업을
앞둔 주인공에, 돌연
나타난 요정 5명이
'요정의 고치'를 맡긴다. 어떤 요정이 태어날지는 주인공의 행동에 달렸다.

가메라 2000

PlayStation | 버진 인터랙티브 | 3D 슈팅 | 1997년 4월 25일 | 6,800엔

플레이어 1~2인 | 메모리카드 1블록

특촬영화 괴수로는
고지라와 쌍벽을 이
루는 인기 캐릭터
'가메라'와 인류가
같은 편이 되어 적
을 격파하는 락온 3D 슈팅 게임. ZUNTATA의 배경음악이 실로 흥겹다!

캐롬 샷 : 더 3D 빌리어드

PlayStation | 아젠다 | 당구 | 1997년 4월 25일 | 5,800엔

플레이어 1~2인 | 메모리카드 1블록

3D로 구축한 리얼
한 그래픽과 모션에
공을 들인 당구 게
임. 하드보일드한 세
계관과 재즈 음악을
배경으로, 부두 창고에서의 돈내기 당구 대결로부터 스토리가 시작된다.

더 크로우

PlayStation | 어클레임 재팬 | 액션 | 1997년 4월 25일 | 5,800엔

플레이어 1인

같은 제목의 영화가
원작인 3D 액션 게
임. 살해당한 주인공
이 부활하여 복수의
화신이 된다. 펀치·
킥 공격 외에도, 술병·배트·머신건 등 다채로운 무기를 사용 가능하다.

수도고 배틀 R

PlayStation | 겐키 | 레이싱 | 1997년 4월 25일 | 5,800엔

플레이어 1인 | 메모리카드 2블록 | 특제 컨트롤러 SLPH00001(넘코)지원 | 대전케이블 지원

도쿄 환상선·완간선
에 오사카 환상선·
완간선 코스를 추가
한 공공도로 레이싱
게임. 튜닝으로 자신
의 머신을 강화하여, 최후에는 명 레이서 츠치야 케이이치에 도전한다.

성흔의 조커 : 빛과 어둠의 성왕녀

PlayStation | 타카라 | RPG | 1997년 4월 25일 | 5,800엔

플레이어 1인 | 메모리카드 2~12블록

광대한 칼디아 대륙
에서 펼쳐지는, '성
흔'을 둘러싼 싸움
을 그린 시뮬레이션
RPG. 쿼터뷰식 전
투 맵과 폴리곤으로 그려낸 배틀 신은 박력 만점이다.

다카르 '97

PlayStation | 버진 인터랙티브 | 시뮬레이션 | 1997년 4월 25일 | 5,800엔

플레이어 1인 | 특제 컨트롤러 SLPH00001(넘코)지원

랠리 드라이버 시노
즈카 켄지로가 감수
한 랠리 게임. 자동
차 제조사와 협력해,
실제 다카르 랠리에
출장했던 차를 게임으로 재현했다. 광대한 아프리카 대지를 질주하자.

틸크 : 푸른 바다에서 온 소녀

PlayStation | TGL | RPG | 1997년 4월 25일 | 5,800엔

플레이어 1인 | 메모리카드 6블록

남쪽의 섬 '틸크'를
무대로 삼은 시뮬레
이션 RPG. 소녀 '실
키'와 만난 주인공
'빌리'가 보물을 찾
아 여행에 나선다. 지형을 이용하는 공격 등, 깊이 있는 전략을 즐긴다.

토발 2

PlayStation | 스퀘어 | 3D 대전격투 | 1997년 4월 25일 | 5,800엔

플레이어 1~2인 | 메모리카드 1블록 | 아날로그 컨트롤러 지원

「토발 No.1」(73p)
의 속편인 3D 격투
액션 게임. 복잡한
기술을 더욱 다채롭
게 쓸 수 있도록 진
화하여, 전투의 폭이 넓어졌다. 퀘스트 모드도 한층 업그레이드되었다.

팔러 프로

PlayStation | 니혼 텔레네트 | 파친코 | 1997년 4월 25일 | 5,200엔
플레이어 1인 | 메모리카드 1~2블록

파친코 실기 시뮬레이터 「팔러 프로」의 제 1탄. 이 타이틀에는 산요 사의 명기 'CR 목수 겐 씨'

와 'CR 긴기라 파라다이스' 2개 기종이 수록돼 있다.

PAL : 신견전설

PlayStation | 토호쿠신샤 | RPG | 1997년 4월 25일 | 6,800엔
플레이어 1인 | 메모리카드 1~3블록

강아지 '팔'이 노스트라다무스에게 잡혀간 주인 '카오루'를 구하기 위해 인간 모습이 되어 모

험에 나선다. 300종에 달하는 몬스터가 등장하는 본격 초대작 RPG다.

비·보·왕 : 이제 너랑은 말싸움 안 해!!

PlayStation | 레이업 | 파티 | 1997년 4월 25일 | 5,800엔
플레이어 1~4인 | 메모리카드 1블록 | 멀티탭지원 1~4인

세계의 유적에 잠든 보물을 발견하는 말판놀이 보드 게임. 실존·가상을 합쳐 약 500종에 달하는

보물을 수록했다. 라이벌을 제치고 세계 제일의 트레저 헌터가 되자.

파이터즈 임팩트

PlayStation | 타이토 | 대전격투 | 1997년 4월 25일 | 5,800엔
플레이어 1~2인 | 메모리카드 1블록

아케이드용 3D 대전격투 게임의 이식작. 캐릭터마다 3가지 유파가 있고, 유파별로 기술·외모도 크게

바뀐다. 다양한 기술을 자유롭게 잇는 '모션 슬라이드 콤보'가 특징이다.

판타스텝

PlayStation | 잘레코 | 어드벤처 | 1997년 4월 25일 | 5,800엔
플레이어 1인 | 메모리카드 1블록

플레이어는 신비한 그림책을 입수했다. 하지만 읽어보니 그림책의 스토리가 뭔가 이상한데!? 그런

그림책의 세계를 바로잡는 것이 목적인 어드벤처 게임이다.

미즈키 시게루의 요괴무투전

PlayStation | KSS | 3D 대전격투 | 1997년 4월 25일 | 5,800엔
플레이어 1~2인

폴리곤으로 묘사된 요괴들이 싸움을 펼치는 대전격투 게임. 캐릭터는 3D로 표현했지만, 시스템

자체는 횡이동 개념이 없는 2D 스타일의 격투 게임이다.

러닝 하이

PlayStation | 시스템 사콤 | 레이싱 | 1997년 4월 25일 | 5,800엔
플레이어 1인 | 메모리카드 1블록

인간의 체력을 극한까지 파워 업시키는 파츠 '컴포넌트 머슬'을 장착하고 직접 두 다리로 달려

시속 200km를 초월하는 초 과격 스타일의 격투 레이싱 게임이다.

GUNDAM 0079 : THE WAR FOR EARTH

PlayStation | 반다이 | 어드벤처 | 1997년 5월 2일 | 7,800엔
플레이어 1인

'기동전사 건담'을 독자적 세계관으로 그려낸 작품. 올바른 선택지를 고르면 게임이 진행된다.

애니메이션과 동일한 성우와 미국인 배우의 조합이 묘한 조화를 이룬다.

더 심리 게임 2

PlayStation | 비지트 | 점술 | 1997년 5월 2일 | 5,800엔
플레이어 1~2인

플레이어의 심리상황을 분석해주는 소프트로 잘 알려진 「더 심리 게임」의 제 2탄. 이번에는 '운세뽑기'와 '럭키 넘버 슬롯' 등의 새로운 요소가 추가되었다.

디 언솔브드

PlayStation | 버진 인터랙티브 | 어드벤처 | 1997년 5월 2일 | 7,800엔
플레이어 1인 | 메모리카드 1블록

세계 곳곳에서 일어난 '초자연현상'이라 불리는 사건을 추리로 해결해가는 어드벤처 게임. 전

체를 할리우드에서 촬영한 실사영상을 빈번하게 사용했다.

주변기기 지원 아이콘 플레이어 1~2인 메모리카드 1~2블록 멀티탭지원 1~4인 마우스 지원 대전케이블 2대 아날로그 조이스틱 SCPH0111(SCEI) 지원 아날로그 컨트롤러 지원 PocketStation 지원 메모리카드 1~2블록 휴대전화접속 케이블 지원 (도코모(모드 휴대전화 지원)) 특체 컨트롤러 SLPH00001(남고) 지원

페이드 투 블랙

일렉트로닉 아츠 빅터 　 액션 　 1997년 5월 2일 　 5,800엔

플레이어 1인 ／ 메모리 카드 4블록

외계인 '모프'의 침략을 받은 태양계가 무대인 3D 어드벤처 게임. 다채로운 액션과 공격은 물론,  퍼즐 요소도 탑재했다. 숨 돌릴 틈 없이 전개되는 SF 드라마를 즐겨보자.

포뮬러 서커스

일본물산 　 레이싱 　 1997년 5월 2일 　 5,800엔

플레이어 1인 ／ 메모리 카드 1블록 ／ 특제 컨트롤러 SLPH00001(남코)지원 ／ 특제 컨트롤러 SLPH00024(음텍)지원

속도감과 치밀하고 리얼한 분위기가 특징인 일본물산의 F1 시리즈 마지막 작품. 후방시점뿐만  아니라 운전석 시점, 탑뷰, 대각선 위 시점으로의 전환도 가능하다.

라이엇 스타즈

헥트 　 시뮬레이션 RPG 　 1997년 5월 2일 　 6,800엔

플레이어 1인 ／ 메모리 카드 2~8블록

전쟁 한복판에서 성장하는 라이엇 스타즈의 활약을 그린 시뮬레이션 RPG. 전략은 헥스 맵으  로, 전투는 실시간 배틀로 전개된다. 등장인물은 120명 이상이다.

열면 안 되는 방

비지트 　 어드벤처 　 1997년 5월 9일 　 5,800엔

플레이어 1인 ／ 메모리 카드 1블록

초고층 빌딩 '베이사이드 래버린스'에서 스토리가 전개되는 사운드 노벨. 주인공인 정신과 의사 등,   개성이 풍부한 등장인물들이 '스페이스 콜로니 개발실험'을 체험한다.

아스카 120% 엑설런트 : BURNING Fest. EXCELLENT

패밀리 소프트 　 대전격투 　 1997년 5월 9일 　 5,800엔

플레이어 1~2인 ／ 메모리 카드 1블록

여학교의 특별활동부 대항 예산쟁탈전을 그린 격투 게임 시리즈의 신작. 시스템과 게임 밸런스  를 세부 조정했고, 스토리 모드를 새로 추가했다.

스테익스 위너 2 : 최강마 전설

자우루스 　 레이싱 　 1997년 5월 9일 　 5,800엔

플레이어 1인 ／ 메모리 카드 1블록

네오지오로 출시된 경마 게임의 제 2탄. 일본 국내·국외 아케이드판을 수록했고, 육성 요소를  도입한 오리지널 모드도 건재하다. 전작의 말 데이터도 읽어올 수 있다.

나노텍 워리어

버진 인터랙티브 　 3D 슈팅 　 1997년 5월 9일 　 6,500엔

플레이어 1인

나노머신의 폭주를 저지하는 것이 목적인 3D 슈팅 게임. 회전하는 튜브 형태의 스테이지를 달리 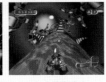 면서 점프로 장애물을 피하며, 최후에 만나는 보스와 싸워야 한다.

네오류드

테크노 소프트 　 RPG 　 1997년 5월 9일 　 6,800엔

플레이어 1인 ／ 메모리 카드 2블록 ／ 마우스 지원

플레이어 캐릭터를 커서로 선택하여 인도해 나가는 '리딩 RPG'. 3인 파티로 모험하며, 어떤 캐    릭터로 대상을 조사하느냐에 따라 보여주는 반응도 달라진다.

코시엔 V

마호 　 스포츠 　 1997년 5월 16일 　 5,800엔

플레이어 1~2인 ／ 메모리 카드 2블록

고교야구 게임의 5번째 작품. 일본 전국 4,000곳 이상의 고교에서 하나를 골라, 코시엔 대회 봄·  여름 연패를 노린다. 유니폼과 선수 이름, 투구 폼을 편집할 수 있다.

지옥선생 누베

반다이 　 시뮬레이션 　 1997년 5월 16일 　 5,800엔

플레이어 1인 ／ 메모리 카드 1블록

'누베'가 담임인 동수초등학교 5학년 3반에 전학 온 학생이 되어, 친구들과 소통하면서 마을 탐   색과 사건 해결을 거쳐 3학기까지를 체험하는 시뮬레이션 게임이다.

심타운

이매지니어 | 시뮬레이션 | 1997년 5월 16일 | 5,800엔

플레이어 1인 | 메모리카드 4블록 | 마우스 지원

필드 내에서 건물을 건설하고 마을을 경영해 나가는 시뮬레이션 게임. 「심시티」와 달리, '자금'이 아니라 '천연자원'을 획득하여 모든 건물을 직접 만들어야 한다.

인디 500

토미 | 레이싱 | 1997년 5월 23일 | 5,800엔

플레이어 1~2인 | 메모리카드 1~9블록

시속 300km를 넘나드는, 모터스포츠의 최고봉 'INDY 500'의 세계를 완전 재현했다. 무대인 '인디애나폴리스 모터 스피드웨이'의 분위기를 게임으로 체험해 보자.

힘내라, 모리카와 군 2호

소니컴퓨터엔터테인먼트 | 시뮬레이션 | 1997년 5월 23일 | 4,800엔

플레이어 1인 | 메모리카드 5블록

개발자의 이름을 게임 타이틀에 넣은, 코믹한 AI 육성 게임. 다양한 상황에서 YES/NO 판정을 주는 식으로 로봇에게 행동을 학습시켜, 자동으로 AI 칩을 수집케 한다.

스파이더

BMG 재팬 | 액션 | 1997년 5월 23일 | 5,800엔

플레이어 1인 | 메모리카드 1블록

인간의 뇌를 이식한 거미가 주인공인 3D 액션 게임. 작은 거미를 조작해 본래 몸을 찾아내고 기술 유출을 막아야 한다. 할리우드 영화의 특수촬영 팀이 제작에 참가했다.

디피트 라이트닝

디 크루즈 | 레이싱 | 1997년 5월 23일 | 5,800엔

플레이어 1인 | 메모리카드 1블록

레이싱의 속도감과 격투의 쾌감을 겸비한 격투 레이싱 게임. 인간형 로봇 '비클'을 조종해 볼을 빼앗아 골인을 노리자. 적기와의 뜨거운 공방전을 즐길 수 있다.

블램! : 머신헤드

버진 인터랙티브 | 3D 슈팅 | 1997년 5월 23일 | 5,800엔

플레이어 1인

아케이드 게임의 속도감과 액션성을 재현한, 조종석 시점의 3D 슈팅 게임. 반응성이 좋은 조작 감각을 구현해, 사이버펑크의 흥분을 맛볼 수 있는 게임이다.

마리의 아틀리에 : 잘부르그의 연금술사

거스트 | RPG | 1997년 5월 23일 | 5,800엔

플레이어 1인 | 메모리카드 1블록

'세계를 구하는 건 이제 질렸다!'라는 사람들을 위한 판타지 연금술 RPG. 낙제생 연금술사 '마리'는 아틀리에를 경영하며 5년 내로 선생님이 인정할 고레벨 아이템을 만들어야 한다. 고객의 주문에 맞춰 다양한 아이템을 제작하자. 귀한 아이템을 얻으려면 용사를 고용해 모험에 보내기도 해야 한다. 마리가 성장하면 더욱 가치 있는 아이템을 만들 수 있게 된다.

런어바웃

야노만 | 액션 | 1997년 5월 23일 | 5,800엔

플레이어 1인 | 메모리카드 1블록 | 특제 컨트롤러 SLPH00001(남코)지원

영화의 카 스턴트 장면을 방불케 하는 폭주 드라이브 액션 게임. 목적을 위해서는 지하철 선로를 돌파하는 위험한 짓도 불사한다! 오토바이부터 탱크까지 차종도 다양하다.

에이스 컴뱃 2

남코 | 3D 슈팅 | 1997년 5월 30일 | 5,800엔

플레이어 1인 | 메모리카드 1블록 | 아날로그 컨트롤러 지원 | 특제 컨트롤러 SLPH00001(남코)지원 | 아날로그 조이스틱 SCPH0111(SCEI)지원

플라이트 슈팅 게임 제 2탄. 전작에 비해 그래픽이 대폭 진화했고, 전장의 상황도 다채로워졌다. 가상의 기체도 등장하는 등, 여러 모로 게임이 업그레이드되었다.

주변기기 지원 아이콘 | 플레이어 1~2인 | 메모리카드 1~2블록 | 멀티탭 지원 1~4인 | 마우스 지원 | 대전케이블 지원 2대 | 아날로그 조이스틱 SCPH0111(SCEI)지원 | 아날로그 컨트롤러 지원 | PocketStation 지원 | 메모리카드 1~2블록 | 휴대전화 접속 케이블 지원(도코모 모드 휴대전화 지원) | 특제 컨트롤러 SLPH00001(남코)지원

에베루즈

타카라 시뮬레이션 1997년 5월 30일 6,800엔

플레이어 1인 / 메모리카드 1블록

마법학교 트리펠즈를 무대로 하여, 5년간의 학생 생활을 통해 능력을 연마하고 클래스메이트와 교류하여 고백을 받는 것이 목적인 연애 시뮬레이션 게임이다.

NHL 파워링크 '97

소니컴퓨터엔터테인먼트 스포츠 1997년 5월 30일 5,800엔

플레이어 1~2인 / 메모리카드 4블록 / 멀티탭지원 1~8인

NHL이 공인한 아이스하키 게임. 선수의 난투, 부상과 퇴장을 충실하게 재현했으며, 멀티탭을 이용하면 최대 4 : 4로 8명까지 동시 플레이가 가능해진다.

그리츠 : 더 피라미드 어드벤처

산요 전기 액션 1997년 5월 30일 5,800엔

플레이어 1~2인 / 멀티탭지원 1~4인

미로처럼 꼬여있는 피라미드 내의 장치들을 조작해, 모래가 쏟아져 나오도록 하여 적을 떠내려 보내는 고정화면 액션 게임. 스토리 모드는 물론, 4인 동시 대전도 가능하다.

케인 더 뱀파이어

BMG 재팬 RPG 1997년 5월 30일 5,800엔

플레이어 1인 / 메모리카드 1블록

흡혈귀가 되어버린 '케인'이, 흡혈귀의 힘을 구사해 적을 물리치며 자신의 운명에 얽힌 수수께끼를 밝혀가는 액션 RPG. 흡혈귀이기에 걸리는 제약도 이 게임만의 묘미다.

슈뢰딩거의 고양이

타카라 어드벤처 1997년 5월 30일 5,800엔

플레이어 1인 / 메모리카드 2블록

미아가 된 자신의 고양이를 찾아 교회에 들어온 '아이리스'가 시공을 뛰어넘는 모험을 겪는 어드벤처 게임. 3D 공간으로 구성된 6가지 세계를 넘나들며 퍼즐을 풀자.

진시황제

샹그릴라 시뮬레이션 1997년 5월 30일 6,600엔

플레이어 1인 / 메모리카드 3블록

기원전의 중국을 무대로, 진왕이 되어 대륙 제패를 노리는 전술 시뮬레이션 게임. 게임이 항상 실시간으로 진행되므로, 전투·보급·편성을 동시에 지시해나가야 한다.

다크 헌터 하편 : 요마의 숲

코에이 에듀테인먼트 1997년 5월 30일 6,800엔

플레이어 1인 / 메모리카드 1블록

영어학습 어드벤처 게임의 하권. 음성은 물론 텍스트도 자유롭게 변경 가능하며, 반복연습·단어참조 기능, 영어능력을 시험하는 연습문제 등도 내장되어 있다.

빅 4WD : 터프 더 트럭

휴먼 레이싱 1997년 5월 30일 5,800엔

플레이어 1인 / 메모리카드 1블록

사륜구동 차량을 운전해 산악·사막·눈길 등의 오프로드 코스를 주파하는 레이싱 게임. 실제 4WD 차량에 가까운 거동을 구현해낸 다이내믹한 움직임이 매력이다.

일본프로골프협회 감수 : 더블 이글

선 소프트 스포츠 1997년 5월 30일 6,800엔

플레이어 1~4인 / 메모리카드 2블록 / 멀티탭지원 1~4인

일본 내에 실존하는 5코스 90홀을 풀폴리곤으로 수록한 골프 게임. 상금왕을 노리는 '상금 배틀 모드'에서는 프로골퍼 스기모토 히데요의 실황해설이 나온다.

일본프로마작연맹 공인 : 도장 깨기

나그자트 마작 1997년 5월 30일 5,800엔

플레이어 1인 / 메모리카드 1블록

연맹이 공인한 마작 게임. 도장의 월례회에서 꾸준히 좋은 성적을 올려 간판을 받는 '도장깨기 모드'와, 1만 국 이상의 프로 패보 데이터를 열람하는 '연구 모드'를 탑재했다.

노부나가 비록 : 하천(下天)의 꿈

아테나　어드벤처　1997년 5월 30일　5,800엔

플레이어 1인 / 메모리카드 1블록

오다 노부나가가 주인공인 사운드 노벨. 오케하자마 전투와 혼노지의 변등의 역사적인 사건  에서 노부나가의 행동을 변화시켜, 이후의 역사를 크게 바꿀 수 있다.

월드 사커 위닝 일레븐 '97
코나미　스포츠　1997년 6월 5일　5,800엔

플레이어 1~2인 / 메모리카드 1블록

코나미의 인기 축구 게임「위닝 일레븐'97」의 1997년도판. 전작에서는 26개 팀이 등장했지만, 이 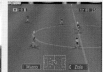 번 작품에선 새로 6개 팀이 늘어 총 32개 팀이 등록되어 있다.

퀀텀 게이트 I : 악몽의 서장
가가 커뮤니케이션즈　어드벤처　1997년 6월 6일　5,800엔

플레이어 1인 / 메모리카드 1블록 / 마우스 지원

행성 내의 광물기지를 지키기 위해 맹독의 대기 및 외계인과 싸우는 어드벤처 게임. 대화와 이 벤트를 풀 모션 비디오로 촬영하여, 영화와 같은 시네마 체험을 즐긴다.

대해 노부나가 전 : 하천 II
아이맥스　시뮬레이션　1997년 6월 6일　6,800엔

플레이어 1인 / 메모리카드 12블록

오다 노부나가가 되어 세계 통일동맹을 노리는 가상역사 시뮬레이션 게임. 계속 바뀌는 세계 역사에  동참해 일본을 세계로 진출시키자. 노부나가로 세계의 영웅과 싸울 수 있다.

바운티 소드 퍼스트
파이오니아 LDC　RPG　1997년 6월 6일　5,800엔

플레이어 1인 / 메모리카드 1~6블록

지시하면 동료가 실시간으로 움직이는 '하이텐스 배틀' 시스템이 특징인 RPG. 슈퍼 패미컴판의 리메  이크로서, 어느 현상금 사냥꾼의 운명의 이야기를 보강된 볼륨으로 그렸다.

냅다즈 포인트
코나미　액션　1997년 6월 12일　4,800엔

플레이어 1~2인 / 메모리카드 1블록 / 멀티탭지원 1~4인

스테이지에 있는 물건이나 사람을 '냅다' 들어서 던져버리는 '냅다즈' 4명이 마구 뒤엉켜 싸우는  액션 게임. 필살기가 담긴 70종 이상의 글러브를 수집·개조할 수도 있다.

얼라이드 제너럴
엑싱　시뮬레이션　1997년 6월 13일　5,800엔

플레이어 1~2인 / 메모리카드 8~14블록

연합군 사령관이 되어 전쟁을 승리로 이끄는 역사 시뮬레이션 게임. '캠페인 모드'와 '시나리오 모드'가 있으며, 육해공 계통으로 다채롭게 나뉜 유닛들을 쓸 수 있다.

파이로 & 클로드
BMG 재팬　액션　1997년 6월 13일　4,800엔

플레이어 1~2인

멀티 스토리로 전개되는 3D 슈팅 게임. '파이로'와 '클로드'라는 우스꽝스러운 2인조가 뉴욕을 지  배하는 갱단에 맞선다. 경쾌한 템포의 미니게임도 즐길 수 있다.

메탈 엔젤 3
빅터 인터랙티브 소프트웨어　시뮬레이션　1997년 6월 13일　6,500엔

플레이어 1인 / 메모리카드 1블록

배틀 슈츠로 싸우는 경기 '풀 메탈 배틀'의 코치가 되어 선수를 육성하는 연애 육성 시뮬레이션 게 임. 대화로 선수를 육성하는 독자적인 시스템을 채용했다. 총 12화 구성.

두근두근 메모리얼 대전 교환구슬
코나미　퍼즐　1997년 6월 19일　5,800엔

플레이어 1~2인 / 메모리카드 1블록

「두근두근 메모리얼」의 캐릭터들이 이번엔「대전 교환구슬」에 등장했다. 구슬을 교환해 없애  나가야 한다. 대전 외에, 문제를 클리어하는 '간파 모드'도 탑재했다.

주변기기 지원 아이콘　플레이어 1~2인　메모리카드 1~2블록　멀티탭지원 1~4인　마우스 지원　대전케이블 2대　아날로그 조이스틱 SCPH0111(SCE)지원　아날로그 컨트롤러 지원　PocketStation 지원　메모리카드 1~2블록　휴대전화 접속 케이블 지원(도코모 i모드 휴대전화 지원)　특제 컨트롤러 SLPH00001(남코) 지원

건담 더 배틀 마스터

 반다이　대전격투　1997년 6월 20일　6,800엔

플레이어 1~2인

'기동전사 건담' 시리즈의 모빌슈츠들이 등장하는 대전격투 게임. 관절을 부위별로 묘사하는 '모션 파츠 시스템'으로, 폴리곤을 전혀 쓰지 않고도 리얼한 모션을 구현해냈다.

잘츠부르크의 마녀

츠카모토　어드벤처　1997년 6월 20일　5,800엔

플레이어 1인 / 메모리카드 1블록

마녀 전설이 남아있는 고성의 탐색 투어에 참가한 그룹이 성에 갇혀 하나씩 죽어가는 가운데, 사건의 수수께끼에 도전하며 탈출을 시도한다. 결말은 멀티 엔딩 방식이다.

제로욘 챔프 DooZy-J

미디어 링　레이싱　1997년 6월 20일　6,800엔

플레이어 1~2인 / 메모리카드 3블록

「제로욘 챔프」시리즈의 5번째 작품. 전작과는 독립된 게임이며, 세계를 전전하며 제로욘(400m 드래그 레이스)에 도전한다. 파트너와의 연애 요소를 새로 도입했다.

솔드 아웃

신코 뮤직　시뮬레이션　1997년 6월 20일　5,800엔

플레이어 1인 / 메모리카드 1~3블록

일본의 음악잡지·악보 출판사인 신코 뮤직이 제작한 밴드 결성 시뮬레이션 게임. 인기 그룹이 되어 CD를 출시하고 라이브 회장을 관객으로 가득 채워보자.

디지컬 리그

어퀘스　스포츠　1997년 6월 20일　5,800엔

플레이어 1~2인 / 메모리카드 4블록

투구의 실감과 타격의 쾌감을 중시한 풀 폴리곤 야구 게임. 97년도 최신 데이터를 수록해 현장감이 있다. 투구시 볼의 높이를 구분해 던지는 독자적인 시스템을 채용했다.

퍼즐 아레나 : 투신전

타카라　퍼즐　1997년 6월 20일　4,800엔

플레이어 1~2인 / 메모리카드 1블록

「투신전」의 캐릭터들이 대전하는 낙하계 퍼즐 게임. 같은 색 구슬을 3개 붙이면 사라지고, 연쇄도 가능하다. 게이지가 채워지면 일발역전이 가능한 필살기도 쓸 수 있다.

파이널 판타지 택틱스

스퀘어　시뮬레이션 RPG　1997년 6월 20일　6,800엔

플레이어 1인 / 메모리카드 1블록

FF 시리즈 최초의 시뮬레이션 RPG. '이발리스'라는 세계에서 일어난 '사자전쟁'을 무대로, '람자'와 '딜리터'라는 두 젊은이의 운명이 얽히는 이야기를 그려냈다.

FIFA 사커 97

일렉트로닉 아츠 빅터　스포츠　1997년 6월 20일　5,800엔

플레이어 1~2인 / 메모리카드 1블록 / 멀티지원 1~8인

세계 각국의 프로 축구 리그에 소속된 255개 팀의 총 4,000명에 달하는 선수들이 등록된 축구 게임. 1997년도 기준의 선수 데이터를 사용했다.

BABY UNIVERSE

소니컴퓨터엔터테인먼트　기타　1997년 6월 20일　4,800엔

플레이어 1인 / 메모리카드 1블록

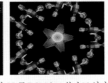

자유롭게 시점을 바꿀 수 있는 3D 만화경 소프트. '주얼'이란 3D 오브젝트를 조합하고 동작을 설정하면 끝이라, 조작이 간단하다. 보유한 음악 CD로 BGM으로 쓸 수도 있다.

임팩트 레이싱

코코너츠 재팬 엔터테인먼트　레이싱　1997년 6월 27일　6,800엔

플레이어 1인 / 메모리카드 1블록

'마지막까지 살아남는 자는 누구냐!?' 코스를 달리는 라이벌 차량을 머신건으로 파괴하라! 완전 무규칙으로 펼쳐지는, 레이싱과 슈팅을 융합시킨 통쾌함 넘치는 작품이다.

QUIZ 일곱 빛깔 DREAMS : 무지갯빛 마을의 기적

캡콤　퀴즈　1997년 6월 27일　5,800엔

플레이어 1~2인　메모리카드 1블록

연애 요소를 도입한 퀴즈 게임이며, 아케이드판의 이식작이다. 말판놀이 맵 상에서 조우하는 히로인의 퀴즈에 답하며, 일정 수 클리어할 때마다 관계가 깊어지게 된다.

주간 프로레슬링 감수 : 프로레슬링 전국전

KSS　시뮬레이션　1997년 6월 27일　5,800엔

플레이어 1인　메모리카드 2블록　마우스 지원

주간 '프로레슬링'의 감수로, 일본 프로레슬링의 역사를 재현한 타이틀. 초창기·이종격투기 시대·다단체 시대 중에서 골라 단체를 창설하고, 시합을 치르며 선수를 육성하자.

진설 사무라이 스피리츠 : 무사도열전

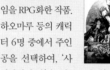 

SNK　RPG　1997년 6월 27일　6,800엔

플레이어 1인　메모리카드 1~2블록

인기 검술 대전 게임을 RPG화한 작품. 하오마루 등의 캐릭터 6명 중에서 주인공을 선택하여, '사천강림의 장'·'요화통곡의 장'의 두 시나리오를 플레이할 수 있다.

스트레스리스 레슨 : 레스 레스

맥스파이브　퍼즐　1997년 6월 27일　4,980엔

플레이어 1~2인　메모리카드 1블록

연애 요소를 전면에 내세운 낙하계 퍼즐 게임. 마음에 둔 상대(동성도 가능)에 고백하려는 것을 방해하는 캐릭터와 대전한다는 스토리로서, 점수가 고백 결과에 영향을 준다.

제로 디바이드 2 : 더 시크릿 위시

줌　3D 대전격투　1997년 6월 27일　5,800엔

플레이어 1~2인　메모리카드 1블록

공성 프로그램간의 전투를 그린 SF 3D 격투 게임의 속편. 캐릭터 모델을 리뉴얼했고, 초당 60프레임으로 그래픽을 묘사하여 더욱 부드러운 모션을 구현해냈다.

토탈 NBA '97

소니컴퓨터엔터테인먼트　스포츠　1997년 6월 27일　4,800엔

플레이어 1~2인　메모리카드 3블록　멀티탭지원 1~8인

1997년도 NBA 선수들이 실명으로 등장하는 농구 게임. 화려한 덩크 슛 등, 선수들의 모션을 리얼하게 재현한 압권의 그래픽은 그야말로 현장감이 발군이다.

넥스트 킹 : 사랑의 천년왕국

반다이　시뮬레이션　1997년 6월 27일　6,800엔

플레이어 1~4인　메모리카드 1블록　멀티탭지원 1~4인

차기 국왕 후보인 4명의 왕자 중 하나가 되어, 히로인 12명의 마음을 사로잡고 국왕이 되어 히로인에 고백하여 성공하는 것이 목적인 보드 게임이다.

포메이션 사커 '97 : The road to France

휴먼　스포츠　1997년 6월 27일　5,800엔

플레이어 1~2인　메모리카드 1블록

풀 폴리곤으로 그래픽을 표현한 축구 게임. 핵심 포지션의 선수가 볼을 잡으면 다른 선수들이 자동적으로 따라붙는 '포지션 서포트 시스템'을 탑재했다.

EOS : 엣지 오브 스카이하이

마이크로네트　3D 슈팅　1997년 7월 3일　5,800엔

플레이어 1인　메모리카드 1블록　아날로그 조이스틱 SCPH0111(SCEI) 지원

이동능력과 공격범위가 다른 2가지 형태로 변신할 수 있는 플레이어 기체를 상황에 맞춰 전환하며 싸우는 3D 슈팅 게임. 다수의 적을 조준해 일소하는 쾌감이 매력이다.

엔젤 블레이드

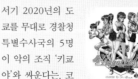 

온 디맨드　시뮬레이션　1997년 7월 3일　5,800엔

플레이어 1인　메모리카드 1~3블록

서기 2020년의 도쿄를 무대로 경찰청 특별수사국의 5명이 악의 조직 '키쿄야'와 싸운다는, 코믹한 스토리의 가볍고 쉬운 시뮬레이션 게임. 대사는 풀 보이스로 나온다.

주변기기 지원 아이콘　플레이어 1~2인　메모리카드 1~2블록　멀티탭지원 1~4인　마우스 지원　대전케이블 2대　아날로그 조이스틱 SCPH0111(SCEI) 지원　아날로그 컨트롤러 지원　PocketStation 지원　메모리카드 1~2블록　휴대전화접속 케이블 지원 (도코모 [모드 대전화용]지원)　특제 컨트롤러 SLPH00001(남코) 지원

HARDWARE

1994
1995
1996
1997
1998
1999
2000
2001
2002
2003
2004
INDEX

오버 드라이빙 II

일렉트로닉 아츠 빅터 레이싱 1997년 7월 3일 5,800엔

플레이어 1~2인 | 메모리카드 1블록 | 특제 컨트롤러 SLPH00001(남코)지원

'최고속의 야수들, 여기에 모이다!'라는 선전문구대로, 세계 각국 스포츠카의 주행감을 플레이스테이션으로 체험하는 레이싱 게임. 8개 차종을 라이선스 하에 수록했다.

사라만다 DELUXE PACK PLUS

코나미 슈팅 1997년 7월 3일 5,800엔

플레이어 1~2인 | 메모리카드 1블록

가로·세로 스크롤을 모두 즐길 수 있는 슈팅 게임 「사라만다」와 속편 「사라만다 2」는 물론, 첫 작품의 개변 버전인 「라이프 포스」까지 총 3개 작품을 수록했다.

바디 해저드

휴먼 어드벤처 1997년 7월 3일 5,800엔

플레이어 1인

자신의 육체 하나로 거대한 적과 맞서는 3D 액션 어드벤처 게임. 무기가 일절 없으며, 격투만으로 월드를 전진해간다. 구사 가능한 기술은 약 50종류에 달한다.

매드 스토커 : 풀메탈 포스

패밀리 소프트 액션 1997년 7월 3일 5,800엔

플레이어 1~2인 | 메모리카드 1블록

샤프 사의 PC인 X68000으로 발매되었던, 격투 게임의 시스템을 도입한 횡스크롤 로봇 액션 게임의 이식작. 스토리 모드 외에 2인 대전 모드도 준비했다.

아머드 코어

프롬 소프트웨어 액션 1997년 7월 10일 5,800엔

플레이어 1~2인 | 메모리카드 1~3블록 | 대전케이블 지원

기업들이 지배하며 세력다툼을 반복하는 세계에서, 전투 메카를 조종하는 용병 '레이븐'이 되어 호위·파괴공작 등의 다양한 의뢰를 받아 미션을 수행하는 액션 게임. 머리·몸체·팔·다리·무장 등 부위별로 준비된 수많은 파츠를 자신의 취향대로 조합해 기체를 구축하여 3D 공간을 자유롭게 이동할 수 있어, 전투 메카닉 애호자들의 꿈을 이루어준 작품이다.

더 킹 오브 파이터즈 '96

SNK 대전격투 1997년 7월 4일 5,800엔

플레이어 1~2인 | 메모리카드 1블록

SNK 캐릭터들이 한데 모이는 올스타 대전격투 게임. 전작에서 이어지는 '오로치 3부작'의 제 2장이다. 긴급회피와 소·중 점프가 추가되는 등, 시스템도 대폭 변경되었다.

퀘스트 포 페임

소니컴퓨터엔터테인먼트 리듬 액션 1997년 7월 10일 6,800엔

플레이어 1인 | 메모리카드 5블록

록밴드 '에어로스미스'와 함께 연주할 수 있는, 팬들에겐 꿈의 작품. 'VPick'이라는 전용 컨트롤러를 이용해, 실제로 기타를 치는 듯한 플레이 감각을 맛볼 수 있다.

서기 1999 : 파라오의 부활

BMG 재팬 액션 1997년 7월 10일 5,800엔

플레이어 1~2인 | 메모리카드 1블록

서기 1999년이 무대인 3D 액션 어드벤처 게임. 에일리언이 지배하는 이집트 유적에서, 람세스 왕의 도움을 받으며 8종류의 무기를 구사해 에일리언과 싸우자.

두근두근 메모리얼 드라마 시리즈 vol.1 : 무지갯빛 청춘

코나미 어드벤처 1997년 7월 10일 4,800엔

플레이어 1인 | 메모리카드 2블록 | 마우스 지원

「두근두근 메모리얼」의 개별 히로인에 초점을 맞춘 청춘 어드벤처 시리즈의 첫 작품. 특히 인기가 많았던 니지노 사키가 히로인이며, 축구부에서의 드라마를 그렸다.

사가 프론티어

 PlayStation | 스퀘어 | RPG | 1997년 7월 11일 | 6,800엔

플레이어 1인 · 메모리카드 2블록

「사가」 시리즈의 7번째 작품. 7명의 주인공 중에서 임의의 캐릭터를 선택해 스토리를 진행하자. '프리 시나리오 시스템'을 탑재해, 도중의 선택으로 스토리 전개가 바뀐다.

캣 더 리퍼 : 13명째의 탐정사

PlayStation | 토킨 하우스 | 어드벤처 | 1997년 7월 17일 | 5,800엔

플레이어 1인 · 메모리카드 1블록 · 마우스 지원

야마구치 마사야의 미스터리 소설을 어드벤처 게임화했다. 평행세계의 영국을 무대로, 시체가 있는 방에서 눈을 뜬 주인공이 자신의 혐의를 벗기 위해 조사를 시작한다.

클락 타워 : 더 퍼스트 피어

PlayStation | 휴먼 | 어드벤처 | 1997년 7월 17일 | 3,800엔

플레이어 1인 · 메모리카드 1블록 · 마우스 지원

화면상의 포인트를 클릭해 주인공 '제니퍼'에게 지시를 내려 조작하여, 살인귀가 배회하는 저택에서 탈출해야만 하는 '시네마틱 탈출 호러' 게임이다.

공각기동대 : GHOST IN THE SHELL

 PlayStation | 소니컴퓨터엔터테인먼트 | 3D 슈팅 | 1997년 7월 17일 | 5,800엔

플레이어 1인 · 메모리카드 1~3블록

벽에 붙어 이동 가능한 AI 탱크 '후치코마'로 적을 전멸시키는 액션 슈팅 게임. 원작 만화의 세계관을 준수해 게임화했고, 음악에 테크노 계의 유명 아티스트들이 참가했다.

스트리트 파이터 EX plus α

PlayStation | 캡콤 | 3D 대전격투 | 1997년 7월 17일 | 5,800엔

플레이어 1~2인 · 메모리카드 1블록

시리즈 최초로 캐릭터를 3D 폴리곤화한 아케이드 작품의 업그레이드 이식판. 플레이 감각은 2D 격투게임 그대로이나, 슈퍼 캔슬·가드 브레이크 등의 신 시스템도 탑재했다.

더비 스탈리언

 PlayStation | 아스키 | 시뮬레이션 | 1997년 7월 17일 | 6,800엔

플레이어 1인 · 메모리카드 5~15블록

경주마 육성 게임 장르의 시초격인 시리즈의 신작으로, 마주·조교사 시점에서 경주마를 육성해 GI 레이스 제패를 노리는 게임이다. '니트로 이론'이 등장한 첫 작품이기도.

초인학원 고우카이저

PlayStation | 어번 플랜트 | 대전격투 | 1997년 7월 17일 | 5,800엔

플레이어 1~2인

아케이드·네오지오용 대전격투 게임의 이식판. 원작에서 일부 기술을 교체했고, 성능과 커맨드를 변경했다. 캐릭터 데이터베이스와 3D 스테이지 모드를 새로 추가했다.

버추얼 비룡의 권

  PocketStation | 컬처 브레인 | 3D 대전격투 | 1997년 7월 17일 | 5,800엔

플레이어 1~2인 · 메모리카드 1블록

컬처 브레인 사의 대표작 시리즈를 3D 대전격투 게임화했다. 강력한 '비오의', 적이 공격하는 장소를 알려주는 '심안' 등, 시리즈 팬에게 친숙한 시스템을 채용했다.

바운더리 게이트

PlayStation | 빅터 인터랙티브 소프트웨어 | RPG | 1997년 7월 17일 | 5,800엔

플레이어 1인 · 메모리카드 2블록

3D 던전형 RPG. 의료기술이 고도로 발달한 모달그로우 왕국에서, 용병 '핀'과 소녀 '리스프'가 만나 함께 모험하는 와중에 왕국의 전설에 숨겨진 비밀에 접근하게 된다.

프루프 클럽

   PlayStation | 유타카 | 파티 | 1997년 7월 17일 | 5,800엔

플레이어 1~5인 · 메모리카드 5블록 · 멀티탭지원 1~5인

'당신은 명탐정이 될 수 있을까?'라는 선전문구를 내세운, 다인 플레이로 진행 가능한 추리 보드 게임. 손에 든 카드를 잘 사용하여 가장 먼저 범인을 찾아내자.

주변기기 지원 아이콘   플레이어 1~2인 메모리카드 1~2블록 멀티탭지원 1~4인  마우스 지원 · 대전케이블 2대 · 아날로그 조이스틱 SCPH0111(SCEI) 지원 아날로그 컨트롤러 지원 PocketStation 지원 · 메모리카드 1~2블록 휴대전화 접속 케이블 지원(도코모i모드 휴대전화지원) · 특제 컨트롤러 SLPH00001(남코) 지원

모두의 GOLF

 소니컴퓨터엔터테인먼트　스포츠　1997년 7월 17일　4,800엔

플레이어 1~4인　메모리카드 3블록　멀티탭지원 1~4인

후일 플레이스테이션을 대표하게 되는 간판 골프 게임 시리즈의 기념비적인 첫 작품. 누구라도 간단히 조작할 수 있으면서도 제대로 만들어진 본격 3D 골프 게임으로서, 판매량 200만 장을 돌파한 대히트작이 되었다. 6개 코스의 총 108홀을 플레이할 수 있다. 등장 캐릭터는 10명이고, 멀티탭도 지원해 4명까지 동시에 플레이 가능하다.

괴물 파라☆다이스

일렉트로닉 아츠 빅터　파티　1997년 7월 17일　5,800엔

플레이어 1~8인　메모리카드 1블록　멀티탭지원 1~8인

RPG와 보드 게임을 융합시켰다. 플레이어는 트레져 헌터가 되어, 저택 꼭대기에 있는 보물을 노린다. 나타나는 몬스터와 싸우다, 체력이 바닥나면 출발점으로 되돌아간다.

라이드기어 가이브레이브

액셀라　액션 RPG　1997년 7월 17일　5,800엔

플레이어 1~2인　메모리카드 1블록

'라이드기어'라는 로봇으로 싸우는 3D 액션 RPG. 선택 가능한 플레이어는 4명이며, 장비 가능한 무기는 50종 이상이다. 화성군에 사로잡힌 수수께끼의 미소녀를 구출하자.

랠리 크로스

소니컴퓨터엔터테인먼트　레이싱　1997년 7월 17일　5,800엔

플레이어 1~2인　메모리카드 1~3블록

치열한 오프로드 레이스를 즐겨라! 기상천외한 코스를 이리 구르고 저리 부딪치며 펼치는 라이벌 카와의 처절한 배틀. 뜨거운 랠리의 박력을 한껏 체험해보자.

봄빙 아일랜드

켐코　퍼즐　1997년 7월 18일　4,800엔

플레이어 1인

스테이지 여기저기 흩어져있는 폭탄을 연속 폭발하도록 잘 재배치해, 불이 붙는 폭탄을 점화시켜 모두 폭파하는 게 목적인 퍼즐 게임. 움직이는 바닥을 잘 이용하자.

아웃 라이브 : Be Eliminate Yesterday

선 소프트　RPG　1997년 7월 24일　5,800엔

플레이어 1인　메모리카드 2블록

PC엔진용 게임 「아웃 라이브」가 원작인 SF 3D RPG. 조종석 시점으로 던전을 탐색해, 미션을 수행하면서 자신의 메카닉을 강화해야 한다.

NHL 97

일렉트로닉 아츠 빅터　스포츠　1997년 7월 24일　5,800엔

플레이어 1~2인　메모리카드 1블록　멀티탭지원 1~8인

스틱으로 퍽을 상대 골에 쳐 넣는 겨울의 간판 스포츠, 아이스하키. 빙상 특유의 퍽의 궤적과 플레이어 이동시의 관성 등을 리얼하게 표현했다.

카니지 하트 EZ

아트딩크　시뮬레이션　1997년 7월 24일　5,700엔

플레이어 1인　메모리카드 5블록　마우스 지원

「카니지 하트」의 밸런스 조정판. 'EZ'에는 '간단히'라는 의미가 담겨있으며, 더욱 간단하게 기체 프로그램을 짤 수 있도록 'EZ 매크로' 등의 시스템을 도입했다.

여기는 잘나가는 파출소 : 하이테크 빌딩 침공 저지 작전! 편

반다이　시뮬레이션　1997년 7월 24일　6,800엔

플레이어 1인　메모리카드 2블록

같은 제목의 인기 만화를 리얼타임 시뮬레이션 게임화했다. 플레이어는 하이테크 빌딩을 경비하는 쪽이 되어, 최상층을 목표로 침입해오는 료츠 일행 4명을 격퇴해야 한다.

치지

잘레코　액션　1997년 7월 24일　5,800엔

플레이어 1인

쥐 '치지'를 조작해 닥터 켐의 성에서 탈출해야 하는 3D 액션 게임. 나뭇잎으로 서핑하거나 3D로 쫓고 쫓기는 장면 등, 다양한 액션이 가득하다.

초광속 그랜돌

반다이 비주얼　액션　1997년 7월 24일　5,800엔

플레이어 1인　메모리카드 1블록

특촬영화 매니아인 주인공이 돌연 입수한 그랜슈츠를 입고 변신하여, 습격해오는 적과 싸우다 자신의 정체를 알게 된다. 슈츠의 특성을 잘 살린 배틀 액션 게임.

DX 인생게임 II

타카라　파티　1997년 7월 24일　5,800엔

플레이어 1~4인　메모리카드 1블록　멀티탭지원 1~4인

일본에서는 대중적인 인기 보드 게임 '인생게임' 시리즈를 플레이스테이션으로 즐긴다. 희망하는 유희기간을 설정할 수 있게 되어, 단기간으로 가볍게 플레이 가능해졌다.

니시진 파친코 천국 Vol.2

KSS　파친코　1997년 7월 24일　5,800엔

플레이어 1인　메모리카드 1블록

'CR 얏타루데'·'CR 매직 박스'·'봄이 최고야' 등, 당시의 인기 기종 5종류를 수록한 파친코 실기 시뮬레이터. 못을 직접 조정해 플레이의 감을 잡아보자.

마이 홈 드림

빅터 인터랙티브 소프트웨어　시뮬레이션　1997년 7월 24일　5,800엔

플레이어 1인　메모리카드 10블록

이상적인 집을 플레이스테이션의 폴리곤 기능으로 디자인해보는 '마이 홈 모드'와, 1급 건축사가 되어 의뢰주를 위해 디자인해주는 '스토리 모드'로 집을 건축해보자.

락 클라이밍 미답봉을 향한 도전 : 알프스 편

위넷　시뮬레이션　1997년 7월 24일　5,800엔

플레이어 1인　메모리카드 1블록

혹한 속에서 알프스를 단독 등정해야 하는 등산 시뮬레이션 게임. 부서지는 바위와 빙벽, 플레이어의 앞길을 막는 난관을 뛰어넘어 알프스를 제패해 보자.

몬스터 팜

테크모　시뮬레이션　1997년 7월 24일　5,800엔

플레이어 1~2인　메모리카드 1블록

음악 CD나 다른 게임 디스크를 플레이스테이션 본체에 넣어 읽어들이면 새로운 몬스터가 태어난다. 플레이어는 몬스터 팜의 사육사가 되어 다양한 몬스터들을 육성해내야 한다. 모든 몬스터를 탄생시키려면 다양한 종류의 CD를 넣고 읽어봐야 하며, 매우 드문 장르의 CD가 있어야만 탄생하는 레어 몬스터도 존재한다.

아크 더 래드 : 몬스터 게임 with 카지노 게임

소니컴퓨터엔터테인먼트　테이블　1997년 7월 31일　4,800엔

플레이어 1~2인　메모리카드 2블록

인기 RPG 「아크 더 래드 II」의 세이브 데이터를 사용하는 버라이어터 소프트. 몬스터를 이용하는 게임과 원작의 전 대사를 듣는 모드, 5종류의 카지노 게임을 수록했다.

X-COM : 미지의 침략자

미디어퀘스트　시뮬레이션　1997년 7월 31일　5,800엔

플레이어 1인　메모리카드 9블록　마우스 지원

국제비밀조직 'X-COM'을 지휘해 지구를 지키는 전략 시뮬레이션 게임. 리얼리티를 추구해, 기지를 강화하는 운영 파트와, 우주인과 싸워 테러를 진압하는 전투 파트로 나뉜다.

주변기기 지원 아이콘　플레이어 1~2인　메모리카드 1~2블록　멀티탭지원 1~4인　마우스 지원　대전케이블 2대　아날로그 조이스틱 SCPH0111(SCEI) 지원　아날로그 컨트롤러 지원　PocketStation 지원　메모리카드 1~2블록　휴대전화 접속 케이블 지원(도코모 모드 휴대전화 지원)　특제 컨트롤러 SLPH00001(남코) 지원

기동전사 건담 : PERFECT ONE YEAR WAR
반다이 시뮬레이션 1997년 7월 31일 6,800엔

플레이어 1~2인　메모리카드 4블록　마우스 지원

'기동전사 건담'의 1년 전쟁을 테마로 삼은 전략 시뮬레이션 게임. 애니메이션의 내용을 재현한 모드와 'if'의 역사를 체험하는 모드, 2P 대전 모드의 3종류를 탑재했다.

격돌! 4WD 배틀
코코너츠 재팬 엔터테인먼트 레이싱 1997년 7월 31일 5,800엔

플레이어 1~2인　메모리카드 1블록

어떤 지형이든 믿음직스러운 4WD! 세계에서 활약하는 사륜구동 차량을 테마로 삼은 3D 카 레이싱 게임. 험난한 오프로드도 4WD 특유의 다이내믹한 주행으로 돌파하자.

신성전 메가시드 : 부활편
반프레스토 RPG 1997년 7월 31일 5,800엔

플레이어 1인　메모리카드 1블록

독특한 모습의 히어로로로 변신해 싸우는 SF 시뮬레이션 RPG. 주인공 '유우키'가 되어 바이오 파이터로 변신해, 악의 조직 바이드나가 납치한 여동생 루마를 구출해내자.

스페이스 인베이더
타이토 슈팅 1997년 7월 31일 2,800엔

플레이어 1~2인　메모리카드 1블록

1970년대 후반에 일본의 게임센터에서 대히트했던 「스페이스 인베이더」의 이식판. 원작을 충실히 이식했으며, 대전 플레이가 가능한 모드를 새로 추가했다.

트레저 기어
미라이소프트 RPG 1997년 7월 31일 5,800엔

플레이어 1인　메모리카드 2블록

플레이할 때마다 던전 구조가 변화하기에 여러 번 즐길 수 있는 RPG. 적과의 인카운트 연출이 없는 실시간 전투에다 오토 매핑 기능도 있어서, 진행 템포가 경쾌하다!

버추얼 볼링
일본물산 스포츠 1997년 7월 31일 6,800엔

플레이어 1~6인　메모리카드 1블록　멀티탭지원 1~6인

멀티탭을 지원해 최대 6명까지 플레이 가능한 볼링 게임. 자신의 볼은 무게와 재질까지 자유롭게 고를 수 있고, 플레이하는 레인의 컨디션도 설정 가능하다.

하드 블로우
일렉트로닉 아츠 빅터 시뮬레이션 1997년 7월 31일 5,800엔

플레이어 1~2인　메모리카드 1블록

'기다려라! 세계의 강자들!' 세계를 누비며 싸우는 복서를 육성하는 시뮬레이션 게임. 신인 선수를 단련시키는 연습 스케줄을 효과적으로 짜 성장시키자.

THE FIGHTING!
코단샤 시뮬레이션 1997년 7월 31일 5,800엔

플레이어 1~2인　메모리카드 1블록

인기 권투 만화(원제는 '시작의 일보 THE FIGHTING!')를 육성 시뮬레이션 게임화했다. 시합은 사전에 설정한 로직에 따라 진행되므로, 액션 게임에 약해도 해볼 만하다.

파치슬로 완전공략 : 유니버설 공식 가이드 Volume 2
시스컴 엔터테인먼트 파치슬로 1997년 7월 31일 6,800엔

플레이어 1인　메모리카드 1~13블록

유니버설 사의 명기들을 수록한 파치슬로 실기 시뮬레이터. '크랭키 콘도르'·'게터 마우스' 등, 5호기로도 복각된 인기 작품들을 수록했다.

첫사랑 밸런타인
패밀리 소프트 시뮬레이션 1997년 7월 31일 5,800엔

플레이어 1인　메모리카드 1블록　마우스 지원

히로인이 21명이나 나오는 연애육성 시뮬레이션 게임. 고교 2년간 자신을 연마하며 학창생활을 만끽하자. 좋아하는 소녀의 신발장에 편지를 넣는 오리지널 시스템이 있다.

베이스볼 내비게이터

엔젤 시뮬레이션 1997년 7월 31일 5,800엔

플레이어 1~2인 메모리카드 7~14블록

명승부는 선수만이 아니라 감독도 만들 수 있다!? 시합을 잘 이끌어 관중을 매료시키는 드라마를 연출하는 감독이 될 수 있을까? 감독 시점으로 플레이하는 야구 게임.

마스터 오브 몬스터즈 : 새벽녘의 현자들

도시바 EMI 시뮬레이션 1997년 7월 31일 5,800엔

플레이어 1~4인 메모리카드 3블록

이세계를 무대로, 몬스터를 소환해 전투하는 전술 시뮬레이션 게임. 스토리를 새로 추가하여, 맵을 클리어할 때마다 비주얼 신이 삽입된다.

랑그릿사 I & II

메사이야 RPG 1997년 7월 31일 5,800엔

플레이어 1인 메모리카드 4블록

인기 시뮬레이션 RPG「데어 랑그릿사」의 시스템을 기반으로 삼아,「랑그릿사」·「랑그릿사 II」를 합본 이식한 작품. 적군의 사고 루틴을 고속화했다.

리시프로 히트 5000

엑싱 레이싱 1997년 7월 31일 5,800엔

플레이어 1~2인 메모리카드 1블록

'라이트닝' 등, 실존했던 리시프로(피스톤 엔진) 비행기를 조종하는 에어 레이싱 게임. 고도에 주의하며 계곡 등의 좁은 코스를 비행한다. 숨겨진 기체 중엔 제트기도 있다.

록맨 X4

캡콤 액션 1997년 8월 1일 5,800엔

플레이어 1인 메모리카드 1블록

「록맨 X」시리즈 제4탄. 플레이어 캐릭터를 '엑스'와 '제로' 중에서 선택할 수 있는 더블 히어로 시스템을 채용했으며, 어느 쪽을 고르느냐로 스토리 전개도 변화한다.

알카노이드 리턴즈

타이토 액션 1997년 8월 7일 4,800엔

플레이어 1~2인 메모리카드 1~2블록 마우스 지원 특제 컨트롤러 SLPH00015(남코)지원

블록깨기 게임「알카노이드」의 아케이드판 3번째 작품을 이식했다. 오리지널판은 물론 어레인지판인 엑스트라 모드, 대전에 특화시킨 스쿼시 모드도 즐길 수 있다.

엘프 사냥꾼 : 완전판

알트론 어드벤처 1997년 8월 7일 7,800엔

플레이어 1인 메모리카드 1블록

인기 애니메이션(원제는 '엘프를 사냥하는 자들')의 어드벤처 게임판. 신규 녹음한 게임판 전용 대사를 추가했고, 원작 만화·애니메이션 관련 퀴즈와 미니게임 등도 넣었다.

건블릿

남코 건 슈팅 1997년 8월 7일 5,800엔

플레이어 1~2인 메모리카드 1블록 특제 컨트롤러 SLPH00034(남코)지원

다양한 미니게임들로 구성된 버라이어티 건 슈팅 게임으로서, 아케이드판의 이식작. 플레이스테이션판에는 RPG 요소를 도입한 '퀘스트 모드'도 수록했다.

Jet Moto

소니컴퓨터엔터테인먼트 레이싱 1997년 8월 7일 5,800엔

플레이어 1~2인 메모리카드 1~3블록

수륙양용 에어바이크를 타고 도로·눈길·수면 등 다양한 지형으로 이루어진 코스를 주파하는 레이싱 게임. 흥겨운 BGM과 함께 라이벌을 제쳐버려라!

슈퍼 블랙배스 X

스타피시 스포츠 1997년 8월 7일 5,800엔

플레이어 1인 메모리카드 1블록

플레이스테이션의 기능을 완전 활용해, 리얼하게 헤엄치는 물고기와 루어 등 모든 요소를 풀 폴리곤으로 묘사한 낚시 게임. 수면 아래의 움직임을 보며 대어를 낚아보자.

창고지기 베이식
이토추 상사　퍼즐　1997년 8월 7일　3,800엔

플레이어 1인　메모리카드 4~13블록

곳곳에 흩어져있는 화물을 격납장소로 지 밀어 옮기는 퍼즐 게임. 상하좌우 4방향으로 화물을 밀어, 옮기는 순번과 외통수 위험에 주의하며 모든 화물을 원위치시키자.

타임 크라이시스
남코　건 슈팅　1997년 8월 7일　5,800엔

플레이어 1인　메모리카드 1블록　특제 컨트롤러 SLPH00034(남코)지원

아케이드판 건 슈팅 게임의 이식작. 동시 발매된 '건콘'이 있으면 화면을 직접 겨냥할 수 있으며, 원작에선 풋 페달로 조작했던 '숨기'는 건콘의 사이드 버튼을 누르면 된다.

동급생 2
반프레스토　어드벤처　1997년 8월 7일　6,800엔

플레이어 1인　메모리카드 2~7블록　마우스 지원

명작 연애 어드벤처 게임의 이식판. 성인용 게임이었던 원작의 선정적 장면은 이식 과정에서 삭제했으나, 대신 소녀들의 보이스와 신 캐릭터 및 CG를 새로 추가했다.

판처 밴디트
반프레스토　액션　1997년 8월 7일　5,800엔

플레이어 1~2인　메모리카드 1블록　멀티탭 지원 1~4인

기계와 마법이 혼재한 세계를 무대로 펼쳐지는 횡스크롤 격투 액션 게임. 스토리 모드는 2인 협력 플레이가 가능하고, 대전 모드에선 4인 동시로도 즐길 수 있다.

미소녀 화투기행 미치노쿠 비탕 사랑 이야기
포그　어드벤처　1997년 8월 7일　5,800엔

플레이어 1인　메모리카드 3~6블록

사진 촬영권을 걸고 히로인과 화투로 승부하는 어드벤처 게임. 실제 일본의 풍경 사진을 사용해, 여행 게임의 특징도 겸비했다. 온천 촬영 신은 세가새턴판보다 노출도가 낮다.

파이팅 네트워크 : 링스
나그자트　대전격투　1997년 8월 7일　5,800엔

플레이어 1~2인　메모리카드 1블록

마에다 아키라가 이끌던 종합격투기단체 '링스'의 선수 15명이 실명으로 등장하는 격투기 게임. 모션 캡처를 이용해 그라운드 기술·관절기 등까지 제대로 수록했다.

미나카타 하쿠도 등장
아틀라스　어드벤처　1997년 8월 7일　5,800엔

플레이어 1인　메모리카드 1블록

범죄 추리 전문가인 대학교수 '미나카타 하쿠도'가 비디오 녹화영상을 보며 사건을 해결하는 추리 어드벤처 게임. 영상에 숨겨진 의문점을 지적해, 사건의 진상에 도달하자.

메탈 슬러그
SNK　액션　1997년 8월 7일　5,800엔

플레이어 1~2인　메모리카드 1블록

아케이드에서 인기가 많았던 액션 슈팅 게임의 이식작. 오리지널 요소로서, 교관의 지도를 받는 '컴뱃 스쿨' 등 다수의 게임 모드를 추가 수록했다.

라이프스케이프 2 바디 바이오닉스 : 경이의 소우주, 인체
미디어퀘스트　에듀테인먼트　1997년 8월 7일　5,800엔

플레이어 1인　메모리카드 1블록

인체를 소재로 다룬 NHK 스페셜 다큐멘터리를 CG와 텍스트로 학습하는 소프트. 게임 모드에서는 인체 내부를 모방한 스테이지에서 3D 슈팅 게임을 즐길 수 있다.

X2
캡콤　슈팅　1997년 8월 21일　5,800엔

플레이어 1~2인

영국의 게임 제작사인 Team17이 개발한 스크롤 슈팅 게임. 스테이지 진행 도중에 스크롤 방향이 가로·세로로 전환되는 등, 유저가 싫증날 새가 없도록 구성했다.

스타보더즈

어클레임 재팬 3D 슈팅 1997년 8월 21일 5,800엔

플레이어 1인 / 메모리카드 1블록

행성 '테라'를 무대로 한 싸움을 그린 3D 슈팅 게임. 3D 택티컬 맵 상에서 다양한 공략 루트를 선택할 수 있다. 플레이어의 실력에 따라 스테이지 구성도 변화된다.

드래곤볼 : 파이널 바웃

반다이 3D 대전격투 1997년 8월 21일 5,800엔

플레이어 1~8인 / 메모리카드 1블록

발매 당시 일본에서 방영 중이었던 '드래곤볼 GT'의 캐릭터들이 다수 등장하는 3D 대전격투 게임. 이 작품 전용으로 만든 주제가와 애니메이션, 육성 모드가 호평받았다.

파스텔 뮤즈

소프트 오피스 퍼즐 1997년 8월 21일 4,800엔

플레이어 1~2인 / 메모리카드 1블록

언덕 위의 포대에서 파스텔 컬러의 소리구슬을 쏘는 액션 퍼즐 게임. 소리구슬을 같은 색이 3개 이상 붙으면 멜로디를 울리며 사라지고, 모두 없애면 스테이지 클리어.

로보 피트 2

알트론 액션 1997년 8월 21일 5,800엔

플레이어 1인 / 메모리카드 1블록 / 대전케이블 지원

다양한 파츠와 컬러를 조합해 오리지널 로봇을 만들어 대전시킨다는 컨셉의 3D 액션 게임. 전작 경험자들의 요망이 많았던 스토리 모드도 새로 도입됐다.

아케이드 기어즈 : 푸리루라

엑싱 액션 1997년 8월 28일 4,800엔

플레이어 1~2인 / 메모리카드 1블록

타이토의 메르헨풍 아케이드 게임을 이식했다. 그림책 세계 속에 들어온 듯한 귀여운 캐릭터들과, 초차원적인 연출의 스테이지가 뒤섞여 있는 게임이다.

영광의 세인트 앤드류스

쇼가쿠칸 프로덕션 스포츠 1997년 8월 28일 5,800엔

플레이어 1~4인 / 메모리카드 2블록

세계에서 가장 오래된 골프 코스라 불리는 세인트 앤드류스의 이름을 딴 골프 게임. 세인트 앤드류스의 역사와 각 코스별 공략도 고화질 동영상으로 수록했다.

엘프 사냥꾼 : 화투 편

알트론 화투 1997년 8월 28일 5,800엔

플레이어 1인 / 메모리카드 1블록

만화 '엘프 사냥꾼'의 캐릭터들이 등장하는 화투 게임. 코이코이·하나아와세·오이쵸카부 3종류를 수록했다. 애니메이션을 소재로 삼은 스토리 모드도 탑재했다.

쿨 보더즈 2 : 킬링 세션

우엡 시스템 스포츠 1997년 8월 28일 5,800엔

플레이어 1~2인 / 메모리카드 1~7블록 / 대전케이블 지원

스노보드 게임의 2번째 작품. 코스 및 보드 종류를 늘리고, 주어지는 과제를 차례로 클리어해 가는 '트릭 마스터'라는 모드를 새로 추가했다.

그라디우스 외전

코나미 슈팅 1997년 8월 28일 5,800엔

플레이어 1~2인 / 메모리카드 1블록

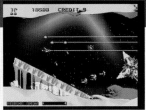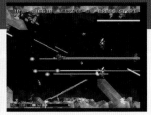

암흑성운 중심부를 향해, 기습작전 발동! PS 오리지널 「그라디우스」 작품이지만, 모아이는 물론 레이저가 굴절되는 수정 등의 다양한 스테이지, 장비가 다른 4종류의 플레이어 기체까지, 실로 시리즈 신작다운 수작이다. 게이지 순서를 변경 가능하므로, 3초간 무적이 되는 '리미트'를 최초로 놓고 무적을 적극 활용하는 등 무한대의 플레이스타일이 가능하다.

주변기기 지원 아이콘 플레이어 1~2인 메모리카드 1~2블록 멀티탭지원 1~4인 마우스 지원 대전케이블 2대 아날로그 조이스틱 SCPH0111(SCE)지원 아날로그 컨트롤러 지원 PocketStation 지원 메모리카드 1~2블록 휴대전화 접속 케이블지원(도코모 (모드 휴대전화지원) 특제 컨트롤러 SLPH00001(남코)지원

실황 파워풀 프로야구 '97 개막판

코나미　스포츠　1997년 8월 28일　5,800엔

플레이어 1~2인　메모리카드 5블록

주인공을 3년 이내에 1군으로 승격시키는 '석세스 모드'가 추가되었다. 제작한 선수는 '어레인지 모드'에서 쓸 수 있고, 패스워드화해 타 기종판과 교차 사용도 가능하다.

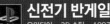

신전기 반게일

유미디어　3D 슈팅　1997년 8월 28일　5,800엔

플레이어 1~2인　메모리카드 1블록

9종의 개성적인 로봇이 우주에서 싸우는 3D 액션 슈팅 게임. 대전 상대를 항상 화면 내에 보이도록 하는 '서치 아이 에너미 시스템'을 탑재해 혼란 없이 즐길 수 있다.

Twisted Metal EX

소니컴퓨터엔터테인먼트　액션　1997년 8월 28일　5,800엔

플레이어 1~2인

홍콩·파리·뉴욕 등을 무대로 삼아 라이벌들과 싸우는 카배틀 게임. 광대한 맵 상에 존재하는 적 차량들을, 화면 왼쪽 위의 레이더를 참고하여 전멸시키자.

나스카 레이싱

파이오니아 LDC　레이싱　1997년 8월 28일　5,800엔

플레이어 1인　메모리카드 3블록　특제 컨트롤러 SLPH00001(남코)지원

미국의 모터스포츠 단체인 'NASCAR'가 개최하는 스톡카 레이스를 플레이스테이션으로 재현한 타이틀. 시속 300km를 돌파하는 온로드 주행을 게임으로 체험해 보자.

멕워리어 2

반다이 비주얼　3D 슈팅　1997년 8월 28일　5,800엔

플레이어 1인　메모리카드 1블록

근미래를 무대로 하여 로봇 병기끼리 싸우는 3D 슈팅 게임. '배틀멕'이라 불리는 로봇을 타고 미래의 전장에서 위험한 임무를 수행하여 '멕워리어' 칭호를 얻자.

유구환상곡

미디어웍스　시뮬레이션　1997년 8월 28일　5,800엔

플레이어 1인　메모리카드 2블록

마을 내에서 가리지 않고 의뢰를 받으면서 사람들의 신뢰를 얻어 자신의 누명을 벗기는 것이 목적인 육성 시뮬레이션 게임. 동시에 10명의 동료들과도 깊이 교류해야 한다.

신나는 낚시천국 : 인어 전설의 수수께끼

테이치쿠　시뮬레이션　1997년 9월 11일　5,800엔

플레이어 1인　메모리카드 1블록

70종류에 달하는 물고기가 등장하며, 다양한 낚시 포인트를 고를 수 있는 낚시 게임. 지형·조류·기후·물때·생태계 등을 리얼하게 재현해, 낚시의 참맛을 느낄 수 있다.

바람의 노탐

아트딩크　시뮬레이션　1997년 9월 11일　5,800엔

플레이어 1~2인　메모리카드 1블록

세계적으로도 매우 드문, 열기구 시뮬레이션 게임. 버너를 켜서 상승하고, 공기밸브를 열어 하강해 가면서, 바람 방향을 읽으며 3가지 룰의 경기 9종류를 치른다.

삼국지 Ⅳ with 파워업 키트

코에이　시뮬레이션　1997년 9월 11일　7,800엔

플레이어 1~8인　메모리카드 5블록

「삼국지 Ⅳ」(46p)의 밸런스를 조정하고, 신규 이벤트와 신 시나리오 3종류를 새로 추가했다. 역사와는 완전히 다른 상황에서 시작하는 가상 시나리오도 즐길 수 있다.

열사의 행성

이토추 상사　어드벤처　1997년 9월 11일　6,300엔

플레이어 1인　메모리카드 1블록

사막에 얼마 남지 않은 물을 쟁탈 중인 인류와 외계인. 이 무의미한 싸움에 종지부를 찍으러 주인공 '댄'이 일어선다. 배틀 장면에 폴리곤 그래픽을 사용한 어드벤처 게임.

노부나가의 야망 : 천상기 with 파워업 키트

코에이　시뮬레이션　1997년 9월 11일　9,800엔

플레이어 1~8인　메모리카드 6블록

「천상기」에 시나리오와 무장을 추가한 작품. 노부나가의 최초 출진인 '노부나가 원복'과, 다케다 신겐이 세력을 늘린다는 가상 시나리오 '신겐 상락'을 즐길 수 있다.

파이팅 일루전 : K-1 리벤지

엑싱　스포츠　1997년 9월 11일　5,800엔

플레이어 1~2인　메모리카드 4~10블록

K-1의 분위기를 달궜던 선수들이 폴리곤 모델과 동영상으로 등장하는 격투 게임. 1플레이어 모드는 물론, 팀전·토너먼트·트레이닝 등 여러 모드를 수록했다.

브레스 오브 파이어 III

캡콤　RPG　1997년 9월 11일　5,800엔

플레이어 1인　메모리카드 1블록

'용 변신' 능력을 지닌 주인공의 모험을 그린 RPG 시리즈의 신작. 용족 멸망의 원인을 찾는 여행 이야기로서, 사체관계 맺기와 마을 경영, 낚시 등의 특징적인 시스템이 있다.

액뿅 게임 : 위즈

비 팩토리　액션　1997년 9월 18일　5,800엔

플레이어 1인

쿼터뷰 형식의 액션 게임. 주인공 토끼를 조작해, 미로처럼 꼬여있는 스테이지의 함정이나 숨겨진 통로를 발견하며 골인하는 것이 목적이다.

올스타 마작 : 화려한 승부사로부터의 도전

포니 캔년　마작　1997년 9월 18일　6,800엔

플레이어 1인　메모리카드 1블록

마작 팬으로 잘 알려진 일본 유명인들이 총 19명이나 등장하는 마작 게임. 실전 모드 외에, 1천만 엔 자본으로 작장을 열어 성업하는 것이 목적인 스토리 모드도 수록했다.

다크 시드 II

비 팩토리　어드벤처　1997년 9월 18일　5,800엔

플레이어 1인　메모리카드 2블록

평소의 세계와 다크 월드, 두 이면세계를 왕래하는 호러 어드벤처 게임의 속편. 전 애인의 살인혐의를 뒤집어쓴 주인공 '마이크'가 진실을 찾던 도중 기구한 운명에 도달한다.

배틀 벅스

반탄 인터내셔널　시뮬레이션　1997년 9월 18일　5,800엔

플레이어 1인　메모리카드 1블록

작은 세계 안에서 꼬물꼬물 움직이는 곤충 병대를 조작하는 실시간 시뮬레이션 게임. 지형을 이용해 적을 효율적으로 전멸시키거나, 먹을 것을 모아 스테이지를 클리어하자.

B선 상의 앨리스

코단샤　어드벤처　1997년 9월 18일　6,800엔

플레이어 1인　메모리카드 1블록

전체를 풀 3D CG와 풀보이스로 구성한 어드벤처 게임. 지인인 연구자를 따라 정신세계(섀도우)에 다이브한 '앨리스'가 섀도우를 구하게 되기까지의 장대한 스토리.

브레이크 포인트

코나미　스포츠　1997년 9월 18일　4,800엔

플레이어 1~2인　메모리카드 1~8블록

상대 선수가 잘 보이는 정면 시점의 게임 화면과, TV 중계 느낌을 잘 살린 상공 시점의 카메라 워크 등, '리얼함'을 철저하게 추구한 테니스 게임이다.

마이 드림 : On Air까지 못 참아

니혼 크리에이트　시뮬레이션　1997년 9월 18일　6,800엔

플레이어 1인　메모리카드 1블록

잡지 기자가 되어 성우 후보생을 응원하는 시뮬레이션 게임. 기사화시킨 성우 후보는 인기가 올라 꿈에 한층 가까워진다. 각 히로인의 성우는 여러 명 중에서 고를 수 있다.

주변기기 지원 아이콘　| 플레이어 1~2인 | 메모리카드 1~2블록 | 멀티탭지원 1~4인 | 마우스 지원 | 대전케이블 2대 | 아날로그 조이스틱 SCPH011(SCE)지원 | 아날로그 컨트롤러 지원 | PocketStation 지원 | 메모리카드 1~2블록 | 휴대전화 접속 케이블 지원 (도코모 (모드 휴대전화 지원) | 특제 컨트롤러 SLPH00001(남코)지원 |

이상한 닌자전 쿠노이치방

쇼에이샤 시뮬레이션 1997년 9월 25일 6,800엔

플레이어 1인 메모리카드 2블록

쿠노이치 양성학교 생도 '하가쿠레 카에데'가 되어, 호위대상인 세 공주와 소녀들간의 사랑과 우정을 키우는 연애육성 시뮬레이션 게임. 수업·특훈·닌자임무로 카에데를 성장시키자.

화룡랑 : 유판관 편·고유환 편

거스트 어드벤처 1997년 9월 25일 6,800엔

플레이어 1인 메모리카드 1블록

후지 미나코의 소설 '색판관절구'가 원작인, RC카 조작식 3D 어드벤처 게임. '유판관' 편과 '고유환' 편을 수록했으며, 중국이 무대인 인간 드라마를 두 사람의 시점으로 그렸다.

쿠루미 미라클

반프레스토 시뮬레이션 1997년 9월 25일 5,800엔

플레이어 1인 메모리카드 1블록

견습 마법사 '쿠루미'가 되어 100일간 수행에 매진하는 육성 시뮬레이션 게임. 재능이 풍부한 쿠루미 앞에, 대마법사부터 암흑가 보스까지 다양한 결말이 기다리고 있다.

사운드 노벨 만들기 2

아스키 개발 툴 1997년 9월 25일 5,800엔

플레이어 1인 메모리카드 15블록 마우스 지원

그래픽·사운드·연출 등을 붙여 오리지널 사운드 노벨을 만들 수 있는 타이틀. 만드는 데 견본이 될 만한 샘플 작품이 4종 수록돼 있으므로 제작시 참고해 보자.

시 배스 피싱 2

빅터 엔터테인먼트 스포츠 1997년 9월 25일 5,800엔

플레이어 1인 메모리카드 1블록

시 배스(농어) 중심의 루어 낚시 시뮬레이션 게임 제 2탄. 프로 낚시꾼 무라코시 세카이의 실사 영상 조언을 받으며, 다이와의 낚시용구를 들고 토너먼트에 도전하자.

J's RACIN'

디지털 프론티어 레이싱 1997년 9월 25일 5,800엔

플레이어 1~2인 메모리카드 4블록 특제 컨트롤러 SLPH00001(넥콘)지원

슈퍼 N1 타이큐(현 슈퍼 타이큐)가 공인한 내구 레이스 게임. 프린스 도쿄 후지츠보 GTR을 비롯한 실존 차량들이, 리얼하게 재현된 그래픽과 3D 사운드로 등장한다.

스타와인더 : THE ULTIMATE SPACE RACE

J·WING 3D 슈팅 1997년 9월 25일 4,800엔

플레이어 1인 메모리카드 1~3블록

우주를 무대로 삼은 3D 레이싱 게임. 장애물을 파괴해 가며, 복잡한 코스를 1위로 클리어해야 한다. 탑승하는 우주선은 성능·형태를 차별화해 여러 가지로 준비했다.

택틱스 오우거

아트딩크 시뮬레이션 RPG 1997년 9월 25일 5,800엔

플레이어 1인 메모리카드 1블록

'오우거 배틀 사가'의 2번째 작품인 슈퍼 패미컴판 시뮬레이션 RPG의 이식작. 플레이스테이션판은 전투 도중에 중단 세이브가 가능해져 플레이할 때 큰 도움이 된다.

철도왕 2 : 세계정복의 야망

아틀라스 파티 1997년 9월 25일 5,800엔

플레이어 1~4인 메모리카드 1블록 멀티탭지원 1~4인

플레이스테이션으로는 「철도왕」 시리즈 제 2탄이 된다. 이번 작품은 플레이어들을 방해하는 적 캐릭터 '악의 철도왕'이 등장한다. 멋지게 격파해 진정한 철도왕이 되자.

천공의 에스카플로네

반다이 어드벤처 1997년 9월 25일 6,800엔

플레이어 1인 메모리카드 1블록

선라이즈의 같은 제목 애니메이션을 게임화했다. 주인공 '반'을 조작하는 어드벤처 파트와, 거대 로봇 '에스카플로네'에 탑승해 적과 싸우는 액션 파트로 구성돼 있다.

HARDWARE

1994
1995
1996
1997
1998
1999
2000
2001
2002
2003
2004

INDEX

129

바이오하자드 : 디렉터즈 컷

캡콤　어드벤처　1997년 9월 25일　4,800엔

플레이어 1인 / 메모리카드 1블록

「바이오하자드」 원작에서 일명 '잔혹 엔딩'을 삭제한 타이틀. 아이템 위치와 코스튬 등이 달라진 고난이도의 '어레인지 모드'와, 「바이오하자드 2」의 체험판을 수록했다.

파로 워즈

코나미　시뮬레이션　1997년 9월 25일　5,800엔

플레이어 1~4인 / 메모리카드 2블록 / 멀티탭 지원 1~4인

「파로디우스」 시리즈의 캐릭터들이 등장하는, 플레이스테이션 오리지널 전략 시뮬레이션 게임. 8가지 진영 중 하나를 골라, 적 기지 점령과 '극상 로봇' 격파를 노린다.

프리토크 스튜디오 : 마리의 내멋대로 수다

미디어 엔터테인먼트　시뮬레이션　1997년 9월 25일　5,800엔

플레이어 1인 / 메모리카드 1블록

라디오 DJ가 되어, 다양한 게스트들을 초빙해 열띤 토크를 펼친다. 성우 코다 마리코가 연기한 인기 아이돌을 게스트로 불러, 프로의 주제가 보컬로 섭외하는 것이 목표다.

프론트 미션 세컨드

스퀘어　시뮬레이션 RPG　1997년 9월 25일　6,800엔

플레이어 1인 / 메모리카드 2블록

슈퍼 패미컴의 명작 「프론트 미션」의 속편인 시뮬레이션 RPG. 풀 3D화되어 훨씬 보기 편해진 전략화면과, 영화를 방불케 하는 전투 신은 봐둘 가치가 있다!

포르쉐 챌린지

소니컴퓨터엔터테인먼트　레이싱　1997년 9월 25일　5,800엔

플레이어 1~2인 / 메모리카드 1블록 / 특제 컨트롤러 SLPH00001(넥코)지원

포르쉐가 발매한 2시트 오픈 카 '박스터'를, 디테일과 스피드 미터는 물론 조작감각까지 철저하게 재현한 타이틀. 모두가 동경하는 포르쉐를 몰아보자.

마블 슈퍼 히어로즈

캡콤　대전격투　1997년 9월 25일　5,800엔

플레이어 1~2인 / 메모리카드 1블록

마블 코믹스에 등장하는 캐릭터들이 활약하는 2D 대전격투 게임. 상대를 공중으로 떠워 연속 콤보 기술을 먹이는 '에어리얼 레이브'는 꼭 체득해 보자.

메이저리그 베이스볼 : 트리플 플레이 98

일렉트로닉 아츠 빅터　스포츠　1997년 9월 25일　5,800엔

플레이어 1~2인 / 메모리카드 8블록 / 멀티탭 지원 1~8인

3D 폴리곤 그래픽 기술을 활용해 제작한, 메이저리그 소재의 스포츠 게임. 직접 선수를 제작하는 크리에이트 모드를 탑재했고, 만든 선수를 팀에 참가시킬 수도 있다.

린다큐브 어게인

소니컴퓨터엔터테인먼트　RPG　1997년 9월 25일　5,800엔

플레이어 1인 / 메모리카드 2블록

PC엔진용 RPG인 원작에 추가 요소를 덧붙인 리메이크작. 행성 '네오 케냐'가 멸망하기 전까지, 가능한 한 많은 동물을 암수 한 쌍씩 모아 무사히 탈출해야 한다.

위닝 포스트 2 : 파이널 '97

코에이　시뮬레이션　1997년 10월 2일　6,800엔

플레이어 1인 / 메모리카드 5블록

'더욱 리얼하게, 더욱 드라마틱하게'라는 컨셉으로 제작된 경마 게임. 이번 작품에선 오리지널 기수의 육성이 가능해졌다. 다른 기수들을 제치고 최다승을 노려보자.

오버 드라이빙 : 스카이라인 메모리얼

일렉트로닉 아츠 빅터　레이싱　1997년 10월 2일　5,800엔

플레이어 1~2인 / 메모리카드 2블록 / 특제 컨트롤러 SLPH00001(넥코)지원

일본에서 많은 사랑을 받았던 차량 '닛산 스카이라인' 시리즈 중, 1994년경까지 발매되었던 역대 8개 차종이 등장하는 레이싱 게임. 화면분할로 대전 플레이도 가능하다.

주변기기 지원 아이콘 / 플레이어 1~2인 / 메모리카드 1~2블록 / 멀티탭 지원 1~4인 / 마우스 지원 / 대전케이블 2대 / 아날로그 조이스틱 SCPH0111(SCEI) 지원 / 아날로그 컨트롤러 지원 / PocketStation 지원 / 메모리카드 1~2블록 / 휴대전화 접속 케이블 지원 (도코모 모드 휴대전화 지원) / 특제 컨트롤러 SLPH00001(넥코)지원

사이킥 포스 퍼즐 대전

타이토　퍼즐　1997년 10월 2일　5,800엔

플레이어 1~2인　메모리카드 1블록

「사이킥 포스」의 캐릭터들이 「퍼즐 보블」의 룰로 대전한다. 원작의 세계관과는 분위기가 정반대인, 밝은 개그풍 스토리로 꾸며져 있다.

대항해시대 외전

코에이　시뮬레이션　1997년 10월 2일　6,800엔

플레이어 1인　메모리카드 3블록

「대항해시대 Ⅱ」의 시스템을 기반으로 삼고 주인공을 바꾼 외전물. 상인의 딸 '밀란다'와 해적왕의 아들 '살바도르' 두 사람 중에서 주인공을 선택할 수 있다.

파치슬로 완전공략 : 크랭키 프로

니혼 시스컴　파치슬로　1997년 10월 2일　5,200엔

플레이어 1인　메모리카드 1~10블록

'크랭키 콘도르'·'크랭키 콘테스트' 2개 기종을 수록한 실기 시뮬레이터. 상단의 청색7 텐파이 2릴 확정을 홀에서 터뜨리는 데 성공해 환호한 사람도 적지 않을 터이다!

파이널 둠

게임뱅크　3D 슈팅　1997년 10월 2일　5,800엔

플레이어 1~2인　마우스 지원　대전케이블 지원

전방위로 나타나는 적을 물리치며 전진하는 FPS의 명작 「둠」의 최종장. 친숙한 게임 시스템을 계승하면서도, 더욱 복잡해진 맵과 함정으로 게임을 구성했다.

파이널 판타지 Ⅶ 인터내셔널

스퀘어　RPG　1997년 10월 2일　6,800엔

플레이어 1인　메모리카드 1블록

북미판 FF7을 기반으로 신규 요소를 추가하고, 적 조우율과 화면표시·조작성 등을 즐기기 편하도록 재조정했다. 매우 강한 적 보스도 추가해, 도전해볼 만하다.

보이스 판타지아 : 잃어버린 보이스 파워

애스크 코단샤　RPG　1997년 10월 2일　6,800엔

플레이어 1인　메모리카드 1블록

게임의 세계로 소환된 주인공이, 도움을 요청하는 히로인(성우)을 도와주는 내용의 RPG. 히로인이 낮에는 애니메이션 캐릭터, 밤에는 실사 캐릭터로 바뀐다.

라그나큐르

소니뮤직엔터테인먼트　RPG　1997년 10월 2일　5,800엔

플레이어 1~2인　메모리카드 15블록

별을 계승하는 일족의 청년과 동료들이 인류의 자립을 걸고 신에 도전하는 판타지 RPG. 선택지와 누구를 동료로 했느냐로 전개가 바뀌는 이벤트와, 실시간 배틀이 특징이다.

아이맥스 쇼기 Ⅱ

아이맥스　쇼기　1997년 10월 9일　6,800엔

플레이어 1~2인　메모리카드 1블록

쇼기를 처음 배우는 아이들용으로, 귀여운 캐릭터를 쇼기판에 배치한 '크리스탈 파워의 전설'이란 스토리 모드를 준비했다. 물론 상급자용 본격 쇼기도 즐길 수 있다.

쿠온파

T&E 소프트　퍼즐　1997년 10월 9일　4,800엔

플레이어 1~2인　메모리카드 1블록

매 스테이지마다 색깔이 다른 큐브를 잘 굴려, 제한시간 내에 스테이지상의 패널과 색을 맞추며 없애나간다. 일반 모드와, 제한된 수순 내로 풀어야 하는 퍼즐 모드가 있다.

흑의 검

CD BROS.　RPG　1997년 10월 9일　5,800엔

플레이어 1인　메모리카드 1블록

일본에서 PC로 발매된 판타지 RPG를 플레이스테이션으로 이식했다. 리얼한 등신의 캐릭터들이 움직이는 전투 신이 특징. 이벤트 신에 성우를 기용해 연출을 강화했다.

정열★열혈 선수들 : 울보 코치의 일기

아스믹　시뮬레이션　1997년 10월 9일　5,800엔
플레이어 1~2인　메모리카드 1~4블록

최고의 선수를 육성하는 육상경기 트레이너가 되어, 자신의 선수를 일류로 만드는 게 목적인 시뮬레이션 게임. 육체의 강화는 물론, 정신적으로도 지지해주어야 한다.

스펙트럴 포스

아이디어 팩토리　시뮬레이션　1997년 10월 9일　5,800엔
플레이어 1인　메모리카드 2블록

네버랜드의 통일을 노리는 시뮬레이션 게임. 이 작품의 최대 특징은 박력 있는 최대 1,000명 대 1,000명 규모의 진형전이다. 이전과는 차원이 다른 전투를 즐길 수 있다.

파워 스테익스 Grade 1

어퀘스　기타　1997년 10월 9일　4,800엔
플레이어 1인　메모리카드 6블록

과거의 경마 데이터를 입력하면 당시의 레이스 재현은 물론 향후의 레이스도 예상해주는 경마 팬 필수 타이틀. 과거 10년분의 중상 레이스 데이터를 수록했다.

문라이트 신드롬

휴먼　어드벤처　1997년 10월 9일　6,200엔
플레이어 1인　메모리카드 1블록

10편의 옴니버스 스토리를 수록한 어드벤처 게임. 여고생 '미카'에 따라붙는 스토커부터 망상 전파, 고층아파트 단지의 집단자살 등 광기가 가득한 스토리가 전개된다.

이바라드 : 라퓨타가 부화하는 도시

시스템 사콤　어드벤처　1997년 10월 16일　5,800엔
플레이어 1인　메모리카드 3블록

환상적인 세계 '이바라드'를 여행하는 어드벤처 게임. 주인공은 식물의 성장을 도와준다는 '라퓨타의 알껍질'을 얻고, 거대한 부유 섬 '라퓨타'가 우화하는 것을 보게 된다.

위저즈 하모니 2

야크시스템웍스　시뮬레이션　1997년 10월 16일　5,500엔
플레이어 1인　메모리카드 1블록　마우스 지원

전작의 5년 후가 무대인 '육성 어드벤처' 게임 제 2탄. 폐부 직전의 위저즈 아카데미에서 부원을 모집하고 동료와 함께 연구를 거듭해, 좋은 성적을 내서 폐부를 저지하자.

경마 필승의 법칙 '97 Vol.II : To HIT

상그릴라　기타　1997년 10월 16일　5,700엔
플레이어 1인　메모리카드 15블록　마우스 지원

경마예상 소프트 시리즈의 신작. 이전 버전에 비해 데이터를 더욱 추가하여, 과거 13년 8개월분의 G레이스와 8년 8개월분의 전 레이스 데이터를 수록했다.

졸업 Vacation

마이니치 커뮤니케이션즈　어드벤처　1997년 10월 16일　5,800엔
플레이어 1인　메모리카드 2블록

「졸업 크로스월드」의 등장인물에 신 캐릭터 3명을 추가한 멤버들과 함께, 남쪽 바다의 외딴섬에서 바캉스를 즐기는 연애 어드벤처 게임. 모든 캐릭터에 엔딩이 있다.

moon

아스키　RPG　1997년 10월 16일　5,800엔
플레이어 1인　메모리카드 1블록

기존 RPG의 통념을 뒤집은 '안티 RPG'가 컨셉으로서, 용사가 죽인 몬스터들의 혼을 구해주고 '러브'를 모아야 한다. 오리지널리티가 강한 세계관 덕에 컬트 팬이 많은 작품.

스트리트 파이터 컬렉션

캡콤　대전격투　1997년 10월 23일　5,800엔
플레이어 1~2인　메모리카드 1블록

캡콤의 인기 대전격투 게임 「스트리트 파이터」 시리즈 중 3개 작품을 합본한 모음집 타이틀. CD 2장 구성이라 담겨있는 컨텐츠가 호화롭다.

HARDWARE
1994
1995
1996
1997
1998
1999
2000
2001
2002
2003
2004
INDEX

데들리 스카이

코코너츠 재팬 엔터테인먼트 3D 슈팅 1997년 10월 23일 6,800엔

플레이어 1~2인 · 메모리 카드 1블록

전투기를 조종해 1：1 공중전을 펼치는 도그파이트 게임. 격투 게임처럼 필살기 개념도 있어, 커맨드를 입력하면 사용 가능하다. 도그파이트에 특화시킨 작품이다.

두근두근 셔터 찬스☆ : 사랑의 퍼즐을 짜맞춰봐♥

니폰이치 소프트웨어 퍼즐 1997년 10월 23일 5,800엔

플레이어 1~2인 · 메모리 카드 1블록 · 마우스 지원

직소 퍼즐로 대전하는 게임. 플레이어는 카메라맨이 되어 소녀와 승부하고, 이기면 그녀의 사진을 촬영한다. 큰 차이로 이기면 촬영 가능한 사진 장수가 늘어난다.

프로젝트 가이아레이

쇼에이샤 액션 1997년 10월 23일 5,800엔

플레이어 1~2인 · 메모리 카드 1블록 · 아날로그 조이스틱 SCPH0111(SCEI) 지원 · 아날로그 컨트롤러 지원

우주에서 온 침략자에 대항하기 위해 신형 양산기를 선정한다는 스토리의 게임. 6종의 프로토타입 중 하나로 다른 기체를 격파해야 한다. 스피디한 전투를 즐기는 작품.

프로레슬링 전국전 : 하이퍼 태그 매치

KSS 스포츠 1997년 10월 23일 5,800엔

플레이어 1인 · 메모리 카드 2블록 · 마우스 지원

육성 실황과 함께 싱글전·태그매치·100번 승부 등의 모드를 즐기는 프로레슬링 게임. '주간 프로레슬링 감수 : 프로레슬링 전국전'(118p)에서 만든 레슬러도 사용 가능하다.

마리오 무샤노의 초 쇼기 학원

킹 레코드 쇼기 1997년 10월 23일 7,800엔

플레이어 1인 · 메모리 카드 1블록

'마리오 무샤노'란 별명이 있는 프로 쇼기 기사 무샤노 카츠미가 감수한 쇼기 게임. NHK 쇼기 강좌의 강사로도 활약했던 그의 교습을, 게임 내에서 받을 수 있다.

월드 네버랜드 : 오를루드 왕국 이야기

리버힐 소프트 시뮬레이션 1997년 10월 23일 5,800엔

플레이어 1인 · 메모리 카드 10블록

 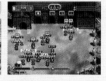

오를루드 왕국의 국민 한 사람으로서 생활하는 시뮬레이션 게임. 시나리오 등은 없으며, 연애를 즐길지 최강을 향해 매진할지 등은 모두 플레이어가 하기 나름이다.

커뮤니티 폼

필 인 카페 RPG 1997년 10월 30일 5,800엔

플레이어 1인 · 메모리 카드 1~3블록

토끼와 비슷하게 생긴 생물 '폼'과 함께 살며, 폼들 사이에 일어나는 이변의 원인을 밝혀내야 하는 액션 RPG. 폼을 모을 수 있는 '커뮤니티'를 발전시키는 게 키포인트다.

스타 스위프

액셀라 퍼즐 1997년 10월 30일 5,800엔

플레이어 1~2인 · 메모리 카드 1블록

아케이드 게임의 이식작. 같은 색 블록의 마크가 있는 부분끼리 인접시켜 블록을 없애나간다. 블록의 색수가 적다보니 예상치 못한 대연쇄가 일어나기도 한다.

장갑기병 보톰즈 외전 : 푸른 기사 베르제르가 이야기

타카라 3D 슈팅 1997년 10월 30일 5,800엔

플레이어 1~2인 · 메모리 카드 2블록 · 아날로그 조이스틱 SCPH0111(SCEI) 지원 · 대전케이블 지원

외전 소설 '푸른 기사 베르제르가 이야기'가 원작인 3D 대전 슈팅 게임. 로봇 병기끼리 벌이는 격투 경기인 '배틀링'에서 승리하며 스토리를 진행해 간다.

트리퍼즈

산토스 퍼즐 1997년 10월 30일 4,800엔

플레이어 1~2인 · 메모리 카드 1블록

삼각형을 조합한 형태의 조각을 떨어뜨려, 형태·색깔을 맞춰 없애나가는 낙하계 퍼즐 게임. 블록을 아래의 빈 공간으로 워프시키는 '통과'라는 테크닉이 매우 중요하다.

남코 뮤지엄 앙코르

남코 | 버라이어티 | 1997년 10월 30일 | 5,800엔

플레이어 1~2인 | 메모리카드 1블록 | 특제 컨트롤러 SLPH00023(남코)지원

남코의 고전 게임들 중「킹 & 벌룬」·「모토스」·「스카이 키드」·「롤링 선더」·「원더 모모」·「드래곤 세이버」·「롬퍼즈」를 수록했다.

팔러 프로 2

니혼 텔레네트 | 파친코 | 1997년 10월 30일 | 5,200엔

플레이어 1인 | 메모리카드 1블록

'이 게임을 제패하면 프로가 될 수 있다!'라는 선전문구와 함께 발매된 파친코 실기 시뮬레이터. 'CR 뉴 로드스터'·'CR 하나미즈키 X'의 두 기종을 수록했다.

매지컬 드롭 3 : 욕심쟁이 특대호!

데이터 이스트 | 퍼즐 | 1997년 10월 30일 | 5,800엔

플레이어 1~2인 | 메모리카드 1블록

보석을 뽑았다 넣었다 하며 없애나가는 액션 퍼즐 게임. 네오지오판을 이식한 '아케이드 모드'와, 세가새턴판을 이식한 '스페셜 모드'를 게임 하나로 합본했다.

10101 : "WILL" The Starship

산테크 재팬 | 롤플레잉 | 1997년 11월 6일 | 5,800엔

플레이어 1인 | 메모리카드 1~15블록

「사토미의 수수께끼」(90p)로 유명한 산테크 재팬 사가 제작한, 우주가 무대인 RPG. 우주전함 '윌'의 함장이 되어, 우주 최대의 적 '케이스'를 찾아내 무찔러야 한다.

낙하계 슈팅 : 칼콜로!

클레프 인벤션 | 퍼즐 | 1997년 11월 6일 | 4,800엔

플레이어 1~2인 | 메모리카드 1블록

슈팅과 낙하계 퍼즐을 융합시킨 작품. 필드의 캐릭터를 움직여, 샷으로 떨어져 내려오는 구슬의 위치를 조작해 구슬에 적힌 숫자를 맞춰 없애 나가야 한다.

그랜스트림 전기

소니컴퓨터엔터테인먼트 | RPG | 1997년 11월 6일 | 5,800엔

플레이어 1인 | 메모리카드 1블록

멸망해가는 세계를 구하기 위해 여행하는 RPG. 1 : 1 배틀이 특징으로서, 검과 방패를 사용해 필살기와 연속공격 등을 구사하는 액션 게임풍의 시스템도 있다.

워스 1092 : 조병전

유타카 | RPG | 1997년 11월 6일 | 5,800엔

플레이어 1인 | 메모리카드 3블록

소설 '워스 1092'가 원작인 RPG. 캐릭터를 3명 중에서 고르며, 그에 따라 결말이 변화한다. 전투로 얻은 '성각석'을 가면에 끼우면 힘을 얻는 '가면 시스템'을 탑재했다.

퍼즐 보블 3 DX

타이토 | 퍼즐 | 1997년 11월 6일 | 4,800엔

플레이어 1~2인 | 메모리카드 1블록

버블을 쏘아 올려 3개 이상 붙여 터뜨리는「퍼즐 보블」시리즈의 제 3탄. 신규 요소 '레인보우 버블'과 '천정 반사'를 추가했다. 1,000스테이지가 넘는 막대한 볼륨이다.

블러디 로어

허드슨 | 3D 대전격투 | 1997년 11월 6일 | 5,800엔

플레이어 1~2인 | 메모리카드 1블록

짐승으로 변하는 '수화'가 특징인 대전격투 게임. 게이지를 모아 '수화'하면 일정 시간동안 전용 기술을 쓸 수 있고 체력도 회복되기에, 일발역전을 노릴 수 있다.

U.S. 네이비 파이터즈

일렉트로닉 아츠 빅터 | 시뮬레이션 | 1997년 11월 6일 | 5,800엔

플레이어 1~2인 | 메모리카드 1블록 | 아날로그 조이스틱 SCPH0111(SCEI) 지원

전투기를 조종해 적 전함 격침 등의 미션을 클리어하는 플라이트 시뮬레이터. 기체는 최신 데이터 기반으로 충실하게 재현했다. 수많은 임무를 수행해 에이스가 되자.

주변기기 지원 아이콘 플레이어 1~2인 메모리카드 1~2블록 멀티탭지원 1~4인 마우스 지원 대전케이블 2대 아날로그 조이스틱 SCPH0111(SCEI) 지원 아날로그 컨트롤러 지원 PocketStation 지원 메모리카드 1~2블록 휴대전화 접속 케이블 지원 도코모(모드 휴대전화지원) 특제 컨트롤러 SLPH00001(남코)지원

아더 라이프 애저 드림스

코나미　RPG　1997년 11월 13일　5,800엔

플레이어 1인　｜　메모리카드 3블록

가난한 소년이 트레저 헌터가 되어 마물의 탑에 도전하는 로그라이크 RPG. 탑을 나갔다 들어와도 힘이 보전되는 '사역마'의 부화·육성부터, 마을 경영에 연애 요소까지 있다.

육아퀴즈 마이 엔젤

남코　퀴즈　1997년 11월 13일　5,800엔

플레이어 1~2인　｜　메모리카드 1블록　｜　특제 컨트롤러 SLPH00023(남코)지원

퀴즈로 아이를 키우는 게임. 정답을 맞힌 문제 종류와 게임 내 이벤트 등으로, 어떤 여자아이로 성장할지가 달라지는 게 특징이다. PS판의 오리지널 게임 모드도 준비했다.

토라! 토라! 토라!

넥서스 인터랙트　시뮬레이션　1997년 11월 13일　6,800엔

플레이어 1인　｜　메모리카드 9블록

태평양전쟁 소재의 본격 워 시뮬레이션 게임. 플레이어는 연합군 혹은 일본군 해군사령관으로 해전을 치른다. 번잡한 조작을 배제한 '오토 오퍼레이션 시스템'을 탑재했다.

배틀 포메이션

반프레스토　시뮬레이션　1997년 11월 13일　5,800엔

플레이어 1~4인　｜　메모리카드 1블록　｜　멀티탭 지원 1~4인

'가면라이더'·'울트라맨'·'기동전사 건담' 시리즈의 악역들이 주인공이 되어 세계정복을 노리는 시뮬레이션 게임. 등장하는 괴인·괴수·모빌슈트가 무려 200종이 넘는다.

홈 닥터

석세스 에듀테인먼트　1997년 11월 13일　6,800엔

플레이어 1인　｜　메모리카드 1블록

책 '가정 의학대백과'를 기반으로 제작한 의학 소프트. 다양한 병의 증세와 원인, 대처법 등을 데이터베이스화해 수록했고, CG·일러스트로도 해설해준다.

아이르톤 세나 카트 듀얼 2

갭스　레이싱　1997년 11월 20일　5,800엔

플레이어 1~2인　｜　메모리카드 1블록

전설적인 레이서의 이름을 가져온 리얼 카트 레이싱 게임의 제 2탄. 그래픽을 대폭 업그레이드했고, 화면을 2분할해 즐기는 대전 모드와 튜닝 설정을 추가했다.

아인헨더

스퀘어　슈팅　1997년 11월 20일　5,800엔

플레이어 1인　｜　메모리카드 1블록

쏘고, 빼앗고, 부숴라! 적에게서 '건포드'를 강탈해 자신의 병기로 삼을 수 있는 횡스크롤 슈팅 게임. 건포드의 적절한 취사선택이 게임 공략의 키포인트다.

갤롭 레이서 2

테크모　레이싱　1997년 11월 20일　5,800엔

플레이어 1~2인　｜　메모리카드 3블록

3D 자키 레이싱 게임의 제 2탄. 대전 기능을 추가했고, 경주마 데이터도 1997년도 기준으로 갱신했다. 전작에선 10종류였던 각질(脚質)을 4종류로 심플하게 줄였다.

코나미 앤틱스 MSX 컬렉션 Vol.1

코나미　버라이어티　1997년 11월 20일　4,800엔

플레이어 1~2인

 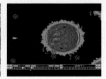

MSX 경험자들에게 각별한 추억을 많이 남겼던 코나미의 MSX용 게임들 중, 「그라디우스」·「고피의 야망」·「남극탐험」등 10개 작품을 수록했다.

더 마스터즈 파이터

시네마 서플라이　대전격투　1997년 11월 20일　5,800엔

플레이어 1~2인　｜　메모리카드 1블록

시네마 서플라이 사가 발매한 2D 대전 격투 게임. 여러 격투게임에 대한 오마쥬로 추측되는, 게임 내에 등장하는 각 캐릭터의 포즈 및 필살기에도 주목해보자.

신축 대전 : It's a 노니~!

PlayStation

TMF　퍼즐　1997년 11월 20일　4,800엔

플레이어 1~2인　메모리카드 1블록

개성적인 캐릭터가 세계를 구하는 낙하계 퍼즐 게임. '노니~'를 잡아 늘려 다른 장소로 옮기는 독특한 조작을 이용해, '노니~' 3개 이상을 가로·세로·대각선으로 붙여 없애자.

소울마스터

PlayStation

코에이　파티　1997년 11월 20일　5,800엔

플레이어 1~4인　메모리카드 1블록　멀티탭지원 1~4인

판타지계 보드 게임. 맵의 가장 안쪽에 있는 보스를 라이벌보다 먼저 물리치는 게 목적으로서, 속성 경험치와 몬스터 카드를 모아 캐릭터를 성장시키며 진행한다.

네오류드 2

PlayStation

테크노 소프트　RPG　1997년 11월 20일　6,300엔

플레이어 1인　메모리카드 1블록　마우스 지원　아날로그 컨트롤러 지원

화면상의 물체로 주인공 일행을 유도하며 진행하는 '리딩 RPG'의 2번째 작품. 파티 멤버는 전작과 동일하며, 새로운 장치와 퍼즐이 늘어난 모험에 다시 도전하게 된다.

파워 돌 2

PlayStation

아스키　시뮬레이션　1997년 11월 20일　6,800엔

플레이어 1인　메모리카드 2블록

PC에서 인기가 있었던 턴제 SF 전략 시뮬레이션 게임의 이식작. 여성 대원만으로 구성된 부대 'DoLLS'를 지휘해, '파워 로더'라 불리는 로봇으로 작전을 진행한다.

매지컬 데~이트 : 두근두근 고백대작전

PlayStation

타이토　버라이어티　1997년 11월 20일　5,800엔

플레이어 1~2인　메모리카드 1~4블록

다양한 미니게임을 클리어하면서 소녀 3명과의 친밀도를 높여 고백을 노리는 미니게임 모음집. 소녀 캐릭터를 풀 폴리곤으로 모델링했으며, 사진 촬영도 가능하다.

매드 패닉 코스터

PlayStation

하쿠호도　액션　1997년 11월 20일　4,800엔

플레이어 1인　메모리카드 1블록

제트코스터에 탑승해 총 5스테이지를 주파하는 미친 하이스피드의 액션 게임. 음악을 기타리스트 요코야마 켄이 맡았으며, 음악 CD로 재생해 BGM만 즐길 수도 있다.

미니카 폭주형제 렛츠 & 고!! : WGP 하이퍼 히트

PlayStation

잘레코　레이싱　1997년 11월 20일　5,800엔

플레이어 1~4인　메모리카드 1~2블록

같은 제목 애니메이션의 설정에 맞춰 미니카 세계 그랑프리에 도전하는 레이싱 게임. 골목 레이스로 부품을 모아 더욱 강한 머신을 만들자. 주인공은 남녀 선택이 가능.

리설 인포서즈 DELUXE PACK

PlayStation

코나미　건 슈팅　1997년 11월 20일　5,800엔

플레이어 1~2인　특제 컨트롤러 SLPH00014(코나미)지원

아케이드용 건 슈팅 게임 2개 작품을 합본 수록했다. 건 컨트롤러 '하이퍼 블래스터'를 지원해, 직접 화면을 겨냥해 쏘며 즐길 수 있다. 탄환 재장전 타이밍이 키포인트다.

RPG 만들기 3

PlayStation

아스키　개발 툴　1997년 11월 27일　5,800엔

플레이어 1인　메모리카드 3블록　마우스 지원

「RPG 만들기」 시리즈의 가정용 게임기 소프트 제 3탄. 퀄리티와 제작 용이성의 밸런스가 좋은 편이라, 시리즈 최고 걸작이라는 호평도 있다. 샘플 게임도 수작이다.

애선시아 : 마법지팡이의 주박

PlayStation

엑싱　RPG　1997년 11월 27일　5,800엔

플레이어 1인　메모리카드 2블록

중세 판타지 스타일의 RPG. 각 스테이지는 무작위 생성 맵 내의 적을 전멸시키면 클리어되며, 소요 시간·전투경과로 스코어가 바뀐다. 고득점만을 노리는 모드도 탑재했다.

주변기기 지원 아이콘　플레이어 1~2인　메모리카드 1~2블록　멀티탭지원 1~4인　마우스 지원　대전케이블 2대　아날로그 조이스틱 SCPH0111(SCEI)지원　아날로그 컨트롤러 지원　PocketStation 지원　메모리카드 1~2블록　휴대전화 접속 케이블 지원(도코모 i모드 휴대전화 지원)　특제 컨트롤러 SLPH00001(남코)지원

워크래프트 II : 다크 사가

일렉트로닉 아츠 빅터   시뮬레이션   1997년 11월 27일   5,800엔

플레이어 1인   메모리카드 6블록

PC 게임인 원작의 본편과 확장팩을 합본한 이식작. 오크와 인간 중 한쪽 진영을 선택해 다른 쪽을 전멸시키는 것이 목적인 판타지 전략 시뮬레이션 게임이다.

R?MJ : THE MYSTERY HOSPITAL

반다이   어드벤처   1997년 11월 27일   6,800엔

플레이어 1인   메모리카드 1블록

살인 바이러스가 만연해 있는 병원에서 탈출해야 하는 1인칭 퍼즐 어드벤처 게임. 영화감독 등 영상 전문가들이 제작에 참여해, 대량의 동영상으로 공포를 연출했다.

가제트 : Past as Future

시너지 기하학   어드벤처   1997년 11월 27일   5,800엔

플레이어 1인   메모리카드 1블록

동영상 중심으로 제작된 클릭 진행형 어드벤처 게임. 증기기관차를 타고 각지에서 '가제트'를 모으며, 주인공의 정체를 비롯한 여러 수수께끼를 해명해야 한다.

가토 히후미 9단 쇼기 클럽

헥트   쇼기   1997년 11월 27일   4,800엔

플레이어 1~2인   메모리카드 2블록   마우스 지원

슈퍼 패미컴으로도 발매된 쇼기 소프트, 가토 히후미 9단이 감수를 맡았고, '다음 한 수'·'박보장기' 문제 제작에도 관여했다. 형세 표시나 핸디캡 등의 기능도 충실하다.

GUNTU WESTERN FRONT JUNE, 1944 : 철의 기억

일렉트로코인 재팬   건 슈팅   1997년 11월 27일   5,800엔

플레이어 1인   메모리카드 1블록   특제 컨트롤러 SLPH00034(남코)지원

2차대전의 오버로드 작전이 소재인 건 슈팅 게임. 미 육군 특수정예부대 'GUNTU'의 일원이 되어 독일 육군 요새를 습격해, 거대 열차포 '도라' 파괴를 성공시켜야 한다.

크라임 크래커즈 2

소니컴퓨터엔터테인먼트   RPG   1997년 11월 27일   5,800엔

플레이어 1인   메모리카드 1블록

미소녀가 우주범죄자에 맞서서 싸우는 3D 던전 RPG의 속편. 고저차 도입으로 복잡해진 던전과 분기가 있는 스토리, 40분에 달하는 애니메이션 동영상 등 컨텐츠가 충실하다.

더 심리 게임 3

비지트   점술   1997년 11월 27일   5,800엔

플레이어 1~2인

다양한 모드로 플레이어를 해석하는 심리 게임. 연쇄살인 사건의 범인상을 상상하는 게임으로 플레이어의 특이한 재능을 진단하는 '프로파일링' 등을 수록했다.

실전 파치슬로 필승법! 5

사미   파치슬로   1997년 11월 27일   5,800엔

플레이어 1인   메모리카드 6블록

실제로 홀에서 가동되었던 파치슬로 기기 '뉴 빅 펄서'·'울트라 세븐' 등을 수록한 실기 시뮬레이터. 기기의 슬럼프 그래프를 관찰하며 고배율 설정대를 확보하라!

투탕카멘의 수수께끼 : 앙크

레이   어드벤처   1997년 11월 27일   6,800엔

플레이어 1인   메모리카드 1블록

고고학자 요시무라 사쿠지 교수가 감수한 어드벤처 게임. 교수와 함께 이집트 유적 발굴을 유사 체험하고 퍼즐을 푼다. 실사 동영상으로 이집트 고고학을 배워보자.

데어 데빌 더비

하베스트 원   레이싱   1997년 11월 27일   5,800엔

플레이어 1~2인   메모리카드 1블록   멀티탭 지원 1~8인

바다 속과 우주공간 등, 예상외의 장소에서 레이스를 펼치는 게임. 코믹한 캐릭터들이 온갖 방해장치로 가득한 코스를 달린다. 최대 8명까지 동시에 레이스 가능하다.

HARDWARE
1994
1995
1996
1997
1998
1999
2000
2001
2002
2003
2004
INDEX

드래곤 비트 : 레전드 오브 핀볼

맵 재팬 | 핀볼 | 1997년 11월 27일 | 5,800엔

플레이어 1인 / 메모리카드 1블록

판타지계 디자인의 핀볼 머신 3대를 수록했다. 일반적인 플레이를 비롯해, 각 머신에 마련된 이벤트를 클리어해 공주를 구출해야 하는 '드래곤 모드'도 즐길 수 있다.

노부나가의 야망 : 장성록

코에이 | 시뮬레이션 | 1997년 11월 27일 | 9,800엔

플레이어 1~8인 / 메모리카드 15블록

시리즈 7번째 작품. 일본 전토를 칸 단위의 통짜 맵으로 구성하여 전담과 도시의 발전도를 비주얼하게 보여주는 등, 내정 시스템을 완전히 리뉴얼해 강화했다.

버거 버거

갭스 | 시뮬레이션 | 1997년 11월 27일 | 5,800엔

플레이어 1인 / 메모리카드 4블록

햄버거 샵을 경영하여, 라이벌 점포와 경쟁하며 100번째 점포 개점을 노려보자. 오리지널 햄버거를 식재료부터 직접 모아 실제로 개발해볼 수 있는 것이 특징이다.

하이브리드

SPS | 3D 슈팅 | 1997년 11월 27일 | 5,800엔

플레이어 1인 / 메모리카드 1블록

영국산 1인칭 슈터 게임의 이식작. 인간과 외계인의 혼종이 존재하는 세계에서, 저마다 종족이 다른 4명의 캐릭터 중 하나를 선택해 전투에 뛰어든다.

해피 호텔

토호쿠신샤 | 시뮬레이션 | 1997년 11월 27일 | 5,800엔

플레이어 1인 / 메모리카드 4~12블록

할아버지의 유산인 호텔을 폐업의 위기에서 구해내야 하는 경영 시뮬레이션 게임. 고객과 종업원의 의견을 힌트삼아 경영상황을 호전시키고, 세계 제일의 호텔로 만들자.

파랜드 스토리 : 4개의 봉인

TGL | 시뮬레이션 RPG | 1997년 11월 27일 | 6,800엔

플레이어 1인 / 메모리카드 2블록 / 마우스 지원

PC-FX로 발매했던 「파랜드 스토리 FX」를 이식한 작품. PC판의 시리즈 초기 2작품을 리메이크한 시뮬레이션 RPG로서, 스테이지 사이의 애니메이션 신이 매력이다.

뿌요뿌요 SUN 결정반

컴파일 | 퍼즐 | 1997년 11월 27일 | 4,800엔

플레이어 1~2인 / 메모리카드 1블록

시리즈 제 3탄으로서, '태양뿌요'가 새로 추가되었다. 잘 쌓아올려 연쇄에 함께 끼워 넣으면 훨씬 많은 양의 '방해뿌요'를 대전 상대에게 보내버릴 수 있다.

미드나이트 런 : 로드 파이터 2

코나미 | 레이싱 | 1997년 11월 27일 | 4,800엔

플레이어 1인 / 메모리카드 1블록

아케이드로 출시된 3D 드라이브 게임을 이식했다. 초급·중급·상급 3개 코스 중에서 선택하여 완주해야 한다. 추월한 차량 대수는 카운트되어 점수에 반영된다.

아머드 코어 : 프로젝트 판타즈마

프롬 소프트웨어 | 액션 | 1997년 12월 4일 | 4,800엔

플레이어 1~2인 / 메모리카드 1~3블록 / 대전 케이블 지원

「아머드 코어」시리즈의 2번째 작품. 스토리성을 강화시켰다. 투기장 '아레나'가 시리즈 최초로 등장한다. 전작의 세이브데이터를 연계해 플레이할 수도 있다.

A5 : A열차로 가자 5

아트딩크 | 시뮬레이션 | 1997년 12월 4일 | 6,800엔

플레이어 1인 / 메모리카드 7~15블록 / 아날로그 컨트롤러 지원

교통수단에 헬리콥터와 트럭이 추가되었고, 3D 뷰 모드에서의 도시 묘사도 훨씬 디테일해졌다. 자산 1조 엔 달성이 목표이지만, 달성 후에도 계속 발전시킬 수 있다.

주변기기 지원 아이콘 | 플레이어 1~2인 | 메모리카드 1~2블록 | 멀티탭 지원 1~4인 | 마우스 지원 | 대전 케이블 2대 | 아날로그 조이스틱 SCPH0111(SCE) 지원 | 아날로그 컨트롤러 지원 | PocketStation 지원 | 메모리카드 1~2블록 | 휴대전화 접속 케이블 지원 (도코모 모드 휴대전화 지원) | 특제 컨트롤러 SLPH00001(남코) 지원

에이전트 암스트롱 : 비밀지령 대작전

위넷 액션 1997년 12월 4일 4,800엔
플레이어 1인 메모리카드 1~15블록

신디케이트 파괴 목적으로 적진에 단신 돌입하는 액션 슈팅 게임. 정글 속과 공중의 적, 수중전 등 바리에이션이 풍부한 3D 스테이지를 준비해, 싫증날 틈이 없다.

크리티컬 블로우

반프레스토 3D 대전격투 1997년 12월 4일 5,800엔
플레이어 1~2인 메모리카드 1블록

「환영투기」(78p)의 속편인 대전격투 게임. 통쾌함을 중시한 작품으로서, 전투 도중 모은 게이지를 전부 사용해 발동하는 '크리티컬 블로우'는 상대를 일격에 쓰러뜨린다.

사이드 바이 사이드 스페셜

타이토 레이싱 1997년 12월 4일 5,800엔
플레이어 1인 메모리카드 1블록 특제 컨트롤러 SLPH00001(남코)지원

아케이드판 「사이드 바이 사이드」의 1편과 2편을 합본 수록한 레이싱 게임. 일본제 스포츠카가 실명으로 등장해, 춘하추동 4계절을 난이도로 차별화한 코스를 달린다.

담담 스톰프랜드

소니뮤직엔터테인먼트 액션 1997년 12월 4일 4,800엔
플레이어 1~2인 메모리카드 1블록

개성적인 캐릭터들이, 다양한 장애물이 있는 필드에서 그림자밟기 배틀을 펼치는 액션 게임. 태양의 각도에 따라 그림자의 방향·길이가 디테일하게 변화한다.

민튼 경감의 조사파일 : 피에로 살인사건

리버힐 소프트 어드벤처 1997년 12월 4일 5,800엔
플레이어 1인 메모리카드 1블록

PC용 추리 어드벤처 게임을 리메이크 이식했다. 1932년 영국의 외딴 시골에서 일어난 살인사건을 조사하게 된다. 마을은 풀 3D로 모델링했으며, 캐릭터 음성도 풀보이스다.

멜티랜서 : 리인포스

이매지니어 시뮬레이션 1997년 12월 4일 6,800엔
플레이어 1인 메모리카드 1블록

양성학교를 졸업한 '랜돌프'를 주인공으로 삼은 시뮬레이션 게임. 전반에는 랜돌프를 육성하고, 후반에는 어떤 상위직으로 승진했느냐에 따라 스토리가 분기된다.

모리타 쇼기

세타 쇼기 1997년 12월 4일 6,800엔
플레이어 1~2인 메모리카드 1블록

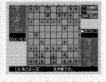

PC용 소프트로 처음 나와 끈질긴 인기를 누리며 최강의 알고리즘으로 찬사를 받았던 「모리타 쇼기」를 플레이스테이션으로 즐긴다. 쇼기 게임을 대표하는 타이틀이다.

잃어버린 세계 : 쥬라기 공원

일렉트로닉 아츠 빅터 액션 1997년 12월 4일 5,800엔
플레이어 1인

1997년 개봉했던 영화 '잃어버린 세계 : 쥬라기 공원'을 테마로 삼아 게임화한 작품. 공룡을 조작해, 앞길을 노리는 헌터들로부터 도망쳐 살아남아야 한다.

유신의 폭풍우

코에이 시뮬레이션 RPG 1997년 12월 11일 6,800엔
플레이어 1인 메모리카드 2블록

시뮬레이션과 RPG를 융합시킨 코에이의 오리지널 장르 '리코에이션 게임' 제1탄을 리메이크 이식했다. 막부 말기가 무대로서, 일본 전국의 사상을 통일하는 것이 목표다.

에이브 어 고고 (역주 ※)

게임뱅크 액션 1997년 12월 11일 5,500엔
플레이어 1~2인 메모리카드 1블록

자신들이 제조하던 식품의 재료가 실은 동족의 몸이라는 것을 알게 된 '에이브'는 탈출하기로 결심한다. 다양한 장치를 이용해 전원을 구출해내야 하는 액션 게임이다.

(역주 ※) 「Oddworld : Abe's Oddysee」의 일본 타이틀명이다. PC판은 당시 「이상한 나라의 에이브」라는 타이틀명으로 국내에 발매되었다.

바람의 크로노아 : door to phantomile

남코 | 액션 | 1997년 12월 11일 | 5,800엔

플레이어 1인 | 메모리카드 1블록

2D 횡스크롤 스타일의 액션 게임이면서도, 캐릭터와 스테이지를 풀 3D화했고 입체적으로 작동하는 장치도 가득한 명작. 동화와도 같은 세계관과 시나리오도 우수하다.

기동전사 Z건담

반다이 | 3D 슈팅 | 1997년 12월 11일 | 7,800엔

플레이어 1인 | 메모리카드 1블록

TV 애니메이션판의 스토리를 재현한 3D 슈팅 게임. '카미유 편'과 '크와트로 편' 2가지 시나리오를 즐길 수 있는 스토리 모드와, 대전 모드가 있다.

킹 오브 프로듀서

GMF | 시뮬레이션 | 1997년 12월 11일 | 6,800엔

플레이어 1인 | 메모리카드 1블록

게임회사의 프로듀서가 되어, 게임의 기획부터 제작과 판매까지를 관리하는 시뮬레이션 게임. 기자재 고장 등의 난관을 뛰어넘어, 밀리언셀러를 노려보자.

환세허구 정령기도탄 : ELEMENTAL GEARBOLT

소니컴퓨터엔터테인먼트 | 건 슈팅 | 1997년 12월 11일 | 5,800엔

플레이어 1~2인 | 메모리카드 1블록 | 특제 컨트롤러 SLPH00034(남코) 지원 | 특제 컨트롤러 SLPH00014(코나미) 지원

판타지 세계를 무대로 삼은 건 슈팅 게임. 각기 특징이 다른 3종류의 무기를 전환하며 사격한다. 벌어둔 점수를 사용해 총을 업그레이드시키면 클리어가 쉬워진다.

사카모토 료마 : 유신개국

키드 | 시뮬레이션 | 1997년 12월 11일 | 4,800엔

플레이어 1인 | 메모리카드 7블록 | 마우스 지원

사카모토 료마 등의 역사적 인물이 다수 등장하는, 막부 말기 테마의 시뮬레이션 게임. 각지의 인사들을 설득해 전쟁이 없는 평온한 나날로 만드는 것이 목적이다.

J리그 실황 위닝 일레븐 3

코나미 | 스포츠 | 1997년 12월 11일 | 5,800엔

플레이어 1~2인 | 메모리카드 1블록

1997년 당시의 J리그 총 17개 팀 및 선수 데이터를 수록한, 「위닝 일레븐」 시리즈의 제 5탄. 작품의 트레이드마크인 실황 보이스에는 존 카비라를 기용했다.

셀로판즈

나인라이브즈 | 버라이어티 | 1997년 12월 11일 | 4,200엔

플레이어 1인 | 메모리카드 1블록 | 마우스 지원 | 아날로그 컨트롤러 지원 | 특제 컨트롤러 SLPH0015-00034(남코) 지원

1970년대 일본 오락실 풍경을 재현한다는 컨셉으로서, 블록깨기와 사격 게임 등 당시를 재현한 오리지널 게임 12종류를 수록했다. 브라운관의 번인 연출 등도 넣었다.

낚시도 : 바다낚시 편

에스코트 | 시뮬레이션 | 1997년 12월 11일 | 5,800엔

플레이어 1인 | 메모리카드 1블록 | 아날로그 컨트롤러 지원

윈도우판으로 발매된 바 있는 같은 제목의 타이틀을 플레이스테이션으로 이식한 바다낚시 시뮬레이터. 등장하는 낚시 지점은 실존 장소이니 예습한 후 실전에 나서보자.

투희전승 : ANGEL EYES

테크모 | 대전격투 | 1997년 12월 11일 | 5,800엔

플레이어 1~2인 | 메모리카드 1블록

아케이드판을 이식한, 캐릭터 전원이 여성인 대전격투 게임. 2D 도트 캐릭터와 3D 모델링 캐릭터가 한 화면에서 싸운다. PS판만의 오리지널 히든 캐릭터도 등장한다.

트루 러브 스토리 : Remember My Heart

아스키 | 시뮬레이션 | 1997년 12월 11일 | 3,800엔

플레이어 1인 | 메모리카드 2블록

「트루 러브 스토리」에 신규 데이트 이벤트를 추가하고, 남학생에도 성우를 붙였으며, 주제가와 오프닝도 새로 제작하여 변경한 염가 개정판이다.

주변기기 지원 아이콘 플레이어 1~2인 메모리카드 1~2블록 멀티탭 지원 1~4인 마우스 지원 대전케이블 지원 2대 아날로그 조이스틱 SCPH0111(SCEI) 지원 아날로그 컨트롤러 지원 PocketStation 지원 | 메모리카드 1~2블록 휴대전화 접속 게임 케이블 지원 (도코모 D모드 휴대전화 지원) | 특제 컨트롤러 SLPH00001(남코) 지원

마리아 : 그대들이 태어난 이유

액셀라 어드벤처 1997년 12월 11일 6,800엔

플레이어 1인 | 메모리 카드 1블록

다중인격을 지닌 소녀 '마리아'를 둘러싼 장절한 인간드라마를 그린 어드벤처 게임. TV 연속극처럼 1화 단위로 진행되며, 각 화마다 동영상과 엔딩을 삽입했다.

이쿠자와 테츠 감수 : 명차열전 Greatest 70's

에포크 사 레이싱 1997년 12월 18일 5,800엔

플레이어 1인 | 메모리 카드 1~4블록 | 특제 컨트롤러 SLPH00001(남코)지원

1960~70년대의 일본산 명차들이 실명으로 등장하는 게임. 츠쿠바·에비스·후나바시 등의 서킷도 충실히 재현했다. 추억의 명차를 자유롭게 튜닝해 레이스에 도전하자.

학교를 만들자!!

빅터 인터랙티브 소프트웨어 시뮬레이션 1997년 12월 18일 5,800엔

플레이어 1인 | 메모리 카드 15블록

이상적인 학교를 만들기 위해, 플레이어가 교장선생님이 되어 경영, 건물 신축, 학생 육성, 학생·교사 모집 등을 하면서 대규모 학교로 키워나가는 시뮬레이션 게임이다.

크래시 밴디쿳 2 : 코텍스의 역습!

소니컴퓨터엔터테인먼트 액션 1997년 12월 18일 5,800엔

플레이어 1인 | 메모리 카드 1블록 | 아날로그 컨트롤러 지원

인기 시리즈 제 2탄. 슬라이딩 등의 신규 액션을 구사하며, 스테이지 곳곳에 흩어져있는 파워 스톤을 모으자. 모든 다이아를 획득하면 진정한 엔딩이 나온다.

크록! : 파우파우 아일랜드

미디어퀘스트 액션 1997년 12월 18일 5,800엔

플레이어 1인 | 메모리 카드 1~15블록 | 아날로그 컨트롤러 지원

악의 마법사에게 잡혀가버린 동료들을 구하러, 악어 '크록'이 파우파우 아일랜드를 헤집고 다니는 3D 액션 게임. 고원과 사막, 성 등의 다양한 스테이지에 도전하자.

THE 편의점 2 : 전국 체인 전개다!

휴먼 시뮬레이션 1997년 12월 18일 5,800엔

플레이어 1인 | 메모리 카드 8~10블록

「THE 편의점」의 속편. 그래픽을 리뉴얼하고 맵 수도 늘렸다. 시점도 쿼터뷰 형식으로 바꿔 시야와 스케일을 확장하는 등, 시스템을 대폭 업그레이드시켰다.

사이드와인더 2

아스믹 3D 슈팅 1997년 12월 18일 5,800엔

플레이어 1인 | 메모리 카드 2블록 | 아날로그 조이스틱 SPH0111(SCEI) 지원 | 아날로그 컨트롤러 지원

실존 전투기로 임무를 수행하는 플라이트 액션 게임의 제 2탄. 그래픽을 향상시키고 사용 가능 기체도 늘렸으며, 항공모함 호위와 산불 진화 등 미션도 다양해졌다.

사이버 에그 : 배틀 챔피언

반다이 액션 1997년 12월 18일 6,800엔

플레이어 1~2인 | 메모리 카드 2~4블록

공중에 떠 있는 3D 필드에서 귀여운 달걀형 로봇을 조종해 싸우는 액션 게임. 점프하거나 적을 때리고 던지며, 적들을 모두 필드 바깥으로 떨어뜨려 버리자.

전차로 GO!

타이토 시뮬레이션 1997년 12월 18일 5,800엔

플레이어 1인 | 메모리 카드 1블록 | 특제 컨트롤러 SLPH00051(타이토)지원

'열차 기관사가 되고 싶어!'라는 꿈을 이루어주는 게임이라는 입소문이 나, 철도 팬들을 오락실에 끌어들여 대히트를 거둔 열차 운전 시뮬레이터의 이식작. 열차를 운행도표대로 운행시키는 것이 목적으로서, 산인 본선·야마노테선 등 4개 노선을 수록했다. 기관사 기분을 낼 수 있는 전용 컨트롤러가 함께 발매되었지만, 일반 컨트롤러로도 플레이 가능하다.

HARDWARE
1994
1995
1996
1997
1998
1999
2000
2001
2002
2003
2004
INDEX

창공의 날개 : GOTHA WORLD

마이크로네트　시뮬레이션　1997년 12월 18일　6,800엔
플레이어 1~2인　메모리카드 1블록

공중세계를 무대로, 사설경비대와 해적 길드의 싸움을 그린 시뮬레이션 게임. 턴제와 실시간제 양쪽의 결점·모순을 보완한 신 시스템을 탑재했고, RPG 요소도 추가했다.

대국 바둑 : 헤이세이 기원

게임뱅크　바둑　1997년 12월 18일　7,800엔
플레이어 1~2인　메모리카드 3블록

당시 최강의 사고 엔진을 탑재한 본격 바둑 소프트. 입문·대국·묘수풀이 모드를 수록했고, 우메자와 유카리의 기본지도 모드도 탑재해, 초보자도 안심하고 즐길 수 있다.

하이퍼 올림픽 인 나가노

코나미　스포츠　1997년 12월 18일　5,800엔
플레이어 1~2인 　메모리카드 1블록 　멀티탭 지원 1~4인 　아날로그 컨트롤러 지원

나가노 동계올림픽을 소재로 삼은 동계스포츠 게임. 스키·스케이팅·스노보드·봅슬레이·루지·컬링 등 13종류의 경기를 수록했다.

패널 퀴즈 : 어택 25

후지쯔 퍼스컴 시스템즈　퀴즈　1997년 12월 18일　5,800엔
플레이어 1~2인　메모리카드 2블록　멀티탭 지원 1~4인

코다마 키요시가 진행했던 일본의 인기 TV프로를 재현하는 형태로 플레이하는 퀴즈 게임. 메모리카드에 경과를 저장해, 같은 문제가 잘 출제되지 않도록 조정한다.

포토 제닉

선 소프트　시뮬레이션　1997년 12월 18일　5,800엔
플레이어 1인 　메모리카드 3블록

카메라맨이 되어, 1년간 히로인들 3명과 깊이 교류하여 콘테스트 우승을 노리는 연애 시뮬레이션 게임. 캐릭터별로 별개의 엔딩을 준비했다.

프론트 미션 얼터너티브

스퀘어　RPG　1997년 12월 18일　5,800엔
플레이어 1인　메모리카드 1블록　마우스 지원

「프론트 미션」의 외전 작품. 실시간으로 진행되어 항상 변화하는 전황 속에서, 3개 소대로 구성된 이족보행병기 부대에 지령을 내려 작전을 수행해야 한다.

모토 레이서

일렉트로닉 아츠 빅터　레이싱　1997년 12월 18일　5,800엔
플레이어 1~2인 　메모리카드 1블록

온로드·오프로드 2종류의 레이스 타입으로, 다양한 환경의 총 10개 코스를 달리는 바이크 게임. 시속 300km를 넘어가는 고속 스크롤이 게임의 커다란 매력이다.

용기전승 : DRAGOON

KSS　시뮬레이션 RPG　1997년 12월 18일　5,800엔
플레이어 1인 　메모리카드 3블록

PC-98용 게임을 이식한 시뮬레이션 RPG. 기계 기술이 발달한 세계를 무대로, 주인공이 수수께끼의 소녀 '뮤'의 고향을 찾아 여행하는 2부 구성의 스토리다.

바람의 검심 : 메이지 검객 낭만담 - 십용사 음모 편

소니컴퓨터엔터테인먼트　RPG　1997년 12월 18일　5,800엔
플레이어 1인 　메모리카드 1블록

같은 제목의 만화가 원작인 오리지널 스토리의 RPG. 플레이어는 게임 오리지널 캐릭터인 남녀 중에서 주인공을 선택해, 카미야 도장의 사람들과 함께 모험하게 된다.

록맨 DASH : 강철의 모험심

캡콤　RPG　1997년 12월 18일　5,800엔
플레이어 1인　메모리카드 1블록

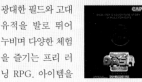 

광대한 필드와 고대 유적을 발로 뛰어 누비며 다양한 체험을 즐기는 프리 러닝 RPG. 아이템을 입수하면 히로인 '롤'이 이를 재료로 삼아 특수무기를 개발해준다.

주변기기 지원 아이콘 플레이어 1~2인 메모리 카드 1~2블록 멀티탭 지원 1~4인 마우스 지원 대전 케이블 지원 2대 아날로그 조이스틱 SCPH0111(SCE) 지원 아날로그 컨트롤러 지원　PocketStation 지원　메모리카드 1~2블록　휴대전화 접속 케이블 지원 (도코모 모드 휴대전화 지원)　특제 컨트롤러 SLPH00001(남코) 지원

로맥스

토미　액션　1997년 12월 18일　4,800엔

플레이어 1인　메모리카드 1블록

「레밍스」 시리즈의 스핀오프작으로서 출시된 게임. 플레이어가 주인공 '로맥스'를 조작해 동료인 동물들을 구출하는 것이 목적인 액션 게임이다.

두근두근 더비

KSS　시뮬레이션　1997년 12월 18일　5,800엔

플레이어 1~4인　메모리카드 1블록　멀티탭지원 1~4인

경주마 육성을 보드 게임식으로 진행하며, 레이스 출장시 육성한 말을 사용해 우승을 노리는 경마 시뮬레이션 게임. 애마를 여러 대회에서 우승시켜 상금을 벌자!

그란 투리스모

소니컴퓨터엔터테인먼트　레이싱　1997년 12월 23일　5,800엔

플레이어 1~2인　메모리카드 5~15블록　아날로그 컨트롤러 지원　SLPH00001(낭코)지원　Best

'리얼 드라이빙 시뮬레이터'를 표방한 작품. 실존하는 차가 다수 등장하며, 레이스 카 등의 특수한 차뿐만 아니라 직접 타본 적이 있는 일반 승용차 등의 친숙한 차들로도 레이스에 출전한다는 컨셉으로 당시 일본의 자동차 팬들을 매료시켰다. 타 게임을 압도하는 리얼한 CG로 세계적인 대히트를 기록해, 플레이스테이션을 대표하는 시리즈 작품이 되었다.

초코보의 이상한 던전

스퀘어　RPG　1997년 12월 23일　6,800엔

플레이어 1인　메모리카드 1+1블록

「파이널 판타지」 시리즈에 등장하는 뛰어다니는 새 '초코보'가 주인공인 로그라이크 던전 RPG. '턴제 액티브 타임 배틀'이라는 새로운 시스템을 채용했다.

테일즈 오브 데스티니

남코　RPG　1997년 12월 23일　5,800엔

플레이어 1인　메모리카드 1블록　Best

시리즈 2번째 작품이자, 인격이 깃든 검과 만난 청년의 운명을 그린 RPG. 이후 '스킷'으로 불리는 캐릭터간 대화 이벤트 등, 후일 시리즈 전통이 되는 요소를 여럿 도입했다.

모모타로 전철 7

허드슨　파티　1997년 12월 23일　5,800엔

플레이어 1~4인　메모리카드 1블록　멀티탭지원 1~4인　Best

인기 보드 게임 시리즈 최초의 플레이스테이션판. 신규 노선이 등장했고, 시사 계열 이벤트도 증가했다. 여기서 처음 등장한 '기가 봄비'는 플레이어 다수에 피해를 입힌다.

RIVEN : THE SEQUEL TO MYST

에닉스　어드벤처　1997년 12월 23일　7,900엔

플레이어 1인　메모리카드 1블록　마우스 지원

「MYST」의 속편. 다섯 섬들을 왕복하며 도처에 흩어져있는 퍼즐을 풀어내고, 이를 단서로 삼아 게임 전체를 관통하는 커다란 수수께끼에 도전해야 한다.

아르남의 날개 : 불타는 하늘 저편으로

라이트 스터프　RPG　1997년 12월 25일　6,800엔

플레이어 1인　메모리카드 1블록

「아르남의 이빨」의 속편이며, 다시금 RPG로 장르를 되돌린 작품. 전작의 5만년 후가 무대로서, 환경문제를 테마로 삼아 스토리를 그려냈다.

AI 쇼기 2

소프트뱅크　쇼기　1997년 12월 25일　5,800엔

플레이어 1~2인　메모리카드 2블록　마우스 지원

'더욱 강하게! 더욱 빠르게!'를 전면문구로 내세웠던 「AI 쇼기」의 후속작. 컴퓨터 측의 사고 루틴을 업그레이드해, CPU와의 대전이 더욱 치열한 작품이 되었다.

HARDWARE 1994 1995 1996 1997 1998 1999 2000 2001 2002 2003 2004 INDEX

나! 톰바!

우피 캠프　액션　1997년 12월 25일　5,800엔

플레이어 1인　메모리카드 1블록

야생 소년 '톰바'가 주인공인 횡스크롤 액션 게임. 상대의 능력을 빼앗는 '깨물기'와, 던지기·오르기 등의 다채로운 액션으로 날뛰어보자. 도중의 이벤트도 충실하다.

사이버보츠 : FULLMETAL MADNESS

캡콤　대전격투　1997년 12월 25일　5,800엔

플레이어 1~2인　메모리카드 1블록

거대 로봇 대전격투 게임. 12종류+α의 기체가 있다. 어떤 파일럿을 골랐느냐로 스토리가 변화하지만 기체 성능은 고정이므로, 선호하는 조합으로 게임을 즐겨보자.

잽! 스노보딩 트릭스 '98

포니 캐넌　스포츠　1997년 12월 25일　5,800엔

플레이어 1~2인　메모리카드 2블록

대설산을 상쾌하게 활주하는 겨울의 간판 스포츠, 스노보드를 소재로 삼은 레이싱 게임. 상위 입상을 노리면서도, 다양한 에어 트릭을 선보이며 골인해 보자.

사무라이 스피릿츠 : 아마쿠사 강림 스페셜

SNK　대전격투　1997년 12월 25일　5,800엔

플레이어 1~2인　메모리카드 1블록

검술 격투 게임 시리즈의 4번째 작품. '분노 폭발'과 '연참' 시스템을 추가했고, 대전 밸런스도 새로 잡았다. 대전 모드 한정으로 '참참'을 사용할 수 있다.

SANKYO FEVER : 실기 시뮬레이션 Vol.2

TEN 연구소　파친코　1997년 12월 25일　5,800엔

플레이어 1인　메모리카드 1블록　특제 컨트롤러 SLPH00007(TEN연구소)지원

'CR 피버 퀸' 등의 5개 기종을 수록한 파친코 실기 시뮬레이터. 열흘 안에 파친코로 10만 엔을 버는 것이 목적인 스토리 모드가 그야말로 치열하다!

창궁홍련대 : 황무 출격

데이터 이스트　슈팅　1997년 12월 25일　5,800엔

플레이어 1~2인　메모리카드 1블록　아날로그 컨트롤러 지원

'사각은 없다!' 전방위 조준의 락온 사격이 상쾌한 슈팅 게임. 플레이스테이션판에서는 내레이션과 신규 스테이지, 강력한 신 기체 '황무'가 추가되었다.

필살 파친코 스테이션 2

선 소프트　파친코　1997년 12월 25일　4,900엔

플레이어 1인　메모리카드 1블록　특제 컨트롤러 SLPH00007(TEN연구소)지원

당시 홀에서 인기가 많았던 'CR 몬스터 하우스'·'나나시' 2개 기종을 수록한 파친코 실기 시뮬레이션 소프트. 다채로운 리치 액션을 즐겨보자.

포뮬러 그랑프리 : 팀 운영 시뮬레이션 2 1997년판

코코너츠 재팬 엔터테인먼트　시뮬레이션　1997년 12월 25일　6,800엔

플레이어 1인　메모리카드 1~2블록

F1 팀을 운영하는 시뮬레이션 게임의 제 2탄. 드라이버와 피트, 머신을 설정해 컨스트럭터즈 챔피언을 노려보자. 전작과는 달리, 실명을 수록하지 않았다.

빙하의 추적 : 사신 강림

액싱　어드벤처　1997년 12월 25일　5,800엔

플레이어 1인　메모리카드 6블록　마우스 지원

프랑스산 PC 게임의 이식작. 2차대전 중에 남극대륙에서 발견된 나무상자에 봉인돼 있던 괴물과 싸우며, 군의 '폴라리스 작전'의 진실을 파헤치는 어드벤처 게임이다.

블루 브레이커 : 웃는 얼굴의 약속

휴먼　RPG　1997년 12월 25일　5,800엔

플레이어 1인　메모리카드 2~13블록

신붓감 찾기 여행 도중 마왕까지 물리치는 횡스크롤 연애 RPG. 호감도 증감과 여성간의 상성 등, 연애를 모험과 결합시킨 시스템이 특징. PS판은 추가요소와 개량을 가했다.

주변기기 지원 아이콘　 플레이어 1~2인　메모리카드 1~2블록　멀티탭지원 1~4인　마우스 지원　대전 케이블 2대　아날로그 조이스틱 SCPH0111(SCEI)지원　아날로그 컨트롤러 지원　PocketStation 지원　메모리카드 1~2블록　휴대전화 접속 케이블 지원 (도코모 모드 휴대전화 지원)　특제 컨트롤러 SLPH00001(남코)지원

1998

PlayStation Game Software Catalogue

1998년에 발매된 타이틀 수는 583종. 이 시기는 격투 게임·미소녀 게임 붐이 한창이었고, 플레이스테이션도 이 흐름에서 예외가 아니어서 이 두 장르의 소프트가 대량으로 출시되었다. 한편으로는 「비트매니아」와 「메탈기어 솔리드」 등 다음 세대의 주축이 되는 타이틀도 발매되었으니, 다양성이 풍부한 라인업으로 가득한 한 해였다 할 수 있다.

슈퍼 라이브 스타디움

어퀘스　스포츠　1998년 1월 1일　5,800엔

플레이어 1~2인 ｜ 메모리 카드 1블록

1997년도 최종 데이터를 채용한 선수 육성형 야구 게임. 풀 폴리곤화 덕택에 선수들의 다채로운 폼과 개성을 재현했다. 참신한 이펙트와 마구가 시합을 뜨겁게 달군다.

마이크로 머신즈

남코　레이싱　1998년 1월 1일　5,800엔

플레이어 1~4인 ｜ 메모리 카드 1블록 ｜ 멀티탭 지원 1~8인

당구대나 식탁 위 등의 '마이크로'한 코스를 달리는 독특한 레이싱 게임. 1인 플레이에서는 차량 수집 요소도 있으며, 멀티탭으로 최대 8명까지 동시 대전이 가능하다.

그루브 지옥 V

소니뮤직엔터테인먼트　버라이어티　1998년 1월 8일　4,800엔

플레이어 1인 ｜ 메모리 카드 2블록 ｜ 아날로그 컨트롤러 지원

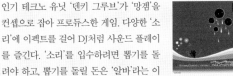  

인기 테크노 유닛 '덴키 그루브'가 '망겜'을 컨셉으로 잡아 프로듀스한 게임. 다양한 '소리'에 이펙트를 걸어 DJ처럼 사운드 플레이를 즐긴다. '소리'를 입수하려면 뽑기를 돌려야 하고, 뽑기를 돌릴 돈은 '알바'라는 이름의 다양한 '망겜'을 플레이해 벌어야 하는데, 시간 가는 줄 모르고 몰입할 정도로 묘한 중독성이 있는 수많은 '망겜'들도 작품의 큰 매력이다.

새틀라이TV

니폰이치 소프트웨어　시뮬레이션　1998년 1월 8일　5,800엔

플레이어 1인 ｜ 메모리 카드 10블록

다채널화된 디지털 방송이 테마인 경영 시뮬레이션 게임. 위성방송 회사 사장이 되어, 시청자의 취향을 한 발 먼저 캐치해 적절한 프로를 신설하여 회사를 성장시키자.

도미노 군을 막지 말아줘.

아트딩크　액션　1998년 1월 8일　5,800엔

플레이어 1인 ｜ 메모리 카드 1블록

계속 달리는 주인공 '도미노 군'을 조작해 최대한 길게 도미노를 잇는 연쇄 액션 게임. 스테이지 내의 스위치를 누르면 다양한 이벤트가 발생한다. 잘 이어 연쇄시켜보자.

배틀 마스터

타키 공방　대전격투　1998년 1월 8일　5,800엔

플레이어 1~2인 ｜ 메모리 카드 1블록

육성 요소가 있는 대전격투 게임. 캐릭터가 익힌 기술을 로봇에 전송시켜 싸우는 '배틀 브리딩 시스템'을 채용했다. 기술은 모두 원버튼 조작으로 발동된다.

V-RALLY : 챔피언십 에디션

스파이크　레이싱　1998년 1월 8일　5,800엔

플레이어 1~2인 ｜ 메모리 카드 2블록 ｜ 특제 컨트롤러 SLPH00001(남코) 지원

세계 랠리 대회의 전모를 재현한 랠리 레이싱 게임. 레이스의 박력은 물론 랠리 특유의 고난과 괴로움까지 생생하게 전달하는 타이틀이다. 차종은 11종류 중 선택 가능하다.

HARDWARE

1994
1995
1996
1997
1998
1999
2000
2001
2002
2003
2004
INDEX

모노폴리

 해즈브로 재팬 파티 1998년 1월 8일 6,800엔

플레이어 1~4인 | 메모리카드 1블록 | 멀티탭지원 1~4인 | 마우스 지원

세계적인 인기 보드 게임의 이식작. 토지와 철도, 공기업을 독점하여 자신의 재산을 불려가며 상대를 파산으로 몰아넣자. 지능과 교섭력을 무기삼아 상대와 겨뤄야 한다.

리얼 로보츠 파이널 어택

 반프레스토 3D 대전격투 1998년 1월 8일 6,800엔

플레이어 1~2인 | 대전케이블 지원

선라이즈의 리얼 로봇을 조작하는 3D 대전 슈팅 게임. 공격할수록 축적되는 '슈퍼 게이지'를 사용해 필살기를 발동하는 등, 다이내믹한 전투가 전개된다.

Option : 튜닝 카 배틀

 MTO 레이싱 1998년 1월 15일 5,800엔

플레이어 1인 | 메모리카드 2블록 | 아날로그 컨트롤러 지원

일본의 자동차잡지 'Option'의 편집진들이 완전 감수한 카 시뮬레이션 게임. 일본 최고의 튜닝 샵 11개사가 전면 협력하여, 1,000종 이상의 파츠가 등장한다.

파이팅! 대운동회 얼터너티브

 인크리먼트 P 시뮬레이션 1998년 1월 15일 5,800엔

플레이어 1인 | 메모리카드 3블록

세가새턴용 게임의 개변 이식판. 주인공 '칸자키 아카리'를 코치하여 단련시키는 육성 시뮬레이션 게임이다. 모든 능력치를 균형 있게 올려, 대회에서 좋은 성적을 내자.

포뮬러 원 97

 소니컴퓨터엔터테인먼트 레이싱 1998년 1월 15일 5,800엔

플레이어 1~2인 | 메모리카드 2블록 | 아날로그 컨트롤러 지원 | 특제 컨트롤러 SLPH00001(남코)지원

F1을 테마로 삼은 레이싱 게임 시리즈의 2번째 작품. 1997년도 데이터를 수록했다. 게임 내 실황은 당시 후지TV의 중계진이었던 미야케 마사하루 아나운서가 맡았다.

메탈 피스트

 일렉트로닉 아츠 액션 1998년 1월 15일 5,800엔

플레이어 1~2인 | 메모리카드 1블록

360도 풀 스크롤 형태의 격투 액션 게임. 악의 과학자 '닥터 젠'을 물리치기 위해 남녀 4명이 맞선다. 거리와 지하철 등, 진행 방향에 따라 스테이지가 분기된다.

잃어버린 아이들의 도시

 게임뱅크 어드벤처 1998년 1월 15일 5,800엔

플레이어 1인 | 메모리카드 15블록

같은 제목의 프랑스 영화가 소재인 3D 어드벤처 게임. 주인공 소녀 '미에트'를 조작해, 파트너인 괴력의 남자 '원'과 함께 동생 '당레'를 구하기 위해 다양한 퍼즐을 푼다.

코나미 앤틱스 MSX 컬렉션 Vol.2

 코나미 버라이어티 1998년 1월 22일 4,800엔

플레이어 1~2인

MSX의 게임을 논할 때 빼놓아서는 안 될 걸작 슈팅 게임 「그라디우스 2」를 비롯해, 「마성전설」, 「이가 황제의 역습」 등 10개 타이틀을 수록했다.

더 스타 볼링 DX

 유미디어 스포츠 1998년 1월 22일 7,800엔

플레이어 1~4인 | 메모리카드 1블록

유명 여성 성우 10명과 함께 즐기는 볼링 게임. 풀 폴리곤으로 리얼한 핀 액션을 재현했고, 대전 플레이도 가능하다. 선호하는 성우와 페어를 짜 토너먼트 우승을 노리자.

더 매치 골프

 줌엑스 스포츠 1998년 1월 22일 5,800엔

플레이어 1~2인 | 메모리카드 1블록

멘탈 게이지제를 채용한 본격 골프 게임. 대전 상대의 존재를 전면에 내세워 리얼한 심리전을 재현했다. 스토리가 있는 '투어 모드'는 물론, 대전 모드도 탑재했다.

주변기기 지원 아이콘 | 플레이어 1~2인 | 메모리카드 1~2블록 | 멀티탭지원 1~4인 | 마우스 지원 | 대전케이블 2대 | 아날로그 조이스틱 SCPH0111(SCEI)지원 | 아날로그 컨트롤러 지원 | PocketStation 지원 | 메모리카드 1~2블록 | 휴대전화 접속 케이블 지원 (도코모/모드 휴대전화 지원) | 특제 컨트롤러 SLPH00001(남코)지원

툼 레이더 2

빅터 인터랙티브 소프트웨어　어드벤처　1998년 1월 22일　5,800엔

플레이어 1인　메모리카드 1블록

여성 모험가 '라라 크로프트'가 활약하는 3D 액션 게임의 제 2탄. 점프·달리기·수영 등에 이어, '기어오르기' 액션을 신규 추가했다. 다채로운 모션과 탈것으로, 광대하고 복잡한 구조의 고대유적과 대자연을 종횡무진 돌파하자. 스토리의 핵심인 컬트 교단의 습격과 고대인이 남긴 함정 및 퍼즐들을 해결하여, 만리장성에 숨겨진 '시안의 단검'을 입수해야 한다.

노부나가의 야망 : 전국판

코에이　시뮬레이션　1998년 1월 22일　5,800엔

플레이어 1-8인　메모리카드 1블록

전국시대의 일본을 무대로 하여, 전국 통일을 노리는 역사 시뮬레이션 게임. 5종의 시나리오를 수록했고, 사투리 모드도 내장했다. 오프닝 동영상도 멋지다.

플레이스테이션 코믹 : '우주해적 코브라 VOL.1'

소니컴퓨터엔터테인먼트　기타　1998년 1월 22일　2,000엔

플레이어 1인　메모리카드 1블록

테라사와 부이치의 인기 SF 만화를 디지털 코믹화했다. 이 작품을 대표하는 에피소드인 '사이코건의 비밀'을 TV 화면으로 즐긴다. '영상을 읽는' 신선한 체험을 해보자.

플레이스테이션 코믹 : '우주해적 코브라 VOL.2'

소니컴퓨터엔터테인먼트　기타　1998년 1월 22일　2,000엔

플레이어 1인　메모리카드 1블록

'영상을 읽는' 신 체험이 가능한 디지털 코믹의 제 2탄. 이 작품에선 '코브라'의 숙적이기도 한 인기 캐릭터 '크리스탈 보위'가 등장해, 코브라와 격투를 펼친다.

NBA 파워 덩커즈 3

코나미　스포츠　1998년 1월 29일　5,800엔

플레이어 1-2인　메모리카드 2-5블록　멀티탭지원 1-8인

스피드와 파워가 넘치는 NBA 게임의 제 3탄. 실제 NBA 아나운서를 기용해 현장감을 연출하고, 신 기능 '파워 버튼'으로 슈퍼 플레이를 간단히 펼칠 수 있도록 했다.

검증 아코 사건 : 츄신구라 역사 어드벤처

토에이 비디오　어드벤처　1998년 1월 29일　5,800엔

플레이어 1인　메모리카드 1블록

일본의 국민적 엔터테인먼트 '츄신구라'를 검증하는 역사 어드벤처 게임. 1년 9개월에 걸친 아코 로시의 이야기와, 역사 뒤에 숨은 '또 다른 아코 사건'의 진상을 쫓는다.

컴플리트 사커 온사이드

Tears　스포츠　1998년 1월 29일　5,800엔

플레이어 1-2인　메모리카드 2블록

유럽 리그의 수준 높은 축구를 즐겨보는 게임. 유럽 주요 4개국의 77개 팀이 등장하며, 5종류의 게임 모드와 4개 국어 실황이 시합을 뜨겁게 달궈준다.

스노우 브레이크

아틀라스　스포츠　1998년 1월 29일　5,800엔

플레이어 1-2인　메모리카드 1블록

리얼한 거동과 스피드를 즐기는 본격 스노보드 게임. 아름다운 풀 폴리곤 그래픽으로 발군의 속도감을 만끽할 수 있다. 테크닉을 연마해 난코스를 공략해보자.

스펙트럴 타워 II

아이디어 팩토리　RPG　1998년 1월 29일　5,800엔

플레이어 1인　메모리카드 1블록

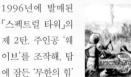

1996년에 발매된 「스펙트럴 타워」의 제 2탄. 주인공 '웨이브'를 조작해, 탑에 잠든 '무한의 힘'과 '영원의 생명'을 입수하자. 탑의 규모는 무려 1만 층이나 된다.

바이오하자드 2

PlayStation 캡콤 어드벤처 1998년 1월 29일 6,800엔

플레이어 1인 / 메모리카드 1블록

시리즈 2번째 작품. 좀비가 만연한 도시 '라쿤 시티'에서 탈출한다는 스토리다. '레온'·'클레어'라는 두 주인공이 같은 시각의 메인·어나더 시나리오를 분담해 진행하며, 아이템과 적 배치 등 일부 정보는 후반 시나리오로 연계되는 시스템이다. 용병 '헝크'와 간사이 사투리로 말하는 '두부'를 조작하는 탈출 게임 등의 숨겨진 모드도 있어, 볼륨이 상당한 작품이다.

NOON

PlayStation 마이크로캐빈 액션 1998년 1월 29일 4,800엔

플레이어 1~2인 / 메모리카드 / 멀티탭지원 1~4인

전사 6명이 등장하는 대전형 퍼즐 액션 게임. 전설의 보석 'NOON'을 같은 색끼리 3개 붙여, 상대 진지에 방해 NOON을 보내자. 상대 진지가 가득 차게 되면 승리한다.

버스트 어 무브

PlayStation 에닉스 리듬 액션 1998년 1월 29일 5,800엔

플레이어 1~2인 / 메모리카드 1블록

누가 더 댄스를 멋지게 하는지 겨루는 대전 리듬 액션 게임. 곡에 맞춰 표시되는 커맨드를 정확한 타이밍으로 입력하면 캐릭터가 춤춘다. 상대의 방해도 경쟁 포인트다.

백가이너 : 되살아나는 용사들 각성편 '가이너 전생'

PlayStation 빙 시뮬레이션 1998년 1월 29일 5,800엔

플레이어 1인 / 메모리카드 1블록

히라이 히사시가 캐릭터 디자인·메카닉 원안을 맡은 드라마틱 시뮬레이션 게임 3부작의 첫 작품. 미소녀와 함께 이족보행 로봇으로 싸우는 게임으로서, 애니메이션도 풍부하다.

버클 업!

PlayStation 상그릴라 레이싱 1998년 1월 29일 6,600엔

플레이어 1인 / 메모리카드 1블록 / 아날로그 컨트롤러 지원

살아남기 위하여 싸우는 3D 서바이벌 카 액션 게임. 자기 차량의 대미지를 최소화하며 탈락 없이 완주하자. 차체 대미지와 튀는 파편을 폴리곤으로 리얼하게 표현했다.

비비스 & 버트헤드 : 버추얼 바보 증후군

PlayStation 비 팩토리 어드벤처 1998년 1월 29일 5,800엔

플레이어 1인 / 메모리카드 3~9블록

MTV의 초인기 애니메이션을 게임화했다. '비비스'와 '버트헤드'라는 문제아 콤비가 학교를 빠져나와 갱이 되려고 분투한다. '한심함 200%'의 각종 미니게임도 수록했다.

블레이즈 & 블레이드 : 이터널 퀘스트

PlayStation T&E 소프트 RPG 1998년 1월 29일 5,800엔

플레이어 1~2인 / 메모리카드 3~15블록 / 멀티탭지원 1~4인

풍부한 캐릭터 메이킹과 다양한 퀘스트를 즐기는 액션 RPG. 메모리 카드를 경유해 데이터 교환도 가능하다. 광대한 3D 공간을 여행하며 자유롭게 모험과 스토리를 즐기자.

봄버맨 월드

PlayStation 허드슨 액션 1998년 1월 29일 5,800엔

플레이어 1~2인 / 메모리카드 1블록 / 멀티탭지원 1~5인

플레이스테이션 최초의 '봄버맨' 게임. 쿼터뷰 시점으로 진행되는 것이 특징이며, 5가지 스테이지에는 복잡한 맵과 흉악한 적들은 물론 귀찮은 함정까지도 장치돼 있다.

R-TYPES

PlayStation 아이렘 소프트웨어 엔지니어링 슈팅 1998년 2월 5일 5,800엔

플레이어 1~2인 / 메모리카드 1블록 / 아날로그 컨트롤러 지원

파동포와 무적의 옵션 '포스', 거대 전함 스테이지 등등 수많은 개성으로 가득한 명작 슈팅 게임 「R-TYPE」과, 속편 「R-TYPE Ⅱ」의 두 작품을 수록했다.

주변기기 지원 아이콘 / 플레이어 1~2인 / 메모리카드 1~2블록 / 멀티탭지원 1~4인 / 마우스 지원 / 대전케이블 지원 2대 / 아날로그 조이스틱 SCPH011(SCE) 지원 / 아날로그 컨트롤러 지원 / PocketStation 지원 / 메모리카드 1~2블록 / 휴대전화 접속 케이블 지원 (도코모 / au 모드 휴대전화지원) / 특제 컨트롤러 SLPH00001(남코) 지원

엑살레기우스
이매지니어　시뮬레이션　1998년 2월 5일　6,800엔

플레이어 1인　메모리카드 2블록

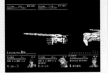

PC용 게임 '슈바르츠실트' 시리즈의 명맥을 잇는 SF 전술 시뮬레이션 게임. 거듭되는 전투와 함께, 트레저 헌터인 '진' 일행의 모험도 그려낸다.

제독의 결단 III with 파워업 키트
코에이　시뮬레이션　1998년 2월 5일　9,800엔

플레이어 1인　메모리카드 5블록

「제독의 결단 III」에, 주로 가상 상황을 상정한 캠페인 시나리오 7종과 단편 시나리오 7종을 추가한 타이틀. 신 병기와 이벤트도 등장한다.

유니버설 너츠
레이업　어드벤처　1998년 2월 5일　5,800엔

플레이어 1인　메모리카드 1블록

우주선 엔진 고장으로 표류하던 행성간 페리 내에서 일어난 살인사건을 해결하는 SF 어드벤처 게임. 극중에서 선택한 여러 선택지에 따라 결말이 변화한다.

사랑밖에는 할 수 없어
코코너츠 재팬 엔터테인먼트　어드벤처　1998년 2월 11일　5,800엔

플레이어 1인　메모리카드 1블록

사쿠라자와 에리카 원작의 인기 만화를 어드벤처 게임화했다. 섬세한 수채화와 풀보이스로 원작의 세계를 재현했다. 호화 제작진이 참여한 어른의 연애 드라마를 즐겨보자.

제노기어스
스퀘어　RPG　1998년 2월 11일　6,800엔

플레이어 1인　메모리카드 1블록

FF와 「성검전설」에 버금가는 인기를 얻은 대작 RPG. SF·오컬트·신화·성경은 물론 심리학·철학에 특촬·애니메이션 등의 서브컬처까지 온갖 개념을 믹스해 빈틈없이 쌓아 올린 장대한 스토리의 게임이다. 연출은 리얼타임 폴리곤과 셀 애니메이션을 융합했고, 전투도 성장·숙달 개념을 도입했다. 고대의 인간형 병기 '기어'를 둘러싼 수수께끼와 모험을 즐겨보자.

엑스 레이싱
일본물산　레이싱　1998년 2월 11일　5,800엔

플레이어 1인　메모리카드 1블록　특제 컨트롤러 SLPH00001(남코)지원

공방전 요소를 도입하여 대결과 승패에 초점을 맞춘 레이싱 게임. 스피드와 스티어링 시스템에 심리전을 결합시켜, 긴박감이 있는 배틀을 맛볼 수 있다.

테넌트 워즈
키드　파티　1998년 2월 11일　5,800엔

플레이어 1~6인　메모리카드 2블록　멀티탭지원 1~6인

연필을 굴려 칸을 전진해, 점포를 열어 돈을 버는 보드 게임. 점포를 열면 그 칸에 다음부터 멈추는 플레이어에게 통행료를 받는다. 점포를 확장시키며 계속 출점하자.

배싱 비트
E3 스탭　스포츠　1998년 2월 11일　5,800엔

플레이어 1인　메모리카드 1블록　아날로그 컨트롤러 지원

배스 낚시의 달인 무라타 하지메가 감수한 리얼 배스낚시 게임. DUALSHOCK를 지원해, '입질'의 감각을 잘 재현했다. 목 좋은 지점을 찾아내 배스 낚시에 열중해보자.

울트라맨 파이팅 에볼루션
반프레스토　3D 대전격투　1998년 2월 19일　6,800엔

플레이어 1~2인　메모리카드 1블록

울트라맨과 괴수들이 격투를 펼치는 3D 폴리곤 격투 게임. 캐릭터의 액션은 모션 캡처로 재현했다. 츠부라야 프로덕션이 제공한 귀중한 사진들도 열람할 수 있다.

에그

도시바 EMI　시뮬레이션　1998년 2월 19일　5,800엔

플레이어 1~4인　메모리카드 3블록　멀티탭지원 1~4인

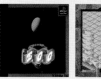

신비한 물체 '에그'를 굴려 진지를 넓혀 나가는 액션 보드 게임. 에그가 지나간 흔적 위로는 문명이 발전하여, 다른 문명을 침략한다. 최대 4명까지의 동시 플레이도 가능하다.

쿠리어 크라이시스

BMG 재팬　액션　1998년 2월 19일　5,800엔

플레이어 1인　메모리카드 1블록

수취인을 찾아내 편지를 배달하는 자전거 액션 게임. 주행을 방해하는 행인들은 펀치와 킥으로 날려버리자. 게임에 등장하는 MTB·BMX는 모두 실존 회사의 제품이다.

쵸로Q 3

타카라　레이싱　1998년 2월 19일　5,800엔

플레이어 1~2인　메모리카드 1블록　특제 컨트롤러 SLPH00001(남코)지원

쵸로Q를 소재로 삼은 인기 레이싱 게임의 제 3탄. '타운'에서 '시티'로 필드가 넓어졌고, 이벤트·바디·파츠도 대폭 증가해 수집 요소가 강화되었다.

드루이드 : 어둠 속의 추적자

코에이　어드벤처　1998년 2월 19일　6,800엔

플레이어 1인　메모리카드 1블록

우수한 과학력과 마법력을 지닌 드루이드의 자손이 되어, 실종된 드루이드를 찾는 3D 어드벤처 게임. 다섯 원소 기반의 강력한 마법을 무기삼아, 행성 나반을 모험하자.

판타스틱 포

어클레임 재팬　액션　1998년 2월 19일　5,800엔

플레이어 1~2인　멀티탭지원 1~4인

같은 제목의 마블 코믹스 만화가 원작인 벨트스크롤 액션 게임. 숙적 '닥터 둠'을 물리치기 위해, 4명의 능력을 적절히 구사하며 다양한 미션을 수행해야 한다.

별에서 발견!! 다마고치

반다이　시뮬레이션　1998년 2월 19일　5,800엔

플레이어 1~2인　메모리카드 1블록

'다마고치'를 소재로 삼은 육성 시뮬레이션 게임. 다마고치 별에서 다마고치들과 친구가 되자. 밴조 박사와 미카츄를 조작해 신종 다마고치를 조사해야 한다.

'돼지 게임'이면 되는 거 아냐?

샹그릴라　시뮬레이션　1998년 2월 26일　5,800엔

플레이어 1인　메모리카드 1블록

코믹한 돼지가 레이스장에서 날뛰는 경쟁형 돼지 육성 게임. 메모리 카드를 이용해 최대 5마리까지 대전 가능. 독특하고 개성적인 돼지들을 먹이와 조교로 강하게 길러내자.

바위뛰기펭귄 로키×호퍼 2 : 탐정 이야기

D3 퍼블리셔　버라이어티　1998년 2월 26일　4,800엔

플레이어 1~4인　메모리카드 1블록　멀티탭지원 1~4인

로키 & 호퍼의 파티 게임 제 2탄. 탐정사무소에서 일하게 된 로키·호퍼가 활약한다는 스토리로서, 12종류의 미니게임만을 즐기는 1~4인용 대전 모드도 수록했다.

위저드리 : 릴가민 사가

솔리톤 소프트웨어　RPG　1998년 2월 26일　5,800엔

플레이어 1인　메모리카드 3블록

PC에서 대히트했던 「위저드리」 시리즈의 시나리오 #1~#3을 하나로 합본한 타이틀. 오토 매핑 기능을 탑재해, 초보자라도 쉽게 즐길 수 있도록 했다.

위닝 포스트 3

코에이　시뮬레이션　1998년 2월 26일　6,800엔

플레이어 1인　메모리카드 14블록

마주로서 말을 기르는 경마 시뮬레이션 게임 제 3탄. 30억 엔의 밑천으로 최강의 혈통을 만들자. 오카베·타케 등의 초일류 기수가 실명 등장해, 자신의 말에 태울 수도 있다.

주변기기 지원 아이콘　 플레이어 1~2인　 메모리카드 1~2블록　 멀티탭지원 1~4인　 마우스 지원　 대전케이블 2대　 아날로그 조이스틱 SCPH0111(SCEI)지원　 아날로그 컨트롤러 지원　PocketStation 지원　메모리카드 1~2블록　 휴대전화 접속 케이블 지원[도코모 모드 휴대전화 지원]　특제 컨트롤러 SLPH00001(남코)지원

엑스맨 VS. 스트리트 파이터 : EX EDITION

캡콤　대전격투　1998년 2월 26일　5,800엔

플레이어 1~2인　메모리카드 1블록

「X-MEN」과 「스트리트 파이터」의 캐릭터들이 한 자리에 서 싸우는 크로스오버 작품의 개변 이식판. 아케이드판에서는 파트너 교대제였지만, 라운드제로 바뀌었다.

더 하이브 워즈

KSS　슈팅　1998년 2월 26일　6,800엔

플레이어 1인

악의 결사에 잠입해, 생물병기 생산시설 '하이브'의 파괴를 노리는 3D 슈팅 게임. 자동조종으로 총격전·360도 시야·상하 이동 등이 펼쳐져, 현장감 있는 연출을 보여준다.

최종전차

비지트　어드벤처　1998년 2월 26일　5,800엔

플레이어 1인　메모리카드 3블록

평소처럼 전철 막차를 타는 장면으로 시작되는 사운드 노벨. 호러 중심이지만, 선택지에 따라서는 SF

나 연애 등 다양한 분위기로 변화한다. 전체에 걸쳐 풀CG를 채용했다.

G.O.D pure

이매지니어　RPG　1998년 2월 26일　5,800엔

플레이어 1인　메모리카드 1~3블록

슈퍼 패미컴판 원작의 개변 이식작. 외계인의 습격으로 붕괴한 지구를 구하기 위해 초능력으로 싸

우는 RPG다. 스토리는 왕도적이지만 우울한 전개와 개그가 교차한다.

정글 파크

반다이　버라이어티　1998년 2월 26일　4,800엔

플레이어 1인　메모리카드 1블록

주인공 원숭이 'SARU' 군을 조작해 정글 파크의 세계를 즐기는 타이틀. 섬 전체가 사계

절 파트로 나뉘어 있고, 미니게임 등의 다양한 이벤트를 즐길 수 있다.

러블리 팝 2 in 1 : 쟝쟝코이합시다

비스코　마작·화투　1998년 2월 26일　6,800엔

플레이어 1인　메모리카드 1블록

아케이드용 탈의마작 & 화투 게임 「러블리 팝 마작 : 쟝쟝합시다」,「슈퍼 리얼 화투 : 코이코이합

시다」의 합본 이식작. 탈의 이벤트는 데이트로 교체했다.

쵸로Q 제트 : 레인보우 윙스

타카라　액션　1998년 2월 26일　5,800엔

플레이어 1~2인　메모리카드 1블록　아날로그 조이스틱 SCPH0111(SCEI)지원　아날로그 컨트롤러 지원

쵸로Q의 전투기판을 조작해 공적단을 격퇴하는 액션 게임. 파일럿으로는 성우가 연기하는 애

니메이션 캐릭터가 등장하며, 전투기는 제각기 무기와 성능이 다르다.

투어 파티 : 졸업여행을 가자

타카라　파티　1998년 2월 26일　5,800엔

플레이어 1~4인　메모리카드 1블록　멀티탭지원 1~4인

보드 게임에 연애 시뮬레이션 장르를 가미한 타이틀. 남성 8명과 여성 8명의 매력적인 캐릭터들

과 이벤트를 거쳐 친해지자. 주사위를 굴려 연애의 밀당을 즐겨보도록.

천선낭랑 극장판

타임포인트　마작　1998년 2월 26일　6,800엔

플레이어 1인　메모리카드 1블록

PC판 원작을 개변 이식했다. 19명의 유명 성우들이 열연하는 풀보이스 사양의 마작 어드벤처

게임. 캐릭터별로 필살기가 있고, 승리하면 보너스 그래픽이 표시된다.

나이트메어 크리처즈

소니컴퓨터엔터테인먼트　액션　1998년 2월 26일　5,800엔

플레이어 1인　메모리카드 1블록　아날로그 컨트롤러 지원

19세기의 런던을 무대로 삼은 3D 호러 액션 게임. 퇴마 신부와 여전사 중 하나를 골라, 흑마술

사의 야망을 저지하자. 적을 일도양단하는 등, 통쾌한 액션이 펼쳐진다.

HARDWARE
1994
1995
1996
1997
1998
1999
2000
2001
2002
2003
2004
INDEX

네오 아틀라스

아트딩크　시뮬레이션　1998년 2월 26일　5,800엔
플레이어 1인　메모리카드 6블록

대항해시대를 무대로, 무역상사의 사장이 되어 선단을 파견해 미개척지역의 조사를 행한다. 제독의
보고를 믿을지 말지 선택해갈수록 변화하는 세계지도가 게임의 묘미다.

넥타리스

허드슨　시뮬레이션　1998년 2월 26일　5,800엔
플레이어 1~2인　메모리카드 2블록

월면을 무대로 삼은 PC엔진용 명작 SF 시뮬레이션 게임의 이식작. 플레이스테이션판은 108종의
맵을 수록했고, 직접 맵을 에디트할 수도 있다.

NOёL : La neige

파이오니아 LDC　커뮤니케이션　1998년 2월 26일　6,800엔
플레이어 1인　메모리카드 1블록　아날로그 컨트롤러 지원

화상전화와 유사한 '비주얼 폰'을 사용해, 3명의 소녀와 두터운 친교를 쌓아 고백 받는 것이 목
적이다. 휴대 TV전화를 통하여 자택 외 지역에서의 통화도 가능해졌다.

파친코 홀 신장대개업

넥스톤　파친코　1998년 2월 26일　6,800엔
플레이어 1인　메모리카드 12블록

부모에게 밑천을 빌린 플레이어가, 그 돈으로 파친코 점포 경영자가 되었다! 점포의 발전을 위해
필요한 지식을 배워가며, 새 점포도 전개하여 큰 사업으로 키워나가자.

프리즘 코트
후지쯔 퍼스컴 시스템즈　시뮬레이션　1998년 2월 26일　5,800엔
플레이어 1인　메모리카드 1블록

여자배구부의 코치가 되어, 부원들의 꿈을 이루어주는 연애 육성 시뮬레이션 게임. 정열과 애정으
로 부원들을 강하고도 멋지게 키워, 꿈의 전국대회 우승을 쟁취해보자.

프로젝트 V6

제너럴 엔터테인먼트　시뮬레이션　1998년 2월 26일　5,800엔
플레이어 1인　메모리카드 3블록

실존 인기 아이돌 그룹 'V6'의 매니저가 되어, 스케줄을 관리하며 아이돌로 성장시켜가는 것이
목적이다. 본인들의 실사 영상 클립도 볼 수 있어 재미있다.

미사의 마법 이야기

사미　시뮬레이션　1998년 2월 26일　6,800엔
플레이어 1인　메모리카드 1블록

호화 성우진을 기용하여 당시 화제가 되었던 타이틀. 플레이어가 요정이 되어, 주인공 '미사'를
훌륭한 마법소녀로 육성하는 것이 목적인 시뮬레이션 게임이다.

모리 모토나리 : 맹세의 세 화살

코에이　시뮬레이션　1998년 2월 26일　7,800엔
플레이어 1인　메모리카드 4블록

'영걸전' 시리즈의 3번째 작품. 츄고쿠 지방을 지배했던 모리 가문의 발전을 이야기식으로 진행한
다. 중요한 역사적 전투를 재현하면서도, 후반엔 가상의 전개도 준비했다.

입체닌자활극 천주
소니뮤직엔터테인먼트　액션　1998년 2월 26일　5,800엔
플레이어 1인　메모리카드 1블록　아날로그 컨트롤러 지원

닌자가 되어 악을 토벌하는 일본풍 스텔스 액션 게임. 벽·지붕을 통해 잠입하고, 풀숲에 은신하며, 벽
뒤로 숨는 등 닌자다운 액션이 일품이다. 인술·인구도 다수 등장한다.

노부나가의 야망 : 전국군웅전

코에이　시뮬레이션　1998년 3월 7일　5,800엔
플레이어 1~4인　메모리카드 2블록

시리즈 3번째 작품으로서, 다이묘의 휘하 무장 시스템이 등장했으며 전투시 아침·낮·밤의 시간
개념과 야습·농성전 등의 신규 요소를 추가하여 대폭 업그레이드했다.

주변기기 지원 아이콘　플레이어 1~2인　메모리카드 1~2블록　멀티탭지원 1~4인　마우스 지원　대전케이블 2대　아날로그 조이스틱 SCPH0111(SCE) 지원　아날로그 컨트롤러 지원　PocketStation 지원　메모리카드 1~2블록　휴대전화 접속 케이블 지원(도코모 i모드 휴대전화 지원)　특제 컨트롤러 SLPH00001(남코) 지원

완간 트라이얼

빅터 인터랙티브 소프트웨어　레이싱　1998년 3월 7일　6,800엔

플레이어 1~2인 / 메모리카드 3블록 / 아날로그 컨트롤러 지원 / 특제 컨트롤러 SLPH00001(남코)지원

세가새턴용 게임 「완간 데드히트」를 개변 이식했다. 4종류의 게임 모드로 리얼리티를 추구한 레이싱 게임. 인기 여배우를 기용해 영화에 버금가는 드라마도 제공한다.

음악 만들기 : 멜로-디 2

아스키　개발 툴　1998년 3월 12일　5,800엔

플레이어 1인 / 메모리카드 1~15블록

악보에 음표를 배치해 작곡하는 음악 소프트 제 2탄. 초보자라도 음악이 기분을 내며 음악 만들기를 즐겨볼 수 있다. 프리셋 리듬 패턴을 골라 작곡하는 것도 가능하다.

건담 더 배틀 마스터 2

반다이　대전격투　1998년 3월 12일　6,800엔

플레이어 1~2인 / 메모리카드 1블록 / 아날로그 컨트롤러 지원

기체가 부드러운 모션으로 움직이는 대전격투 게임 「건담 더 배틀 마스터」의 속편. 전작에서 나왔던 기체는 전부 재등장하며, Z건담·앗가이 등의 신 기체도 추가되었다.

조립식 배틀 끼워맞추미

테크노 소프트　시뮬레이션　1998년 3월 12일　5,800엔

플레이어 1~2인 / 메모리카드 1블록

직접 제작한 캐릭터로 대전하는 시뮬레이션 게임. 부품이 200종 이상이라, 귀여운 캐릭터부터 강력한 캐릭터까지 자유롭게 만들 수 있다. 배틀을 이겨 상대의 부품을 빼앗자.

클락 타워 : 고스트 헤드

휴먼　어드벤처　1998년 3월 12일　5,800엔

플레이어 1인 / 메모리카드 1블록 / 마우스 지원 / 아날로그 컨트롤러 지원

「클락 타워」 시리즈 제 3탄. 일본이 무대로서, 원념·저주·악령 등의 일본적 요소를 가미한 호러 게임이다. 주인공의 2가지 인격을 잘 이용해, 압박해오는 적을 물리치자.

THE 편의점 스페셜

아트딩크　시뮬레이션　1998년 3월 12일　5,800엔

플레이어 1인 / 메모리카드 10~11블록

점주로서 편의점을 경영하는 시뮬레이션 게임 시리즈 제 2탄. 이번엔 고양이의 세계와 검과 마법의 세계, 근미래의 전쟁 직후 황폐한 세계에서 편의점을 경영할 수도 있다.

S·Q 사운드 큐브

휴먼　퍼즐　1998년 3월 12일　4,800엔

플레이어 1인 / 메모리카드 1블록

3D로 구축돼 있는 큐브에 소나를 쏘아, 반사되는 음으로 블록 종류를 식별하여 없애나간다. 후반에는 음을 방해하는 큐브가 나타나므로 난이도가 올라간다.

언제나 함께야

도시바 EMI　시뮬레이션　1998년 3월 12일　5,800엔

플레이어 1인 / 메모리카드 2블록

히로인과 동거해 1년간을 보내는 연애 시뮬레이션 게임. 연애의 줄다리기를 즐기는 '트라이 이모션 시스템'과, 일 단위로 예정을 짜는 '크로스 스케줄링'을 탑재했다.

제로 파일럿 : 은빛날개의 전사

소니컴퓨터엔터테인먼트　3D 슈팅　1998년 3월 12일　5,800엔

플레이어 1인 / 메모리카드 1블록 / 대전케이블 지원 / 아날로그 조이스틱 SCPH0111(SCEI) 지원 / 아날로그 컨트롤러 지원

왕년의 명 항공기로 하늘을 나는 3D 플라이트 슈팅 게임. 2차대전에서 활약했던 프로펠러기가 리얼하게 되살아난다. 여러 가혹한 임무를 수행해, 야마토 국을 승리로 이끌자.

0부터 배우는 마작 : 마작유치원 달걀반

어펙트　마작　1998년 3월 12일　5,800엔

플레이어 1인 / 메모리카드 1블록

'마작을 못하지만 배우고픈 사람'을 위한 초보자용 마작 소프트. 레벨별로 나뉜 4개 반에서 레슨을 받는 '달걀빼약' 모드와, 월반시험·토너먼트 등을 탑재했다.

타이거샤크

게임뱅크　슈팅　1998년 3월 12일　3,800엔

플레이어 1인 ｜ 메모리 카드 1블록

공격용 잠수함 '타이거샤크'를 조종해 사투를 펼치는 3D 슈팅 게임. 수중과 해수면을 자유자재로 드나들며, 다가오는 적기를 격파하자. 박력 있는 전투묘사를 즐길 수 있다.

데드 오어 얼라이브

테크모　3D 대전격투　1998년 3월 12일　5,800엔

플레이어 1~2인 ｜ 메모리 카드 1블록 ｜ 아날로그 컨트롤러 지원

타격-잡기-홀드라는 3종 기술의 가위바위보 상성 시스템을 도입한 3D 대전격투 게임. 속편에 등장하는 '베스'와 '아야네' 2명이 선행 추가되었고, 코스튬도 대폭 늘렸다.

무릎 위의 동거인 : KITTY ON YOUR LAP

컬처 퍼블리셔즈　시뮬레이션　1998년 3월 12일　5,800엔

플레이어 1인 ｜ 메모리 카드 1블록

고양이귀 소녀를 1년간 애정으로 키워 인간으로 만드는 연애 육성 시뮬레이션. 캐릭터 디자인은 츠키 카즈히코가 맡았고, 미야무라 유코·이와오 준코 등 인기 성우가 출연했다.

부시도 블레이드 이(弐)

스퀘어　3D 대전격투　1998년 3월 12일　5,800엔

플레이어 1~2인 ｜ 메모리 카드 1블록 ｜ 대전케이블 지원

유명한 일격필살 칼싸움 게임이 돌아왔다. '명경관'·'사음당' 두 유파간의 분쟁을 그렸으며, 일격으로 승부가 결정된다는 특징은 유지하면서 조작·시스템 일부를 변경했다.

로보트론 X

게임뱅크　슈팅　1998년 3월 12일　3,800엔

플레이어 1~2인 ｜ 메모리 카드 1블록

근미래를 무대로, 인류를 적대하는 로보트론을 물리치는 3D 액션 게임. 주인공을 조작해 살아남은 가족을 구출해내자. 스테이지에는 다양한 파워 업 아이템이 떨어져있다.

타임보칸 시리즈 보칸이예요

반프레스토　슈팅　1998년 3월 12일　5,800엔

플레이어 1~2인

'타임보칸' 소재의 슈팅 게임 제 2탄. 도론보 일당의 메카닉을 조작해, 정의의 메카닉과 싸워나간다. 난이도가 다른 2가지 스토리의 삽입 애니메이션도 재미있다.

파치슬로 완전해석 : 와글와글 펄서 2 / 세븐티세븐 2

휴먼　파치슬로　1998년 3월 12일　5,200엔

플레이어 1인 ｜ 메모리 카드 1블록

야마사 및 타카사고 전기산업의 인기 기종을 수록한 파치슬로 시뮬레이터. '와글와글 펄서 2'와 '세븐티세븐 2'를 탑재했고, 실기 그대로의 조작감을 완전 재현했다.

파이널 라운드

아틀라스　시뮬레이션　1998년 3월 12일　5,800엔

플레이어 1~8인 ｜ 메모리 카드 2블록

권투 트레이너가 되어 세계 챔피언을 육성하는 시뮬레이션 게임. 트레이너로서 복서를 단련시키고, 그들과 신뢰관계를 구축하자. 세컨드에서의 지휘가 승패를 좌우한다.

로스트 소드 : 잃어버린 성검

이매지니어　어드벤처　1998년 3월 12일　5,800엔

플레이어 1인

빼앗긴 성검 '엑스칼리버'를 찾아, 소녀 '엘리사'가 싸우는 3D 액션 어드벤처 게임. 여러 퍼즐을 풀면서 미궁을 전진해, 만악의 근원 '데라바르'를 물리쳐 성검을 되찾자.

아케이드 기어즈 : 이미지 파이트 & X-멀티플라이

엑싱　슈팅　1998년 3월 19일　4,800엔

플레이어 1~2인 ｜ 메모리 카드 2블록

아이렘 사의 명작 슈팅 게임들 중, 포드와 특수 파츠의 능숙한 사용이 중요한 「이미지 파이트」와, 촉수가 달린 플레이어 기체가 특징인 「X-멀티플라이」를 수록했다.

주변기기 지원 아이콘 플레이어 1~2인 ｜ 메모리카드 1~2블록 ｜ 멀티탭 지원 1~4명 ｜ 마우스 지원 ｜ 대전 케이블 2대 ｜ 아날로그 조이스틱 SCPH0111(SCEI) 지원 ｜ 아날로그 컨트롤러 지원 ｜ PocketStation 지원 ｜ 메모리카드 1~2블록 ｜ 휴대전화 접속 게임 지원 (도코모 모드 휴대전화 지원) ｜ 특제 컨트롤러 SLPH00001(남코) 지원

웃짱·난짱의불꽃튀는도전자 : 전류 아슬아슬 봉 리턴즈

자우루스 파티 1998년 3월 19일 5,800엔

플레이어 1~8인 | 메모리카드 1블록 | 마우스 지원 | 아날로그 컨트롤러 지원

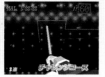

제목이 같은 일본 TV프로의 인기 코너 소재 액션 게임. 금속제 프레임에 전류봉이 닿지 않도록 하며 골까지 이동하자. 8명까지 참가 가능한 토너먼트 모드도 탑재했다.

GUN투다! 게임 천국

잘레코 슈팅 1998년 3월 19일 5,800엔

플레이어 1~2인 | 메모리카드 1블록 | 아날로그 컨트롤러 지원 | 특제 컨트롤러 SLPH00034(남코)

아케이드에서 히트 했던 「게임 천국」 의 오리지널 속편. 2 인 동시 플레이 시 에는, 2P 쪽에서 '건 콘'을 사용해 원호사격을 한다는 독특한 스타일의 플레이를 펼친다.

코나미 앤틱스 MSX 컬렉션 Vol.3

코나미 버라이어티 1998년 3월 19일 4,800엔

플레이어 1~2인 | 메모리카드 1블록

「꿈대륙 어드벤처」· 「파로디우스」·「왕 가의 계곡」 등, MSX 작품 10종을 수록 했다. 수록작 중 「사 라만다」는 단독으로 진정한 엔딩까지 도달 가능하도록 했다.

The Legend of Heroes III : 하얀 마녀 - 또 하나의 영웅들의 이야기

GMF RPG 1998년 3월 19일 5,800엔

플레이어 1인 | 메모리카드 1블록

「영웅전설」 시리즈 3번째 작품이자 '가 가브 트릴로지' 시 리즈 제 1탄. 쥬리 오와 크리스의 순례 여행과 성장을 그렸다. 전투는 자동·수동을 선택 가능해졌다.

쇼기 최강 2

마호 쇼기 1998년 3월 19일 4,800엔

플레이어 1인 | 메모리카드 1블록

슈퍼 패미컴판의 개 변 이식작. 감수자 인 칸키 히로미츠 6 단이 엄선한 총 100 문제+α를 탑재했다. 고속 사고 루틴으로 최강의 맞장기 대국과 명인 최강전을 즐겨보자.

쥘드나실트 Special

코에이 RPG 1998년 3월 19일 6,800엔

플레이어 1인 | 메모리카드 1블록

일개 용병에서 일국 의 기사로까지 출 세하는 시뮬레이션 RPG. 플레이할 때마 다 변화하는 검과 마 법의 세계에서, 150명 이상의 캐릭터가 활약하며 박력의 배틀을 전개한다.

테니스 아레나

UBISOFT 스포츠 1998년 3월 19일 5,800엔

플레이어 1~2인 | 메모리카드 1블록 | 멀티탭 지원 1~8인

플레이 감각을 리얼 하게 재현한 테니스 게임. 세계를 순회하 는 투어 모드를 비롯 해, 단식·복식 플레 이도 가능하다. 애프터터치로 볼 궤도가 꺾이는 것도 충실히 재현했다.

나스카 98

일렉트로닉 아츠 레이싱 1998년 3월 19일 5,800엔

플레이어 1~2인 | 메모리카드 1블록 | 특제 컨트롤러 SLPH00001(남코)지원

미국에서 인기인 카 레이스를 게임화했 다. 24종류의 레이 싱 머신과 드라이버 가 실명으로 등장한 다. 공식을 포함해 총 17개 서킷을 준비했고, 디테일한 세팅도 가능하다.

파이널 판타지 V

스퀘어 RPG 1998년 3월 19일 4,800엔

플레이어 1인 | 메모리카드 1블록

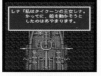

슈퍼 패미컴으로 발 매되었던 명작 RPG 가 플레이스테이션 으로 등장했다. 내용 은 거의 그대로 이식 했으며, 플레이스테이션의 기능을 살려 오프닝 무비 등을 새로 추가했다.

프리즘 랜드 스토리

디 크루즈 액션 1998년 3월 19일 5,800엔

플레이어 1~2인 | 메모리카드 1블록 | 아날로그 컨트롤러 지원 | 특제 컨트롤러 SLPH00015(남코)지원

팅겨 다니는 볼을 빠뜨리지 않도록 주 의하며, 배치된 물체 들을 파괴하는 액션 퍼즐 게임. 각 스테 이지에 숨겨진 매직 볼을 얻으면 볼이 분열하는 등의 효과가 나타난다.

HARDWARE
1994
1995
1996
1997
1998
1999
2000
2001
2002
2003
2004
INDEX

헥센
게임뱅크　3D 액션　1998년 3월 19일　5,800엔

플레이어 1인　메모리 카드 15블록

판타지 세계에서 싸우는 3D 액션 슈팅 게임. 이세계의 마술사 '코랙스'에게서 세계를 구하는 것이 목적이다. 캐릭터는 능력이 차별화된 전사·승려·마법사 중에서 고른다.

볼블레이저 : 챔피언즈
BPS　스포츠　1998년 3월 19일　5,800엔

플레이어 1~2인　메모리 카드 1블록　아날로그 컨트롤러 지원

루카스아츠 사가 제작한 3D 액션 게임. 우주공간을 무대로 삼아 1 : 1로 싸우며, 하키와 축구를 섞은 듯한 독자적인 룰이 특징이다. 영광의 마스터 블레이저가 되어보자.

매지컬 두뇌 파워!! : PARTY SELECTION
바프　파티　1998년 3월 19일　5,800엔

플레이어 1~2인　메모리 카드 1블록　멀티탭 지원 1~4인

당시 일본의 인기 퀴즈프로가 모티브인 버라이어티 게임. 수록 장르는 무려 18종류로 빵빵하다. 자유롭게 문제를 내 분위기를 달구는 '파티 툴' 모드도 탑재했다.

바라봐줘 나이트
코나미　시뮬레이션　1998년 3월 19일　6,800엔

플레이어 1인　메모리 카드 1블록　마우스 지원

중세 유럽풍의 세계가 무대인 연애 시뮬레이션 게임. 돌판 왕국에서 지내는 3년 동안, 다양한 여성과 만나게 된다. 주인공은 용병이므로 전쟁에도 참여한다.

뿡야뿡야 왕바우 : 검은 번개, 하얀 기적
액셀라　어드벤처　1998년 3월 19일　5,800엔

플레이어 1인　메모리 카드 1블록

같은 제목의 인기 애니메이션이 원작인 경마 액션 어드벤처 게임. 독자적인 키 콤보 액션으로 뜨거운 레이스를 구현했다. 애니메이션의 성우와 동영상이 드라마를 장식한다.

…있다!
타카라　어드벤처　1998년 3월 26일　5,800엔

플레이어 1인　메모리 카드 1블록

학교를 무대로 삼은 3D 서바이벌 호러 게임. 고교생인 주인공이 학교에서 일어나는 괴사건을 해결한다는 스토리다. 크툴루 신화가 바탕이라, 관련 아이템이 등장한다.

Iceman / Digital PlayStage
에픽 소니 레코드　기타　1998년 3월 26일　2,500엔

플레이어 1인　메모리 카드 2블록

당시 일본의 인기 팝 그룹 'Iceman'의 세계를 만끽하는 음악 소프트. 자신만의 뮤직 클립을 만드는 모드와, 라이브 영상에 특수효과를 넣는 모드 등 4종의 모드가 있다.

카키노키 쇼기 II
아스키　쇼기　1998년 3월 26일　6,800엔

플레이어 1~2인　메모리 카드 1~11블록

「카키노키 쇼기」(39p)의 속편 타이틀. 더욱 강력해진 CPU의 사고루틴과, 대전하는 플레이어의 착수 패턴을 학습해 새로운 수로 공격해오는 것이 매력인 쇼기 게임.

소년탐정 김전일 : 지옥유원지 살인사건
코단샤　어드벤처　1998년 3월 26일　6,800엔

플레이어 1인　메모리 카드 1블록

같은 제목의 인기 작품이 원작인 추리 게임의 제 2탄. 유원지에서 일어난 살인사건과 폭탄 소동을 소년 김전일이 되어 해결하자. 호화 성우진의 풀보이스가 스토리를 빛낸다.

항유기
코에이　시뮬레이션　1998년 3월 26일　6,800엔

플레이어 1인　메모리 카드 2블록

기원전 중국의 초한 전쟁을 무대로 삼은 시뮬레이션 게임. 항우가 이끄는 초나라나, 유방이 이끄는 한나라를 선택하여 4가지 시나리오로 상대 세력의 타도를 노린다.

주변기기 지원 아이콘　플레이어 1~2인　메모리 카드 1~2블록　멀티탭 지원 1~4인　마우스 지원　대전 케이블 2대　아날로그 조이스틱 SCPH0111(SCEI) 지원　아날로그 컨트롤러 지원　PocketStation 지원　메모리 카드 1~2블록　휴대전화 접속 케이블 지원 (도코모 모드 휴대전화 지원)　특제 컨트롤러 SLPH00001(남코) 지원

사무라이 스피리츠 : 검객지침서 팩
SNK　대전격투　1998년 3월 26일　5,800엔
플레이어 1~2인　메모리카드 1블록

칼을 맞대고 싸우는 대전격투 게임 「사무라이 스피리츠」 시리즈의 1편과, 무기파괴 기술 등의 신규 요소를 추가한 2편인 「진 사무라이 스피리츠」를 수록했다.

실기 파치슬로 철저공략 : 야마사 컬렉션
컬처 퍼블리셔즈　파치슬로　1998년 3월 26일　6,800엔
플레이어 1인　메모리카드 4블록

지금도 후속기종이 홀에서 가동중인 '펄서' 시리즈 등, 야마사 사의 명기가 수록된 실기 시뮬레이터. 리플레이 넘기기를 연습할 수 있는 모드도 탑재했다.

신일본 프로레슬링 : 투혼열전 3
토미　스포츠　1998년 3월 26일　6,800엔
플레이어 1~4인　메모리카드 3-15블록　멀티탭지원 1~4인

폴리곤 프로레슬링 게임의 원조, 그 제3탄. 60프레임 모드를 채용해 경기가 한층 리얼해졌다. 출전 선수는 타 단체도 포함해 총 39명. 오리지널 레슬러도 만들 수 있다.

속 첫사랑 이야기 : 수학여행
토쿠마쇼텐　시뮬레이션　1998년 3월 26일　7,800엔
플레이어 1인　메모리카드 1블록

PC-FX용 게임의 이식작. '첫사랑'이 소재인 연애 시뮬레이션 게임이다. 소꿉친구의 도움을 받아 자신을 단련해, 초등학생부터 대학생까지 4가지 시대에서 첫사랑을 성취하자.

철권 3
남코　3D 대전격투　1998년 3월 26일　5,800엔
플레이어 1~2인　메모리카드 1블록　아날로그 컨트롤러 지원

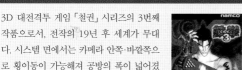

3D 대전격투 게임 「철권」 시리즈의 3번째 작품으로서, 전작의 19년 후 세계가 무대다. 시스템 면에서는 카메라 안쪽·바깥쪽으로 횡이동이 가능해져 공방의 폭이 넓어졌다. 플레이스테이션판은 기존 모드들은 물론이고, 벨트스크롤 액션 게임풍의 '철권 포스 모드', 비치발리볼과 격투기를 융합시킨 듯한 '철권 볼 모드' 등도 추가했다.

도쿄 23구 교복 WARS
맵 재팬　어드벤처　1998년 3월 26일　6,800엔
플레이어 1인　메모리카드 1블록

근미래의 도쿄에서, 여고생들이 교복에 깃든 신비한 힘으로 싸우는 어드벤처 게임. 전투는 가위바위보 상성을 이용하는 카드 게임식이다. 배틀을 제패해 진실을 밝혀보자.

두근두근 메모리얼 드라마 시리즈 vol.2 : 알록달록한 러브 송
코나미　어드벤처　1998년 3월 26일　5,800엔
플레이어 1인　메모리카드 2블록　마우스 지원

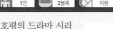

호평의 드라마 시리즈 2번째 작품. 금번의 히로인은 카타기리 아야코로서, 학교 축제를 앞둔 학생 밴드 활동을 그린 스토리다. 다른 히로인과 오리지널 캐릭터도 등장한다.

트랜스포머 : 비스트 워즈
타카라　액션　1998년 3월 26일　5,800엔
플레이어 1인　메모리카드 1블록

같은 제목의 CG 애니메이션이 원작인 액션 어드벤처 게임. 양 진영 중 하나를 골라, 적 진영의 캐릭터를 물리치자. 온갖 함정을 돌파하며 미션을 클리어해야 한다.

오사카 완간 배틀
미쓰이물산 간사이지사　레이싱　1998년 3월 26일　5,800엔
플레이어 1인　메모리카드 1~4블록　아날로그 컨트롤러 지원　특제 컨트롤러 SLPH00001(남코)지원

오사카의 명소가 무대인 공공도로 레이싱 게임. 당시 대인기였던 AE86 등, 22개 차종이 등장한다. 오사카 최강·최속의 스트리트 레이서를 목표로 진검 배틀을 펼쳐보자.

패신 2

어퀘스　마작　1998년 3월 26일　5,800엔

플레이어 1인　메모리 카드 1블록　아날로그 컨트롤러 지원

실황 덕에 현장감이 넘치는 마작 게임. 코미디언 마츠무라 쿠니히로의 실황과 함께 프로 작사와 대전하는 모드와, 자신의 레벨에 맞춰 학습하는 모드 등, 다양한 모드가 있다.

파이어 우먼 수습조

토쿠마쇼텐　어드벤처　1998년 3월 26일　7,200엔

플레이어 1~2인　메모리 카드 1블록

PC-FX판의 이식작. 싸움 실력을 연마해 소녀들을 지키는 연애 격투 어드벤처다. 학교의 평화를 지키는 '수습조' 일원이 되어, 부활동으로 실력을 키워 사건을 해결하자.

브로큰 헬릭스

코나미　액션　1998년 3월 26일　5,800엔

플레이어 1인　메모리 카드 2블록

폭탄처리반 일원으로서 극비시설에 잠입해 임무를 수행하는 액션 어드벤처 게임. 게임 도중 도착한 장소에서 사건이 동시다발로 진행되는 '4차원 시간관리 시스템'을 탑재했다.

유구환상곡 : 2nd Album

미디어웍스　시뮬레이션　1998년 3월 26일　5,800엔

플레이어 1인　메모리 카드 1블록

인기 연애 육성 시뮬레이션 게임의 제 2탄. 도시 '엔필드'에서 의뢰를 처리하는 주인공이, 자신이 소속된 반의 해산을 막으려 분투한다는 스토리다. 동료를 모아 타인을 돕자.

요시무라 쇼기

코나미　쇼기　1998년 3월 26일　5,800엔

플레이어 1~2인　메모리 카드 1블록　마우스 지원

CPU가 빠르고 강력한 쇼기 게임. 알려주는 대로 설정하면 간편하게 대국 가능하다. 플레이어가 사고중일 때 다음 수를 읽는 등, 실제 기사와 대국하는 듯한 느낌이 일품.

레부스

아틀라스　RPG　1998년 3월 26일　5,800엔

플레이어 1인　메모리 카드 2블록

소년과 소녀, 두 사람이 주인공인 시뮬레이션 RPG. 문자를 조합해 마법·무기·환수를 제작하는 '카르티아' 시스템을 사용해, 각 맵의 승리조건을 만족시키자.

패러사이트 이브

스퀘어　RPG　1998년 3월 29일　6,800엔

플레이어 1인　메모리 카드 1블록　아날로그 컨트롤러 지원

같은 제목 소설의 세계관을 기반으로 한 오리지널 스토리의 호러 액션 RPG. 주인공 '아야'와, 그녀를 습격해오는 변이 네오 미토콘드리아 생물과의 싸움을 그렸다.

아케이드 기어즈 : 원더 3

엑싱　버라이어티　1998년 4월 2일　5,800엔

플레이어 1~2인　메모리 카드 1블록

점프 액션 게임 「루스터즈」, 슈팅 게임 「채리어트」, 액션 퍼즐 게임 「돈풀」까지, 각각 장르가 완전히 다른 3가지 게임을 한 소프트로 즐길 수 있다.

UNO

미디어퀘스트　테이블　1998년 4월 2일　4,800엔

플레이어 1~2인　메모리 카드 1블록

기본적인 프리 대전부터 페어 대전까지 다양하게 즐기는 'UNO'의 게임판. '스토리'에서는 개성적인 캐릭터 11명과 2~6인 대전할 수 있다. 2인 대전 플레이도 가능하다.

에니그마

코에이　어드벤처　1998년 4월 2일　6,800엔

플레이어 1인　메모리 카드 3블록

신비한 돌을 둘러싸고 세 주인공이 활약하는 3D 액션 어드벤처 게임. 세계 각국에 흩어진 의문의 유적을 모험해, 배회하는 마물과 싸우며 커다란 수수께끼에 도전하자.

주변기기 지원 아이콘
 플레이어 1~2인　 메모리 카드 1~2블록　 멀티탭 지원 1~4인　 마우스 지원　 대전 케이블 2대　 아날로그 조이스틱 SCPH011(SCEI) 지원　아날로그 컨트롤러 지원　PocketStation 지원　메모리 카드 1~2블록　휴대전화 접속 케이블 지원(도코모 모드 휴대전화 지원)　특제 컨트롤러 SLPH00001(넘코) 지원

NBA LIVE 98

일렉트로닉 아츠　스포츠　1998년 4월 2일　5,800엔

플레이어 1~2인　메모리카드 2~15블록　멀티탭지원 1~8인

NBA의 매력을 응축시킨 게임 시리즈의 98년도판. 마이클 조던을 제외한 당시 NBA 소속 28개 팀과 선수를 완전 망라했고, 텍스처 매핑으로 표정까지도 재현했다.

클래식 로드 : 유슌 2

빅터 엔터테인먼트　시뮬레이션　1998년 4월 2일　5,800엔

플레이어 1~4인　메모리카드 3~14블록

마주 겸 조교사로서 말을 육성하는 경마 시뮬레이션 게임. 5대 혈통표와 사이어 라인을 활용해 자신만의 혈통을 만든다. 박력 만점의 레이스에서 승리해 영관을 획득하자.

수라의 문

코단샤　3D 대전격투　1998년 4월 2일　5,800엔

플레이어 1~2인

천년에 걸친 불패를 자랑하는 고무술 '무츠 원명류' 중심의 이종격투기 만화를 게임화했다. 관절기로 팔·다리를 꺾으면 상대가 타격·잡기·가드 등을 할 수 없게 된다.

수호전 : 천도 108성

코에이　시뮬레이션　1998년 4월 2일　7,800엔

플레이어 1인　메모리카드 13블록

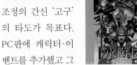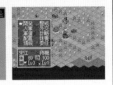

전작과 마찬가지로, 조정의 간신 '고구'의 타도가 목표다. PC판에 캐릭터·이벤트를 추가했고 그래픽을 리뉴얼했으며, 특히 엔딩 동영상이 호평을 받았다.

장갑기병 보톰즈 : 우도·쿠멘 편

타카라　액션　1998년 4월 2일　5,800엔

플레이어 1인　메모리카드 1블록　아날로그 조이스틱 SCPH0111(SCEI) 지원　아날로그 컨트롤러 지원

같은 제목의 인기 애니메이션을 재현한 3D 액션 슈팅 게임. 타카하시 료스케 감독의 감수로 '우도'·'쿠멘' 편을 재편집했다. 미션 디스크에서 AT의 움직임을 설정해보자.

졸업 III : Wedding Bell

쇼가쿠칸 프로덕션　시뮬레이션　1998년 4월 2일　6,800엔

플레이어 1인　메모리카드 1블록

인기 연애 육성 시뮬레이션 게임의 제 3탄. 5명의 학생 중 하나와 부부로서 신혼 생활을 보내며, 비밀이 밝혀지지 않도록 학생을 육성한다. 휴일엔 아내와 데이트할 수 있다.

트윈비 RPG

코나미　RPG　1998년 4월 2일　5,800엔

플레이어 1인　메모리카드 1블록　아날로그 컨트롤러 지원

인기 슈팅 게임 「트윈비」의 캐릭터를 사용한 RPG. 현실 세계에서 소환되어 온 주인공이 되어, '돈부리 섬'을 구하기 위해 트윈비에 탑승하여 싸우자.

테스트 드라이브 4

일렉트로닉 아츠　레이싱　1998년 4월 2일　5,800엔

플레이어 1~2인　메모리카드 1블록　특제 컨트롤러 SLPH00001(남코) 지원

카 매니아들의 드림 카를 운전하는 드라이브 시뮬레이션 게임. 1960년대부터 98년까지, 각 연대를 대표하는 차량이 실명 등장한다. 세대를 초월한 스피드의 경연을 즐겨보자.

전파소년적 게임

허드슨　버라이어티　1998년 4월 2일　4,800엔

플레이어 1~8인　멀티탭지원 1~8인

같은 제목의 일본 인기 TV프로를 모티브로 탄생한 버라이어티 게임. '무궁화 꽃이 피었습니다'·'홍백 깃발 올리기' 등 미니게임 10종류를 탑재했다. 다양한 벌칙게임도 있다.

투신전 : 카드 퀘스트

타카라　파티　1998년 4월 2일　5,800엔

플레이어 1~4인　메모리카드 3블록　멀티탭지원 1~4인

타카라의 3D 대전 격투 게임 「투신전」의 캐릭터를 사용한 말판놀이풍 보드 게임. 인기 캐릭터와 함께 보드를 돌며 카드를 모아, 의문의 미소녀의 야망을 처부수자.

브리건다인 : 환상대륙전기

 E3 스텝　시뮬레이션　1998년 4월 2일　5,800엔

플레이어 1인 ／ 메모리카드 3~9블록

전란의 마법대륙 '포르세나'를 무대로 삼은 시뮬레이션 RPG. 일국의 군주가 되어 대륙 제패를 위해 싸우자. 서로의 인간관계가 복잡하게 얽힌 장대한 드라마를 즐긴다.

플레이스테이션 코믹 제 2탄 : '캐롤 더 다크 엔젤'

소니컴퓨터엔터테인먼트　기타　1998년 4월 2일　2,000엔

플레이어 1인 ／ 메모리카드 1블록

버튼을 눌러 읽으며 진행하는 디지털 코믹. '아이 시티' 등으로 유명한 SF 만화가, SYUFO 이타하시가 플레이스테이션 코믹 전용으로 제작한 오리지널 작품이다.

뫼비우스 링크 3D

이토추 상사　시뮬레이션　1998년 4월 2일　5,800엔

플레이어 1인 ／ 메모리카드 4블록

PC로 발매하여 시리즈화되었던 SF 전술 시뮬레이션 게임. 3D화된 우주공간에서 함대 단위의 전투가 펼쳐진다. 부대를 지휘하는 사령관은 전부 여성이다.

모탈 컴뱃 트릴로지

게임뱅크　액션　1998년 4월 2일　3,800엔

플레이어 1~2인

「얼티밋 모탈 컴뱃 3」를 기반으로 삼아, 시리즈 역대 캐릭터들이 총출동하는 집대성격의 작품. 공격적일수록 유리해지는 '어그레서 시스템'을 추가했다.

두근두근 볼링

코코너츠 재팬 엔터테인먼트　스포츠　1998년 4월 2일　4,800엔

플레이어 1~2인 ／ 메모리카드 1블록 ／ 멀티탭지원 1~4인

간단한 조작성으로 간편하게 즐기는 볼링 게임. 유머가 있는 캐릭터들과 현실에 존재할 리가 없는 레인 등 다양성 가득한 연출이 장점으로서, 최대 4인 대전도 가능하다.

개인교수

마이니치 커뮤니케이션즈　시뮬레이션　1998년 4월 9일　5,800엔

플레이어 1인 ／ 메모리카드 2블록

대학 입시를 앞둔 소녀들을 1년간 가르치는 연애 육성 시뮬레이션 게임. 행동하기에 따라서는 소녀들이 연애감정을 품기도 한다. 합격 여부에 따라 다양한 엔딩을 준비했다.

G다라이어스

타이토　슈팅　1998년 4월 9일　5,800엔

플레이어 1~2인 ／ 메모리카드 1블록 ／ 아날로그 컨트롤러 지원

「다라이어스 외전」에 이은 1화면계 「다라이어스」 신작으로서, 보스전 등에 폴리곤을 사용한 대박력 연출을 넣었다. 적을 캡처하고, 신병기 'α빔'으로 위기에서 탈출하자.

스치파이 어드벤처 : 두근두근 나이트메어

잘레코　어드벤처　1998년 4월 9일　6,800엔

플레이어 1인 ／ 메모리카드 1블록 ／ 멀티탭지원 1~4인

인기 미소녀 마작 게임 「스치파이」의 연애 어드벤처 게임판. 세타가야구 카미요가에서 일어난 미녀 연쇄졸도사건을, 좋아하는 여성이 사건 피해자가 되기 전에 해결하자.

파워 스테익스 2

어퀘스　스포츠　1998년 4월 9일　5,800엔

플레이어 1인 ／ 메모리카드 5블록

1997년 발매되었던 실황 경마예상 게임의 제 2탄. 페이스 배분과 각질별 작전 지시, 혈통 데이터 시스템 등의 신규 시스템을 도입해, 정확한 시뮬레이션을 추구했다.

본격파 4인대국 : 마작 클럽

헥트　마작　1998년 4월 9일　4,800엔

플레이어 1인 ／ 메모리카드 1블록

찜찜함이 없는 완전 셔플 덕에 문제없이 대전이 가능한 마작 소프트. 룰 세팅이 자유롭고 대전 상대의 개성도 설정 가능한, 딱 필요한 기능만 넣어둔 심플한 게임이다.

160

주변기기 지원 아이콘　플레이어 1~2인　메모리카드 1~2블록　멀티탭지원 1~4인　마우스 지원　대전케이블 2대　아날로그 조이스틱 SCPH0111(SCEI)지원　아날로그 컨트롤러 지원　PocketStation 지원　메모리카드 1~2블록　휴대전화 접속 케이블 지원 (도코모 모드 휴대전화 지원)　특제 컨트롤러 SLPH00001(남코)지원

커맨드 앤 컨커 : 컴플리트

어클레임 재팬 시뮬레이션 1998년 4월 16일 6,800엔
플레이어 1인

세계적으로 200만 장을 판매한 전략 시뮬레이션 게임. 두 진영 중 한쪽을 골라 플레이한다. 실시간으로 바뀌는 전황을 간파해, 50종 이상의 유닛을 활용하여 승리하자.

사이드 포켓 3

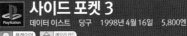
데이터 이스트 당구 1998년 4월 16일 5,800엔
플레이어 1~4인 메모리카드 1블록

인기 당구 게임 시리즈 제 3탄. 시나리오제의 스토리 모드와 11종류의 대전을 즐기는 모드, 프로에게도 어려운 트릭 플레이 문제를 수록한 모드를 탑재했다.

신세기 에반게리온 : 강철의 걸프렌드

가이낙스 어드벤처 1998년 4월 16일 6,800엔
플레이어 1인 메모리카드 1~3블록

PC용 게임의 이식작. 인기 애니메이션의 사이드 스토리를 즐기는 어드벤처 게임이다. 수수께끼의 전학생 '키리시마 마나'와 만나며, 신지가 인간으로도 남자로도 성장한다.

테일 콘체르토

반다이 액션 1998년 4월 16일 5,800엔
플레이어 1인 메모리카드 1블록 아날로그 컨트롤러 지원

개 인간과 고양이 인간이 공존하는 공중 도시를 무대로, 보안관이 경찰 로봇으로 도망치는 고양이 해적을 체포하는 3D 액션 게임. 도처에 삽입된 애니메이션이 매력인 작품.

브레이브 프루브

데이터 웨스트 RPG 1998년 4월 16일 6,800엔
플레이어 1인 메모리카드 1블록

주인공의 액션 패턴만도 400종 이상이나 집어넣은 액션 RPG. 커맨드를 연속으로 입력하면 간단히 연속공격이 발동된다. 적을 순식간에 전멸시키는 특수공격도 상쾌하다.

플레이 스타디움 3

반프레스토 스포츠 1998년 4월 16일 5,800엔
플레이어 1~2인 메모리카드 1~7블록 아날로그 컨트롤러 지원

인기 야구 게임의 제 3탄. 아이템으로 오리지널 팀을 강화하는 '그로잉 업' 모드 등, 9가지 모드를 탑재했다. '감독' 모드에선 22가지 시점으로 전환 가능하다.

봄버맨 워즈

허드슨 시뮬레이션 1998년 4월 16일 5,800엔
플레이어 1~2인 메모리카드 1블록

파티 게임으로 대인기를 누린 「봄버맨」이 시뮬레이션 게임으로 등장했다. 쿼터뷰 시점으로 게임을 진행한다. 필드에 폭탄을 잘 세팅하여 적을 전멸시켜 보자.

에인션트 로망 : Power of Dark Side

일본 시스템 RPG 1998년 4월 23일 6,800엔
플레이어 1인 메모리카드 2블록

캐릭터도 필드도 3D로 구성한 RPG. 전투시 및 상점에서는 주인공 일행의 대화가 보이스로 나온다. 중요한 부분에 동영상을 삽입해, 스토리에 깊이 몰입할 수 있다.

기상천외 튜닝

겐키 레이싱 1998년 4월 23일 5,800엔
플레이어 1~2인 메모리카드 4블록 아날로그 컨트롤러 지원 특제 컨트롤러 SLPH00001(넘코)지원

'튜닝'을 테마로 삼은 레이싱 게임. 아르바이트로 돈을 모아 유명 튜너에게 차량 튠업을 의뢰해 보자. 코스에서는 계절과 기후에 따라 발생하는 노면 변화를 재현했다.

가변주공 건바이크

소니뮤직엔터테인먼트 액션 1998년 4월 23일 5,800엔
플레이어 1인 메모리카드 1블록

80년대 애니메이션 풍 표현이 가득한 바이크 액션 게임. 로봇으로 변신하는 바이크를 타고, 습격해오는 적을 파괴하자. 캐릭터별로 다른 스토리를 즐길 수 있다.

HARDWARE

1994
1995
1996
1997
1998
1999
2000
2001
2002
2003
2004
INDEX

클레이맨 클레이맨 : 네버후드의 수수께끼

리버힐 소프트　어드벤처　1998년 4월 23일　5,800엔

플레이어 1인 / 메모리카드 1블록 / 마우스 지원 / 아날로그 컨트롤러 지원

전체를 클레이 애니메이션으로 표현한 퍼즐 어드벤처 게임(원제는 「네버후드」). '클레이맨'을 유도해 퍼즐을 풀고 세계를 구하자. 코믹한 애니메이션과 독특한 음악이 특징.

게임으로 청춘

키드　파티　1998년 4월 23일　5,800엔

플레이어 1~4인 / 메모리카드 2블록 / 멀티탭지원 1~4인

주사위 없이, 자신의 의지로 칸을 움직여 캐릭터를 성장시키는 보드 게임. 좋아하는 상대와의 연애·결혼이 가능하다. 리얼한 가상현실에서 제 2의 청춘을 만끽해보자.

격주!! 그랜드 레이싱

아틀라스　레이싱　1998년 4월 23일　5,800엔

플레이어 1~2인 / 메모리카드 1블록 / 대전케이블 지원 / 아날로그 컨트롤러 지원 / 특제 컨트롤러 SLPH00001(넘코)지원

이기는 것만이 목적인 3D 레이싱 게임. 다카르·인디 등을 거치며, 각 8팀 40대의 차량이 등장한다. 홍콩과 이집트 등, 세계 36개 코스에서 격렬한 주행을 펼치자.

서러브레드 브리더 : 세계제패 편

헥트　시뮬레이션　1998년 4월 23일　6,800엔

플레이어 1인 / 메모리카드 6블록

세계 4곳에 생산거점을 두고 세계제패를 노리는 경마 시뮬레이션 게임. 세계의 중상 등 3,000종 이상의 레이스에 출전 가능하다. 유전법칙을 도입해 교배가 심오해졌다.

준 클래식 C.C. & 로페 클럽

T&E 소프트　스포츠　1998년 4월 23일　6,800엔

플레이어 1~4인 / 메모리카드 1~4블록

일본 토치기 현의 '준 클래식 컨트리 클럽'과 '로페 클럽'을 무대로 삼은 본격 골프 시뮬레이션 게임. 일본 골프장 특유의 자연미와 전략성이 넘치는 코스를 즐길 수 있다.

스트레이트 빅토리 : 호시노 카즈요시에 도전

칼소닉　레이싱　1998년 4월 23일　5,800엔

플레이어 1~2인 / 메모리카드 1~3블록 / 아날로그 컨트롤러 지원 / 특제 컨트롤러 SLPH00001(넘코)지원

'일본 최고속의 남자' 호시노 카즈요시가 감수한 레이싱 게임. 리얼하게 재현한 실존 머신을 운전해, AI가 탑재된 라이벌 차와 뜨겁게 겨뤄보자. 2인 대전은 화면분할식이다.

탐정 진구지 사부로 : 꿈의 끝에서

데이터 이스트　어드벤처　1998년 4월 23일　5,800엔

플레이어 1인 / 메모리카드 1블록

패미컴 시절부터 이어져온 데이터 이스트의 인기 하드보일드 어드벤처 게임 시리즈 6번째 작품. 조사가 마무리된 후 정보를 정리하는 'D-MODE'와 3D CG로 제작된 실내를 수색하는 'S-MODE' 시스템을 추가했고, 진행 루트도 차트화해 파악하기 쉽도록 했다. 완성도 높은 시나리오와 재즈로 구성한 BGM 등으로, 역대 시리즈 중에서도 호평이 많은 작품.

슈퍼 씽씽캅 : 어나더 스텝

반프레스토　RPG　1998년 4월 23일　5,800엔

플레이어 1인 / 메모리카드 1~4블록

인기 애니메이션(원제는 「초마신영웅전 와타루」)의 외전작. TV판 19~22화에 등장하는 '호무라베 와타루'가 주인공인 총 14화의 RPG다. 방해하는 적은 세 머신으로 대결하자.

천사동맹

TGL　시뮬레이션 RPG　1998년 4월 23일　5,800엔

플레이어 1인 / 메모리카드 1블록 / 마우스 지원 / 아날로그 컨트롤러 지원

강철의 거인 '기간트'로 싸우는 시뮬레이션 RPG. 군사대국 '이밤'에서 일어난 내부에 휘말린 주인공 일행의 싸움을 그린 스토리다. 기간트는 파츠를 교체해 강화한다.

162

주변기기 지원 아이콘 플레이어 1~2인 메모리카드 1~2블록 멀티탭지원 1~4인 마우스 지원 대전케이블 2대 아날로그 조이스틱 SCPH0111(SCEI)지원 아날로그 컨트롤러 지원 PocketStation / 메모리카드 1~2블록 휴대전화 접속 케이블지원 (도코모 / 모드 휴대전화지원) 특제 컨트롤러 SLPH00001(넘코)지원

가져가라 새알 with 힘내라! 오리너구리

나그자트 액션 1998년 4월 23일 5,800엔

플레이어 1~2인 | 메모리카드 1블록 | 멀티탭지원 1~4인

환상의 명작 「가져가라 새알」에 '힘내라! 오리너구리' 모드를 추가한 대전형 액션 게임. 알을 주워 부화시킨 병아리 수를 겨루는 간단한 룰이며, 4명까지 대전 가능하다.

배틀 라운드 USA

일본물산 레이싱 1998년 4월 29일 5,800엔

플레이어 1~2인 | 메모리카드 1블록 | 특제 컨트롤러 SLPH00001(남코)지원

PC엔진 등에서 대히트했던 「F1 서커스」 시리즈를 계승한 탑뷰 레이싱 게임. 코스와 머신의 상황 파악과 스케일감을, 탑뷰로 리얼하게 재현했다.

월드 스타디움 2

남코 스포츠 1998년 4월 29일 5,800엔

플레이어 1~2인 | 메모리카드 7블록 | 아날로그 컨트롤러 지원 | 특제 컨트롤러 SLPH00001(남코)지원 | 특제 컨트롤러 SLPH00069(남코)지원

네지콘의 아날로그 조작은 남겨두고, 조작을 「패미스타」 시리즈에 가깝게 맞췄다. 응원가 제작이 가능한 '작곡 군' 모드와 '전국! 땅따먹기 리그' 모드 등을 추가했다.

원조 패밀리 마작

일본물산 마작 1998년 5월 7일 6,800엔

플레이어 1인 | 메모리카드 1블록

원로 마작 게임 제작사의 기술로 3D 그래픽 마작 환경을 구현한 소프트. 지점을 고정하는 모드와 자동으로 버림패를 확인하는 모드, 손패가 잘 보이는 모드를 탑재했다.

월드 리그 사커

코코너츠 재팬 엔터테인먼트 스포츠 1998년 5월 7일 5,800엔

플레이어 1~2인 | 메모리카드 1블록 | 멀티탭지원 1~4인 | 아날로그 컨트롤러 지원

세계 64개국의 팀과 1,000명에 달하는 선수들을 수록한 축구 게임. 모션 캡처를 채용해 리얼한 액션을 구현했다. 오리지널 팀도 제작 가능하다.

경마 에이트 '98 봄·여름

상그릴라 기타 1998년 4월 29일 6,400엔

플레이어 1인 | 메모리카드 15블록 | 마우스 지원

일본의 경마 전문지 '경마 에이트'의 예상이론을 도입한 경마예상 소프트. JRA의 과거 9년분 및 중상 14년분의 레이스 결과를 수록해, 필요한 정보를 고속 검색 가능하다.

폭스 정션

트립스 어드벤처 1998년 4월 29일 5,800엔

플레이어 1인 | 메모리카드 1블록 | 아날로그 컨트롤러 지원

함정이 도처에 있고 적 로봇 '오토마타'가 활보하는 구 도시공간을 탐색하는 액션 RPG. 휴대폰으로 입수하는 힌트를 바탕으로, 행방불명된 여가수와 음악가를 찾아내자.

우주의 랑데부 : RAMA

게임뱅크 어드벤처 1998년 5월 7일 6,800엔

플레이어 1인 | 메모리카드 2블록

SF소설의 거장, 아서 C. 클라크의 작품을 어드벤처 게임화했다. 지구에서 파견된 조사원이 되어, 기계생물로부터 동료를 지키며 의문의 우주선 '라마'를 조사해야 한다.

프로야구 열투 퍼즐 스타디움

코코너츠 재팬 엔터테인먼트 퍼즐 1998년 5월 7일 5,800엔

플레이어 1~2인 | 메모리카드 1블록

일본프로야구기구와 12개 구단이 공인한 낙하계 퍼즐 게임. 선수가 모두 실명으로 등장한다. 아웃·히트·홈런은 모두 연쇄로 결정되며, 실제 야구 룰도 게임에 도입했다.

카우보이 비밥

반다이 3D 슈팅 1998년 5월 14일 5,800엔

플레이어 1인 | 아날로그 컨트롤러 지원

주인공 '스파이크'가 탑승하는 전투기 '소드피시 II'를 조작하는 3D 슈팅 게임. 게임 도중에도 원작 애니메이션의 친숙한 캐릭터들이 말을 걸어준다.

HARDWARE

1994
1995
1996
1997
1998
1999
2000
2001
2002
2003
2004
INDEX

길티기어

아크시스템웍스　대전격투　1998년 5월 14일　5,800엔

플레이어 1~2인　메모리카드 5블록　아날로그 컨트롤러 지원

2단 점프, 공중 대시, 차지 등으로 캐릭터를 자유도 높게 움직일 수 있는 대전격투 게임. 히트하면 그 시점에서 승패가 확정되는 일격 필살기도 탑재했다.

실황 아메리칸 베이스볼

코나미　스포츠　1998년 5월 14일　5,800엔

플레이어 1~2인　메모리카드 5블록

메이저리그 30개 구단의 모든 선수 데이터를 수록한 야구 게임. 같은 회사의 「실황 파워풀 프로야구」 시리즈의 시스템을 가져와, 동일한 감각으로 플레이할 수 있다.

피구 DE 볼!

유미디어　스포츠　1998년 5월 14일　4,800엔

플레이어 1~2인　메모리카드 1블록

플레이스테이션 최초의 피구 게임. 볼을 적 캐릭터에 맞혀 체력을 깎아, 상대팀 전원을 퇴장시키면 승리한다. 일발역전 요소도 있어, 뜨거운 시합이 펼쳐진다.

FIFA 로드 투 월드컵 98

일렉트로닉 아츠　스포츠　1998년 5월 14일　5,800엔

플레이어 1~2인　메모리카드 2~4블록　멀티탭지원 1~8인　아날로그 컨트롤러 지원

FIFA가 공인한 축구 게임. 일본 대표팀이 실명으로 등장하며, 세계의 유명 선수 4,500명 이상이 총집결한다. 1998년 프랑스 월드컵의 뜨거운 여정을 체험해보자.

올림피아·타카사고 버추어 파치슬로 III

맵 재팬　파치슬로　1998년 5월 21일　5,800엔

플레이어 1~2인　메모리카드 1블록

올림피아와 타카사고의 인기 기종 3종을 수록한 파친코 시뮬레이터. 실사 모델 동영상은 물론, 대전 모드에서는 여성과 '타이밍 승부' 및 '리플레이 넘기기'로 겨룰 수 있다.

그레이트 럭비 실황 '98 : 월드컵으로 가는 길

넥서스 인터랙트　스포츠　1998년 5월 21일　5,800엔

플레이어 1~2인　메모리카드 1~15블록　멀티탭지원 1~4인

일본럭비협회가 공인한 럭비 게임. 럭비공의 복잡한 움직임과 관객의 퍼포먼스까지 재현했다. 일본 대표팀은 실명으로 나오며, 세계 유명 선수 등도 450명이나 수록했다.

썬더 포스 V : 퍼펙트 시스템

테크노 소프트　슈팅　1998년 5월 21일　5,800엔

플레이어 1인　메모리카드 1블록　아날로그 컨트롤러 지원

횡스크롤 슈팅 게임의 명작 「썬더 포스」 시리즈의 신작이 폴리곤 그래픽으로 등장했다. 플레이스테이션판에서는 타임어택 모드와 디지털 뷰어가 추가되었다.

다이너마이트 복싱

빅터 인터랙티브 소프트웨어　스포츠　1998년 5월 21일　5,800엔

플레이어 1~2인　메모리카드 1블록　아날로그 컨트롤러 지원

무작정 치고받고 픽픽 쓰러지는, 상쾌함을 중시한 3D 권투 게임. 3가지 리그에 등장하는 30명을 물리쳐 세계 정상이 되자. 필살 블로우가 있어서 끝까지 방심할 수 없다.

당구 : 빌리어드 마스터

애스크　스포츠　1998년 5월 21일　5,800엔

플레이어 1~2인　메모리카드 1블록　아날로그 컨트롤러 지원

더욱 리얼하게 실전적으로 즐기는 3D 당구 게임. 나인볼을 비롯한 5종류의 게임을 플레이 가능하다. 초보자용 모드와 기술을 연마하는 모드 등, 총 6개 모드를 탑재했다.

호테이 토모야스 : 스톨른 송

소니컴퓨터엔터테인먼트　리듬 액션　1998년 5월 21일　5,800엔

플레이어 1~2인　메모리카드 1블록　전용 컨트롤러 'VPick' 지원

호테이 토모야스의 곡으로 음악 게임을 즐긴다. 정확한 타이밍으로 기타 픽형 컨트롤러(버튼도 가능)를 튕기면 OK! 기타 파트는 리듬·리드 2종류 중에서 고를 수 있다.

164　주변기기 지원 아이콘　플레이어 1~2인　메모리카드 1~2블록　멀티탭지원 1~4인　마우스 지원　대전케이블 2대　아날로그 조이스틱 SCPH0111(SCEI) 지원　아날로그 컨트롤러 지원　PocketStation 지원　메모리카드 1~2블록　휴대전화 접속 케이블 지원(도코모 M모드 휴대전화 지원)　특제 컨트롤러 SLPH00001(남고) 지원

불꽃의 요리인 : 쿠킹 파이터 하오 [好]

PlayStation | 니폰이치 소프트웨어 | 액션 | 1998년 5월 21일 | 5,800엔

플레이어 1~2인 | 메모리카드 1블록 | 아날로그 컨트롤러 지원

당시 유명 애니메이션의 패러디가 한가득인 요리 액션 게임. 필드 위의 식재료와 싸워 '마무리 기술'로 요리를 완성시키자. 호화 성우의 요리해설 등, 뜨거운 연출도 가득하다.

본격 바둑

PlayStation | 세타 | 바둑 | 1998년 5월 21일 | 6,800엔

플레이어 1~2인 | 메모리카드 1블록

고속 사고루틴 덕에 경쾌하게 진행되는 바둑 소프트. CPU 난이도는 5단계, 바둑판도 3종류 중에서 선택 가능하다. 초보자를 위해 룰을 해설해주는 '바둑 입문' 모드도 있다.

미라클 점퍼즈

PlayStation | 반다이 | 액션 | 1998년 5월 21일 | 5,800엔

플레이어 1인 | 메모리카드 1블록

1997년 발매했던 「매지컬 호퍼즈」의 속편. 점프를 이용해 함정과 적에 맞서 '어메이징 랜드'를 구해야 한다. 조작계가 진화되어 기상천외한 연출이 속출한다.

키친 패닉

PlayStation | 팬사 소프트웨어 | 액션 | 1998년 5월 28일 | 4,800엔

플레이어 1인 | 메모리카드 1블록 | 아날로그 컨트롤러 지원

감자가 주인공으로 활약하는 액션 게임. 귀여운 캐릭터들이 주방에서 대소동을 피운다. 대시와 슬라이딩 등의 다채로운 액션을 구사해 골 지점까지 가자.

은하영웅전설

PlayStation | 토쿠마쇼텐 | 시뮬레이션 | 1998년 5월 28일 | 5,800엔

플레이어 1인 | 메모리카드 2블록

다나카 요시키의 스페이스 오페라가 원작인 실시간 전술 시뮬레이션 게임. 제국·동맹 중에서 선택해 플레이한다. 이벤트 시에는 애니메이션이 나와 원작의 분위기를 재현한다.

더 킹 오브 파이터즈 '97

PlayStation | SNK | 대전격투 | 1998년 5월 28일 | 5,800엔

플레이어 1~2인 | 메모리카드 1블록

'오로치 3부작'의 완결편. 시스템을 '어드밴스드 모드'와 '엑스트라 모드' 중에서 선택한다. 플레이스테이션판에선 최종보스 '오로치'도 사용할 수 있다.

SANKYO FEVER : 실기 시뮬레이션 Vol.3

PlayStation | TEN 연구소 | 파친코 | 1998년 5월 28일 | 5,800엔

플레이어 1인 | 메모리카드 1블록 | 특제 컨트롤러 SLPH0000/TEN연구소지원

산쿄 사의 인기 기종을 수록한 파친코 시뮬레이션 게임. 데이터 해석을 위한 각종 데이터를 그래픽화해 시인성이 향상됐다. 홀을 방불케 하는 플레이를 자택에서 즐겨보자.

쌍계의 (双界儀)

PlayStation | 스퀘어 | 액션 | 1998년 5월 28일 | 6,800엔

플레이어 1인 | 메모리카드 1블록

360도 이동 가능한 필드에서 풀 폴리곤 캐릭터들이 싸우는 액션 어드벤처 게임. 고서 '고사기'·'만엽집'은 물론, 위서에 음양오행까지 다양한 발상을 섞은 세계관이 특징이다.

다운힐 스노우

PlayStation | 팬 인 소프트 | 스포츠 | 1998년 5월 28일 | 5,800엔

플레이어 1~2인 | 메모리카드 1블록 | 아날로그 컨트롤러 지원

실제 스키의 활주감과 박력 넘치는 모굴 스키의 기술을 본격 추구한 스키 게임. 모굴스키는 올림픽·월드컵 당시의 기술을 재현 가능하며, AI 라이벌과의 대전도 치열하다.

퍼펙트 골프 2

PlayStation | 세타 | 스포츠 | 1998년 5월 28일 | 7,900엔

플레이어 1~4인 | 메모리카드 1블록

전작에서 코스 데이터를 더욱 늘려, 일본 내 400코스 8,568홀에서의 플레이가 가능하다. 모션 캡처를 채용해, 스윙이 한층 더 리얼해졌다.

파라노이아 스케이프

멀티소프트　핀볼　1998년 5월 28일　5,800엔

플레이어 1인 / 아날로그 컨트롤러 지원

할리우드의 메이크업 아티스트 '스크리밍 매드 조지'의 세계를 핀볼 게임화했다. 플리퍼 위치에 박힌 뼈 막대로, 뇌처럼 만들어진 볼을 쳐내며 즐기는 게임이다.

프로거

해즈브로 재팬　액션　1998년 5월 28일　4,800엔

플레이어 1~2인 / 메모리카드 1블록 / 멀티탭지원 1~4인

1981년 코나미가 출시했던 아케이드용 액션 게임의 리메이크작. 개구리를 조작해 자동차·뱀 등의 장애물을 피하며 집으로 돌아간다. 3D화됐고 스테이지도 다채롭다.

루나 : 실버 스타 스토리

카도카와쇼텐　RPG　1998년 5월 28일　6,800엔

플레이어 1인 / 메모리카드 1~3블록

메가CD판을 리메이크해 세가새턴으로 발매했던 같은 제목 타이틀의 이식판. 전설의 드래곤 마스터를 꿈꾸며 모험에 나선 소년의 이야기다. 풍부한 애니메이션도 작품의 매력.

월드 사커 실황 위닝 일레븐 3

코나미　스포츠　1998년 5월 28일　5,800엔

플레이어 1~2인 / 메모리카드 1블록

「J리그 실황 위닝 일레븐 3」의 98년 월드컵 버전. 일본 대표팀이 전원 실명으로 등장한다. 한층 자유도가 올라간 포메이션과 작전으로, 감독이 된 기분을 만끽할 수 있다.

크라이시스 시티

타카라　액션　1998년 6월 4일　5,800엔

플레이어 1~2인 / 아날로그 컨트롤러 지원

10년 전의 참극을 중심으로 진행되는 3D 액션 게임. '적합자'로 불리는 등장인물 7명간의 스토리가 상호 영향을 끼친다. 참신한 카메라 앵글과 리얼한 총격전을 즐겨보자.

나이트메어 프로젝트 : YAKATA

애스크　RPG　1998년 6월 4일　6,800엔

플레이어 1인 / 메모리카드 1블록

아야츠지 유키토의 '관' 시리즈가 원작인 RPG. 저택 맵은 1급 건축사의 설계도면을 바탕으로 구성했다. 악몽의 세계에서 전개되는 전투 신과 애니메이션이 세계관을 연출한다.

다이너마이트 사커 98

에이맥스　스포츠　1998년 6월 4일　5,800엔

플레이어 1~2인 / 메모리카드 1블록 / 멀티탭지원 1~4인 / 아날로그 컨트롤러 지원

높은 자유도가 특징인 축구 게임. 1/60초의 고속 폴리곤 애니메이션으로 부드러운 모션을 구현했다. 70종의 포지션과 5종의 작전으로 포메이션을 자유롭게 설정 가능하다.

T에서 시작되는 이야기

잘레코　어드벤처　1998년 6월 4일　5,800엔

플레이어 1인 / 메모리카드 2블록 / 아날로그 컨트롤러 지원

소년이 정체를 모르는 그림자에게 납치당한 어머니의 행방을 찾는 액션 어드벤처 게임. '꽃 재배 시스템'과, 동시에 일어난 사건을 관찰하는 '멀티 채널 시스템'을 탑재했다.

남코 앤솔로지 1

남코　버라이어티　1998년 6월 4일　5,800엔

플레이어 1~2인 / 메모리카드 5블록

패미컴의 「바벨탑」·「스타 러스터」·「삼국지 II : 패왕의 대륙」, 메가 드라이브의 「레슬볼」을 오리지널 이식판과 개변 이식판으로 함께 합본 수록했다.

포메이션 사커 '98 : 힘내라 일본 in France

휴먼　스포츠　1998년 6월 4일　4,800엔

플레이어 1~2인 / 메모리카드 1블록 / 아날로그 컨트롤러 지원

간판 축구 게임의 98년 월드컵 버전. 아날로그 컨트롤러를 지원해, 선수의 미묘한 움직임과 패스워크도 가능해졌다. 세계의 강호가 모이는 무대에서 꿈을 이뤄보자.

166

마리의 아틀리에 Plus : 잘부르그의 연금술사

거스트　RPG　1998년 6월 4일　3,800엔

플레이어 1인　메모리카드 1블록　아날로그 컨트롤러 지원

세가새턴 버전의 역이식판. 1997년 발매했던 「마리의 아틀리에」에 엔딩과 미니 이벤트 등을 추가했다. 연금술사를 꿈꾸는 마를로네가 졸업시험에 도전한다는 스토리다.

K.O. 더 라이브 복싱

알트론　스포츠　1998년 6월 11일　5,800엔

플레이어 1~2인　메모리카드 1블록　아날로그 컨트롤러 지원

세계 챔피언을 목표로 권투선수를 육성하는 권투 게임. 트레이닝으로 자신을 단련하는 시뮬레이션 요소와, 단련한 선수로 실전에서 싸우는 액션 요소를 겸비했다.

앗! 난쟈린

투원　시뮬레이션　1998년 6월 11일　3,900엔

플레이어 1인　메모리카드 1블록　마우스 지원

신비한 생물 '난쟈린'을 육성해 친숙해지는 육성 시뮬레이션 게임. 캐릭터는 아기·어린이·어른 등 총 22종류가 등장한다. 난쟈린의 성우는 오오타니 이쿠에 맡았다.

에베루즈 스페셜 : 사랑과 마법의 학교생활

타카라　시뮬레이션　1998년 6월 11일　5,800엔

플레이어 1인　메모리카드 1블록

전작(115p)의 스토리를, '고등부에 편입'이라는 형태로 기간을 줄이고 그만큼 이벤트 밀도를 높인 작품. 전작의 세이브데이터가 있으면 숨겨진 히로인도 공략 가능하다.

킹 오브 팔러 2

TEN 연구소　파친코　1998년 6월 11일　5,800엔

플레이어 1인　메모리카드 1~15블록

1996년에 발매했던 「킹 오브 팔러」의 속편. 고객의 불만과 경쟁점포와의 경합, 자금 조달 등 다양한 시련을 돌파하여 지역 No.1 점포를 노리는 경영 시뮬레이션 게임이다.

다크 메사이어

아틀라스　어드벤처　1998년 6월 11일　5,800엔

플레이어 1인　메모리카드 2~6블록　아날로그 컨트롤러 지원

의문의 생명체를 피해 도쿄 지하를 도망쳐 다니는 호러 어드벤처 게임. 파트너의 힘을 빌려 지상으로 탈출하자. 함께 행동하는 파트너가 누구냐로 분기되는 멀티 시나리오다.

두근두근 ON AIR

바텀 업　시뮬레이션　1998년 6월 11일　5,800엔

플레이어 1인　메모리카드 1블록

PD가 되어 방송을 만드는 라디오 프로 제작 시뮬레이션 게임. 인기 성우 탄게 사쿠라·코모리 마나미·이케자와 하루나 중 하나를 골라, 풀보이스 생방송 프로를 제작한다.

배스 피셔맨

사미　스포츠　1998년 6월 11일　5,800엔

플레이어 1인　메모리카드 1블록　아날로그 컨트롤러 지원

본고장 미국의 호수 2곳을 완전 재현한 낚시 게임. '라인 표시 시스템'으로 리얼한 감각을 구현했다. 초보자를 위한 요시다 카츠마사 프로의 강습 모드도 탑재했다.

포켓 파이터

캡콤　대전격투　1998년 6월 11일　5,800엔

플레이어 1~2인　메모리카드 1블록

SD화된 캡콤 격투게임 캐릭터들이 모여 싸우는 아케이드 게임의 이식작. 버튼을 순서대로 누르면 콤보가 나가는 간단한 시스템과, 캐릭터를 코믹하게 표현한 모션이 매력이다.

무라코시 세이카이의 폭조 일본열도

빅터 인터랙티브 소프트웨어　스포츠　1998년 6월 11일　5,800엔

플레이어 1인　메모리카드 1~4블록　아날로그 컨트롤러 지원

홋카이도의 분화만부터 남쪽 야쿠시마까지를 도는 낚시 시뮬레이션 게임. 일본 전국 11곳의 특색 있는 물고기를 낚아보자. 실사영상을 도입한 멋진 비주얼이 현장감을 높여준다.

어나더 메모리즈

하티 로빈　어드벤처　1998년 6월 18일　5,800엔

플레이어 1인　｜　메모리카드 2블록

파스텔풍 그래픽이 아름다운 어드벤처 게임. 스토리와 게임을 융합시킨 '자아 시스템'을 탑재했다. 전투는 특정한 역을 만들어 대미지를 입히는 카드 배틀 스타일이다.

98 코시엔

마호　시뮬레이션　1998년 6월 18일　5,800엔

플레이어 1~2인　｜　메모리카드 3블록

고교야구 게임 시리즈의 6번째 작품. 에디트 모드가 충실해, 세세한 투구 모션부터 유니폼·교가·교기 등등까지 일일이 제작해 자신만의 고교를 만들어볼 수 있다.

크라이시스 비트

반다이　액션　1998년 6월 18일　5,800엔

플레이어 1~2인　｜　메모리카드 1블록　｜　아날로그 컨트롤러 지원

해상 하이재킹을 당하고 만 호화여객선이 무대인 액션 게임. 몰려오는 적들을 일소하며 스토리를 진행하자. 화려한 플레이로 자신만의 파이트 비주얼도 연출할 수 있다.

컴비네이션 프로 사커 : J리그 감독이 되어 세계를 노려라!

액셀라　시뮬레이션　1998년 6월 18일　5,800엔

플레이어 1~2인　｜　메모리카드 7블록

감독 시점으로 플레이하는 축구 시뮬레이션 게임. J리그에서 우승하면 일본 대표팀 감독이 될 수도 있다. 선수 트레이드는 물론, 친구의 팀과 대전도 가능하다.

XI [sai]
소니컴퓨터엔터테인먼트　퍼즐　1998년 6월 18일　4,800엔

플레이어 1~2인　｜　메모리카드 1블록　｜　멀티탭 지원 1~5인

소악마 '아쿠이'를 조작해, 주사위를 붙여 없애가는 액션 퍼즐 게임. 주사위를 윗면 눈이 같도록 맞춰 가로세로로 붙여, 붙인 주사위 개수가 눈과 같거나 크면 없어진다. 2인제·5인제 배틀 등의 4가지 모드가 있다. 소멸 확정일 때 추가로 연결하는 '체인' 등의 깊이 있는 전략이 인기를 낳아, 밀리언 히트를 기록했다. 크리에이터 오디션 '게임 야로우제!'의 당선작.

JGTC 전일본 GT 선수권 : 올 재팬 그랜드 투어링 카 챔피언십
디지털 프론티어　레이싱　1998년 6월 18일　5,800엔

플레이어 1~2인　｜　메모리카드 1~5블록　｜　특제 컨트롤러 SLPH00001(넘코) 지원

'전일본 GT 선수권'을 테마로 삼은 레이싱 게임. 리얼리티를 추구해 피트워크와 플래그, 실황 등을 충실하게 재현했다. 300km/h의 초고속 배틀을 체험할 수 있다.

스타☆몬쟈

GMF　시뮬레이션　1998년 6월 18일　5,800엔

플레이어 1~2인　｜　메모리카드 1블록

사랑스러운 인생의 파트너, 몬스터 '몬쟈'를 기르는 육성 시뮬레이션 게임. 몬쟈는 육성법에 따라 180종류로 진화한다. 육성한 몬쟈는 싸움을 붙이거나 교환할 수도 있다.

체크메이트

알트론　체스　1998년 6월 18일　6,800엔

플레이어 1~2인　｜　메모리카드 1블록

1996년에 발매된 「체스마스터」의 진화판. 최상의 세팅으로 즐기는 본격 체스 게임이다. 일반적인 프리 대전과 2인 대전은 물론, 체스용어 해설 등도 탑재했다.

테마 병원

일렉트로닉 아츠　시뮬레이션　1998년 6월 18일　5,800엔

플레이어 1인　｜　메모리카드 2블록

병원 경영 시뮬레이션 게임. 환자와 간호사의 만족도를 올려 이상적인 병원을 만들자. 게임 분위기가 심각해지지 않도록, 병을 모두 코믹한 증세의 가상 질병으로 설정했다.

주변기기 지원 아이콘　 플레이어 1~2인　 메모리카드 1~2블록　 멀티탭 지원 1~4인　 마우스 지원　 대전 케이블 2대　 아날로그 조이스틱 SCPH0111(SCEI) 지원　 아날로그 컨트롤러 지원　 PocketStation 지원　메모리카드 1~2블록　휴대전화 접속 케이블 지원 (도코모 [모드 휴대전화 지원])　특제 컨트롤러 SLPH00001(넘코) 지원

도쿄마인학원 검풍첩

아스믹 에이스 엔터테인먼트　어드벤처　1998년 6월 18일　4,800엔

플레이어 1인　메모리카드 3~13블록

신비한 힘을 지닌 학생들이 도쿄의 이변을 해결하는, 어드벤처와 시뮬레이션 RPG를 융합시킨 작품. 드라마 파트에선 감정 커맨드로 주인공의 태도를 바꿀 수 있다.

TOCA 투어링 카 챔피언십

업스타　레이싱　1998년 6월 18일　5,800엔

플레이어 1~2인　메모리카드 1블록　특제 컨트롤러 SLPH00001(남코) 지원　아날로그 컨트롤러 지원

TOCA가 공인한 투어링 카 레이싱 게임. 실차를 방불케 하는 리얼한 조작감각으로 16대 규모의 레이스를 달린다. 기후변화에 따라 도로 컨디션이 변화한다.

히로인 드림 2

맵 재팬　시뮬레이션　1998년 6월 18일　6,800엔

플레이어 1인　메모리카드 1~15블록

전작의 수년 후를 그린 아이돌 육성 시뮬레이션 게임. 새로운 히로인 '미사키 시즈카' 및 후보생 4명과의 관계를 어떻게 만들었느냐에 따라 다양한 엔딩이 발생한다.

은하아가씨전설 유나♥ : 파이널 에디션

허드슨　어드벤처　1998년 6월 25일　5,800엔

플레이어 1~2인　메모리카드 2~5블록

세가새턴판 「은하아가씨전설 유나 3」를 플레이스테이션으로 개변 이식했다. 스토리는 디지털 코믹으로 진행하고, 시뮬레이션 파트에서 적과 전투하는 시스템이다.

콜로니 워즈

아트딩크　슈팅　1998년 6월 25일　6,800엔

플레이어 1인　메모리카드 1블록　아날로그 컨트롤러 지원　아날로그 조이스틱 SCPH0111(SCEI) 지원

영국산 3D 슈팅 게임. 지구 제국에게서 독립하려는 연합군의 파일럿이 되어, 자유롭게 움직일 수 있는 우주공간에서 다양한 전투 미션을 거쳐나간다.

The Legend of Heroes Ⅰ·Ⅱ : 영웅전설

GMF　RPG　1998년 6월 25일　5,800엔

플레이어 1인　메모리카드 1블록

PC로 발매되었던 니혼팔콤의 RPG 「드래곤 슬레이어 영웅전설」의 1·2편을 합본해 플레이스테이션으로 이식했다. 음악은 편곡하여 사용했다.

실전 파치슬로 필승법! : 사미 레볼루션

사미　파치슬로　1998년 6월 25일　6,300엔

플레이어 1인　메모리카드 1~7블록

'울트라맨 클럽 3'·'축제'·'테킬라'·'헌티드 파티 2'·'BC 20000'을 수록했다. 공략 파트만을 즐기는 '트라이얼 모드'가 있다.

섀도우 타워

프롬 소프트웨어　RPG　1998년 6월 25일　5,800엔

플레이어 1~2인　메모리카드 2블록　아날로그 컨트롤러 지원

1인칭 시점의 액션 RPG. 탑의 지하로 펼쳐진 미궁을 탐색해, 사람들의 혼을 구해내자. 적과 아이템이 유한하기 때문에, 전략적으로 플레이해야만 한다.

슈퍼 어드벤처 록맨

캡콤　어드벤처　1998년 6월 25일　5,800엔

플레이어 1인　메모리카드 1블록

「록맨」 시리즈 최초의 어드벤처 게임. 애니메이션으로 스토리가 진행되며, 선택지에 따라 스토리가 분기된다. 도중의 전투에선 슈팅 게임도 삽입된다.

슬레이어즈 로얄

카도카와쇼텐　RPG　1998년 6월 25일　5,800엔

플레이어 1인　메모리카드 2~4블록　아날로그 컨트롤러 지원

같은 제목의 인기 소설이 원작인 택티컬 RPG. 시나리오는 신규 제작이며, 풀보이스로 스토리를 진행한다. 중요한 시점에선 오리지널 애니메이션도 나온다.

더블 캐스트

소니컴퓨터엔터테인먼트　어드벤처　1998년 6월 25일　4,800엔

플레이어 1인　메모리카드 1블록　아날로그 컨트롤러 지원

전개를 플레이어가 고르는 드라마, '야루도라' 시리즈의 첫 작품. Production I.G의 풀 애니메이션 & 풀보이스 어드벤처로서, 기억상실 소녀와의 동거생활과 서클 합숙을 거쳐 그녀의 숨은 비밀을 알게 되는 스토리다. 배드 엔딩 후엔 지나간 부분에 선택지가 추가돼 다른 전개로 분기된다. 인기 애니메이터 고토 케이지의 캐릭터 디자인과, 엽기 묘사가 화제였다.

정령 소환 : 프린세스 오브 다크니스

쇼에이샤　RPG　1998년 6월 25일　5,800엔

플레이어 1인　메모리카드 1블록

빛의 왕자가 5대 정령의 미소녀들과 함께 싸우는 판타지 시뮬레이션 RPG. 각 화의 배틀 파트에서 정령을 보호해주면, 다음 어드벤처 파트에서 연애 이벤트가 발생한다.

쵸로Q 마린 : Q보트

타카라　레이싱　1998년 6월 25일　5,800엔

플레이어 1~2인　메모리카드 2블록　아날로그 컨트롤러 지원

실존하는 배·잠수함을 SD화한 'Q보트'가 140종류 이상 등장하는 해상 레이싱 게임. 레이스와 미션을 거치다 보면 새로운 Q보트와 미션이 점차 개방돼 간다.

전격 컨스트럭션 : 낙하계 퍼즐을 만들자!

미디어웍스　개발 툴　1998년 6월 25일　5,800엔

플레이어 1~2인　메모리카드 3~15블록　멀티탭지원 1~2인　마우스 지원

 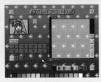

게임잡지 '전격 플레이스테이션'과의 제휴로 기획된 게임. 낙하계 퍼즐 게임을 직접 자작해 보고, 샘플 게임도 즐겨보자. 캐릭터를 그릴 수도 있고, 룰·성우 설정도 가능하다.

팔러 프로 3

니혼 텔레네트　파친코　1998년 6월 25일　5,600엔

플레이어 1인　메모리카드 2블록

파친코 게임 시리즈의 3번째 작품. 'CR 밀리언 슬롯 6'·'UFO 전설 2'·'CR 하나미즈키 Z'를 수록했고, 실기를 재현한 모드와 연애 어드벤처 모드 등도 즐길 수 있다.

하이퍼 시큐리티즈 2

빅터 인터랙티브 소프트웨어　시뮬레이션　1998년 6월 25일　5,800엔

플레이어 1인　메모리카드 1블록

PC용 연애 육성 시뮬레이션의 속편. 경찰 민영화 후의 기업경쟁 승리를 위해, 미소녀 경찰 3명과 함께 1년간 실적을 쌓자. 장비·훈련으로 능력을 올려 범죄자를 체포해야 한다.

폭주 데코토라 전설 : 남아 외로이 꿈의 가도를

휴먼　레이싱　1998년 6월 25일　5,800엔

플레이어 1~2인　메모리카드 3블록　아날로그 컨트롤러 지원

거친 욕로로 일반차량을 위협하면서, 클리어 조건을 만족시켜 골인하자. 트럭을 데코레이션하는 모드와 엔카풍 BGM 등, 이른바 '데코토라' 문화를 강조하는 독특한 레이싱 게임이다.

백가이너 : 되살아나는 용사들 비상편 '배반의 전장'

빙　시뮬레이션　1998년 6월 25일　5,800엔

플레이어 1인　메모리카드 1블록

미소녀와 함께 로봇으로 싸우는 장대한 스토리의 전략 시뮬레이션 3부작, 그 2번째 작품. 전작의 시뮬레이션 편을 즐기는 서비스 디스크를 동봉했다. 완결편은 나오지 못했다.

헬로키티의 큐브로 큐트

컬처 퍼블리셔즈　퍼즐　1998년 6월 25일　4,800엔

플레이어 1~2인　메모리카드 1블록　아날로그 컨트롤러 지원

산리오 사의 캐릭터들이 등장하는 액션 퍼즐 게임. 떨어져 내려오는 블록으로 발판을 만들어, 헬로키티가 아이템을 가져가게 하자. 블록은 같은 색을 3개 붙이면 없어진다.

주변기기 지원 아이콘　플레이어 1~2인　메모리카드 1~2블록　멀티탭지원 1~4인　마우스 지원　대전케이블 2대　아날로그 조이스틱 SCPH0111(SCE)　아날로그 컨트롤러 지원　PocketStation 지원　메모리카드 1~2블록　휴대전화 접속 케이블 지원(도코모 모드 휴대전화 지원)　특제 컨트롤러 SLPH00001(남코)지원

푸치 캐럿

PlayStation
타이토　퍼즐　1998년 6월 25일　4,800엔

플레이어 1~2인 | 메모리카드 1블록 | 마우스 지원 | 아날로그 컨트롤러 지원 | 특제 컨트롤러 SLPH00015(남코)지원

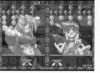

아케이드판이 원작인 퍼즐 게임. 블록 깨기 요령으로 볼을 쳐내, 위에서 밀려 내려오는 스톤을 맞히자. PS판은 타임어택과 오프닝 무비 등의 신규 요소를 수록했다.

프로레슬링 전국전 2 : 격투도록

PlayStation
KSS　시뮬레이션　1998년 6월 25일　5,800엔

플레이어 1인 | 메모리카드 3블록

프로레슬러가 되어 프로레슬링 단체를 키워나가는 시뮬레이션 게임. 신인과 스카우트해온 선수를 부위별로 단련시켜, 각종 코스튬으로 꾸며 시합에 내보내자.

헤라클레스의 대모험

PlayStation
BPS　액션　1998년 6월 25일　5,800엔

플레이어 1~2인 | 메모리카드 1블록

그리스 신화를 소재로 삼은 액션 RPG. 저마다 공격방법 등이 다른 아탈란테·이아손·헤라클레스 중에서 조작 캐릭터를 골라, 신의 조언을 바탕으로 모험을 떠나야 한다.

마스몬 KIDS

PlayStation
도시바 EMI　시뮬레이션　1998년 6월 25일　6,800엔

플레이어 1인 | 메모리카드 2블록

시뮬레이션 게임 「마스터 오브 몬스터즈」의 시스템을 간략화해 전연령판으로 만든 타이틀. 보옥을 소비해 몬스터를 소환하여, 미션별 클리어 요건 달성을 노려보자.

돌려서 무쵸!

PlayStation
토호쿠신샤　액션　1998년 6월 25일　5,800엔

플레이어 1~2인 | 메모리카드 1블록

사각형으로 잘게 나뉜 맵 상에서 싸우는, 팝 스타일의 3D 액션 게임. 캐릭터가 서있는 장소와 연결된 전후좌우 칸을 돌려 길을 연결하는 '회전 액션'이 게임의 특징이다.

리얼 바웃 아랑전설 스페셜 : DOMINATED MIND

PlayStation
SNK　대전격투　1998년 6월 25일　5,800엔

플레이어 1~2인 | 메모리카드 1블록

「리얼 바웃 아랑전설 스페셜」의 개변 이식작. 「리얼 바웃 아랑전설 2」의 숨겨진 보스였던 알프레드가 주인공이며, 선라이즈의 애니메이션과 신기술 추가 등 변경점이 많다.

행성공기대 리틀 캣츠

PlayStation
패밀리 소프트　시뮬레이션　1998년 6월 25일　5,800엔

플레이어 1인 | 메모리카드 1블록

미소녀 4명과 함께 화성에서 싸우는 육성연애+전략 시뮬레이션 게임. 캐릭터 디자인을 이시다 아츠코가 맡는 등 비주얼에 공을 들였고, 애니메이션 동영상도 풍부하다.

돌아온 파치오 군 : DREAM COLLECTION

PlayStation
코코너츠 재팬 엔터테인먼트　파친코　1998년 7월 2일　5,800엔

플레이어 1인 | 메모리카드 1블록

파친코 RPG로서 과거 패미컴으로 발매했던 「파치오 군」 시리즈를 1편부터 4편까지 수록한 타이틀. 처자식도 있는 히어로 '파치오 군'의 활약을 만끽할 수 있다.

삼국지 V with 파워업 키트

PlayStation
코에이　시뮬레이션　1998년 7월 2일　9,800엔

플레이어 1~8인 | 메모리카드 6블록

역사 시뮬레이션 게임 「삼국지 V」의 강화판. 추가 요소는 가상 시나리오와 게임 종료 조건 설정 기능, 토너먼트와 승자진출전을 고를 수 있는 '일기토 모드' 등 다양하다.

솔 디바이드

PlayStation
아틀라스　슈팅　1998년 7월 2일　5,800엔

플레이어 1~2인 | 메모리카드 1블록

사이쿄 사가 개발하고, 테라다 카츠야가 캐릭터 디자인을 맡은 슈팅 게임. 암흑기사·유익전사·대마도사를 조작해 검술과 마법으로 싸운다. PS판은 오리지널 모드도 수록했다.

대유령 저택 : 하마무라 준의 실화괴담

비지트　어드벤처　1998년 7월 2일　4,800엔

플레이어 1인　메모리 카드 1블록

실화괴담을 소재로 삼은 실사 사운드 노벨. 연예인 하마무라 준·오오사코 준이치가 진행자·게스트로 출연한다. 괴담 전후의 선택에 따라 다음 이야기가 변화하는 시스템이다.

트와일라이트 신드롬 스페셜

휴먼　어드벤처　1998년 7월 2일　3,800엔

플레이어 1인　메모리 카드 2블록

「트와일라이트 신드롬」의 '탐색편'과 '규명편'을 패키지 하나로 합본한 염가판. 등신대 모습의 여고생들이 심령 스팟을 탐험하는 호러 어드벤처 게임이다.

버추얼 경정 '98

일본물산　레이싱　1998년 7월 2일　6,800엔

플레이어 1인　메모리 카드 1블록　아날로그 컨트롤러 지원　특제 컨트롤러 SLPH00001(남고)지원

일본 전국모터보트경주회연합회와 일본모터보트선수회가 공인한 보트 레이싱 게임. 초보자용의 'How to 경정' 모드와 페넌트레이스 등의 모드를 즐길 수 있다.

아르카나 전기 : 루도

파이　시뮬레이션　1998년 7월 9일　5,800엔

플레이어 1~4인　메모리 카드 1~2블록　멀티탭지원 1~4인

타로 카드를 소재로 삼은 보드 게임. 카드로 방해를 주고받으며 말판놀이 맵을 전진해 골인을 노린다. 세가새턴판의 이식작이며, 초보자용 모드를 추가했다.

디아블로

일렉트로닉 아츠 스퀘어　RPG　1998년 7월 9일　5,800엔

플레이어 1~2인　메모리 카드 10~12블록

PC에서 대히트한 액션 RPG의 이식작. 전사·도적·원소술사 중 하나를 골라 조작해, 무작위로 생성 던전에서 물리공격과 마법을 구사하며 싸워야 한다.

블루 : 레전드 오브 워터

허드슨　어드벤처　1998년 7월 9일　5,800엔

플레이어 1인　메모리 카드 1블록

해양고고학자의 딸이, 친구인 돌고래와 함께 탐험하는 해양 어드벤처 게임. 폐활량 게이지 잔량에 주의해 유적·침몰선을 조사하자. 돌고래에 협력을 부탁할 수도 있다.

냅다즈 포인트 2 : SODOM의 음모

코나미　액션　1998년 7월 9일　5,800엔

플레이어 1~2인　메모리 카드 1블록　멀티탭지원 1~4인　아날로그 컨트롤러 지원

물건이든 사람이든 냅다 들어 던져버리는 파티 액션 게임. 스테이지는 11종류, 사이코 글러브는 60종 이상이 있다. 고저차 개념을 추가해, 유리한 입지의 선점이 중요해졌다.

러브 테라피

비 팩토리　시뮬레이션　1998년 7월 9일　5,800엔

플레이어 1인　메모리 카드 2블록

당시 일본 간토 지방에 있던 실존 점포에서 데이트하는 연애 체험 게임. 예산 내에서 데이트 장소와 코스를 짜, 애인 여성과 1년간 12회 데이트 후 결혼하는 게 목표다.

레이크 마스터즈 2 : 배스 피싱 인 재팬

넥서스 인터랙트　스포츠　1998년 7월 9일　5,800엔

플레이어 1인　메모리 카드 1블록　아날로그 컨트롤러 지원

호수 배스 낚시 소재 시뮬레이션 게임의 제 2탄. 이번 무대는 일본의 호수다. 실사를 스캔한 360도 파노라마 스크롤과 사계절을 구현했다. 실존하는 루어도 쏠 수 있다.

아카가와 지로 : 야상곡

빅터 인터랙티브 소프트웨어　어드벤처　1998년 7월 16일　5,800엔

플레이어 1인　메모리 카드 1블록　아날로그 컨트롤러 지원

아카가와 지로의 소설 '살인을 부른 책 : 나는 도서관'이 원작인 사운드 노벨. 죽음에 관한 책이 모여 있는 노노미야 도서관이 무대인 이야기를 여러 시나리오로 그렸다.

주변기기 지원 아이콘　 플레이어 1~2인　 메모리 카드 1~2블록　 멀티탭지원 1~4인　 마우스 지원　 대전케이블 지원 2대　 아날로그 조이스틱 SCPH0111(SCEI) 지원　아날로그 컨트롤러 지원　 PocketStation 지원　메모리 카드 1~2블록　휴대전화 접속 케이블 지원 (도코모 F모드 휴대전화 지원)　특제 컨트롤러 SLPH00001(남고)지원

울트라맨 티가 & 울트라맨 다이나 : 새로운 두 줄기의 빛

반다이　3D 대전격투　1998년 7월 16일　5,800엔

플레이어 1인　메모리카드 1블록　아날로그 컨트롤러 지원

울트라맨 티가·다이나를 조작할 수 있는 3D 격투 액션 게임. 각 미션에서 괴수나 우주인과 싸우는 스토리다. 체력이 다할 때까지 연속 전투하는 서바이벌 모드도 수록했다.

셰이크 키즈

온 디맨드　액션　1998년 7월 16일　5,800엔

플레이어 1인　메모리카드 1블록　아날로그 컨트롤러 지원

거대한 셰이커를 사용하는 액션이 특징인 액션 게임. 셰이커로 직접 적을 때리거나, 한꺼번에 내부로 빨아들여 셰이킹해버리는 등으로 점수를 벌어들일 수 있다.

징글 캐츠 : 러브파라 대작전 편

소니뮤직엔터테인먼트　시뮬레이션　1998년 7월 16일　4,800엔

플레이어 1인　메모리카드 1블록　마우스 지원　아날로그 컨트롤러 지원

고양이들 간의 사랑을 돕는 시뮬레이션 게임. 커플로 만들고픈 고양이들을 함께 붙여주거나 즐겁게 해주자. 다른 고양이의 질투·방해를 막으려면 적절한 간섭도 중요하다.

창천의 하얀 신의 자리 : GREAT PEAK

소니컴퓨터엔터테인먼트　시뮬레이션　1998년 7월 16일　5,800엔

플레이어 1인　메모리카드 2블록

등산대 대장이 되어 미답봉 5곳을 등정하는 시뮬레이션 게임. 대원 모집, 등산 계획과 사전준비, 현지 루트 탐사·공작 등의 요소를 실제 등산가의 협력 하에 재현했다.

두근두근 방과후 : 있잖아☆퀴즈하자♥

코나미　퀴즈　1998년 7월 16일　5,800엔

플레이어 1인　메모리카드 1블록

「두근두근 메모리얼」에 퀴즈를 도입하고, 히로인과의 신규 이벤트도 즐기는 타이틀. 퀴즈를 맞혀 파트너의 호감도를 올려, 졸업 때 고백을 받는 것이 목적이다.

불꽃놀이

마호　시뮬레이션　1998년 7월 16일　4,800엔

플레이어 1인　메모리카드 5블록　아날로그 컨트롤러 지원

불꽃놀이 전문가가 되어, 테마파크의 각 지역에서 쏘아 올릴 불꽃을 디자인하는 시뮬레이션 게임. 재료인 '별'을 모아, 다양한 모양을 그리는 화약과 발사 프로그램을 만들자.

피키냐! 엑셀렌테

아스키　퍼즐　1998년 7월 16일　4,800엔

플레이어 1~2인　메모리카드 1블록

슈퍼 패미컴용 낙하계 퍼즐 게임의 속편. 위에서 떨어져 내려오는 2×2 블록을 조작해, 피키냐 6마리를 연결시켜 내보내자. 얼음은 가로로 일렬을 채우면 사라지는 룰이다.

브레이브 펜서 : 무사시 전

스퀘어　RPG　1998년 7월 16일　6,800엔

플레이어 1인　메모리카드 1블록　아날로그 컨트롤러 지원

이천일류 검사 '무사시'가 '검'·'술'로 싸우는 3D 액션 RPG. 연속공격에 특화된 검 '라이코마루'와 일격이 강하고 공격거리가 긴 검 '레이건드'를 활용해, 여러 미션에 도전하자.

래피드 레이서

소니컴퓨터엔터테인먼트　레이싱　1998년 7월 16일　5,800엔

플레이어 1~2인　메모리카드 1블록　아날로그 컨트롤러 지원　특제 컨트롤러 SLPH00001(남코)지원

고속으로 전개되는 레이스와 초당 60프레임의 부드러운 그래픽을 양립시켜 구현한 보트 레이싱 게임. 야간 레이스와, 타입이 차별화된 보트들을 수집하는 요소도 내장했다.

오버블러드 2

리버힐 소프트　어드벤처　1998년 7월 23일　6,800엔

플레이어 1인　메모리카드 1~15블록　아날로그 컨트롤러 지원

대기냉각기 없이는 인류 생존이 불가능해진 지구가 무대인 SF 액션 어드벤처 게임. 목표의 해결수단을 여러 가지로 다양하게 준비해, 공략 자유도가 높은 것이 특징이다.

HARDWARE 1994 1995 1996 1997 1998 1999 2000 2001 2002 2003 2004 INDEX

HARDWARE

1994
1995
1996
1997
1998
1999
2000
2001
2002
2003
2004
INDEX

카게로 : 각명관 진장

테크모　액션　1998년 7월 23일　5,800엔

플레이어 1인 / 메모리카드 1블록 / 아날로그 컨트롤러 지원

「각명관」의 속편. '각인'의 손에서 자라나 인간적인 감정을 잃은 여성이 주인공으로서, 침입자를 선악에 관계없이 살해하는 다크한 세계관은 유지하면서도 전작의 시뮬레이션 요소는 삭제하고, 표적이 함정에 연속으로 걸리게끔 하는 '트랩 콤보'를 도입하여 액션성을 강조했다. 트랩은 바닥·벽·천정에 설치하며, 침입자를 죽여 얻은 돈으로 개발할 수 있다.

계절을 안고서

소니컴퓨터엔터테인먼트　어드벤처　1998년 7월 23일　4,800엔

플레이어 1인 / 메모리카드 1블록 / 아날로그 컨트롤러 지원

드라마에 게임성을 가미한 어드벤처 게임 '야루도라' 시리즈의 2번째 작품. 과거 사랑하던 사람과 닮은 기억상실 소녀와, 주인공을 마음에 둔 여성과의 삼각관계를 그렸다.

실황 파워풀 프로야구 '98 개막판

코나미　스포츠　1998년 7월 23일　5,800엔

플레이어 1~2인 / 메모리카드 5블록 / 아날로그 컨트롤러 지원

페넌트·리그 등 여러 모드를 즐기는 야구 게임 시리즈의 신작. 석세스 모드는 고교야구 편이며, 연습 지시가 매우 효과적이라 선호하는 능력을 단련한 선수를 양성 가능하다.

실루엣 미라쥬 : 리프로그램드 호프

트레저　액션　1998년 7월 23일　5,800엔

플레이어 1인 / 메모리카드 1블록 / 아날로그 컨트롤러 지원

모든 캐릭터에 '속성'이 있는 액션 게임, 같은 속성의 적에게 공격받으면 공격력이, 다른 속성의 공격을 받으면 체력이 깎인다. 세가새턴판의 이식작이며, 추가요소도 있다.

신세기 에반게리온 : 에바와 유쾌한 친구들

가이낙스　마작　1998년 7월 23일　6,800엔

플레이어 1인 / 메모리카드 3블록

'신세기 에반게리온'·'신비한 바다의 나디아'·'톱을 노려라!'의 캐릭터들이, 우승자의 소원을 이뤄준다는 마작대회에 도전하는 타이틀. 4가지 시나리오를 수록했다.

스키 에어 믹스

키드　액션　1998년 7월 23일　4,800엔

플레이어 1~2인 / 메모리카드 1블록 / 아날로그 컨트롤러 지원

스키로 활주와 에어 트릭을 즐기는 동계 스포츠 게임. 스위스·캐나다 등 여러 코스를 수록했고, 상하 또는 좌우로 화면을 분할해 2인 대전할 수도 있다.

전일본 여자 프로레슬링 : 여왕전설 – 꿈의 대항전

TEN 연구소　스포츠　1998년 7월 23일　5,800엔

플레이어 1~2인 / 메모리카드 1블록

실존 레슬러들의 영상과 사진을 다량 사용한 여자 프로레슬링 게임. 모션 캡처로 기술·모션도 완벽하게 재현했고, 보이스도 본인의 음성을 직접 넣은 본격파 게임이다.

블루 브레이커 버스트 : 미소를 그대와

휴먼　대전격투　1998년 7월 23일　5,800엔

플레이어 1~2인 / 메모리카드 1~4블록 / 아날로그 컨트롤러 지원

연애 중심의 RPG 「블루 브레이커」의 마왕 봉인 후 스토리를 그린 대전격투 게임. 신 캐릭터 '키메나' 등의 히로인들이 활약하는 어드벤처 등, 4가지 모드를 수록했다.

미사키 어그레시브!

쇼에이샤　시뮬레이션　1998년 7월 23일　5,800엔

플레이어 1인 / 메모리카드 2블록

유즈리하 류 계승자 '미사키'가 되어, 강자만이 살아남는 시라유리 고교의 정상을 노리는 육성 시뮬레이션 게임. 동료 스카우트, 단련, 라이벌과의 싸움, 암습 등의 요소가 있다.

주변기기 지원 아이콘　플레이어 1~2인 / 메모리카드 1~2블록 / 멀티탭지원 1~4인 / 마우스 지원 / 대전 케이블 지원 2대 / 아날로그 조이스틱 SCPH0111(SCEI) 지원 / 아날로그 컨트롤러 지원 / PocketStation 지원 / 메모리카드 1~2블록 / 휴대전화 접속 케이블 지원 (도코모 (모드 휴대전화모뎀)) / 특제 컨트롤러 SLPH00001(남코) 지원

유희왕 : 몬스터 캡슐 브리드 & 배틀

코나미　시뮬레이션　1998년 7월 23일　5,800엔

플레이어 1~2인　메모리카드 2블록

카드게임 '유희왕'에 등장하는 '몬스터 월드'를 소재로 삼은 시뮬레이션 게임. 저마다 이동범위·공격법이 다른 몬스터들을 알에서 부화시켜 길러, 배틀로 라이벌과 싸운다.

안젤리크 듀엣

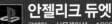

코에이　시뮬레이션　1998년 7월 30일　7,800엔

플레이어 1인　메모리카드 2블록

수호성의 도움을 받아 우주의 여왕 자리를 겨루는 연애 육성 시뮬레이션 게임. 플레이어로 안제의 라이벌인 로잘리아도 선택 가능. 사랑과 우정의 이야기를 두 시점으로 즐긴다.

에피카 스텔라

휴먼　시뮬레이션 RPG　1998년 7월 30일　5,800엔

플레이어 1인　메모리카드 2블록

판타지 세계에서 거대 로봇 '상기(想機)'를 조종해 제국군과 싸우는 시뮬레이션 RPG. 조건에 따라 스토리가 왕국편·제국편·좌절편으로 분기하며, 회차 플레이도 지원한다.

아가씨 특급

미디어웍스　어드벤처　1998년 7월 30일　6,800엔

플레이어 1인　메모리카드 1블록　마우스 지원　아날로그 컨트롤러 지원

잡지 '전격 G's 매거진'의 독자참여기획에서 탄생한 연애 어드벤처 게임. 일본형 단열차에서 히로인 13명과 만나게 되며, 무작위성이 강하고 이벤트도 풍부해 볼륨이 충실하다.

캐롬 샷 2

아젠다　당구　1998년 7월 30일　5,800엔

플레이어 1~4인　메모리카드 1~2블록　멀티탭지원 1~4인　아날로그 컨트롤러 지원

9종의 포켓 게임과 5종의 캐롬 게임을 리얼한 모션으로 즐기는 3D 당구 게임. 아버지의 유품을 되찾기 위한 싸움에 도전하는 스토리 모드, 트릭 제작 모드 등을 수록했다.

사립 저스티스 학원 : 리전 오브 히어로즈

캡콤　3D 대전격투　1998년 7월 30일　6,800엔

플레이어 1~2인　메모리카드 1~2블록　멀티탭지원 1~8인　아날로그 컨트롤러 지원

아케이드용 대전격투 게임의 이식작. 파트너와의 합체기술 '사랑과 우정의 투 플라톤' 등, 독특한 시스템이 많다. PS판은 성별 불문 공략이 가능한 연애 시뮬레이션 모드도 있다.

스타 오션 : 세컨드 스토리

에닉스　RPG　1998년 7월 30일　6,800엔

플레이어 1인　메모리카드 1블록　아날로그 컨트롤러 지원

SF 판타지 RPG 시리즈의 2번째 작품. 스토리가 2명의 시점으로 나뉘고 동료 캐릭터도 변화하는 '더블 히어로 시스템', 적·아군의 보이스를 수집하는 요소 등을 추가했다.

3D 격투 만들기

아스키　개발 툴　1998년 7월 30일　5,800엔

플레이어 1~2인　메모리카드 1~15블록

3D 대전격투 게임을 개발하는 툴. 오리지널 모션을 만들어 모델에 적용시키고 타격 판정·대미지량 등을 설정하는 식으로, 오리지널 대전격투 게임을 만들 수 있다.

졸업 M : 학생회장의 화려한 음모

E3 스탭　어드벤처　1998년 7월 30일　6,800엔

플레이어 1인　메모리카드 1블록

기숙사제 남학교인 세이류 고교가 무대인 여성용 게임. 플레이어가 행방불명된 오빠를 찾기 위해 히어로 5명과 협력하는 총 6장의 어드벤처 게임이다. 미궁을 탐색하기도 한다.

하드 보일드 : 신경탑을 파괴하라

지크　슈팅　1998년 7월 30일　5,800엔

플레이어 1인　메모리카드 1블록　아날로그 컨트롤러 지원

같은 제목의 미국 코믹스가 원작인 하이스피드 3D 슈팅 게임. 자신이 살인 안드로이드임을 알게 된 남자의 싸움을 그리는 사이버풍 스토리의 게임이다.

바운티 소드 : 더블 엣지

파이오니아 LDC　RPG　1998년 7월 30일　5,800엔

플레이어 1인 / 메모리 카드 1블록

검과 마법과 기계의 판타지 세계를 그린 RPG. 주인공이 2명이며, 플레이어가 고르지 않은 쪽은 라이벌이 된다. 전투 로봇을 이용해 실시간 배틀을 제압, 승리를 거머쥐자.

폭주형제 렛츠 & 고!! : 이터널 윙스

잘레코　레이싱　1998년 7월 30일　5,800엔

플레이어 1~2인 / 메모리 카드 1~15블록 / 아날로그 컨트롤러 지원

미니카를 소재로 삼은 레이싱 게임. TV판의 캐릭터 디자인을 맡았던 타카미 아키오가 캐릭터를 새로 그렸고, 애니메이션에서는 만나지 않은 캐릭터간의 대결도 구현했다.

헬로 찰리!!

에닉스　액션　1998년 7월 30일　5,800엔

플레이어 1인 / 메모리 카드 1블록

공장을 멈추기 위해 달걀 '찰리'가 뛰어다니는 액션 게임. 렌치 구타, 볼트 던지기, 굴러다니기 액션 등이 가능하다. 로딩 중이나 사망시에는 코믹한 CG 동영상이 나온다.

비밀결사 Q

라이트 스터프　시뮬레이션　1998년 7월 30일　5,800엔

플레이어 1인 / 메모리 카드 1~3블록

가족을 잃고 피폐해진 남자가 악의 조직 '비밀결사 Q'에 입단해 신 도쿄시 정복에 매진하는 시뮬레이션 게임. 히어로와의 대결, 과거와의 대치 등 특촬의 로망을 듬뿍 담았다.

파이어 패닉 : 맥의 레스큐 대작전

소니컴퓨터엔터테인먼트　액션　1998년 7월 30일　5,800엔

플레이어 1인 / 메모리 카드 1블록

소방사가 되어 파트너 로봇과 함께 화재현장에 돌입하는 3D 코믹 액션 게임. 폭주한 적 로봇 군단을 도끼로 파괴하며, 최대한 많은 사람들을 구조해내야 한다.

브리딩 스터드 2

코나미　시뮬레이션　1998년 7월 30일　5,800엔

플레이어 1인 / 메모리 카드 8블록

목장의 사계절을 만끽하는 3D 경마 육성 시뮬레이션. 말 600두가 등장하며, 육성한 수말도 씨수말로 사용 가능. 충실한 지방 레이스, 코믹한 예후불량마 동영상도 볼거리다.

유혹 오피스 연애과

타카라　시뮬레이션　1998년 7월 30일　5,800엔

플레이어 1인 / 메모리 카드 1블록

사회인이 되어 여직원들과 교제하는 육성 연애 시뮬레이션 게임. 2년간 일과 연애에 매진하며, 프로젝트 성공도 결혼도 성취해야 한다. 바람은 가능한데 수라장은 없다.

꿈은★여러가지 : 유메미가오카 학원 고등학교 제 33기생

페더드　시뮬레이션　1998년 7월 30일　5,800엔

플레이어 1인 / 메모리 카드 1블록

친구들과 함께 학교 생활과 꿈의 세계를 즐기는 연애 육성 시뮬레이션. 주인공 성별은 선택 가능하며, 이 계열 게임으론 드물게 졸업 이전에도 고백·사귐·이별 등을 경험한다.

그 사람은 어디에

석세스　파티　1998년 8월 6일　5,800엔

플레이어 1~4인 / 메모리 카드 1블록 / 멀티탭 지원 1~4인 / 아날로그 컨트롤러 지원

일정 기간 내에 맵 상에서 소녀와 만나, 대화 패널로 친교를 다져 애인이 되는 연애 시뮬레이션 게임. 파티 모드는 대전 형태이며, 친밀해진 소녀 수로 경쟁한다.

ALIVE

제너럴 엔터테인먼트　어드벤처　1998년 8월 6일　6,800엔

플레이어 1인 / 메모리 카드 5~14블록 / 아날로그 컨트롤러 지원

도망자가 된 주인공 '아츠코'의 생존이 목적인 실사 어드벤처 게임. 주인공의 행동을 적극도가 다른 3가지 경향 중에서 고르며, 총격전 등 반사적인 조작이 필요한 장면도 있다.

주변기기 지원 아이콘 / 플레이어 1~2인 / 메모리 카드 1~2블록 / 멀티탭 지원 1~4인 / 마우스 지원 / 대전 케이블 2대 / 아날로그 조이스틱 SCPH0111(SCE) 지원 / 아날로그 컨트롤러 지원 / PocketStation 지원 / 메모리 카드 1~2블록 / 휴대전화접속 케이블 지원 (도코모 모드 휴대전화 지원) / 특제 컨트롤러 SLPH00001(남코) 지원

신나는 낚시천국 : 강 이야기

테이치쿠　시뮬레이션　1998년 8월 6일　5,800엔

플레이어 1인　메모리 카드 1블록　아날로그 컨트롤러 지원

여름방학을 원두막에서 보내는 중인 소년이 강가 낚시 라이프를 즐기는 시뮬레이션 게임. 실사로 리얼하게 표현한 낚시는 물론, 물고기·들풀을 요리하는 시스템도 있다.

SD건담 G제네레이션

반다이　시뮬레이션 RPG　1998년 8월 6일　6,800엔

플레이어 1~2인　메모리 카드 3~12블록　멀티탭지원 1~4인　아날로그 컨트롤러 지원

'건담' 시리즈 총 20작품 이상의 기체들이 SD로 등장하는 전략 시뮬레이션 게임. 1년전쟁 개전부터 샤아의 반란 종결까지를, 원작 재현과 크로스오버를 섞어 그려냈다.

육조왕 (陸釣王)

나그자트　스포츠　1998년 8월 6일　5,800엔

플레이어 1~2인　메모리 카드 1블록　아날로그 컨트롤러 지원

프로 앵글러가 감수한 배스 몰닝시 시뮬레이션 게임. 게임 내에 실존 호수와 도구가 등장하며, 실존하는 낚시 포인트에서 프로의 조언을 받으며 낚시할 수 있다.

건발

남코　건 슈팅　1998년 8월 6일　5,800엔

플레이어 1~2인　메모리 카드 1블록　특제 컨트롤러 SLPH00034(남코)지원

버라이어티 건 슈팅 게임 「건블릿」의 속편. 발매 당시엔 가정용 오리지널 작품이었지만, 후일 아케이드로 역이식되었다. 미니게임은 전부 신작이다.

강인전기

톤킨 하우스　시뮬레이션 RPG　1998년 8월 6일　5,800엔

플레이어 1~2인　메모리 카드 1블록　아날로그 컨트롤러 지원

일본풍 판타지 세계관으로 전개되는 시뮬레이션 RPG. 거대 인간형 병기 '강인(鋼仁)'의 부품을 커스터마이즈하거나, 다른 메모리 카드를 로딩해 대전하는 시스템도 있다.

THE 드러그스토어 : 마츠모토 키요시에서 쇼핑하자!

휴먼　시뮬레이션　1998년 8월 6일　5,800엔

플레이어 1인　메모리 카드 10~12블록

드러그스토어를 경영하는 시뮬레이션 게임. 최저발주량과 원가를 참고해 진열 상품을 결정하는 등으로 점원 및 점포를 관리한다. 목표와 난이도가 다른 맵을 다수 수록했다.

3×3EYES : 전륜왕환몽

킹 레코드　어드벤처　1998년 8월 6일　6,800엔

플레이어 1인　메모리 카드 1블록

만화 '3×3EYES'가 원작인, 시점이 다른 2부 구성 오리지널 스토리를 수록한 어드벤처 게임. 하야시바라 메구미의 신곡과, 디지털 셀화로 제작한 고품질 동영상도 넣었다.

Jet Moto '98

소니컴퓨터엔터테인먼트　레이싱　1998년 8월 6일　5,800엔

플레이어 1~2인　메모리 카드 1블록　아날로그 컨트롤러 지원

공중 부유형 바이크를 조종하는 근미래 레이싱 게임. 강을 거슬러 오르는 코스부터 모래밭·눈밭 코스까지, 독특한 액션과 시추에이션을 즐긴다. 일대일 대전도 지원한다.

창고지기 베이식 2

언밸런스　퍼즐　1998년 8월 6일　3,480엔

플레이어 1인　메모리 카드 9블록

 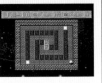

화물을 밀어 특정 장소까지 옮기는, 총 100스테이지의 퍼즐 게임. 로딩 완료 후에는 음악 CD로 교체해 선호하는 음악을 배경삼아 즐길 수 있다. 에디트 모드도 수록했다.

드래곤시즈 : 최종진화형태

잘레코　시뮬레이션　1998년 8월 6일　5,800엔

플레이어 1~2인　메모리 카드 1블록　아날로그 컨트롤러 지원

드래곤을 키워 배틀시켜 배틀 아레나의 정상을 노리는 육성 시뮬레이션 게임. 시작시의 언령과 용종, 트레이닝 내용에 따라 변화하는 드래곤을 길러 장비시켜 승리해보자.

트랩 거너

아틀라스　액션　1998년 8월 6일　5,800엔

플레이어 1~2인 | 메모리카드 1블록 | 아날로그 컨트롤러 지원

끌어당기기·폭파 등의 각종 트랩을 활용해 싸우는 대전 액션 게임. 고저차가 있는 필드 상에서, 적을 함정에 빠뜨리고 총격으로 체력을 깎자. 적의 함정 탐지도 가능하다.

트랜스포트 타이쿤 3D

언밸런스　시뮬레이션　1998년 8월 6일　5,800엔

플레이어 1인 | 메모리카드 15블록 | 마우스 지원

철도·자동차·선박·비행기 등, 운송업에 특화시킨 경영 시뮬레이션 게임. 기체·시설을 구입, 교통망을 정비해 운송왕이 되자. 차량 통행방향·거리단위는 옵션에서 변경 가능.

NOёL : La neige SPECIAL

파이오니아 LDC　커뮤니케이션　1998년 8월 6일　3,800엔

플레이어 1인 | 메모리카드 1블록 | 아날로그 컨트롤러 지원

「NOёL : La neige」의 후일담을 담은 작품으로서, 고교 졸업 후 대학 진학을 앞둔 히로인들의 마지막 2주간을 그렸다. 전작의 세이브데이터가 있으면 대화가 약간 바뀐다.

바이오하자드 : 디렉터즈 컷 DUAL SHOCK Ver.

캡콤　어드벤처　1998년 8월 6일　3,800엔

플레이어 1인 | 메모리카드 1블록 | 아날로그 컨트롤러 지원

「바이오하자드 : 디렉터즈 컷」의 DUALSHOCK 지원판. BGM을 리뉴얼하고, 숨겨진 무기·코스튬을 사용 가능한 보너스 데이터와 2편의 미공개 영상 등을 수록했다.

바이오하자드 2 : DUAL SHOCK Ver.

캡콤　어드벤처　1998년 8월 6일　4,800엔

플레이어 1인 | 메모리카드 1블록 | 아날로그 컨트롤러 지원

「바이오하자드 2」의 DUALSHOCK 지원판. 북미판 기준의 고난이도 모드 'U.S.A.'와, 강력한 무기를 처음부터 제공하는 '루키' 모드 등의 신규 요소를 추가 수록했다.

퍼즐 보블 4

타이토　퍼즐　1998년 8월 6일　4,800엔

플레이어 1~2인 | 메모리카드 1블록 | 아날로그 컨트롤러 지원

버블을 쏘아 올려 같은 색끼리 3개 이상 붙이면 터지는 「퍼즐 보블」 시리즈의 4번째 작품. 신규 요소로서 '도르래'가 등장한다. 천칭처럼 움직이므로, 신중하게 조정하자.

파치슬로 완전공략 : 유니버설 공식 가이드 Volume 3

시스컴 엔터테인먼트　파치슬로　1998년 8월 6일　6,800엔

플레이어 1인 | 메모리카드 1~15블록 | 특제 컨트롤러 SLPH00098(니혼시스컴)지원

당시의 최신 기종 4종을 다루는 테크닉을 배우는, 실전 중 시형 슬롯 시뮬레이터. '선더 V'·'Mr. Do!'·'렛츠'·'라이트 어 램프'의 공략법을 즐기면서 배울 수 있다.

패밀리 볼링

일본물산　스포츠　1998년 8월 6일　5,800엔

플레이어 1~4인 | 메모리카드 1블록

빙상 등의 다양한 레인 위에서 플레이하는 볼링 게임. 핀 배치를 직접 세팅하는 '핀차웃 모드'와, 색다른 모션으로 개성을 어필하는 캐릭터들에도 주목할 만하다.

봄버맨 판타지 레이스

허드슨　레이싱　1998년 8월 6일　5,800엔

플레이어 1~2인 | 메모리카드 1~15블록 | 아날로그 컨트롤러 지원

「봄버맨」의 레이싱 게임판. 주행성능이 다른 탑승용 동물 '루이'·'티라' 중 하나를 골라, 레이스에서 라이벌을 이겨보자. 봄버맨답게 폭탄으로 방해·가속도 가능하다.

메리먼트 캐링 캐러밴

이매지니어　시뮬레이션　1998년 8월 6일　5,800엔

플레이어 1인 | 메모리카드 1블록

식민지 행성의 황야를 달리는 무역 캐러밴 운영 시뮬레이션 게임. 사춘기인 네 딸과의 부녀 교류와 육성이 잘 되면 무역 결과가 좋아지며, 엔딩 분기에도 영향을 준다.

주변기기 지원 아이콘　플레이어 1~2인 | 메모리카드 1~2블록 | 멀티탭지원 1~4인 | 마우스 지원 | 대전케이블 2대 | 아날로그 조이스틱 SCPH0111(SCEI)지원 | 아날로그 컨트롤러 지원 | PocketStation 지원 | 메모리카드 1~2블록 | 휴대전화접속 케이블 지원 (도코모 i모드 휴대전화지원) | 특제 컨트롤러 SLPH00001(남코)지원

라스트 리포트

쇼에이 시스템　어드벤처　1998년 8월 6일　5,800엔

플레이어 1인　메모리카드 3블록

옛 애인의 살인혐의를 뒤집어쓴 리포터가 되어 진실을 규명하는 어드벤처 게임. 총격전과 카 레이스 등의 장면도 있어, 서스펜스 액션 영화 느낌의 분위기를 연출한다.

월드 프로 테니스 '98

아이매직　스포츠　1998년 8월 6일　4,800엔

플레이어 1~2인　메모리카드 1블록　멀티탭지원 1~4인

플레이 동작뿐만 아니라 부수적인 포즈에 이르기까지 리얼리티를 추구한 테니스 게임. 월드 투어 도전 모드, 스쿼시 및 서브 연습이 가능한 트레이닝 모드 등이 있다.

에코 나이트

프롬 소프트웨어　어드벤처　1998년 8월 13일　5,800엔

플레이어 1인　메모리카드 2블록　아날로그 컨트롤러 지원

24년 전 실종되었다 다시 나타난 호화 여객선 '오르페우스 호'가 무대인 어드벤처 게임. 주인공은 망령이 배회하는 선내를 탐색하며, 과거 사건의 규명과 탈출을 시도한다.

엘프 사냥꾼 II

알트론　어드벤처　1998년 8월 13일　7,800엔

플레이어 1인　메모리카드 1블록

같은 제목의 TV 애니메이션이 원작인 어드벤처 게임. 나름의 이유로 엘프를 벗기는 일본인 일행과 동료들의 이세계 여행물로서, 선택지·미니게임의 결과로 전개가 바뀐다.

쾌속천사

테크노 솔레유　액션　1998년 8월 13일　5,800엔

플레이어 1~2인　메모리카드 1블록　아날로그 조이스틱 SCPH-1111(SCEI) 지원

판타지 세계의 택배 회사 '쾌속천사'의 사원을 조작하는 액션 게임. 잡졸·몬스터를 퇴치하고 화물을 무사히 전달하자. 스토리성을 강조한 애니메이션풍 이벤트 신도 볼거리다.

클레이맨 클레이맨 2 : 스컬몽키의 역습

리버힐 소프트　액션　1998년 8월 13일　5,800엔

플레이어 1인　메모리카드 1블록　아날로그 컨트롤러 지원

클레이 애니메이션으로 세계관을 표현한 어드벤처 게임의 속편. 이번엔 사이드 뷰 액션 게임이 되어 스컬몽키와 싸운다. 점토 묘사와 숨겨진 요소 등의 재미가 충실하다.

드림 제네레이션 : 사랑이냐? 일이냐!?…

메사이야　시뮬레이션　1998년 8월 13일　6,300엔

플레이어 1인　메모리카드 2~6블록

단칸방 청년이 주인공인 개성파 연애 시뮬레이션 게임. 목표 직업을 설정해 행동하며, 연애도 병행하자. 중간부터 게임 내용이 크게 바뀌어, 행방불명된 히로인을 찾게 된다.

꽃과 용

아이맥스　마작·화투　1998년 8월 13일　5,800엔

플레이어 1인　메모리카드 1블록

 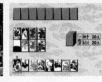

화투인 코이코이·하나아와세다 마작까지도 즐기는 테이블 게임. 80명의 대전 상대가 등장한다. 돈을 걸어 소지금을 불리는 스토리 모드와 프리 모드로 실력을 겨뤄보자.

프린세스 메이커 : 포켓대작전

나인라이브스　퍼즐　1998년 8월 13일　4,800엔

플레이어 1~2인　메모리카드 1블록　아날로그 컨트롤러 지원

딸 육성 시뮬레이션 게임 「프린세스 메이커」가 소재인 낙하계 퍼즐 게임. 스토리·아이스볼·VS·나홀로 등 여러 모드를 수록했다. 2명이 대전하는 모드도 지원한다.

아발라번

타카라　액션　1998년 8월 20일　5,800엔

플레이어 1~2인　메모리카드 1블록

탐소프트 사가 개발한 판타지 모험활극 게임. 스토리는 던전에서 몬스터와 싸우는 액션 RPG식으로 진행되지만, 대전격투 게임 형태의 대전 모드도 있다.

HARDWARE
1994
1995
1996
1997
1998
1999
2000
2001
2002
2003
2004
INDEX

강의 누시 낚시 : 비경을 찾아서

  팩인 소프트 RPG 1998년 8월 20일 4,800엔

플레이어 1인 · 메모리 카드 2블록 · 아날로그 컨트롤러 지원

낚시 RPG 시리즈의 신작. 주인공은 낚시 팬인 5인 가족+1로서, 산상호수·계곡·하구 등의 스팟에서 낚시한다. 사용 캐릭터별로 이벤트 내용과 목적, '누시'가 달라진다.

실기 파치슬로 철저공략 : SPEED · CR 킨카쿠지 3

 컬처 퍼블리셔즈 파치슬로 1998년 8월 20일 4,800엔

플레이어 1인 · 메모리 카드 4블록

뱌쿠야쇼보 사와의 공동기획으로 제작된 슬롯 게임. 'SPEED'·'CR 킨카쿠지 3'를 즐길 수 있고, 과제가 동반되는 40종의 배틀 스테이지에 도전하는 모드도 수록했다.

필살 파치슬로 스테이션 : 타이밍이 생명

선 소프트 파치슬로 1998년 8월 20일 5,800엔

플레이어 1인 · 메모리 카드 2블록

실기를 재현한 3개 기종을 수록한 파치슬로 시뮬레이터. 'SPEED'·'비 키즈 클럽 F'·'세븐 바'를 수록했고, 실기와 동일한 타이밍 맞추기 연습이 가능하다.

아스트로노카

에닉스 시뮬레이션 1998년 8월 27일 6,800엔

플레이어 1인 · 메모리 카드 2블록

전우주 야채 콩쿠르 우승을 위해 우주 야채를 기르는 시뮬레이션 게임. 학습·진화해가는 해로운 동물 '바부'를 트랩으로 격퇴하고 예술점을 벌어, 더 멋진 야채로 가꿔보자.

캡콤 제네레이션 제 1 집 : 격추왕의 시대

캡콤 슈팅 1998년 8월 27일 5,800엔

플레이어 1~2인 · 메모리 카드 1블록 · 아날로그 컨트롤러

공중제비돌기로 긴급회피! 미군이 되어 일본군과 싸우는 슈팅 게임 「1942」와, 이 시리즈의 후속작인 「1943」·「1943 개(改)」 3개 작품을 수록했다.

총몽 : 화성의 기억

반프레스토 RPG 1998년 8월 27일 6,800엔

플레이어 1인 · 메모리 카드 1~3블록

사이보그 소녀 '갈리'가 주인공인 액션 RPG. 원작 만화의 사이버펑크 세계관과 격투 액션을 게임 내에서 재현했고, 스토리에도 좀 더 살을 붙였다.

킹 오브 볼링 2 : 프로페셔널 편

코코너츠 재팬 엔터테인먼트 스포츠 1998년 8월 27일 5,800엔

플레이어 1~8인 · 메모리 카드 1블록

모션 캡처로 동작을 재현한 실존 프로 볼링선수가 등장하는 볼링 게임. 토너먼트와 복식 등 여러 대전 모드를 내장했으며, 단위인정 모드도 있다.

Grand Theft Auto

시스컴 엔터테인먼트 액션 1998년 8월 27일 6,800엔

플레이어 1인 · 메모리 카드 1블록

스트리트 갱이 되어 도시를 활개치는 탑 뷰 시점 액션 어드벤처 게임. 보스가 주는 임무와 기타 범죄로 포인트를 버는 폭력계 심부름 게임으로서, 높은 자유도가 특징이다.

The Legend of Heroes Ⅳ : 주홍 물방울

GMF RPG 1998년 8월 27일 5,800엔

플레이어 1인 · 메모리 카드 1블록

'가가브 트릴로지' 시리즈의 제 2탄. 전투를 택티컬 컴뱃 시스템으로 바꿨고, 파티 편성과 알선소에서 받는 서브 이벤트 등으로 플레이의 자유도를 늘렸다.

더 킹 오브 파이터즈 : 쿄

SNK 어드벤처 1998년 8월 27일 5,800엔

플레이어 1~2인 · 메모리 카드 1블록

KOF '97의 프리퀄에 해당하는 어드벤처 게임. 플레이어는 '쿠사나기 쿄'가 되어 KOF에 함께 참가할 팀메이트를 찾는다. 만화판의 작가 나츠모토 마사토가 원화를 맡았다.

주변기기 지원 아이콘 · 플레이어 1~2인 · 메모리 카드 1~2블록 · 멀티탭지원 1~4인 · 마우스 지원 · 대전 케이블 2대 · 아날로그 조이스틱 SCPH0111(SCEI)지원 · 아날로그 컨트롤러 지원 · PocketStation 지원 · 메모리 카드 1~2블록 · 휴대전화 접속 케이블 지원 (도코모 i모드 휴대전화지원) · 특제 컨트롤러 SLPH00001(남코)지원

시공탐정 DD 2 : 반역의 아브사랄

아스키　어드벤처　1998년 8월 27일　6,800엔

플레이어 1인　메모리 카드 1블록

탐정물에 시간여행 요소를 도입한 SF계 어드벤처 게임의 제 2탄. 두 가출소녀의 의뢰에 탐정이 휘말려 사태가 커져간다는 스토리를, 풍부한 CG와 호화 성우 연기로 그렸다.

Dancing Blade 천방지축 복숭아 천사!

코나미　어드벤처　1998년 8월 27일　5,800엔

플레이어 1인　메모리 카드 1블록

교토 애니메이션이 애니메이션을 제작한 인터랙티브 애니메이션 게임. 복숭아에서 태어난 모모히메와 친구들의 코믹한 모험 이야기로서, 고품질 동영상을 대량 수록했다.

무지갯빛 트윙클 : 빙글빙글 대작전

아스키　퍼즐　1998년 8월 27일　5,800엔

플레이어 1~2인　메모리 카드 1블록　아날로그 컨트롤러 지원

시노자키 아키라가 캐릭터 디자인을 맡은 판타지풍 낙하계 퍼즐 게임. 화살표가 있는 구슬을 없애면 화면이 그 방향으로 빙글 돌아간다. '스토리' 등, 여러 모드를 수록했다.

팔러 스테이션

GMF　시뮬레이션　1998년 8월 27일　5,800엔

플레이어 1인　메모리 카드 1블록

라이벌 점포와 고객을 뺏고 뺏기며 경쟁하는 데 중점을 둔 파친코점 경영 시뮬레이션 게임. 기기 정보를 모아 점포에 도입해 수익을 거둬, 점포의 서비스를 확충해보자.

루시퍼드

TEN 연구소　어드벤처　1998년 8월 27일　5,800엔

플레이어 1인　메모리 카드 1블록　마우스 지원

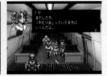

신화를 모티브로 삼은 스토리에 심리 테스트를 결합시킨 옴니버스식 사이콜로지컬 어드벤처 게임. 플레이어의 행동에 따라 '악마도'를 계속하여 성격을 진단해 준다.

카제노오카 공원에서

테크노 소프트　어드벤처　1998년 9월 3일　5,800엔

플레이어 1인　메모리 카드 1블록

카제노오카 공원을 무대로, 히로인 4명과의 연애를 그린 비주얼 노벨 게임. 시작시 히로인을 선택하고, 각자의 스토리를 읽어가며 해피 엔딩을 노린다.

내빗

아트딩크　시뮬레이션　1998년 9월 3일　5,800엔

플레이어 1인　메모리 카드 1블록

PC용 게임 「트래픽 컨퓨전 Ⅱ」의 플레이스테이션 이식판. 교통관제사가 되어, 맵 상에 신호기와 안내판 등을 설치해 도시의 차량 교통정체를 해소시켜야 한다.

매일 묘(猫)요일

반다이　시뮬레이션　1998년 9월 3일　5,800엔

플레이어 1인　메모리 카드 2~14블록

고양이가 사육을 체험하는 육성 시뮬레이션 게임. 펫샵·길가에서 고양이를 데려와 키우자. 실존하는 고양이 먹이를 주거나, 메모리 카드로 친구의 고양이를 초대할 수도 있다.

메탈기어 솔리드

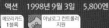

코나미　액션　1998년 9월 3일　5,800엔

플레이어 1인　메모리 카드 1블록　아날로그 컨트롤러 지원

MSX2로 두 작품이 발매된 바 있는, '적에게 발견되지 않도록 잠입하는' 액션 게임 시리즈의 3번째 작품. 혹한의 알래스카를 무대로, 하이테크 특수부대 'FOXHOUND'가 점거중인 핵병기 폐기시설에 단독 잠입해 인질 구출과 핵병기 무력화 임무를 수행한다. 폴리곤으로 구현한 3차원 묘사와 치밀한 시나리오 등, '명작'다운 훌륭한 완성도의 작품이다.

미스틱 마인드 : 흔들리는 마음

마이니치 커뮤니케이션즈　어드벤처　1998년 9월 3일　6,800엔

플레이어 1인　메모리카드 1블록　마우스 지원

주인공의 성별을 고를 수 있는 연애 시뮬레이션 게임. 고교 3학년 1년간 애인을 만드는 게 목적이다. 기간 중엔 몇 번이든 고백 가능해, 연애의 다양한 국면을 즐길 수 있다.

ROBOTS : 'video ALCHEMY'

에픽 소니 레코드　기타　1998년 9월 9일　2,800엔

플레이어 1인　메모리카드 1블록

당시 일본의 인기 록밴드 'ROBOTS'의 6곡을 수록한 비디오 클립 모음집. 'ALCHEMIST'·'팔레트'·'ROBOT'·'she-through' 등을 수록했다.

신나는 낚시천국 : 인어 전설의 수수께끼 DUALSHOCK 지원판

테이치쿠　시뮬레이션　1998년 9월 10일　4,800엔

플레이어 1인　메모리카드 1블록　아날로그 컨트롤러 지원

1997년에 발매했던 「신나는 낚시천국」의 DUALSHOCK 지원판. 낚시를 리얼하게 시뮬레이트한 시스템의 원작에 진동 기능을 추가해, 더욱 현장감 있는 플레이를 즐긴다.

칵테일 하모니

아스트롤　시뮬레이션　1998년 9월 10일　5,800엔

플레이어 1인　메모리카드 1블록　아날로그 컨트롤러 지원

칵테일 만드는 법을 기초부터 가르쳐주는 소프트. 콘테스트에 나가거나, 적절한 칵테일을 만들어 여성을 꼬시는 모드도 있다. 레시피 데이터베이스도 다수 수록했다.

변덕쟁이 마이 베이비 : 딸내미 말판놀이 성장기

액셀라　파티　1998년 9월 10일　4,800엔

플레이어 1~4인　메모리카드 1블록　멀티탭지원 1~4인

아빠가 되어 딸을 기르는 육성 시뮬레이션 게임. 보드 게임풍으로 진행하며, 주사위를 굴려 멈춘 칸에서 다양한 이벤트를 즐긴다. 딸의 장래는 총 24종류가 준비돼 있다.

천방지축 쿼텟 : Mega Dream Destruction+

GMF　시뮬레이션　1998년 9월 10일　6,800엔

플레이어 1인　메모리카드 1블록

같은 제목의 인기 미디어믹스물을 게임화했다. 왕국의 평화를 지키기 위해 천방지축 소녀들 4명이 악에 맞선다. 각자 능력이 다른 소녀들을 조작해 카드 배틀에서 이기자.

스핀테일

반다이　액션　1998년 9월 10일　5,800엔

플레이어 1인　메모리카드 1블록　아날로그 컨트롤러 지원

TV 모니터 안을 자유로이 왕래하는 전직 사이버 형사가 주인공인 코믹 액션 게임. 풀 폴리곤 게임다운 다채로운 스테이지 구성과, 온갖 장치가 가득한 필드가 재미있다.

데뷔 21

NEC 인터채널　시뮬레이션　1998년 9월 10일　6,800엔

플레이어 1인　메모리카드 1블록

육성 시뮬레이션 장르의 명작 「탄생 : Debut」의 파생 타이틀. 안드로이드 '칸자키 아이'를 1년간 육성하고 가수로서 성과도 올려, 미래의 아이돌 대상을 노린다는 스토리다.

두근두근 포얏치오

킹 레코드　RPG　1998년 9월 10일　5,800엔

플레이어 1인　메모리카드 6블록　아날로그 컨트롤러 지원

한 소년의 여름방학을 그린 RPG. 실시간으로 행동하는 주변 주민들과 교류하는 프리 시나리오로서, 시각별로 발생하는 이벤트가 바뀐다. 전투가 전혀 없는 평화로운 작품.

도돈파치

SPS　슈팅　1998년 9월 10일　5,800엔

플레이어 1~2인　메모리카드 1블록

「돈파치」의 속편이자, 탄막계 슈팅 장르의 원조격인 작품. 범위가 넓은 통상 샷과 위력이 높은 레이저 중 한쪽을 출격시 선택하며, 진행 도중 강화시킬 수 있도록 했다.

주변기기 지원 아이콘　플레이어 1~2인　메모리카드 1~2블록　멀티탭지원 1~4인　마우스 지원　대전케이블 2대 　아날로그 조이스틱 SCPH0111(SCEI)지원　아날로그 컨트롤러 지원　PocketStation 지원　메모리카드 1~2블록　휴대전화접속 케이블 지원 (도코모 (모드 휴대전화지원))　특제 컨트롤러 SLPH00001(남코) 지원

HARDWARE
1994
1995
1996
1997
1998
1999
2000
2001
2002
2003
2004
INDEX

돌핀즈 드림

코나미 | 액션 | 1998년 9월 10일 | 5,800엔

플레이어 1인 | 메모리카드 1블록

다이버가 되어 바다 속을 모험하는 3D 액션 게임. 에어 잔량에 주의하며 수중을 탐색하여 보물을 획득하고, 장비를 확충하여 호화 여객선 '마틸다 호'를 찾아내자.

블루 브레이커 버스트 : 미소 짓는 내일로

휴먼 | 3D 대전격투 | 1998년 9월 10일 | 5,800엔

플레이어 1~2인 | 메모리카드 1~4블록 | 아날로그 컨트롤러 지원

연애 RPG 「블루 브레이커」의 대전격투 게임판. 앞서의 「미소를 그대와」 편에선 사용할 수 없었던 캐릭터가 추가되었고, 게임 모드에 팀 배틀 모드가 신설되었다.

봉신연의

코에이 | 시뮬레이션 RPG | 1998년 9월 10일 | 6,800엔

플레이어 1인 | 메모리카드 1블록 | 아날로그 컨트롤러 지원

 Best

중국의 고전 모험소설이 원작인 시뮬레이션 RPG. 태공망이 되어 은나라의 주왕과 달기를 타도하자. 3D CG로 구성된 필드는 보패로 자유롭게 변화시킬 수 있다.

매지컬 메디컬

코나미 | RPG | 1998년 9월 10일 | 5,800엔

플레이어 1인 | 메모리카드 1블록

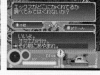

인체 내를 모험하는 RPG. 바이러스 크기의 주인공 '파완'을 조작하여 수수께끼의 병원체 X를 저지하자. 체내의 영양분을 합성해 약을 만들거나, 면역세포와 협력하기도 한다.

푸른 늑대와 하얀 암사슴 : 원조비사

코에이 | 시뮬레이션 | 1998년 9월 17일 | 6,800엔

플레이어 1~2인 | 메모리카드 2블록

칭기즈칸을 소재로 삼아, 유라시아 대륙 통일을 노리는 전략 역사 시뮬레이션 게임. 당시의 일본에 초점을 맞춘 '겐페이 쟁란'이라는 시나리오도 따로 마련되어 있다.

거블

애스크 | 액션 | 1998년 9월 17일 | 4,800엔

플레이어 1인 | 메모리카드 1블록 | 아날로그 컨트롤러 지원

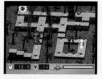

그때그때 적절한 공구를 사용해 나사와 못을 뽑아가는 '제거계' 액션 게임. 거블 군을 조작해 미로처럼 꼬인 지형을 돌파하며, 모든 못과 나사를 뽑으면 스테이지 클리어다.

캡틴 코만도

뉴 | 액션 | 1998년 9월 17일 | 4,800엔

플레이어 1~2인 | 메모리카드 1블록 | 멀티탭지원 1~3인 | 아날로그 컨트롤러 지원

아케이드에서 인기였던 벨트스크롤 액션 게임을 플레이스테이션으로 이식했다. 코만도 팀이 악의 범죄조직 '제노사이드'에 맞선다. 멀티탭으로 3명까지 동시 플레이 가능하다.

게이오 유격대 외전 : 라미의 오오에도 말판놀이

빅터 엔터테인먼트 | 파티 | 1998년 9월 17일 | 5,800엔

플레이어 1~2인 | 메모리카드 2블록 | 멀티탭지원 1~4인

인기 시리즈의 설정을 사용한 보드 게임. 에도 거리의 축제를 무대로, 토지 매수와 매점매석, 가로채기에 방해까지 온갖 수단을 동원해 먼저 억만장자가 되어야 한다.

시뮬레이션 RPG 만들기

아스키 | 개발 툴 | 1998년 9월 17일 | 5,800엔

플레이어 1인 | 메모리카드 15블록

시뮬레이션 RPG를 간편하게 만들 수 있는 게임 제작 툴. 캐릭터와 마법 이펙트 등은 미리 마련된 소재 중에서 골라 쓸 수 있다. 자신만의 게임을 간단히 만들어 즐겨보자.

스폰 디 이터널

허드슨 | 액션 | 1998년 9월 17일 | 5,800엔

플레이어 1인 | 메모리카드 1블록

토드 맥팔레인의 인기 미국 코믹스를 액션 어드벤처 게임화했다. '스폰'이 되어 3D 폴리곤으로 묘사된 4곳의 세계를 드나들며 자신의 혼을 되찾아 와야 한다.

고갯길 MAX 2

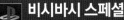

PlayStation | 아틀라스 | 레이싱 | 1998년 9월 17일 | 5,800엔

플레이어 1~2인 | 메모리카드 1~15블록 | 아날로그 컨트롤러 지원

인기 시리즈 제 2탄. 레이서인 츠치야 케이이치의 감수를 받아 레이스의 재미와 현실감을 추구했다. 등장 차종은 50종류 이상. 다양한 코스에서 장렬한 배틀을 전개하자.

비시바시 스페셜

PlayStation | 코나미 | 버라이어티 | 1998년 9월 17일 | 4,800엔

플레이어 1~2인 | 메모리카드 1블록 | 멀티탭지원 1~3인 | 아날로그 컨트롤러 지원

"설명!"이라는 구호로 유명한 미니게임 모음집. 아케이드용 「비시바시 챔프」 시리즈 3개 작품을 수록했다. 여럿이 모였을 때 즐기면 틀림없이 분위기가 달아오를 것이다!

미카구라 소녀탐정단

PlayStation | 휴먼 | 어드벤처 | 1998년 9월 17일 | 6,800엔

플레이어 1인 | 메모리카드 1블록 | 아날로그 컨트롤러 지원

다이쇼 시대를 무대로, '제도 최고의 명탐정'인 주인공 '미카구라 토키토'와 소녀 조수 3명이 어려운 사건에 도전하는 추리 어드벤처 게임. '사건편'·'수사편'·'해결편'의 3장 구성이며, 대화 도중 짚이는 점이나 모순점을 지적해 진상을 규명하는 '추리 트리거' 시스템이 있다. 2장의 보너스 디스크에는 사건과 무관한 소녀들의 일상과 미니게임, 설정자료를 수록했다.

U.P.P.

PlayStation | 판사 소프트웨어 | 퍼즐 | 1998년 9월 17일 | 4,800엔

플레이어 1~2인 | 메모리카드 1블록 | 아날로그 컨트롤러 지원

아래에서 위로 채워가는 식의 퍼즐 게임. 8명의 개성적인 등장 캐릭터들과 소울 파이트로 싸워보자. 블록은 가로·세로·대각선으로 같은 색끼리 붙이면 사라진다.

어드밴스드 V.G. 2

PlayStation | TGL | 대전격투 | 1998년 9월 23일 | 5,800엔

플레이어 1~2인 | 메모리카드 1블록 | 아날로그 컨트롤러 지원

최강 웨이트리스를 결정하는 격투 게임 제 2탄. 전작의 주인공 '타케우치 유카'를 동경하는 '미츠루기 타마오'가 주인공인 새로운 스토리다. 격투 모드 쪽도 크게 진화시켰다.

포춘 스트리트 : 고저스 킹

PlayStation | 에닉스 | 파티 | 1998년 9월 23일 | 5,800엔

플레이어 1~4인 | 메모리카드 3블록 | 멀티탭지원 1~4인

내 가게에 멈춰선 상대에게서 돈을 뜯어내고! 증자해서 더더욱 뜯어내고! 잘 버는 상대가 있으면 주식으로 편승하자! 운만으로는 이길 수 없는 재미가 매력인 보드 게임.

익사이팅 배스

PlayStation | 코나미 | 스포츠 | 1998년 9월 23일 | 5,800엔

플레이어 1~2인 | 메모리카드 1블록 | 아날로그 컨트롤러 지원

일본 아케이드에서 인기였던 「배스 앵글러」의 이식작. 현장감·긴장감·손맛을 유지하고, 'VS 플레이 모드'를 새로 추가했다. 진동 기능으로 강렬한 '입질'도 체감시켜준다.

엔드 섹터

PlayStation | 아스키 | RPG | 1998년 9월 23일 | 5,800엔

플레이어 1~2인 | 메모리카드 4블록 | 아날로그 컨트롤러 지원 | 특제 컨트롤러 SLPH00027(아스키)지원

카드를 모아 덱을 짜서 적을 격파하는 사운드 노벨형 RPG. 100명 이상의 유명 일러스트레이터가 참여한 500종류의 카드가 등장하여, 수집가의 혼을 사로잡는다.

오버 드라이빙 III

PlayStation | 일렉트로닉 아츠 스퀘어 | 레이싱 | 1998년 9월 23일 | 5,800엔

플레이어 1~2인 | 메모리카드 2블록 | 아날로그 컨트롤러 지원 | 특제 컨트롤러 SLPH00001(남코)지원

인기 시리즈의 제 3탄. 1998년의 최신 8개 차종을 수록해, 각 차량의 공식 스펙 기반으로 실차의 운전감각을 재현했다. 경찰차의 추격을 따돌리는 모드도 신규 탑재했다.

주변기기 지원 아이콘 | 플레이어 1~2인 | 메모리카드 1~2블록 | 멀티탭지원 1~4인 | 마우스 지원 | 대전케이블 2대 | 아날로그 조이스틱 SCPH0111(SCEI)지원 | 아날로그 컨트롤러 지원 | PocketStation 지원 | 메모리카드 1~2블록 | 휴대전화 접속 케이블 지원(도코모 모드 휴대전화지원) | 특제 컨트롤러 SLPH00001(남코)지원

HARDWARE
1994 1995 1996 1997 1998 1999 2000 2001 2002 2003 2004 INDEX

오다 노부나가 전

코에이　시뮬레이션 RPG　1998년 9월 23일　6,800엔

플레이어 1인　메모리카드 5블록

다이묘 '오다 노부나가'의 발자취를 따라가는 역사 시뮬레이션 RPG. 노부나가의 삶을 체험하는 게임이지만, 분기 중엔 '혼노지의 변'을 피하고 천하 통일하는 전개도 있다.

캡콤 제네레이션 제 2집 : 마계와 기사

캡콤　액션　1998년 9월 23일　5,800엔

플레이어 1~2인　메모리카드 1블록　아날로그 컨트롤러 지원

대미지를 입으면 팬티 한 장 차림이 돼 버리는 갑옷 기사 '아더'가 주인공인 액션 게임 「마계촌」과, 같은 시리즈 작품들 중 「대마계촌」·「초마계촌」을 수록했다.

더 게임 메이커 : 마구 팔아서 100만 장 달성하자!

액셀라　시뮬레이션　1998년 9월 23일　5,800엔

플레이어 1인　메모리카드 1블록

게임회사 사장이 되어, 기획회의부터 시작해 스탭·스케줄·예산 등을 관리하며 게임회사를 경영해보자. 소프트 3종을 완성할 때까지 밀리언셀러를 달성하는 것이 목적이다.

삼국지 II

코에이　시뮬레이션　1998년 9월 23일　5,800엔

플레이어 1~4인　메모리카드 3블록　아날로그 컨트롤러 지원

인기 PC 게임의 리메이크 이식작. 신군주 플레이, 역사와는 상황이 다른 '가상 모드' 등 이후 시리즈의 기초가 된 시스템이 여기서 처음 시작되었다. 시나리오는 총 6종.

상하이 : 진적무용

선 소프트　퍼즐　1998년 9월 23일　5,800엔

플레이어 1~2인　메모리카드 1블록　마우스 지원

마작패를 한 쌍씩 뽑아가며 점점 줄이는 「상하이」 시리즈의 신작. 일반 룰 외에도 '누란 상하이'라는, 사방으로 쌓인 패들의 시점을 회전시켜가며 뽑는 룰을 추가했다.

스타워즈 : 마스터즈 오브 테라스 카시

BPS　3D 대전격투　1998년 9월 23일　5,800엔

플레이어 1~2인　메모리카드 1블록

'스타워즈'를 테마로 삼은 3D 대전격투 게임. '에피소드 IV'의 캐릭터들을 중심으로 선발했으며, 무기를 꺼낸 상태와 맨손 상태를 적절히 전환해가면서 싸운다.

스타라이트 스크램블 : 연애 후보생

KSS　시뮬레이션　1998년 9월 23일　5,800엔

플레이어 1인　메모리카드 1블록

근미래를 무대로 삼은 연애 육성 시뮬레이션 게임. 개성이 풍부한 히로인 5명과의 다양한 이벤트를 즐겨보자. 소녀들과의 대화엔 '토픽 카드'라는 독자적인 시스템을 넣었다.

센티멘털 저니

반프레스토　파티　1998년 9월 23일　6,800엔

플레이어 1~4인　메모리카드 1블록　멀티탭지원 1~4인

「센티멘털 그래피티」에 등장하는 소녀 12명 중 하나를 골라 함께 여행하는 보드 게임. 선호하는 소녀와 일본 각지를 함께 순회하며 즐거운 추억을 만들어보자.

뾰족뾰족 반 : 숫자로 탱글탱글

코단샤　퍼즐　1998년 9월 23일　4,300엔

플레이어 1~2인

게임을 즐기다 보면 머리가 좋아지는 두뇌계발 게임이 등장했다. 얼핏 보기엔 단순한 낙하게 퍼즐 게임이지만, 블록에 새겨진 숫자를 조합하다 보면 암산 실력이 몸에 밴다.

데스트레가

코에이　3D 대전격투　1998년 9월 23일　5,800엔

플레이어 1~2인　메모리카드 1블록　아날로그 컨트롤러 지원

마법과 격투를 구사해 싸우는 3D 대전격투 게임. 버튼 연타와 조합에 따라 다양한 공격이 발동되는 '간단공격 시스템'을 탑재했고, 마법은 상대와의 거리에 맞춰 전환된다.

HARDWARE | 1994 | 1995 | 1996 | 1997 | 1998 | 1999 | 2000 | 2001 | 2002 | 2003 | 2004 | INDEX

DX 억만장자 게임 II

타카라 | 파티 | 1998년 9월 23일 | 5,800엔

플레이어 1~4인 | 메모리카드 2블록 | 멀티탭지원 1~4인

인기 보드 게임의 제 2탄. 맵 디자인과 룰 등에서 전작의 불만점을 해소하고, 대전 캐릭터도 24명 +α로 늘렸다. 도중의 미니게임은 나중에 따로 자유롭게 즐길 수도 있다.

두근두근 프리티 리그 : 열혈소녀 청춘기

엑싱 | 시뮬레이션 | 1998년 9월 23일 | 5,800엔

플레이어 1인 | 메모리카드 1블록

인기 시리즈의 제 2탄. 여자야구부의 고문이 되어 부원들을 지도하는 연애 육성 시뮬레이션 게임이다. 신규 히로인들을 단련시켜, 친교를 다져가며 최고의 여자야구팀이 되자.

나이트 & 베이비

탐소프트 | RPG | 1998년 9월 23일 | 5,800엔

플레이어 1인 | 메모리카드 1블록 | 아날로그 컨트롤러 지원

시골마을에 살던 소년과 요정 소녀가 아기 괴물을 키우며 모험하는 RPG. 아기 괴물은 제대로 소통하며 육성하다 보면 플레이어의 명령을 잘 따르며 행동하게 된다.

남코 앤솔로지 2

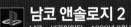

남코 | 버라이어티 | 1998년 9월 23일 | 5,800엔

플레이어 1~2인 | 메모리카드 10블록

「왈큐레의 모험」·「남코 클래식 II」·「킹 오브 킹스」와 「팩 어택」(「코스모 갱 더 퍼즐」의 북미판)을 오리지널판과 리메이크판으로 나눠 함께 수록한 합본 이식작.

파일럿이 되자!

빅터 인터랙티브 소프트웨어 | 시뮬레이션 | 1998년 9월 23일 | 5,800엔

플레이어 1인 | 메모리카드 1~11블록 | 아날로그 조이스틱 SCPH0111(SCE) 지원 | 아날로그 컨트롤러 지원

항공역학을 도입해 리얼한 '비행'을 실현한 플라이트 시뮬레이터. 비행훈련학교의 훈련생이 되어 파일럿 교습을 받자. 비행 도중 교관이 실시간으로 질책하거나 칭찬해준다.

제 5원소

허드슨 | 액션 | 1998년 9월 23일 | 5,800엔

플레이어 1인 | 메모리카드 1블록 | 아날로그 컨트롤러 지원

같은 제목의 SF 영화가 원작인 SF 액션 게임. 영화 본편에서는 풀리지 않았던 수수께끼를 16종의 미션으로 재구성했다. 슈팅 파트와 격투 파트의 2종류로 구성돼 있다.

블레이즈 & 블레이드 버스터즈

T&E 소프트 | RPG | 1998년 9월 23일 | 4,800엔

플레이어 1~2인 | 메모리카드 3~15블록 | 멀티탭지원 1~4인

같은 해 1월 발매했던 「블레이즈 & 블레이드」의 추가 시나리오집. 시스템과 조작성을 향상시켰고, 아이템 교환과 리더 체인지도 간단해졌다. 전작의 데이터도 연계 가능.

본격쇼기 : 쇼기왕

와라시 | 쇼기 | 1998년 9월 23일 | 1,980엔

플레이어 1~2인 | 메모리카드 1블록

초보자는 재미있고 숙련자는 만만찮은, 모두가 즐길 수 있는 쇼기 소프트. 시험 혹은 연구하고픈 전법을 설정할 수 있는 '전법연구 모드'가 있고, 박보장기 문제도 충실하다.

랠리 드 아프리카

프리즘 아츠 | 레이싱 | 1998년 9월 23일 | 5,800엔

플레이어 1~2인 | 메모리카드 지원 | 아날로그 컨트롤러 지원 | 특제 컨트롤러 SLPH00001(남코)지원

웅대한 아프리카 대륙을 무대로 처절한 배틀을 펼치는 랠리 게임. 다양한 랠리 머신을 운전하며 아프리카 각지를 통과하여, '랠리 드 아프리카' 칭호를 쟁취해야 한다.

위닝 포스트 3 : 프로그램 '98

코에이 | 시뮬레이션 | 1998년 10월 1일 | 6,800엔

플레이어 1인 | 메모리카드 14블록

「위닝 포스트 3」의 업그레이드판. 각종 데이터를 98년판으로 갱신했고, 오리지널 씨수말 제작과 라이벌 마주 등장, 시급한 단기목표 설정 등의 신 요소를 추가했다.

주변기기 지원 아이콘 : 플레이어 1~2인 메모리카드 1~2블록 멀티탭지원 1~4인 마우스 지원 대전케이블 2대 아날로그 조이스틱 SCPH0111(SCE)지원 아날로그 컨트롤러 지원 | PocketStation 지원 | 메모리카드 1~2블록 | 휴대전화접속 케이블 지원 (도코모 i모드 휴대전화 지원) | 특제 컨트롤러 SLPH00001(남코)지원

에피커스 : 이 마음을 그대에게…

겐키　시뮬레이션　1998년 10월 1일　6,800엔

플레이어 1인　메모리카드 2~6블록

역학교가 무대인 연애 시뮬레이션 게임. 멋진 크리스마스이브를 보내기 위해 2개월 내로 애인을 만들자. 이벤트CG는 150장 이상이고, 스케줄은 휴대기기로 관리 가능하다.

가디언 리콜 : 수호수 소환

엑싱　시뮬레이션 RPG　1998년 10월 1일　6,800엔

플레이어 1인　메모리카드 2블록

'수호수'를 소환해내 싸우는 시뮬레이션 RPG. '트와이스 듀얼 시스템'을 채용해, 소녀들과의 일체감을 비약적으로 향상시켰다. 온힘을 다해 악의 조직 '에그바드'를 물리치자.

가면라이더

반다이　3D 대전격투　1998년 10월 1일　5,800엔

플레이어 1~2인　메모리카드 1블록　아날로그 컨트롤러 지원

'가면라이더'를 소재로 삼은 대전격투 게임. 혼고 타케시나 이치몬지 하야토를 조작해, 가면라이더로 변신하여 쇼커의 개조인간과 싸우자. 괴인을 조작해 가면라이더를 역토벌할 수도 있다. 원작을 따라가는 '라이더 스토리', 최강의 괴인이 되어 가면라이더를 물리치는 '쇼커 스토리', 대전 모드, 가면라이더 스낵을 재현한 카드 수집 모드를 탑재했다.

비트매니아

코나미　리듬 액션　1998년 10월 1일　5,800엔

플레이어 1~2인　메모리카드 3블록　아날로그 컨트롤러 지원　특제 컨트롤러 ASC0515SM(아스키)지원

후일 수많은 시리즈 작품과 파생작이 전개되는, 'BEMANI'(비마니) 시리즈의 원점에 해당하는 작품. 5개 건반과 턴테이블을 활용하는 샘플러·스크래치 플레이를 DJ가 된 느낌으로 즐길 수 있다. 레코드를 갈아 끼우듯 별매 소프트 '어펜드 디스크'로 교체하면 플레이 가능한 곡도 바뀌는 시스템을 넣었으며, 이후 전용 어펜드 디스크가 시리즈화되어 발매되었다.

최강의 바둑

언밸런스　바둑　1998년 10월 1일　7,800엔

플레이어 1~2인　메모리카드 2블록

97년의 대국 바둑 소프트 토너먼트전에서 우승한 사고루틴을 채용한 바둑 소프트. CPU는 스피드·난이도 중 하나를 12단계로 설정한다. 유효한 수를 알려주는 기능도 탑재했다.

로직 마작 : 창룡 엑설런트

니폰이치 소프트웨어　마작　1998년 10월 1일　2,800엔

플레이어 1인　메모리카드 1블록

최강의 작사를 만든다는 새로운 컨셉의 '로직 마작' 게임. 에디트 모드의 패러미터를 조작해 이상적인 대전 상대를 만들어보자. 만든 작사 데이터는 친구와 교환할 수도 있다.

알바레아의 처녀 : 아름다운 성기사들

메사이야　시뮬레이션　1998년 10월 8일　5,800엔

플레이어 1인　메모리카드 1블록

사명과 사랑 사이에서 고뇌하는 여자의 마음을 그린 연애 시뮬레이션 게임. 주인공 '아샨티 리스'가 되어, 성기사 5명의 지도를 받으며 차기 성처녀가 되기 위해 노력하자.

사일런트 뫼비우스 CASE : TITANIC

가이낙스　어드벤처　1998년 10월 8일　5,800엔

플레이어 1인　메모리카드 1블록

인기 만화가 원작인 어드벤처 게임. 돌연히 도쿄 상공에 나타난 타이타닉 호를 AMP 멤버들과 함께 탐색한다. 누구를 파트너로 골랐느냐로 이벤트가 바뀌는 것도 특징이다.

HARDWARE | 1994 | 1995 | 1996 | 1997 | 1998 | 1999 | 2000 | 2001 | 2002 | 2003 | 2004 | INDEX

삼국지 VI

코에이　시뮬레이션　1998년 10월 8일　9,800엔
플레이어 1~8인　메모리카드 7블록

기존 시나리오보다 진행기간이 짧은 단편 시나리오를 추가했고, 역사상의 이벤트들도 늘렸다. 전투는 실시간식이 되어, 사전에 지시를 내리는 형태로 바뀌었다.

실황 아메리칸 베이스볼 2

코나미　스포츠　1998년 10월 8일　5,800엔
플레이어 1~2인　메모리카드 5블록

1998년도 데이터를 수록한, 메이저리그 게임의 제 2탄. 페넌트 레이스와 대전 모드는 물론, 실제 메이저리그의 명장면을 피처링한 시나리오 모드도 플레이할 수 있다.

본격 프로마작 : 진 테츠만

나그자트　마작　1998년 10월 8일　4,800엔
플레이어 1인　메모리카드 1블록　아날로그 컨트롤러 지원

코지마 타케오·나다 아사타로 등 12명의 프로 마작사가 나오는 마작 소프트, 유명 마작사와 진검 승부하는 '프리 대전 모드', 최강 작사를 노리는 '타이틀 제패 모드'가 있다.

아지토 2

아스텍 21　시뮬레이션　1998년 10월 15일　5,800엔
플레이어 1인　메모리카드 5~15블록　마우스 지원

비밀기지 경영 시뮬레이션 게임의 제 2탄. 정의·악 중 한쪽 조직의 총수가 되어 적 기지 괴멸을 노린다. 특촬 관련 개그가 만발하며, 가면라이더 등의 판권 캐릭터도 나온다.

MTB 더트크로스

사미　레이싱　1998년 10월 15일　5,800엔
플레이어 1~2인　메모리카드 2블록　아날로그 컨트롤러 지원

마운틴 바이크의 독특한 주행감과 아크로바틱한 모션을 재현한 본격 MTB 게임. 코스 구성도 가혹하기 짝이 없어, 완주하려면 정확한 판단력과 체력·전략성이 필요하다.

캡콤 제네레이션 제 3집 : 여기에서 역사가 시작되다
캡콤　버라이어티　1998년 10월 15일　5,800엔
플레이어 1~2인　메모리카드 1블록　아날로그 컨트롤러 지원

캡콤의 아케이드 데뷔작 「벌거즈」부터 시작해 「엑제드 엑제스」·「손손」·「히게마루」까지, 캡콤 창세기의 4개 작품을 음악까지 리믹스하여 수록했다.

갱웨이 몬스터즈

소니뮤직엔터테인먼트　액션　1998년 10월 15일　5,800엔
플레이어 1~2인　메모리카드 1블록　아날로그 컨트롤러 지원

펑키한 몬스터들을 수집해 배틀에서 승리하며 진행하는 액션 게임. 탈것에 탑승한 몬스터끼리 배틀시키는 게임으로서, 몬스터를 육성하거나 상금으로 강화시킬 수도 있다.

그래뉴 섬! 대모험
슈와 시스템　액션　1998년 10월 15일　5,800엔
플레이어 1~2인　메모리카드 1블록　멀티탭지원 1~4인　아날로그 컨트롤러 지원

인기 만화가 후쿠야마 케이코의 작품을 게임화했다. 코믹한 캐릭터들이 산 정상을 목표로 경주하는 레이스 게임이다. 각 스테이지마다 다양한 장애물이 설치돼 있다.

삼파기타

소니컴퓨터엔터테인먼트　어드벤처　1998년 10월 15일　4,800엔
플레이어 1인　메모리카드 1블록　아날로그 컨트롤러 지원

'야루도라' 시리즈의 제 3탄. 비내리는 밤거리 뒷골목에서 기억을 잃은 여성 '마리아'와 주인공이 만나면서, 일본에서 필리핀으로 이어지는 드라마가 막을 올린다.

사천식 불맛마작
C랩　마작　1998년 10월 15일　4,800엔
플레이어 1인　메모리카드 1블록

실력이 차별화된 작사들과 진검 승부하는 본격 마작 게임. 패의 불필요도·위험도를 게이지로 알려주는 기능과 캐릭터 에디트 시스템이 있다. 마작 퀴즈도 수록했다.

주변기기 지원 아이콘　플레이어 1~2인　메모리카드 1~2블록　멀티탭지원 1~4인　마우스 지원　대전 케이블 2대　아날로그 조이스틱 SCPH0111(SCEI) 지원　아날로그 컨트롤러 지원　PocketStation 지원　메모리카드 1~2블록　휴대전화 접속 케이블 지원(도코모 / 모드 휴대전화 지원)　특제 컨트롤러 SLPH00001(남코) 지원

HARDWARE 1994 1995 1996 1997 1998 1999 2000 2001 2002 2003 2004 INDEX

스펙트럴 포스 2

아이디어 팩토리 시뮬레이션 1998년 10월 15일 5,800엔
플레이어 1인 / 메모리카드 3블록 / 아날로그 컨트롤러 지원

인기 시리즈 제 2탄. 거짓 생명을 받은 신의 첨병 '아이라'와, 파멸을 주는 무한의 힘을 지닌 용사 '웨이브'의 이야기다. 200명이 넘는 등장인물이 전란 속의 애증극을 펼친다.

트럼프하자!

바텀 업 테이블 1998년 10월 15일 4,800엔
플레이어 1~2인 / 멀티탭 지원 1~4인

세븐브리지·대부호·블랙잭 등 10종류의 트럼프 게임들을 하나의 게임 내에 수록했다. 기본적으로는 CPU가 상대지만, 스피드와 신경쇠약은 2인 플레이가 가능하다.

나카지마 미유키 : 'nami-ROM'

오라시온 기타 1998년 10월 15일 5,800엔
플레이어 1인

가수 나카지마 미유키를 피처링한 데이터베이스 소프트. 데뷔부터 발매 당시까지의 궤적을 사진으로 수록했고, 329곡의 디스코그래피 시청과 6곡의 비디오 클립이 있다.

비밀전대 메타모르 V 디럭스

마이니치 커뮤니케이션즈 어드벤처 1998년 10월 15일 6,800엔
플레이어 1인 / 메모리카드 1블록 / 아날로그 컨트롤러 지원

지구의 평화를 지키기 위해 초등학생이 변신하여 싸우는 어드벤처 게임. 논스톱 대화 시스템 'ALIS'를 탑재해, 대화와 스토리가 자연스럽게 연속 진행된다.

LSD

아스믹 에이스 엔터테인먼트 기타 1998년 10월 22일 4,800엔
플레이어 1인 / 메모리카드 1블록

'꿈'을 모티브로 삼은 '드림 에뮬레이터'. 목적도 적도 아군도 존재하지 않는 세계를 무대로, 자유롭게 장소를 이동하며 다양한 캐릭터와 만나 여러 가지 감정을 느껴보자.

오버드포스 애프터

반다이 시뮬레이션 1998년 10월 22일 5,800엔
플레이어 1인 / 메모리카드 2블록

맵 필드를 3차원화한 전술 시뮬레이션 게임의 제 2탄. 국지전에서 성계 전체가 휘말리는 대전으로 스케일이 커졌고, 함대전이 게임의 중심이 되었다.

화성 이야기

아스키 RPG 1998년 10월 22일 6,800엔
플레이어 1인 / 메모리카드 1~5블록 / 특제 컨트롤러 SLPH00027(아스키)지원

라디오 프로가 원작인 RPG. 총 30화 구성의 스토리로서, 이동은 말판놀이와 장애물 피하기 미니게임이고, 전투는 적에 물건을 던져 공격하는 등의 참신한 시스템을 탑재했다.

경마 에이트 '98 가을·겨울

상그릴라 기타 1998년 10월 22일 6,400엔
플레이어 1인 / 메모리카드 15블록 / 마우스 지원

인기 우승마 예상 지원 소프트의 제 2탄. 예상 알고리즘을 리뉴얼해, 데이터를 세밀하게 체크하여 적중률과 회수율을 대폭 올렸다. '예상전개 재생 모드'도 화려해졌다.

SIMPLE 1500 시리즈 Vol.1 : THE 마작

D3 퍼블리셔 마작 1998년 10월 22일 1,500엔
플레이어 1인 / 메모리카드 1블록

모든 게임이 1,500엔인 'SIMPLE 1500 시리즈'의 첫 작품. 본격파 4인 대국 마작 게임으로서, CPU 레벨은 물론 우라도라·도봉 등 10개 항목의 조건을 개별 설정 가능하다.

SIMPLE 1500 시리즈 Vol.2 : THE 쇼기

D3 퍼블리셔 쇼기 1998년 10월 22일 1,500엔
플레이어 1~2인 / 메모리카드 1블록

염가판 게임 'SIMPLE 1500 시리즈'의 2번째 작품. 당시 일본 컴퓨터쇼기협회 회장이었던 코타니 요시유키가 감수한 본격 쇼기 게임으로서, CPU 난이도를 3단계로 설정 가능.

SIMPLE 1500 시리즈 Vol.3 : THE 오목

D3 퍼블리셔 테이블 1998년 10월 22일 1,500엔

플레이어 1~2인 | 메모리 카드 1블록

염가판 게임 'SIMPLE 1500 시리즈' 관련 작품. 경기형 오목인 '렌쥬'와 기존 '오목' 양쪽을 즐길 수 있는 타이틀로서, CPU 레벨은 3단계로 설정 가능. 2인 대전도 지원한다.

SIMPLE 1500 시리즈 Vol.4 : THE 리버시

D3 퍼블리셔 리버시 1998년 10월 22일 1,500엔

플레이어 1~2인 | 메모리 카드 1블록

염가판 게임 'SIMPLE 1500 시리즈' 관련 작품. 타이틀명대로 심플한 리버시(오델로)로서, 화려한 연출 등은 배제했다. 말판과 배경, 게임 개시시의 돌 배치를 설정 가능하다.

스트라이커즈 1945 II

사이쿄 슈팅 1998년 10월 22일 5,800엔

플레이어 1~2인 | 메모리 1블록

실존하는 전투기가 플레이어 기체로 등장하는 「스트라이커즈 1945」의 속편. 모아쏘기가 게이지 제로 바뀌어, 모은 게이지량에 따라서 샷이 변화되도록 했다.

스트리트 보더즈

마이크로캐빈 액션 1998년 10월 22일 5,800엔

플레이어 1인 | 메모리 카드 1블록 | 아날로그 컨트롤러 지원

능력과 스타일이 저마다 다른 캐릭터를 조작해, 다양한 코스에 도전하는 스케이트보드 액션 게임. 101가지 트릭을 마스터해, 제한시간 내에 최대한 다량의 포인트를 벌자.

슬레이어즈 원더호~

반프레스토 RPG 1998년 10월 22일 6,800엔

플레이어 1인 | 메모리 카드 2블록

칸자카 하지메의 인기 라이트노벨을 원작자 완전감수의 오리지널 스토리로 RPG화했다. '봉인석 시스템'과 '기분 시스템'을 새로 추가했고, 전투 시스템을 제대로 다듬었다.

데자에몽 Kids!

아테나 개발 툴 1998년 10월 22일 5,800엔

플레이어 1~2인 | 메모리 카드 15블록 | 아날로그 컨트롤러 지원 | 마우스 지원

슈팅 게임 개발 툴 시리즈의 마지막 작품. 에디트 모드를 간략화해 유저 입장에서 간편해졌다. 「데자에몽 플러스」의 콘테스트 수상작이 100종류나 수록돼 있다.

디지털 피규어 이이나

이매지니어 시뮬레이션 1998년 10월 22일 5,800엔

플레이어 1인 | 메모리 카드 1~4블록

우주에서 강림해온 소녀 '이이나'를 슈퍼 아이돌로 길러내는 연애 육성 시뮬레이션 게임. 그녀의 애인 겸 매니저 노릇을 하면서 3년 내로 그녀를 성공시켜야 한다.

버추얼 파치슬로 : 올림피아 스페셜

맵 재팬 파치슬로 1998년 10월 22일 5,800엔

플레이어 1~2인 | 메모리 카드 1블록 | 특제 컨트롤러 SLPH00098(닌텐도?)지원

올림피아 사의 명기 '울트라 킨타' 등의 3개 기종이 수록된 실기 시뮬레이터. CPU와의 대전 모드에서 승리하면 섹시한 미녀의 수영복 차림 영상을 감상할 수 있다.

호시노오카 학원 이야기 : 학원제

미디어웍스 시뮬레이션 1998년 10월 22일 5,800엔

플레이어 1인 | 메모리 카드 1블록

이상적인 학교생활을 즐기는 학교 연애 시뮬레이션 게임. '학원제' 준비를 무소속 입장에서 돕게 된다. 소녀들의 기분을 보여주는 '기분 마커' 덕분에 호감도 파악이 쉽다.

팝픈 팝

타이토 퍼즐 1998년 10월 22일 4,800엔

플레이어 1~2인 | 메모리 카드 1블록 | 아날로그 컨트롤러 지원

풍선을 쏘아 올려, 구름에 매달려있는 풍선과 같은 색깔끼리 붙이면 터지는 액션 퍼즐 게임. 아케이드판의 컨텐츠에 스토리 모드를 추가했고, 풍선 연사도 가능해졌다.

주변기기 지원 아이콘 | 플레이어 1~2인 | 메모리 카드 1~2블록 | 멀티탭 지원 1~4인 | 마우스 지원 | 대전 케이블 2대 | 아날로그 조이스틱 SCPH0111(SCE) 지원 | 아날로그 컨트롤러 지원 | PocketStation 지원 | 메모리 카드 1~2블록 | 휴대전화 접속 케이블 지원 (도코모 모드 휴대전화 지원) | 특제 컨트롤러 SLPH00001(남코) 지원

모리타카 치사토 : 사파리 도쿄

코에이　기타　1998년 10월 22일　4,800엔

플레이어 1인　메모리카드 1블록

가수 모리타카 치사토를 테마로 삼은 버라이어티 소프트. 오리지널 라이브 비디오 제작과 미니게임을 비롯해 인터뷰, 비디오 클립, CM 등을 감상할 수 있다.

ROX -록스-

알트론　퍼즐　1998년 10월 22일　5,800엔

플레이어 1~2인

주사위눈 블록을 쌓는 사고형 퍼즐 게임. 눈수가 같은 블록 2개 사이에 그 눈수 만큼의 블록이 끼면 함께 사라진다. 2인 플레이 때는 방해 블록을 보내 상대를 공격 가능하다.

어프레이드 기어

아스믹 에이스 엔터테인먼트　시뮬레이션　1998년 10월 29일　5,800엔

플레이어 1~2인　메모리카드 7~12블록

경기용 전투 로봇 '맥'을 조종해 싸우는 로봇 배틀 시뮬레이션 게임. 수십 종류에 달하는 파츠를 조합해 최강의 맥을 완성하여, 정상급의 경기대회인 'S-1'을 제패하자.

바다의 OH! YAH!

빅터 인터랙티브 소프트웨어　스포츠　1998년 10월 29일　5,800엔

플레이어 1인　메모리카드 1블록　아날로그 컨트롤러 지원

낚싯대가 아니라 보트를 조종해 물고기를 낚아 올리는 낚시 게임. 보트 1정으로 이벤트·대회에 참가해 청새치 등의 물고기들을 낚자. 섬 제일의 선장이 되는 게 목적이다.

그레이트 히츠

에닉스　기타　1998년 10월 29일　5,800엔

플레이어 1인　메모리카드 3~15블록

사이키델릭한 세계와 팝한 음악으로 비디오 클립을 만드는 음악 소프트. 센스만 있으면 누구라도 간단히 비디오 클립을 만들 수 있다. 인디 계열 악곡을 30곡 이상 수록했다.

사나이 일직선 II

KSS　3D 대전격투　1998년 10월 29일　5,800엔

플레이어 1~2인　메모리카드 1블록　아날로그 컨트롤러 지원

당시 일본의 유명 「버추어 파이터」 프로게이머가 감수한 3D 대전격투 게임의 속편. 스텝 버튼으로 횡이동하는 것이 중요하다. 서바이벌 모드와 100인 격파 모드도 탑재했다.

오룡진 일렉트로

애스크　퍼즐　1998년 10월 29일　4,800엔

플레이어 1~2인　메모리카드 1블록　아날로그 컨트롤러 지원

1997년도 '굿 토이'를 수상한 보드 게임을 비디오 게임화했다. 7종류의 조각을 교대로 놓으면서 상대편 라인까지 먼저 도달한다는 룰이다. 진형과 전술을 구사해 승리하자.

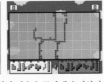

지오메트리 듀얼

타카라　어드벤처　1998년 10월 29일　5,800엔

플레이어 1~2인　메모리카드 4블록　아날로그 컨트롤러 지원

전자공간의 대전 게임 '지오메트리 듀얼'로 대결하며, 정령왕에 숨겨진 비밀을 밝혀내는 어드벤처 게임. 입체공간에서의 배틀용으로 200종 이상의 유닛을 준비했다.

전 슈퍼로봇대전 전시대백과

반프레스토　팬 디스크　1998년 10월 29일　6,800엔

플레이어 1인

역대 「슈퍼로봇대전」 시리즈를 데이터베이스화한 소프트. 등장 캐릭터는 물론, 각 로봇의 정보까지 망라했다. 전 시리즈 용어사전에선 흥미 깊은 내용을 다수 수록했다.

던전 상가번영회 : 전설의 검, 판매 시작합니다

코단샤　RPG　1998년 10월 29일　5,800엔

플레이어 1인　메모리카드 1블록

판타지 세계에서 상점을 경영할 수 있는 RPG. 전사·마법사를 상대로 아이템을 팔거나, 아예 파티에 끼어 던전에 아이템을 모으러 가는 등, 자유도 높은 시스템을 탑재했다.

HARDWARE

1994
1995
1996
1997
1998
1999
2000
2001
2002
2003
2004
INDEX

필살 파친코 스테이션 : 몬스터 하우스 스페셜

선 소프트　파친코　1998년 10월 29일　3,980엔

플레이어 1인 / 메모리카드 1블록 / 아날로그 컨트롤러 지원 / 특제 컨트롤러 SLPH0000시(TEN연구소)지원

홀에서 대히트한 'CR 몬스터 하우스'를 실컷 즐길 수 있는 실기 시뮬레이터. 대박 확률이나 못 조정도 자유자재이므로, 이를 잘 활용하여 자신만의 공략법을 찾아보자.

라이드기어 가이브레이브 II

액셀라　RPG　1998년 10월 29일　5,800엔

플레이어 1~2인 / 메모리카드 1블록

1997년 발매했던 「라이드기어 가이브레이브」의 속편. 등장인물과 대화하는 인터미션 모드와 칭호 시스템을 탑재했고, 호평받았던 콜로세움 모드도 업그레이드했다.

레가이아 전설

소니컴퓨터엔터테인먼트　RPG　1998년 10월 29일　5,800엔

플레이어 1인 / 메모리카드 1블록 / 아날로그 컨트롤러 지원

성수(聖獸)와 일심동체가 된 남녀 3명이 세계를 파멸에서 구하려 모험하는 RPG. '택티컬 아츠 시스템'을 도입해, 커맨드 입력 조합에 따라 다양한 공격이 가능하다.

뱀파이어 세이비어 : EX EDITION

캡콤　대전격투　1998년 11월 5일　5,800엔

플레이어 1~2인 / 메모리카드 1블록 / 아날로그 컨트롤러 지원

비인간형 괴물들이 대전하는 아케이드용 격투 게임의 이식작. 「뱀파이어 세이비어 2」·「뱀파이어 헌터 2」의 시스템도 도입했고, 캐릭터 육성 모드 등도 추가했다.

더 심리 게임 IV : 언제나 마음에 밤하늘을

비지트　점술　1998년 11월 5일　5,800엔

플레이어 1~2인 / 아날로그 컨트롤러 지원

인기 시리즈 제 4탄. 6종류의 게임 모드를 탑재하여, 다양성이 풍부한 심리분석과 상성진단을 제공한다. 복잡한 조작이 필요 없는 시스템이라, 여럿이도 즐길 수 있다.

제우스 : 카니지 하트 세컨드

아트딩크　시뮬레이션　1998년 11월 5일　5,800엔

플레이어 1인 / 메모리카드 7~14블록 / 아날로그 컨트롤러 지원

「카니지 하트」의 기본 시스템에 디테일하게 개량을 가한 작품. 등장하는 기체는 전부 리뉴얼했고, 목성의 위성을 무대로 삼은 스토리 모드를 새로 추가했다.

도카폰! 분노의 철검

아스믹 에이스 엔터테인먼트　파티　1998년 11월 5일　5,800엔

플레이어 1~4인 / 메모리카드 3~7블록 / 멀티탭지원 1~4인

돈이 장땡인 나라 '도카폰 왕국'의 왕좌를 다투는 보드 게임. 보스를 물리치거나 동맹을 맺는 등, 수단을 가리지 말고 비겁하게라도 돈을 벌어, 가장 먼저 왕좌를 차지하자.

고양이스러운 관·계

빅터 인터랙티브 소프트웨어　어드벤처　1998년 11월 5일　5,800엔

플레이어 1인 / 메모리카드 1블록

고양이에 빙의해 히로인 곁에 접근하는 어드벤처 게임. 고양이란 입장을 이용해 그녀의 생활을 훔쳐보자. 학교에서는 볼 수 없는 본심과 의외의 진실, 고민을 엿본다.

첫사랑 밸런타인 스페셜

패밀리 소프트　시뮬레이션　1998년 11월 5일　5,800엔

플레이어 1인 / 메모리카드 1블록 / 마우스 지원

1997년 발매했던 「첫사랑 밸런타인」에 신 요소를 추가한 스페셜판. 신규 히로인 '야마가타 나미'와 '키타죠 아키라'를 추가했고, 게임도 템포를 올려 재미를 키웠다.

패밀리 레스토랑에 어서 오세요!

벡　시뮬레이션　1998년 11월 5일　5,800엔

플레이어 1인 / 메모리카드 5블록 / 마우스 지원

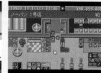

토지개발부터 점포 디자인, 점원이 입을 제복의 디자인에다 메뉴 개발 등등을 거쳐 점포를 성황리에 운영하는 것이 목적인 패밀리 레스토랑 경영 시뮬레이션 게임이다.

주변기기 지원 아이콘　 플레이어 1~2인　 메모리카드 1~2블록　 멀티탭지원 1~4인　 마우스 지원　 대전케이블 2대　 아날로그 조이스틱 SCPH0111(SCE)지원　 아날로그 컨트롤러 지원　PocketStation 지원　메모리카드 1~2블록　휴대전화 접속 케이블 지원(도코모/모드 휴대전화지원)　특제 컨트롤러 SLPH00001(남코)지원

FIFA 월드컵 98 : 프랑스 98 총집편

일렉트로닉 아츠 스퀘어 | 스포츠 | 1998년 11월 5일 | 5,800엔

플레이어 1~2인 | 메모리 카드 2~10블록 | 아날로그 컨트롤러 지원

1998년 프랑스 월드컵의 모든 것을 재현한 축구 게임. 본선 출장국 32개국에 강호 8개국을 추가해 40개국을 재현했고, 각국의 등록 선수들은 모두 실명으로 등장한다.

머니 아이돌 익스체인저

아테나 | 퍼즐 | 1998년 11월 5일 | 5,800엔

플레이어 1~2인 | 메모리 카드 1블록

네오지오판을 이식한 대전형 액션 퍼즐 게임. 화면 상단의 동전을 잡아와 되던져 액수를 합쳐 환전하며 연쇄를 노린다. 환전 도중에도 계속 연쇄를 잇는 것이 중요하다.

몬스터시드

선 소프트 | RPG | 1998년 11월 5일 | 5,800엔

플레이어 1~2인 | 메모리 카드 2블록 | 아날로그 컨트롤러 지원

몬스터를 수집하여, 최강의 몬스터를 만들어내는 RPG. 던전을 모험하며 주어진 과제를 클리어하자. 알에서 부화시켜 수집한 몬스터가 많을수록 전투에서 도움이 된다.

럭키 루크

사미 | 액션 | 1998년 11월 5일 | 5,800엔

플레이어 1인

서부개척 시대 소재의 프랑스 만화가 원작인 액션 게임. 플레이어는 '럭키 루크'가 되어 '슈팅'·'레이스'·'격투' 각 스테이지에서 라이벌들을 모두 물리쳐야 한다!

어나더 마인드

스퀘어 | 어드벤처 | 1998년 11월 12일 | 5,800엔

플레이어 1인 | 메모리 카드 1블록 | 아날로그 컨트롤러 지원

실사 스캔 영상을 사용한 어드벤처 게임. 여고생 '히토미'와, 히토미의 의식에 함께 섞여버린 어느 남자의 의식이 2인3각을 이뤄 그녀 주변에서 일어나는 사건을 해결한다.

비질란테 8

시스컴 엔터테인먼트 | 액션 | 1998년 11월 12일 | 5,800엔

플레이어 1~2인 | 메모리 카드 1~15블록 | 아날로그 컨트롤러 지원

오프로드 레이싱 게임과 액션 게임을 융합시킨 작품. 다종다양한 차량을 운전해 테러리스트들과 싸우자. 주 무대인 코스에는 다양한 장치가 설치돼 있으니 신중해야 한다!

캡콤 제네레이션 제 4집 : 고고한 영웅

캡콤 | 액션 | 1998년 11월 12일 | 5,800엔

플레이어 1~2인 | 메모리 카드 1블록 | 멀티탭 지원 1~3인 | 아날로그 컨트롤러 지원

기관총과 수류탄을 들고 적진로 단신 돌격하는 「전장의 이리」와 속편인 「전장의 이리 Ⅱ」, 서부개척 시대가 무대인 「건 스모크」까지 3개 작품을 수록했다.

스매시 코트 2

남코 | 스포츠 | 1998년 11월 12일 | 5,800엔

플레이어 1~2인 | 메모리 카드 1블록 | 멀티탭 지원 1~4인 | 아날로그 컨트롤러 지원

「스매시 코트」의 제2탄. 이번엔 캐릭터 패션부터 플레이하는 코트까지 스트리트 스포츠를 테마로 잡았다. 이탈리아와 뉴욕의 시가지 코트에서 플레이를 즐겨보자.

철저해석 필승 파치슬로 도장 : 야마사 & 파이오니어

코비 | 시뮬레이션 | 1998년 11월 12일 | 6,800엔

플레이어 1인 | 메모리 카드 1블록

왕년의 야마사 사명기를 수록한 파치슬로 실기 시뮬레이터. 지금도 속편이 점포에서 가동되고 있는, 개구리가 주인공인 '와글와글 펄서 2' 등을 플레이할 수 있다.

팔러 프로 4

니혼 텔레네트 | 파친코 | 1998년 11월 12일 | 5,200엔

플레이어 1인 | 메모리 카드 2블록

대박 확률 1/359, 확률변동 돌입률 1/2로 연속 찬스가 가능해 출시 당시 인기가 많았던 'CR 맹렬 원시인 T' 등의 2개 기종을 수록한 파친코 실기 시뮬레이터.

파괴왕 : KING of CRUSHER

팝 커뮤니케이션즈　액션　1998년 11월 12일　5,800엔

플레이어 1인 | 메모리카드 1블록 | 아날로그 컨트롤러 지원

오로지 철저하게 '파괴'만을 컨셉으로 삼은 궁극의 액션 게임. 선전문구는 '영웅보다 괴수가 되고 싶다'. 물건을 가리지 않고 마구 파괴하는 상쾌함을 추구한 게임이다.

파워 리그

허드슨　스포츠　1998년 11월 12일　5,800엔

플레이어 1~2인 | 메모리카드 7블록 | 아날로그 컨트롤러 지원

허드슨 사의 간판 야구 게임 「파워 리그」를 플레이스테이션으로 즐긴다. 간략화된 야구장이 아니라, 실제 비율의 리얼한 필드를 재현한 점이 이번 작품의 포인트!

본격 화투

알트론　화투　1998년 11월 12일　5,800엔

플레이어 1인 | 메모리카드 1블록

일본의 여러 화투 게임 중에서도 가장 인기가 있는 '코이코이'·'하나아와세'·'오이쵸카부'의 세 가지 룰로 즐기는 추천 타이틀. 숙련도에 따라 다양한 룰을 설정 가능.

메이저리그 베이스볼 : 트리플 플레이 99

일렉트로닉 아츠 스퀘어　스포츠　1998년 11월 12일　5,800엔

플레이어 1~2인 | 메모리카드 15블록 | 아날로그 컨트롤러 지원

미국 MLB가 공인한 야구 게임. 30개 구단 및 각 홈구장, 선수들 전원이 실명으로 등장한다. 레귤러 시즌·플레이오프 등 다채로운 모드를 탑재했고, 트레이드도 가능하다.

모노폴리 : 스페셜 프라이스

해즈브로 재팬　파티　1998년 11월 12일　4,800엔

플레이어 1~4인 | 메모리카드 1블록 | 멀티탭지원 1~4인 | 마우스 지원

같은 해 1월 발매했던 「모노폴리」의 염가판. 「모노폴리」의 세계를, 멋지게 표현된 3D 그래픽과 디지털 사운드로 즐긴다. 지성과 행동력을 무기삼아 대부호가 되어보자.

월드 사커 실황 위닝 일레븐 3 : 파이널 버전

코나미　스포츠　1998년 11월 12일　4,800엔

플레이어 1~2인 | 메모리카드 1블록 | 아날로그 컨트롤러 지원

같은 해 5월 발매했던 「위닝 일레븐 3」의 최종진화판. 옵션과 포메이션, 전환 가능한 카메라 시점이 늘어났고, 조작성을 조정하여 플레이가 더욱 쾌적해졌다.

R-TYPE △(델타)

아이렘 소프트웨어 엔지니어링　슈팅　1998년 11월 19일　5,800엔

플레이어 1인 | 메모리카드 1블록 | 아날로그 컨트롤러 지원

모아 쏘는 '파동포'가 특징인, 아케이드 원작의 인기 슈팅 작품 신작. 시리즈 최초로 기체 선택이 가능하며, '델타 웨폰'이라는 신 공격 시스템으로 플레이의 폭이 넓어졌다.

ADVAN 레이싱

아틀라스　레이싱　1998년 11월 19일　5,800엔

플레이어 1~2인 | 메모리카드 1블록 | 아날로그 컨트롤러 지원 | 특제 컨트롤러 SLPH00001(남코)지원

16대 동시 배틀을 즐기는 레이싱 게임. 한 순간도 방심할 수 없는 격렬한 레이스가 펼쳐진다. 152대의 머신을 고를 수 있고, 유저가 즐기기 쉬운 조작감각을 추구했다.

G-POLICE

소니컴퓨터엔터테인먼트　어드벤처　1998년 11월 19일　6,800엔

플레이어 1인 | 메모리카드 1블록 | 아날로그 컨트롤러 지원

미래경찰의 일원이 되어 헬리콥터로 싸우는 플라이트 미션 어드벤처 게임. 스토리 모드에서는 35+α종의 미션을 즐기며, 스테이지 막간에는 미려한 동영상도 나온다.

칠성투신 가이퍼드 : 크라운 괴멸작전

캡콤　카드 배틀　1998년 11월 19일　5,800엔

플레이어 1~2인 | 메모리카드 1블록 | 마우스 지원

캡콤이 제작한 특촬 드라마 프로를 소재로 삼은 게임. 가이퍼드 일행과 협력해 미로 내에서 퍼즐을 풀고 전투를 진행하여, 악의 비밀조직 '크라운'을 괴멸시켜야 한다.

주변기기 지원 아이콘 | 플레이어 1~2인 | 메모리카드 1~2블록 | 멀티탭지원 1~4인 | 마우스 지원 | 대전케이블 2대 | 아날로그 조이스틱 SCPH0111(SCEI)지원 | 아날로그 컨트롤러 지원 | PocketStation 지원 | 메모리카드 1~2블록 | 휴대전화 접속 케이블 지원(도코모 / 모드 휴대전화 지원) | 특제 컨트롤러 SLPH00001(남코)지원

저거노트 : 전율의 문

토킨 하우스　어드벤처　1998년 11월 19일　6,800엔

플레이어 1인　메모리 카드 1블록　아날로그 컨트롤러 지원

악마에 씌인 여자 친구를 구하기 위해, 정신세계로 들어가 문제를 해결하는 3D 어드벤처 게임.

치밀한 3D 동영상과 중후한 음향효과로, 다양한 감각적 공포를 연출한다.

SIMPLE 1500 시리즈 Vol.5 : **THE 바둑**

D3 퍼블리셔　바둑　1998년 11월 19일　1,500엔

플레이어 1~2인　메모리 카드 1블록

염가 게임 시리즈 작품. 컴퓨터바둑 대회인 FOST배 우승 경험이 있는 Ken Chen이 감수를 맡

은 바둑 게임이다. 바둑판은 9줄·13줄·19줄 중에서 선택할 수 있다.

SIMPLE 1500 시리즈 Vol.6 : **THE 화투**

D3 퍼블리셔　화투　1998년 11월 19일　1,500엔

플레이어 1인　메모리 카드 1블록

염가 게임 시리즈 작품. '코이코이'·'하나아와세' 2종류의 화투 게임을 즐길 수 있다. 코이코이

에서는 하나미자케·츠키미자케의 점수와 대전횟수 등을 설정 가능하다.

SIMPLE 1500 시리즈 Vol.7 : **THE 카드**

D3 퍼블리셔　테이블　1998년 11월 19일　1,500엔

플레이어 1인　메모리 카드 1블록

트럼프를 사용하는 카드 게임들을 수록한 타이틀. 게임 종류는 대부호·포커·블랙잭 3종류 중에

서 선택 가능하다. 설정에서 배경그림 등을 변경할 수 있다.

SIMPLE 1500 시리즈 Vol.8 : **THE 솔리테어**

D3 퍼블리셔　퍼즐　1998년 11월 19일　1,500엔

플레이어 1~2인　메모리 카드 1블록

1인용 보드 게임 '페그 솔리테어'를 즐기는 작품. 돌을 한 칸 건너 빈칸으로 옮기고 건너뛴 칸의

돌을 빼는 룰이며, 돌이 도마뱀으로 바뀌는 등의 보드 6종류를 준비했다.

뾰족뾰족 반 2 : 글자가 불쑥불쑥

코단샤　액션　1998년 11월 19일　4,300엔

플레이어 1인

게임에 몰두하며 일본어 글자를 익히는, 두뇌계발 게임 제 2탄. 히라가나·가타카나·알파벳을

지원하며, 퍼즐 게임을 즐기면서 각 글자들을 배워볼 수 있다.

도무의 야망 2 : The Race of Champions

OZ 클럽　시뮬레이션　1998년 11월 19일　6,800엔

플레이어 1인　메모리 카드 7블록

당시 F1 중계로 유명했던 카와이 카즈히토가 기획한 F1 시뮬레이션 게임. 게임 내 데이터는 모두

F1공방 도무가 감수했고, 실제 머신 데이터 기반으로 수치를 산출한다.

부기 [武戱]

코나미　3D 대전격투　1998년 11월 19일　5,800엔

플레이어 1~2인　메모리 카드 1블록　아날로그 컨트롤러 지원

상대의 기술을 간파해 흘리는, 기술의 공방을 중시한 3D 대전격투 게임. 360도의 자유로운 움직임

을 구현했고, 상대의 공격을 받아낼 때 사용하는 '디펜스 버튼'을 탑재했다.

볼디 랜드

반프레스토　시뮬레이션　1998년 11월 19일　6,800엔

플레이어 1인　메모리 카드 1블록　마우스 지원

필드를 돌아다니는 대머리 '볼디'들을 통솔해 세계정복을 노리는 시뮬레이션 게임. 볼디들은 집

을 짓는 '빌더', 전투 담당인 '솔저' 등 4가지 직업으로 나뉘어 있다.

명탐정 코난

반다이　어드벤처　1998년 11월 19일　5,800엔

플레이어 1인　메모리 카드 1블록

쿼터뷰 시점의 어드벤처 게임. 협박장을 받은 여학생의 의뢰로 여자기숙사를 찾아가는 '동급생 살인

사건', 표류해온 무인도가 무대인 '외딴섬 보물사건'의 총 2회를 수록했다.

HARDWARE
1994
1995
1996
1997
1998
1999
2000
2001
2002
2003
2004
INDEX

위저즈 하모니 R

아크시스템웍스　시뮬레이션　1998년 11월 26일　5,800엔

플레이어 1인　메모리카드 1블록

시리즈 제 3탄. 남은 1년간의 학생 생활 동안 친구와 교류하면서, 동시에 마법의 힘을 갈고닦아 꿈을 이뤄보자. 기간이 짧아진 만큼, 이벤트의 밀도가 높아졌다.

엑소더스 길티

이매지니어　어드벤처　1998년 11월 26일　5,800엔

플레이어 1인　메모리카드 2블록

현대·과거·미래라는 3가지 시대를 전환하면서 스토리를 진행하는 '멀티 타임 재핑 시스템'을 탑재했다. 명 크리에이터, 칸노 히로유키가 제작한 대작 어드벤처 게임이다.

Kitty the Kool! : 가부키로 재미있게 춤춰봐!!

이매지니어　액션　1998년 11월 26일　4,800엔

플레이어 1~2인　메모리카드 1블록

헬로키티를 비롯한 산리오 사의 인기 캐릭터들이 등장하는 리듬 액션 게임. 게임의 무대와 코스튬 등을 가부키가 테마인 일본풍 이미지로 구성했다.

쿨 보더즈 3

우엡 시스템　스포츠　1998년 11월 26일　5,800엔

플레이어 1~2인　메모리카드 1블록　아날로그 컨트롤러 지원

인기 스노보드 게임의 제 3탄. 보더들이 동시에 활주하는 감각을 살렸고, 그래픽도 진화시켰다. 6종류의 룰로 종합점수를 겨루는 토너먼트 모드를 추가했다.

호기심은 고양이를 죽이는가 : Curiosity kills the cat?

아스키 섬싱 굿　어드벤처　1998년 11월 26일　5,800엔

플레이어 1인　메모리카드 2블록　아날로그 컨트롤러 지원

클릭형 초난해 어드벤처 게임. 독재정권 '체거'가 지배하는 디스토피아를 무대로, 도시를 돌아다녀 기밀정보를 획득해 반체제조직에 팔아넘긴 후 탈출하는 게 목적이다.

고르고 13 : ① 칼라일의 야망

다이키　기타　1998년 11월 26일　2,300엔

플레이어 1인　메모리카드 1블록

사이토 타카오 원작의 만화 '고르고 13'이 PS 전용 보이스 드라마 코믹스 소프트로 등장했다. 원작 중 '칼라일의 야망' 편을, 음성과 멋진 BGM을 곁들여 즐길 수 있다.

고르고 13 : ② 보이지 않는 군대

다이키　기타　1998년 11월 26일　2,300엔

플레이어 1인　메모리카드 1블록

앞서 소개한 작품에 이어, 이번 작품에선 '보이지 않는 군대' 편을 감상할 수 있다. 의뢰인과의 대화부터 임무 수행까지, 독자의 상상을 한참 뛰어넘는 스토리가 전개된다.

serial experiments lain

파이오니아LDC　기타　1998년 11월 26일　5,800엔

플레이어 1인　메모리카드 1블록　아날로그 컨트롤러 지원

같은 제목 인기 미디어믹스 작품이 테마인 '어태치먼트 소프트'. 네트워크 내에 분산돼 있는 'lain'에 관한 기록들을 모아, 단편적인 정보를 따라가며 그녀의 비밀에 도달한다.

토이즈 드림

KSS　시뮬레이션　1998년 11월 26일　5,800엔

플레이어 1인　메모리카드 2블록

의뢰받은 아이템을 제작해 자금을 버는 아이템 제작 시뮬레이션 게임. 만들 수 있는 아이템은 500종류이며, 주인공별로 4종류+a의 멀티 스토리를 즐길 수 있다.

퍼스트 Kiss☆이야기

휴넥스　시뮬레이션　1998년 11월 26일　5,800엔

플레이어 1인　메모리카드 1블록　아날로그 컨트롤러 지원

PC-FX판을 이식한 연애 어드벤처 게임. 고교 졸업일까지, 1개월 내에 애인을 만들어 첫 키스를 나누는 것이 목적이다. 도처에 고품질 애니메이션 동영상을 삽입했다.

196

주변기기 지원 아이콘　플레이어 1~2인　메모리카드 1~2블록　멀티탭지원 1~4인　마우스 지원　대전 케이블 2대　아날로그 조이스틱 SCPH0111(SCE) 지원　아날로그 컨트롤러 지원　PocketStation 지원　메모리카드 1~2블록　휴대전화 접속 케이블 지원(도코모 (모드 휴대전화 지원))　특제 컨트롤러 SLPH00001(남고) 지원

파이팅 일루전: K-1 그랑프리 '98

엑싱　3D 대전격투　1998년 11월 26일　5,800엔

플레이어 1~2인 / 메모리카드 1블록 / 아날로그 컨트롤러 지원

인기 격투기 대회 'K-1'의 98년도판. 당시 인기가 많았던 사타케 마사아키와 프란시스코 필리오 가 참전해 총 30명을 사용 가능하며, 신규 오리지널 선수도 만들 수 있다.

포포로그

소니컴퓨터엔터테인먼트　RPG　1998년 11월 26일　5,800엔

플레이어 1인 / 메모리카드 1~15블록 / PocketStation 지원 / 메모리카드 +6블록 / 아날로그 컨트롤러 지원

「포포로크로이스 이야기」에 로그라이크 시스템을 도입한 속편. 몽환의 세계에 갇혀버린 왕국이 사막 마을·카지노 등과 던전 너머로 연결되어, 세계관이 다채로워졌다.

미스랜드 2

알트론　퍼즐　1998년 11월 26일　5,800엔

플레이어 1~2인 / 메모리카드 1블록 / 아날로그 컨트롤러 지원 / 멀티탭 지원 1~4인 / 마우스 지원

틀린그림찾기 게임. 좌우로 분할된 화면 에서, 거의 동일해 보이는 동영상 2개 가 동시 재생된다.

좌우 영상에는 몇 가지 차이가 있고, 차이점을 전부 지적하면 클리어된다.

바라봐줘 나이트 R : 대모험 편

코나미　RPG　1998년 11월 26일　5,800엔

플레이어 1인 / 메모리카드 2블록

「바라봐줘 나이트」 (156p)의 스핀오프 작 RPG로서, 스토리상의 연관은 없다. 소녀 5명 중 2명 을 모험에 데려갈 수 있는데, 누굴 고르느냐로 스토리가 변화한다.

유라시아 익스프레스 살인사건

에닉스　어드벤처　1998년 11월 26일　7,800엔

플레이어 1인 / 메모리카드 1블록 / 아날로그 컨트롤러 지원

실사 동영상 중심의 추리 어드벤처 게임. 열차 내에서 일어난 살인사건을 다음 역 까지 2시간 내로 해 결할 수 있을까? 당시 인기 아이돌, 실력파 배우 등 출연진이 호화롭다.

설앵화

소니컴퓨터엔터테인먼트　어드벤처　1998년 11월 26일　4,800엔

플레이어 1인 / 메모리카드 1블록 / 아날로그 컨트롤러 지원

'야루도라' 제 4탄. 이웃집의 여회사원 '카오리'가 어떤 사건 으로 기억을 잃자, 그 녀를 연모하는 주인공은 거짓 애인을 연기하기로 한다. 거짓과 진실이 교착하는 사랑 이야기.

리베로 그란데

남코　스포츠　1998년 11월 26일　5,800엔

플레이어 1~2인 / 메모리카드 1블록 / 아날로그 컨트롤러 지원 / 특제 컨트롤러 SLPH00001(남코)지원 / 특제 컨트롤러 SLPH00002(남코)지원 / 특제 컨트롤러 SLPH00009(남코)지원

아케이드판 원작을 이식한 축구 게임. 1 인칭 시점으로 선수 한 명만을 조작하는 것이 최대의 특징으로서, 직접 필드를 누비며 플레이하는 듯한 현장감을 맛볼 수 있다.

루팡 3세

다이키　기타　1998년 11월 26일　2,300엔

플레이어 1인 / 메모리카드 1블록

몽키 펀치 원작의 만화를 채색하고 모 션과 효과음을 추가 한 디지털 코믹 소프 트. '더 못해먹겠네'·'눈에는 눈, 이에는 이'·'홀드 업'·'루팡 180역'을 수록했다.

두근두근 배구

아테나　스포츠　1998년 11월 26일　4,800엔

플레이어 1~2인 / 메모리카드 1블록 / 멀티탭 지원 1~4인

간단 조작으로 즐기 는 본격적인 배구 게임. 세계의 강호 와 싸우는 '월드 모 드'와 4인 동시 플 레이가 가능한 '엑시비션 모드' 등, 다채로운 모드를 탑재했다.

1 on 1

죠르단　스포츠　1998년 11월 26일　5,800엔

플레이어 1~2인 / 메모리카드 1블록 / 아날로그 컨트롤러 지원

'슬램 덩크'의 이노 우에 타케히코가 캐 릭터 디자인·스토리 컨셉을 맡은 타이틀. 킥도 펀치도 OK인 농구 경기에서 정상을 다투며, 캐릭터 개별 스토리와 미니게임이 있다.

R4 : 릿지 레이서 타입 4

남코　레이싱　1998년 12월 3일　5,800엔

플레이어 1~2인 / 메모리카드 1블록 / PocketStation 지원 / 메모리카드 +2블록 / 아날로그 컨트롤러 지원 / 특제 컨트롤러 SLPH00001(남코)지원 / 특제 컨트롤러 SLPH00126(남코)지원

옐로우·블랙 컬러 기조의 하이센스 디자인이 일품인 「릿지 레이서」 신작. 그래픽을 대폭 강화했고, 레이스 팀의 드라이버를 묘사하는 등으로 스토리성을 강화했다.

캡콤 제네레이션 제 5집 : 격투가들

캡콤　대전격투　1998년 12월 3일　5,800엔

플레이어 1~2인 / 메모리카드 1블록 / 아날로그 컨트롤러 지원

캡콤 아케이드 명작 합본의 제 5탄. 「스트리트 파이터 Ⅱ」·「스트리트 파이터 Ⅱ′」·「스트리트 파이터 Ⅱ′ 터보」를 수록했다. 버전을 초월한 대전이 가능하다.

사운드 노벨 에볼루션 2 : 카마이타치의 밤 특별편

춘 소프트　어드벤처　1998년 12월 3일　4,800엔

플레이어 1인 / 메모리카드 3블록 / 아날로그 컨트롤러 지원

슈퍼 패미컴용 인기 사운드 노벨을 리메이크했다. 플로차트 기능과 엔딩 리스트를 탑재해 즐기기 쉬워졌고, 신규 시나리오도 추가했다.

구원의 반

포그　어드벤처　1998년 12월 3일　5,800엔

플레이어 1인 / 메모리카드 2~4블록 / 아날로그 컨트롤러 지원

헤이안 시대에서 현대로 윤회 전생한 남녀들의 연애를 그린 어드벤처 게임. 현대를 축으로 헤이안·겐로쿠·막부 말기까지, 4가지 시대에 걸쳐 다양한 드라마가 펼쳐진다.

고질라 : 트레이딩 배틀

토호　테이블　1998년 12월 3일　6,800엔

플레이어 1~2인 / 메모리카드 1블록

고질라 등, 토호 사의 특촬영화 괴수들이 테마인 덱 구축형 카드 배틀 게임. 거점을 배치하고 코스트를 지불해 카드를 사용하여, 적을 전멸시키거나 거점을 제압하자.

THE 패밀리 레스토랑

아트딩크　시뮬레이션　1998년 12월 3일　5,800엔

플레이어 1인 / 메모리카드 10블록

「THE 편의점」의 시스템을 계승한 패밀리 레스토랑 경영 시뮬레이션 게임. 일식·양식·중식 장르 중에서 하나를 골라, 점포를 발전시켜 시나리오 목표를 달성해보자.

최강 토다이 쇼기

마이니치 커뮤니케이션즈　쇼기　1998년 12월 3일　6,800엔

플레이어 1~2인 / 메모리카드 2블록 / 아날로그 컨트롤러 지원

'더 강하게, 더 빠르게, 더 재미있게'가 모토인 쇼기 소프트. 즉시 최선의 수를 찾아내는 빠른 사고속도가 특징이다. 대국 모드와 도장 깨기, 박보장기 모드로 쇼기를 즐긴다.

J리그 실황 위닝 일레븐 '98-'99

코나미　스포츠　1998년 12월 3일　5,800엔

플레이어 1~2인 / 메모리카드 1블록 / 아날로그 컨트롤러 지원

 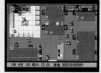

인기 축구 게임의 98~99 시즌판. 최신 데이터를 수록해, 선호하는 선수들을 자신이 좋아하는 팀에 모아둘 수 있다. 아날로그 컨트롤러도 지원해 편리하게 조작 가능하다.

가자! 해적

아트딩크　시뮬레이션　1998년 12월 3일　5,800엔

플레이어 1인 / 메모리카드 3블록 / PocketStation 지원

두 젊은 해적이 전설의 보물 '앙크 오브 마이트'를 찾는 시뮬레이션 게임. 주인공을 선택해 일곱 대해를 모험하자. 해적 배틀에서 연승해 보물과 명성을 모아가야 한다.

스페이스 인베이더 2000

타이토　슈팅　1998년 12월 3일　2,000엔

플레이어 1~2인 / 메모리카드 6블록 / 아날로그 컨트롤러 지원

타이토 창립 45주년 기념 소프트로서 발매된 애니버서리 기획물. CD 트랙에 역대 타이토 슈팅 게임 BGM들을 수록해, 이 곡들을 들으며 플레이할 수 있는 게 특징이다.

주변기기 지원 아이콘　플레이어 1~2인　메모리카드 1~2블록　멀티탭지원 1~4인　마우스 지원　대전케이블 2대　아날로그 조이스틱 SCPH0111(SCEI)지원　아날로그 컨트롤러 지원　PocketStation 지원　메모리카드 1~2블록　휴대전화 접속 케이블 지원 (도코모 [모드 휴대전화]지원)　특제 컨트롤러 SLPH00001(남코)지원

대전략 Master Combat

OZ 클럽 시뮬레이션 1998년 12월 3일 6,800엔

플레이어 1~2인 | 메모리카드 6블록 | 마우스 지원 | 아날로그 컨트롤러 지원

정통 전술 시뮬레이션 게임. 시나리오 캠페인은 6종류로서, 턴수 등의 다양한 조건을 만족시켜야 클리어된다. 에디트 기능으로 오리지널 병기도 제작 가능하다.

타마마유 이야기

겐키 RPG 1998년 12월 3일 5,800엔

플레이어 1~2인 | 메모리카드 1~15블록 | 아날로그 컨트롤러 지원

수집과 육성 요소가 있는 RPG. 숲에서 만나는 '숲의 종자'를 포획하면 '성마'가 되어, 전투시에 부릴 수 있다. 성마에는 속성·특수능력이 있어, 합성하면 더욱 강해진다.

댄스! 댄스! 댄스!

코나미 리듬 액션 1998년 12월 3일 5,800엔

플레이어 1~2인 | 메모리카드 1블록 | 아날로그 컨트롤러 지원

커맨드를 입력하면 멋지게 춤을 추는 리듬 액션 게임. 음악 CD에서 곡별로 리듬을 검출하는 'BEES' 시스템을 탑재해, 록이든 트로트든 그에 맞춰 춤출 수 있다.

하드 엣지

선 소프트 어드벤처 1998년 12월 3일 5,800엔

플레이어 1인 | 메모리카드 1블록 | 아날로그 컨트롤러 지원

무장집단으로부터 인질을 구출하여 빌딩에서 탈출해야 하는 어드벤처 게임. 주인공 2명을 조작하는 재핑 시스템을 탑재했다. 트랩과 무장집단에 기술과 육체로 맞서자.

학교를 만들자!! 2

빅터 인터랙티브 소프트웨어 시뮬레이션 1998년 12월 10일 5,800엔

플레이어 1인 | 메모리카드 15블록

이상적인 학교를 만들어가는 인기 시리즈의 제 2탄. 학교행사부터 돌발사건까지 130종 이상의 이벤트가 나온다. 교실 내 수업풍경을 엿보는 '클로즈업 화면'도 탑재했다.

사쿠마식 인생게임

타카라 파티 1998년 12월 10일 5,800엔

플레이어 1~5인 | 메모리카드 1블록 | 멀티탭지원 1~5인

「모모타로 전철」의 디자이너 사쿠마 아키라가 색다른 맛을 가미한 '인생게임'. 미니게임 30종을 도입해 여럿이 즐겨도 치열하다. 컨트롤러 하나로도 5명이 즐길 수 있다.

지그재그볼

업스타 액션 1998년 12월 10일 5,800엔

플레이어 1~4인 | 메모리카드 1블록 | 멀티탭지원 1~4인 | 아날로그 컨트롤러 지원

귀여운 공 모양의 캐릭터를 유쾌한 볼러가 굴리는 볼 액션 게임. 퍼터골프와 당구에 핀볼의 요소까지 겸비한 경기로서, 4명까지 참가 가능한 대전 플레이를 지원한다.

슈퍼로봇대전 F

반프레스토 시뮬레이션 RPG 1998년 12월 10일 6,800엔

플레이어 1인 | 메모리카드 3~15블록

SD화된 로봇들이 싸우는 시뮬레이션 RPG. 슈퍼 패미컴용 게임 「제 4차 슈퍼로봇대전」을 리메이크한 작품이다. 시리즈 최다급인 대량의 캐릭터와 호화로운 연출이 재미있다.

정치를 게임으로! 포테스타스

넥서스 인터랙트 시뮬레이션 1998년 12월 10일 2,800엔

플레이어 1~4인 | 메모리카드 1블록

「포테스타스」(63p)의 염가 재발매판. 매우 드문 정치 시뮬레이션 장르의 게임이다. '포테스타스'(라틴어로 힘·역량·권력을 의미)의 매력을 충분히 음미해보자.

TSUMU (츠무)

헥트 퍼즐 1998년 12월 10일 4,800엔

플레이어 1인 | 메모리카드 1~4블록

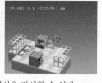

지게차를 조작해 컨테이너를 골 지점에 쌓아올리는 퍼즐 게임. 심플한 룰이 특징으로서, 스테이지를 클리어하면 컨테이너에 그려진 CG 동영상을 감상할 수 있다.

화투 : 리얼 3D

 PlayStation | 포니 캐넌　화투　1998년 12월 10일　4,800엔

플레이어 1인 / 메모리 카드 1블록

3D로 묘사된 화투장 덕분에 현장감이 발군인 화투 게임. 큼직하고 잘 보이는 화투장으로 '코이코이'·'오이쵸카부'를 즐긴다. '토너먼트 모드'와 '아케이드 모드'를 탑재했다.

핏폴 3D

PlayStation | 빅터 인터랙티브 소프트웨어　액션　1998년 12월 10일　5,800엔

플레이어 1인 / 메모리 카드 1블록

360도로 펼쳐진 세계에서 모험하는 액션 게임. 3D 그래픽으로 묘사된 괴물들과 실시간으로 싸워야 한다. 정글에는 위험한 함정도 숱하게 숨겨져 있다.

프로 마작 키와메 PLUS II

PlayStation | 아테나　마작　1998년 12월 10일　4,800엔

플레이어 1인 / 메모리 카드 1~2블록

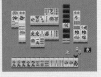

프로 작사의 플레이스타일을 재현한, 프로가 추천하는 본격 4인 대국 마작 소프트의 제 2탄. 전작과 동일한 유명 프로 작사 16명이 등장하여 가차 없는 심리전을 펼친다.

봄버맨

PlayStation | 허드슨　액션　1998년 12월 10일　5,800엔

플레이어 1~2인 / 메모리 카드 1블록 / 멀티탭 지원 1~5인 / 아날로그 컨트롤러 지원

플레이스테이션용 「봄버맨」 시리즈로는 4번째 작품이며, 초대 패미컴판의 리메이크작이다. 패미컴판의 그래픽을 그대로 재현한 '올드 모드'도 탑재돼 있다.

유구환상곡 ensemble

PlayStation | 미디어웍스　팬 디스크　1998년 12월 10일　3,800엔

플레이어 1인 / 메모리 카드 1블록

「유구환상곡」 시리즈의 팬 디스크 신작 사이드 스토리와 미발표 시나리오, 캐릭터 소개, 등장 캐릭터들이 참가하는 '대무투회' 등의 컨텐츠가 수록돼 있다.

원더 트렉

PlayStation | 소니컴퓨터엔터테인먼트　액션　1998년 12월 10일　5,800엔

플레이어 1인 / 메모리 카드 1~15블록 / 아날로그 컨트롤러 지원

'박사'와 '조수' 2명이 활약하는 액션 어드벤처 게임. 불시착한 섬을 탐색하다 보면, 멸종했다고 알려진 동물들과 이를 노리는 밀렵꾼의 존재가 조금씩 밝혀져 간다.

액추어 아이스하키

PlayStation | 코나미　스포츠　1998년 12월 17일　4,800엔

플레이어 1~2인 / 메모리 카드 1블록 / 멀티탭 지원 1~4인 / 아날로그 컨트롤러 지원

나가노 올림픽 공식 라이선스 상품. '빙상의 격투기'라 불리는 아이스하키의 박력을 즐기는 타이틀이다. 세계 20개국의 팀들 중에서 선호하는 팀을 골라 우승을 노리자.

우메자와 유카리의 대국 바둑 : 헤이세이 기원 II

PlayStation | 다이키　바둑　1998년 12월 17일　6,800엔

플레이어 1~2인 / 메모리 카드 3블록

인기 여류기사 우메자와 유카리가 감수한 바둑 소프트. 초보자용 모드인 '기초 입문편'을 더욱 알기 쉽게 리뉴얼했다. 우메자와의 해설 동영상 '전술전략편'도 수록했다.

에어가이츠

PlayStation | 스퀘어　3D 대전격투　1998년 12월 17일　5,800엔

플레이어 1~2인 / 메모리 카드 1~3블록 / 아날로그 컨트롤러 지원

아케이드용 게임의 이식작. 「철권」·「버추어 파이터」 시리즈의 개발진이 참가한 것으로도 유명한 대전격투 게임이다. 필드가 3차원 형태라 자유이동이 가능하며, 단차와 장애물도 설치돼 있다. 캐릭터로는 FF7의 클라우드·티파를 비롯해, 세피로스와 오리지널 캐릭터 '마스다 코지' 등도 참전했다. 방어수단이 풍부하고, 적의 공격을 읽는 것이 매우 중요하다.

주변기기 지원 아이콘　 플레이어 1~2인　 메모리 카드 1~2블록　 멀티탭 지원 1~4인　 마우스 지원　 대전 케이블 2대　 아날로그 조이스틱 SCPH0111(SCE) 지원　 아날로그 컨트롤러 지원　PocketStation 지원　메모리 카드 1~2블록　휴대전화 접속 케이블 지원 (도코모 (모드) 휴대전화 지원)　특제 컨트롤러 SLPH00001(남코) 지원

에리의 아틀리에 : 잘부르그의 연금술사 2

거스트　RPG　1998년 12월 17일　5,800엔

플레이어 1인　메모리 카드 2~15블록　아날로그 컨트롤러 지원

「마리의 아틀리에」의 1년 후를 무대로, 마리를 동경하는 소녀 '에리'가 연금술사를 목표로 삼는 RPG. 신 요소 '블렌드 조합'과 '오리지널 조합'으로 아이템 도감을 완성하자.

기동전사 건담 : 역습의 샤아

반다이　액션　1998년 12월 17일　6,800엔

플레이어 1~2인　메모리 카드 1블록　아날로그 컨트롤러 지원

극장판 애니메이션이 원작으로서, '기동전사 건담'의 1년 전쟁과 깊이 연관된 스토리를 아무로와 샤아, 각자의 시점으로 즐긴다. 이 작품 전용의 신규 동영상도 수록했다.

크래시 밴디쿳 3 : 워프로 세계일주!

소니컴퓨터엔터테인먼트　액션　1998년 12월 17일　4,800엔

플레이어 1인　메모리 카드 1블록　PocketStation 지원　메모리 카드 +12블록　아날로그 컨트롤러 지원

'크래시'가 활약하는 3D 액션 게임 시리즈의 제 3탄. 호랑이·오토바이 등의 새로운 탈것을 활용하여, 세계 각국을 모티브로 삼은 스테이지들을 통과해 보자.

환상수호전 II

코나미　RPG　1998년 12월 17일　5,800엔

플레이어 1인　메모리 카드 2블록

기본적인 시스템은 전작을 계승했고, 진화된 전쟁 시스템과 요리 이벤트, 무역 시스템을 추가했다. 특히 시나리오가 뛰어나 호평받았다. 전작의 세이브데이터도 연동된다.

THE 프로 마작 : 면허개전

나그자트　마작　1998년 12월 17일　5,800엔

플레이어 1인　메모리 카드 1블록　아날로그 컨트롤러 지원

일본프로마작연맹이 공인한 본격 마작 소프트. 단위인정시험의 초단·2단을 클리어하면 연맹의 인정증을 받는다. 프리 대전에선 연맹 소속 프로 작사와도 대전 가능하다.

THE 패밀리 레스토랑 : 사상 최강의 메뉴

휴먼　시뮬레이션　1998년 12월 17일　5,800엔

플레이어 1인　메모리 카드 10~11블록

패밀리 레스토랑 경영 시뮬레이션 게임의 2번째 작품. 인기 레스토랑 프랜차이즈와 제휴해, 실존하는 메뉴를 판매할 수 있다. 레시피 개발로 만드는 신 메뉴도 게임의 매력.

사우전드 암즈

아틀라스　RPG　1998년 12월 17일　6,800엔

플레이어 1인　메모리 카드 1~3블록　아날로그 컨트롤러 지원

정령 대장장이 '마이스'가 무기를 제련해 가며 적인 제국에 도전하는 RPG. 무기를 제작하려면 소녀의 사랑이 필요하기에 친밀도를 올려 나간다는 연애 요소가 있다.

작패유희 '99 : 독장수의 헛계산

미디어 링　마작　1998년 12월 17일　5,800엔

플레이어 1인　메모리 카드 1블록　아날로그 컨트롤러 지원

사이바라 리에코의 만화가 원작인 마작 게임. 대국 전에 제시되는 조건을 클리어하면 마작장의 경영상황이 호전되어, 마작장에서 빌딩으로 발전해간다.

증기기관차 운전 시뮬레이션 : SL로 가자!

토미　시뮬레이션　1998년 12월 17일　5,800엔

플레이어 1~2인　메모리 카드 1블록　아날로그 컨트롤러 지원

SL(증기기관차) 운전 시뮬레이션 게임. 석탄과 물의 양에 주의하며, 표식을 준수해 SL을 정차시각표에 맞춰 운전하자. 노선은 오이가와 본선과 야마구치선을 수록했다.

신세대 로봇 전기 : 브레이브 사가

타카라　시뮬레이션 RPG　1998년 12월 17일　6,800엔

플레이어 1인　메모리 카드 2블록

선라이즈가 제작한 '용자 시리즈'의 로봇 및 등장인물들이 총집합하는 시뮬레이션 RPG. 오리지널 용자인 '용자성전 반간'을 주인공으로 삼아, 총 48화로 스토리를 구성했다.

스폰 디 얼티밋

오라시온　기타　1998년 12월 17일　3,800엔

플레이어 1인

같은 제목의 인기 코믹스가 원작인 영화에 관련된 정보를 수록한 데이터베이스집. 1,800장의 사진을 사용한 비주얼 애니메이션과 메이킹 비디오, 예고편 등을 수록했다.

재미있는 마작

코에이　마작　1998년 12월 17일　3,900엔

플레이어 1인　메모리카드 1블록

인간적이고 자연스러운 CPU를 구현한 마작 소프트. 마작공화국 '쟝그릴라' 대통령 취임을 위해 각자 치구 후보자 17명과 싸운다. 사기 기술이 없는 고속 사고루틴을 탑재했다.

테마 아쿠아리움

일렉트로닉 아츠 스퀘어　시뮬레이션　1998년 12월 17일　5,800엔

플레이어 1인　메모리카드 5블록　PocketStation 지원　메모리카드 +10블록

수족관 경영 시뮬레이션 게임. 건물 내 수조의 레이아웃과 생물 입수, 사육, 유지관리 등을 병행하면서, 150종 이상에 달하는 어류도감을 완성시켜야 한다.

니시진 파친코 천국 Vol.3

KSS　파친코　1998년 12월 17일　5,800엔

플레이어 1인　메모리카드 1블록　아날로그 컨트롤러 지원

니시진 사의 인기 기종을 수록한 파친코 실기 시뮬레이터 제3탄. 'CR 하나만 전설 Z'를 비롯한 인기 8기종을 리얼하게 재현했고, 못 설정과 당첨확률 등을 철저히 구현했다.

인정왕 : 전일본박보장기연맹 회장 오카다 빈의 박보장기 교실

야스키　쇼기　1998년 12월 17일　4,800엔

플레이어 1인　메모리카드 1블록　아날로그 컨트롤러 지원

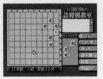

전일본박보장기연맹 회장, 오카다 빈이 제작한 주옥같은 문제 180개를 수록한 쇼기 박보장기 게임. 연맹 공인 인정시험을 3단까지 제공한다. 오리지널 문제 제작·저장도 가능.

헬로키티 화이트 프레즌트

허드슨　퍼즐　1998년 12월 17일　5,800엔

플레이어 1인　메모리카드 1블록　PocketStation 지원　메모리카드 +3블록

헬로키티가 주인공인 퍼즐 게임. 사이드뷰 필드에서 원숭이를 잘 유도해가며 열쇠를 얻어, 제한 시간 내에 골 지점인 도어 안으로 들어가면 스테이지 클리어다.

필살 파친코 스테이션 3 : 원시인이 한가득

선 소프트　파친코　1998년 12월 17일　4,800엔

플레이어 1인　메모리카드 1~4블록　아날로그 컨트롤러 지원　특제 컨트롤러 SLPH00007/TEN연각시지원

토요마루 사의 'CR 맹렬 신나는 원시인' 시리즈를 수록한 파친코 실기 시뮬레이터. 확률변동과 못 조정을 설정 가능한 공략 모드를 비롯해, 다채로운 모드를 탑재했다.

파이팅 아이즈

포니 캐넌　3D 대전격투　1998년 12월 17일　6,800엔

플레이어 1~2인　메모리카드 1블록　아날로그 컨트롤러 지원

다채로운 시스템을 채용한 3D 대전격투 게임. 게이지를 모아 큰 대미지를 입히는 '버스트 커맨드'와, 커맨드를 연속 입력하는 '컴비네이션 어택' 등의 시스템을 탑재했다.

마알 왕국의 인형공주

니폰이치 소프트웨어　RPG　1998년 12월 17일　5,800엔

플레이어 1인　메모리카드 1블록

인형과 대화할 수 있는 소녀 '코르넷'과 인형 '크루루'가, 나쁜 마녀에 납치된 왕자를 구하러 떠나는 모험을 그린 뮤지컬 RPG. 섬세한 터치로 그린 2D 그래픽과, 귀여운 캐릭터들이 화면이 좁다 하고 뛰어다니는 전투 신이 매력이다. 특징은 뮤지컬풍 연출을 도처에 삽입한 이벤트로서, 귓가에 포근하게 남는 음악과 어우러지는 코믹하고 따뜻한 스토리가 재미있다.

주변기기 지원 아이콘　플레이어 1~2인　메모리카드 1~2블록　멀티탭지원 1~4인　마우스 지원　대전케이블 2대　아날로그 조이스틱 SCPH0111(SCE)지원　아날로그 컨트롤러 지원　PocketStation 지원　메모리카드 1~2블록　휴대전화 접속 케이블 지원 (도코모/모드 휴대전화 지원)　특제 컨트롤러 SLPH00001(남코)지원

HARDWARE
1994
1995
1996
1997
1998
1999
2000
2001
2002
2003
2004
INDEX

몬스터★레이스

PlayStation | 코에이 | RPG | 1998년 12월 17일 | 4,800엔

플레이어 1~2인 | 메모리카드 2블록 | PocketStation 지원 | 메모리카드 +7블록 | 아날로그 컨트롤러 지원

야생의 몬스터를 잡아 길러, 다른 몬스터와 경쟁시키는 레이싱 게임. 다채로운 스테이지가 등장하는 릴레이 형식이며, 도중에 선수를 교대하거나 특기를 사용할 수도 있다.

루나틱 돈 III

PlayStation | 아트딩크 | RPG | 1998년 12월 17일 | 5,800엔

플레이어 1인 | 메모리카드 7블록 | PocketStation 지원 | 메모리카드 9블록 | 아날로그 컨트롤러 지원

판타지 세계를 모험하는 프리 시나리오 RPG의 제 3탄. 몇몇 마을과 던전으로 구성된 세계를 자동 생성한다. 폭넓은 종류의 모험과 약탈 등, 특유의 자유도는 건재하다.

I.Q FINAL

PlayStation | 소니컴퓨터엔터테인먼트 | 퍼즐 | 1998년 12월 23일 | 4,800엔

플레이어 1~2인 | 메모리카드 1~2블록 | PocketStation 지원 | 메모리카드 +4블록 | 아날로그 컨트롤러 지원

 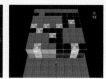

멀리서 압박해오는 큐브들을 없애가는 불가사의한 비주얼이 인상적인 액션 퍼즐 게임의 2번째 작품. 서바이벌·에디트 등 게임 모드가 늘어났고, 스테이지 수도 대폭 늘렸다.

이브 더 로스트 원

PlayStation | 이매지니어 | 어드벤처 | 1998년 12월 23일 | 7,800엔

플레이어 1인 | 메모리카드 1블록

인기 PC 게임 「이브 버스트 에러」의 속편. 전작의 3년 후를 무대로, 키리노 쿄코와 SNAKE 두 사람의 시점에서 본 '멀티 사이트 시스템'으로 스토리가 전개된다.

힘내라 고에몽 : 올 테면 와봐! 아야시게 일가의 검은 그림자

PlayStation | 코나미 | 액션 | 1998년 12월 23일 | 5,800엔

플레이어 1인 | 메모리카드 1블록 | 아날로그 컨트롤러 지원

납치당한 소녀 '오밋짱'을 구하러 고에몽과 에비스마루가 활약하는 액션 어드벤처 게임. 스토리는 3가지 스테이지로 구성되며, 거대 메카닉의 임팩트 전투도 업그레이드됐다.

사일런트 뫼비우스 : 환영의 타락천사

PlayStation | 반다이 비주얼 | RPG | 1998년 12월 23일 | 6,800엔

플레이어 1인 | 메모리카드 1블록 | 아날로그 컨트롤러 지원

같은 제목의 인기 만화를 RPG화한 작품. AMP 멤버들이 요마에게 점령당한 경찰서를 탈환하고, 새로운 흉계를 저지한다는 오리지널 스토리다. 무기 성장 시스템이 특징.

시드 마이어의 문명 II

PlayStation | 휴먼 | 시뮬레이션 | 1998년 12월 23일 | 5,800엔

플레이어 1인 | 메모리카드 10~11블록

문명개발 시뮬레이션 게임의 2번째 작품. 화면이 완전 쿼터뷰화되어 입체적으로 보이며, 새로운 문명과 지도자가 등장하고, 건설할 수 있는 불가사의도 대폭 늘어났다.

실황 파워풀 프로야구 '98 결정판

PlayStation | 코나미 | 스포츠 | 1998년 12월 23일 | 4,800엔

플레이어 1~2인 | 메모리카드 5블록 | 아날로그 컨트롤러 지원

98년 시즌 종료시의 데이터를 수록한 시리즈 개정판. 홈런 경쟁과 시나리오 모드가 부활했다. 호평의 석세스 모드는 '고교야구 편'으로서, 선수 육성을 즐길 수 있다.

스트리트 파이터 ZERO 3

PlayStation | 캡콤 | 대전격투 | 1998년 12월 23일 | 5,800엔

플레이어 1~2인 | 메모리카드 1블록 | PocketStation 지원 | 메모리카드 +11블록 | 아날로그 컨트롤러 지원

시리즈의 집대성에 해당하는 3번째 작품의 이식작. 캐릭터별로, 'ISM'이라는 스타일로 분류되는 3가지 타입이 나뉘어 있다. 또한 가정용판 추가 캐릭터도 4명 등장한다.

타워 드림 2

PlayStation | 액셀라 | 파티 | 1998년 12월 23일 | 5,800엔

플레이어 1~4인 | 메모리카드 2블록 | 멀티탭지원 1~4인

명작 보드 게임의 속편이 플레이스테이션으로 등장했다. 승리를 위해서라면 회사를 일부러 도산시키거나, 남의 회사라도 편승·탈취해야 한다. 상황을 간파해 승리를 거머쥐자.

초코보의 이상한 던전 2

스퀘어　RPG　1998년 12월 23일　6,800엔

플레이어 1인　메모리카드 1블록

초코보를 주인공으로 삼은 로그라이크 RPG의 제 2탄. 스토리 파트를 강화시켰고 동영상도 대폭 늘렸다. 던전에서는 파트너를 동행시킬 수 있게 되었다.

테일즈 오브 판타지아

남코　RPG　1998년 12월 23일　5,800엔

플레이어 1인　메모리카드 1블록　아날로그 컨트롤러 지원

슈퍼 패미컴판의 리메이크 이식작. 밸런스와 캐릭터 성능을 조정해, 초보자라도 진행이 쉬워졌다. 닌자 '후지바야시 스즈'가 파티에 들어오는 등의 신 요소도 풍부하다.

열차가 좋아 : 프라레일이 한가득

토미　시뮬레이션　1998년 12월 23일　6,800엔

플레이어 1인　메모리카드 1블록

토미의 철도 장난감 '프라레일'을 3D 화면으로 실제 열차처럼 운전하며 시각표에 맞춰 운행하는 게임. 전용 컨트롤러 커버를 씌우면 마스터 컨트롤러처럼 조작 가능하다.

비트매니아 어펜드 3rd MIX

코나미　리듬 액션　1998년 12월 23일　2,800엔

플레이어 1~2인　메모리카드 3블록　아날로그 컨트롤러 지원　특제 컨트롤러 ASC05158W(아스키)지원

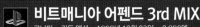

「비트매니아」용 추가 디스크인 '어펜드 디스크'의 별매판 제 1탄. 아케이드의 「비트매니아 3rd MIX」 관련 곡들을 수록했다. 이 디스크만으로는 플레이할 수 없다.

100만 엔 퀴즈 헌터

스퀘어 ... 후지쯔 퍼스컴 시스템즈　퀴즈　1998년 12월 23일　5,800엔

플레이어 1~4인　메모리카드 2블록　멀티탭지원 1~4인

당시 일본에서 '황금망치'로 친숙했던 TV 퀴즈프로 '100만 엔 퀴즈 헌터'를 게임화했다. 폴리곤화된 사회자 야규 히로시가 본인의 육성으로 프로 분위기를 띄워준다.

플레이스테이션 코믹 제 3탄 : '2999년의 게임 키즈'

소니컴퓨터엔터테인먼트　기타　1998년 12월 23일　2,000엔

플레이어 1인　메모리카드 1블록　아날로그 컨트롤러 지원

단편소설 '게임 키즈' 시리즈를 비주얼 노벨화한 작품. 탑에 의해 관리되고 있는 도시와, 육체가 기계화돼 있는 사람들. 그들을 기다리고 있는 미래는 과연…….

미저너 폴즈

휴먼　어드벤처　1998년 12월 23일　5,800엔

플레이어 1인　메모리카드 3~4블록　아날로그 컨트롤러 지원

풀 폴리곤화된 마을 내에서 괴사건을 해결하는 추리 어드벤처 게임. 미국의 산골 마을이라는 설정으로서, 퍼즐 해결뿐만 아니라 대전격투와 차량 추격전 등도 전개된다.

모모타로 전설

허드슨　RPG　1998년 12월 23일　5,800엔

플레이어 1인　메모리카드 1블록　아날로그 컨트롤러 지원

패미컴판 초대 「모모타로 전설」의 리메이크작으로서, 시스템은 2편 기준이다. 파티제로 바뀌었고, 미니게임과 카드 앨범 등 본편 이외의 파고들기 요소도 늘었다.

루시퍼 링

도시바 EMI　액션　1998년 12월 23일　5,800엔

플레이어 1인　메모리카드 1블록　아날로그 컨트롤러 지원

버튼을 연타해 마구 베는 쾌감을 중시한 배틀 액션 게임. 다채로운 효과음과 경쾌하고 스피디한 반응으로 통쾌한 액션을 구현했다. 적의 약점과 모션을 간파해 베어버리자.

로드 모나크 : 신 가이아 왕국기

도시바 EMI　시뮬레이션　1998년 12월 23일　5,800엔

플레이어 1인　메모리카드 3블록

판타지 세계가 무대인, 맵 단위로 플레이하는 실시간 시뮬레이션 게임. 스토리를 진행하는 시나리오 모드, 개별 맵을 즐기는 모드, 맵을 제작하는 에디트 모드를 탑재했다.

CHAPTER 3

플레이스테이션
일본 소프트 가나다순 색인

PLAYSTATION SOFTWARE ALL CATALOGUE

원하는 타이틀을 바로 찾아낼 수 있는

일본 발매
플레이스테이션 소프트 색인
Index of PlayStation Game Software

이 페이지는 본서 상권·하권에서 소개한, 일본에서 발매된 플레이스테이션용 게임 소프트 총 3,285개 타이틀을 가나다순으로 정렬한 색인이다.

이 책에 수록된 해당 게재 페이지도

소개하였으므로, 추억의 게임을 찾는 데 참고자료로 활용해준다면 감사하겠다.

또한, 본 색인에서는 지면 관계상 일부 시리즈명 및 부제목 등을 생략해

표시한 경우가 있으니 독자의 양해를 바란다.

초록색 페이지 번호 ·········· 상권에 게재
붉은색 페이지 번호 ·········· 하권에 게재

HARDWARE | 1994 | 1995 | 1996 | 1997 | 1998 | 1999 | 2000 | 2001 | 2002 | 2003 | 2004 | INDEX

HARDWARE
1994
1995
1996
1997
1998
1999
2000
2001
2002
2003
2004
INDEX

HARDWARE

1994 1995 1996 1997 1998 1999 2000 2001 2002 2003 2004

INDEX

HARDWARE
1994
1995
1996
1997
1998
1999
2000
2001
2002
2003
2004
INDEX

HARDWARE

1994
1995
1996
1997
1998
1999
2000
2001
2002
2003
2004

INDEX

HARDWARE 1994 1995 1996 1997 1998 1999 2000 2001 2002 2003 2004 INDEX

HARDWARE

1994

1995

1996

1997

1998

1999

2000

2001

2002

2003

2004

INDEX

HARDWARE

1994
1995
1996
1997
1998
1999
2000
2001
2002
2003
2004

INDEX

HARDWARE

1994
1995
1996
1997
1998
1999
2000
2001
2002
2003
2004

INDEX

HARDWARE

1994
1995
1996
1997
1998
1999
2000
2001
2002
2003
2004

INDEX

HARDWARE
1994
1995
1996
1997
1998
1999
2000
2001
2002
2003
2004
INDEX

HARDWARE

1994

1995

1996

1997

1998

1999

2000

2001

2002

2003

2004

INDEX

HARDWARE
1994
1995
1996
1997
1998
1999
2000
2001
2002
2003
2004
INDEX

235

플레이스테이션
퍼펙트 카탈로그(상권)

1판 1쇄 | 2021년 12월 27일
1판 2쇄 | 2025년 2월 10일
감   수 | 마에다 히로유키
옮 긴 이 | 조기현
발 행 인 | 김인태
발 행 처 | 삼호미디어
등   록 | 1993년 10월 12일 제21-494호
주   소 | 서울특별시 서초구 강남대로 545-21 거림빌딩 4층
　　　　　www.samhomedia.com
전   화 | (02)544-9456(영업부) (02)544-9457(편집기획부)
팩   스 | (02)512-3593

ISBN 978-89-7849-649-0 (13690)